CONTRIBUIÇÃO
À CRÍTICA DA
ECONOMIA POLÍTICA

CONTRIBUIÇÃO À CRÍTICA DA ECONOMIA POLÍTICA

Karl Marx

Tradução
MARIA HELENA BARREIRO ALVES

Revisão da tradução
CARLOS ROBERTO F. NOGUEIRA

Título do original alemão: GRUNDRISSE DER KRITIK DER POLITISCHEN OEKONOMIE.
Título do original francês: CONTRIBUTION À LA CRITIQUE DE L'ÉCONOMIE POLITIQUE.
Copyright © 1983, Livraria Martins Fontes Editora Ltda.,
São Paulo, para a presente edição.

1ª edição 1983
5ª edição 2016
2ª tiragem 2021

Tradução a partir da edição francesa
MARIA HELENA BARREIRO ALVES

Revisão da tradução
Carlos Roberto F. Nogueira
Acompanhamento editorial
Ivete Batista dos Santos
Preparação
Ivete Batista dos Santos
Revisões
Ana Maria de O. M. Barbosa
Maria Luiza Favret
Maria Fernanda Alves
Maria Regina Ribeiro Machado
Dinarte Zorzanelli da Silva
Produção gráfica
Geraldo Alves
Paginação
Studio 3 Desenvolvimento Editorial
Capa
Adriana Maria Porto Translatti

Dados Internacionais de Catalogação na Publicação (CIP)
(Câmara Brasileira do Livro, SP, Brasil)

Marx, Karl, 1818-1883.
Contribuição à crítica da economia política / Karl Marx ; tradução Maria Helena Barreiro Alves ; revisão da tradução Carlos Roberto F. Nogueira. – 5ª ed. – São Paulo : Editora WMF Martins Fontes, 2016. – (Clássicos WMF)

Título original: Grundrisse der Kritik der Politischen Oekonomie.
Título original em francês: Contribution à la critique de l'économie politique.
Bibliografia.
ISBN 978-85-469-0018-3

1. Economia marxista I. Título. II. Série.

16-00056   CDD-335.412

Índices para catálogo sistemático:
1. Economia marxista   335.412
2. Economia política : Crítica marxista   335.412

Todos os direitos desta edição reservados à
Editora WMF Martins Fontes Ltda.
Rua Prof. Laerte Ramos de Carvalho, 133 01325-030 São Paulo SP Brasil
Tel. (11) 3293-8150 e-mail: info@wmfmartinsfontes.com.br
http://www.wmfmartinsfontes.com.br

Índice

Nota da edição francesa.. VII
Cronologia... XXV

CONTRIBUIÇÃO À CRÍTICA DA ECONOMIA POLÍTICA

Prefácio... 3

LIVRO I: DO CAPITAL

Primeira seção: O capital em geral............................ 11
Capítulo I: *A mercadoria*... 11
   A. Considerações históricas sobre a análise da mercadoria.. 42
Capítulo II: *A moeda ou a circulação simples*............... 59
   I. Medida de valores.. 60
   B. Teorias sobre a unidade de medida da moeda.. 72
   II. Meio de circulação.. 83
      a) A metamorfose das mercadorias............... 84
      b) A circulação da moeda............................... 96
      c) O numerário. O signo de valor.................. 106
   III. A moeda... 124
      a) Entesouramento... 127
      b) Meio de pagamento................................... 140
      c) Moeda universal... 152
   IV. Os metais preciosos... 158
   C. Teorias sobre os meios de circulação e a moeda. 163

INTRODUÇÃO À CRÍTICA DA ECONOMIA POLÍTICA

Introdução – 1. Produção, consumo, distribuição, troca (circulação).. 225
1. *Produção*... 225
2. *Relação geral entre a produção e a distribuição, a troca, o consumo* 232
   a¹) A produção é também imediatamente consumo 234
   b¹) Distribuição e produção 240
   c¹) Troca e produção...................................... 245
3. *O método da economia política* 246
4. *Produção. Meios de produção e relações de produção. Relações de produção e relações de circulação. Formas de Estado e de consciência em relação às condições de produção e de circulação. Relações jurídicas. Relações familiares* 258

FRAGMENTO DA VERSÃO PRIMITIVA DA *CONTRIBUIÇÃO À CRÍTICA DA ECONOMIA POLÍTICA* (1858)

1º O dinheiro como tal.................................... 267
2º Forma de propriedade................................. 269
3º O dinheiro: meio de compra e de pagamento internacional, moeda universal....................... 275
4º Os metais preciosos, substrato da função monetária... 299
5º Manifestações da lei de apropriação na circulação simples... 309
6º Transição para o capital............................... 331
Capítulo III: *O capital*...................................... 373
   A. Processo de produção do capital.............. 373
      1. Transformação do dinheiro em capital 373

Índice das obras citadas.................................... 383
Índice dos nomes citados................................... 393

Nota da edição francesa

A crítica da economia política, pedra angular do socialismo científico, foi durante quase toda a sua vida uma das preocupações dominantes de Karl Marx e o tema essencial das suas pesquisas. O capital é, com efeito, o fruto de uma longa elaboração, e as raízes desta obra-prima mergulham na própria juventude do seu autor.

Em 1842, ao estudar na Rheinische Zeitung *a legislação sobre roubos de lenha e a situação dos camponeses do Mosela, foi levado a dar toda a devida importância às relações econômicas*[1]. *Não é a vontade dos homens que dá ao Estado a sua estrutura, mas sim a situação objetiva das relações entre eles. Não é o aparelho jurídico que explica a sociedade burguesa, como queria Hegel; ele é apenas uma superestrutura e a sociedade burguesa encontra a sua explicação nas relações de propriedade. Esta ideia, que tomará forma na* Introdução à crítica da filosofia do direito de Hegel, *vai orientar as suas pesquisas e, quando em 1844 chega a Paris, analisa as obras de economistas célebres, como Adam Smith, J.-B. Say, Ricardo ou Boisguillebert. Já os* Manuscritos de 1844 *dão testemunho desta primeira elaboração crítica das categorias da economia política burguesa. O* Esboço de uma crítica da economia política *que Engels publica nos* Deutsch-Französische Jahrbücher *exercerá sobre Marx uma influência determinante, a qual ele foi o primeiro a re-*

conhecer no prefácio da sua obra Contribuição à crítica da economia política.

Se Marx abordou o domínio da economia política partindo de um ponto de vista filosófico, patente nas suas obras de juventude, as investigações científicas a que se dedicou, os contatos com os teóricos do socialismo francês e a frequência dos clubes de operários revolucionários vão levá-lo muito rapidamente às suas posições fundamentais. Nas lições proferidas em janeiro de 1848 perante a Associação dos Operários Alemães em Bruxelas, conhecidas pelo título de Trabalho assalariado e capital, *Marx tinha já estabelecido os rudimentos da sua descoberta mais importante: a teoria da mais-valia. Nesta época não só tinha elaborado a sua concepção do materialismo histórico tal como se encontra na* Ideologia alemã* *(1845-1846), como escrevera também* Miséria da filosofia, *obra em que critica as doutrinas econômicas de Proudhon. Se neste livro, publicado em 1847, já se esboça nas suas linhas principais a crítica da economia política, esta não é ainda desenvolvida com aquele rigor científico que surgirá alguns anos mais tarde. Tendo embora perfeita consciência das limitações de Ricardo e do caráter ultrapassado das suas teorias, aceita a sua teoria da moeda e do juro. É certo que mostra já nesta o que há de ilógico do ponto de vista de Ricardo. Contudo, antes de a refutar, é-lhe necessário elaborar em pormenor a sua própria doutrina econômica, da qual só fixara os rudimentos.*

Sabemos como a Revolução de 1848 arrancou Marx aos seus estudos e o papel importante que ele desempenhou no combate pela revolução democrática na Alemanha. É preciso esperar pelo exílio e por sua instalação em Londres em 1850, para que possa retomar os seus estudos de economia política. Achava-se então colocado no posto de observação ideal, no próprio coração do país que com maior perfeição

....
* Trad. bras. São Paulo, Martins Fontes, 1998.

tinha formulado esta teoria da sociedade burguesa que é a economia política clássica. A rica documentação do British Museum, a nova fase de desenvolvimento em que entrara a vida econômica com a descoberta do ouro australiano e californiano, são para ele outras tantas fontes de observação e estudo. A partir do número da revista Neue Rheinische Zeitung *que aparece no outono de 1850, faz o balanço da vida econômica dos últimos anos, marcados pela crise econômica de 1847 e pela prosperidade reencontrada nos anos 1848 e 1849, e tira a seguinte conclusão:*

> Nesta prosperidade geral, em que as forças produtivas da sociedade burguesa se desenvolvem com toda a exuberância de que são suscetíveis no quadro das relações burguesas, não pode estar implícita uma verdadeira revolução. Tal revolução apenas é possível nos períodos em que estes dois fatores, as forças de produção modernas e as formas de produção burguesas, entram em conflito. As diferentes querelas a que se entregam presentemente os representantes das diversas facções dos partidos da ordem no continente e nas quais se comprometem reciprocamente, bem longe de dar lugar a novas revoluções, apenas são possíveis porque a base das relações está no momento tão segura e, o que a reação não sabe, tão burguesa. Aí quebrar-se-ão seguramente todas as tentativas reacionárias para impedir o desenvolvimento burguês, bem como toda a indignação moral ou todas as proclamações entusiastas dos democratas. Uma nova revolução só será possível como consequência de uma nova crise. Mas tão certa é uma como a outra[2].

Anuncia-se um período de relativa calma de que Marx vai se aproveitar para adiantar as suas investigações econômicas. Trabalha todos os dias no British Museum. Progride com rapidez e já a 2 de abril de 1851 anuncia a Engels:

> Quero crer que dentro de cinco semanas verei terminado todo este enfado econômico. E assim sendo, trabalharei em

casa a economia, dedicando-me no Museu a outra ciência. *Começo a aborrecer-me. No fundo, esta ciência não progrediu desde Adam Smith ou D. Ricardo, apesar de tudo o que tem sido feito em estudos isolados, por vezes ultradelicados*[3].

Mas este responde-lhe com prudência:

Enquanto te faltar ainda ler um só livro tido como importante, não poderás começar a escrever[4].

Com efeito, é em pilhas de obras econômicas que Marx mergulha de novo e, tão cedo, não lhes verá o fim. Mas a vida que leva é muito dura. Estes anos contam-se entre os mais difíceis que conhecerá. Encontra-se praticamente sem recursos e obrigado a fazer face às necessidades de uma família que cresce. Para atenuar a miséria, Marx aceita o cargo de correspondente do New York Daily Tribune, *o que lhe tomará grande parte do seu tempo, apesar da ajuda de que Engels nunca foi avaro. Aceitará mesmo escrever notas para a enciclopédia dirigida por Dana, um dos editores daquele diário. Sua colaboração no jornal durará praticamente até 1862, em um ritmo bastante regular, e, se é certo que lhe devemos uma série de preciosos artigos que testemunham a atenção com que Marx seguia o desenrolar dos acontecimentos políticos, nem por isso tal colaboração deixou de retardar a maturação e o acerto da sua obra econômica.*

Entretanto, em 1857, a crise iniciada há dois anos e cujos prenúncios Marx e Engels observam cuidadosamente na sua correspondência entra numa fase crítica. As especulações financeiras na França e na Alemanha, a derrocada dos câmbios em Nova York e algumas retumbantes falências industriais indicam que o mundo econômico vai conhecer transformações profundas.

Não será muito fácil à Revolução voltar a encontrar uma tábua rasa tão propícia como desta vez (...). Felizmente (...). Mas é fazendo das fraquezas forças e com a mais resoluta determinação que se poderá conseguir qualquer coisa; e não é de temer agora um refluxo tão rápido como em 1848,

nota Engels em uma carta a Marx, de 17 de novembro de 1856[5]. *E, em 11 de julho de 1857, Marx escreve a Engels:*

A revolução aproxima-se, tanto quanto o mostram a evolução do crédito mobiliário e as finanças de Bonaparte em geral[6].

Portanto, intimamente ligam a explosão revolucionária à crise considerando uma "tão certa como a outra". Mas desta vez, pensam eles, o capitalismo terá muito mais trabalho para restabelecer a situação do que há dez anos, e no campo socialista muitas ilusões se desfizeram, o que permitirá uma ação mais enérgica e clara.

Para Marx, estas considerações têm além disso um outro sentido. Ao estudar a economia clássica, tirou um certo número de conclusões que põem em evidência as contradições fundamentais do regime burguês e os becos sem saída a que a obra dos seus teóricos conduziu. A classe operária dispõe agora de uma base científica para fundamentar a ação revolucionária. E torna-se urgente expor esta crítica da economia capitalista na qual Marx trabalhou durante sete anos. Escreverá a Engels em 8 de dezembro de 1857:

Trabalho como um louco, todas as noites, na síntese dos meus estudos econômicos, a fim de ter passado a limpo pelo menos as linhas esquemáticas antes do dilúvio[7].

Os estudos a que Marx se entregara estão já demasiado desenvolvidos para que ele projete passar imediatamente à redação das suas conclusões. E em 23 de agosto de 1857 começa a escrever uma introdução à crítica da economia política que constitui o primeiro na data dos trabalhos originais, fruto das suas próprias pesquisas e cujo remate será O capital[8].

O plano adotado mostra que esta crítica da economia política está já extremamente clara no seu espírito. Examinando uma a uma as grandes categorias adotadas pelos sábios burgueses, demonstra qual a sua imprecisão e põe em evidência as suas relações dialéticas. Simultaneamente define o seu próprio método, que se opõe tanto à classificação abstrata dos conceitos gerais de economia, quanto ao seu estudo pela ordem cronológica. Os fenômenos econômicos aparecem, na fase de desenvolvimento que é o capitalismo, sob um aspecto que permite o seu estudo no estado puro. É necessário partir do concreto para atingir o abstrato e, uma vez claramente estabelecidos os conceitos, regressar ao concreto para os enriquecer com toda a complexidade das suas determinações. Esta introdução representa, por conseguinte, um verdadeiro estudo de metodologia; demonstra que Marx já elaborara uma crítica suficientemente desenvolvida da ciência burguesa da economia política para lhe poder denunciar os vícios de método e ascender ao ponto de vista filosófico. Mas, ao redigi-la, Marx sente que se trata mais de um apuramento das suas próprias reflexões do que de uma verdadeira introdução. Assim, a partir do ponto IV contenta-se em indicar os títulos dos tópicos, fazendo-os seguir de anotações destinadas, sem dúvida, a uma redação de que vislumbra já o quadro. E quando os seus projetos se realizam, com a Contribuição à crítica, *dirá no prefácio:*

> Suprimo uma introdução geral que esbocei no passado porque, pensando bem, parece-me que antecipar conclusões do que é preciso demonstrar em primeiro lugar é pouco correto, e o leitor que quiser seguir-me deverá decidir-se a passar do particular ao geral.

Marx vê delinear-se o plano de uma obra de conjunto. Assim, a partir de outubro de 1857 vai anotar em cadernos os resultados das suas investigações e formular as suas pró-

prias descobertas. Trabalhando de noite a maior parte do tempo, escreve sete cadernos[9] *até o mês de março, altura em que uma grave crise de saúde, consequência deste excesso de trabalho, o obrigará a descansar durante três meses. Estes manuscritos, que constituem um grosso volume de cerca de 1.100 páginas, estão compostos segundo um plano que compreende duas partes: um capítulo sobre o dinheiro e outro sobre o capital.*

No conjunto, para ele o problema central, o da mais-valia, está esclarecido. Mas trata-se agora de ordenar e classificar os pormenores que lhe apareceram ao longo das suas pesquisas. Segundo o método que lhe é familiar, toma por base um autor de que discute as teorias, expondo ao mesmo tempo as suas. Assim, parte da teoria proudhoniana da moeda e opõe-lhe as suas próprias ideias. Mas enquanto assim procede faz descobertas[10]*: por exemplo, sobre a relação entre o valor e o dinheiro, sobre o papel do dinheiro, mercadoria particular com aspectos contraditórios de medida de preços e de meio de troca. E pouco a pouco vê alargar-se o seu plano primitivo e esboçarem-se as linhas esquemáticas do que será* O capital.

A carta que Marx escreveu a Lassalle em 2 de fevereiro de 1858[11] *confirma isto absolutamente. Depois de dizer que há alguns meses vem empreendendo a elaboração final dos seus trabalhos econômicos, acrescenta:*

> Mas a coisa avança muito lentamente; quando se quer acabar com assuntos que durante muitos anos constituíram o objeto principal das nossas pesquisas, eles não cessam de aparecer sob novos aspectos, enchendo-nos de escrúpulos...
>
> O trabalho que é tratado em primeiro lugar é a crítica das categorias econômicas ou, se preferes, a exposição crítica do sistema da economia burguesa. É ao mesmo tempo a exposição desse sistema e, indiretamente, a sua crítica. Não faço a menor ideia das folhas impressas que virão a ser necessárias. Se eu tivesse tempo, vagar e meios para rever o conjunto

antes de o submeter ao público, considerá-lo-ia muito, pois sempre gostei deste método. Mas assim (o que é talvez melhor para a compreensão do público, mas prejudica sem dúvida a forma), impressa em forma de fascículos, a coisa alongar-se-ia necessariamente.

E pela primeira vez Marx expõe o seu plano de trabalho:

O enunciado, quero dizer a forma, é absolutamente científico, logo não infringe os regulamentos policiais no sentido habitual. Dividi o conjunto em seis livros: 1. Do capital (com alguns capítulos preliminares); 2. Da propriedade fundiária; 3. Do regime de salário; 4. Do Estado; 5. O comércio internacional; 6. O mercado mundial. Não posso impedir-me de criticar outros economistas, discutindo particularmente Ricardo, na medida em que até ele, na sua condição de burguês, é levado a cometer equívocos do *ponto de vista estritamente econômico*. Mas a crítica e a história da economia política e do socialismo deveriam vir a constituir objeto de um outro trabalho. Finalmente, um breve *esboço histórico* do desenvolvimento das categorias e das relações econômicas constituiria um terceiro trabalho.

Lasale põe-se à procura de um editor e em 3 de março pede a Marx que especifique as condições do contrato a assinar. Em 26 de março anuncia o acordo do editor Franz Duncker, que pagará a Marx 3 fredericos de ouro (ou seja, 17 táleres) para cada folha impressa, numa altura em que os professores universitários recebiam apenas 2. Parece que o futuro da obra econômica de Marx está assegurado, restando-lhe passar à sua redação definitiva.

Infelizmente, no momento em que estas boas notícias chegavam a Londres, Marx tinha sido obrigado a interromper o trabalho, caindo de cama. As noites sem dormir, as preocupações financeiras, o seu trabalho de correspondente no New York Daily Tribune *abalaram-lhe a saúde, acarretando uma crise de fígado. Na primavera já está suficientemente restabelecido para visitar Engels em Manchester, onde permanece de 6 a 20 de maio. Esta estada será muito salutar, e em 31 de maio, de regresso a Londres, escreve a Engels dizendo que se sente "em forma" e vai retomar o trabalho. Entretanto seu projeto primitivo tornara-se mais preciso. Em 2 de abril de 1858 tinha feito a Engels o esquema do seu plano*[12] *que prevê agora para a primeira parte,* O capital, *os seguintes tópicos: a) o capital em geral; b) a concorrência; c) o crédito; d) o capital por ações. O primeiro capítulo, "O capital em geral", subdivide-se em: 1. O valor; 2. O dinheiro, a) O dinheiro como medida, b) O dinheiro como meio de troca ou a circulação simples, c) O dinheiro como moeda; 3. O capital. Durante sua estada em Manchester, tinha discutido este projeto com Engels, que já lhe dera, quando da redação dos "cadernos", toda a ajuda, fruto de sua experiência comercial. Em resumo, quando retoma suas notas, julga necessário fazer um índice dos sete cadernos*[13]. *Quer ver claramente antes de iniciar a redação definitiva.*

O verão traz uma nova interrupção do trabalho. Em primeiro lugar, sua situação financeira tornara-se cada vez mais difícil. A saúde da senhora Marx exige uma mudança de ares e Marx passa uma parte do seu tempo à procura de credores que lhe possibilitem um empréstimo a longo prazo, que Engels aceitou, mas que só poderá pagar dentro de alguns meses. Em seguida continua a trabalhar com afinco para o jornal de Nova York e para a enciclopédia de Dana, que são suas únicas fontes de receita. Finalmente, a doença no fígado, que melhorara com a permanência em Manchester e a prática de equitação, agrava-se com o calor. Marx sente-se incapaz de escrever. Só em setembro poderá retomar seu trabalho de redação. Em carta de 21 de setembro, depois de recordar o seu precário estado de saúde durante o verão, diz a Engels:

> É por esta razão que meu manuscrito só partirá agora (dentro de duas semanas); mas em contrapartida vão dois fas-

cículos de uma vez. Ainda que apenas tenha tido que melhorar o estilo das coisas já escritas, acontece-me ficar horas antes de conseguir alinhar algumas frases[14].

Na realidade, a obra cresceu nas mãos de Marx. Ao retomar suas notas, dando-lhes forma, desenvolve com maior profundidade certas partes e redige em três cadernos um novo texto, que aliás não é ainda a Contribuição à crítica. *Uma parte destes manuscritos foi encontrada sob a forma de dois cadernos conhecidos por "versão primitiva" da* Contribuição[15]. *É aparentemente o final deste trabalho que possuímos. Com efeito, começa com o estudo do dinheiro enquanto moeda, que corresponde à terceira parte do capítulo II da* Contribuição. *No essencial, encontram-se nesta versão os mesmos tópicos que na obra definitiva. Mas Marx permanece fiel ao seu plano anterior e trata aqui, pela primeira vez, da transformação do dinheiro em capital, parte que só voltará a ser retomada no livro I de* O capital. *Do mesmo modo encontramos aqui um capítulo sobre "as manifestações da lei de apropriação na circulação simples". Estes cadernos são um texto essencial para a compreensão clara da gênese do pensamento econômico de Marx. Por um lado, porque contêm elementos novos sobre a origem do modo de produção capitalista. Além disso, dão-nos formulações de extrema importância, que não voltamos a encontrar nem na obra de Marx nem na de Engels. Enfim, estes manuscritos estão ainda redigidos numa linguagem filosófica muito próxima do vocabulário hegeliano, o que não constitui o seu menor interesse, e neles vemos Marx entregar-se a uma dedução das diversas determinações do capital, partindo do próprio conceito de capital. Constituem, portanto, a verdadeira ligação entre o pensamento filosófico da juventude e a obra científica da maturidade. O seu estudo sistemático enriquecerá sensivelmente nosso conhecimento da evolução de Marx e do seu método.*

Entretanto, Lassalle inquieta-se por não ver chegar o manuscrito prometido. A 12 de novembro de 1858, Marx escreve-lhe uma carta muito importante em que diz:

> Quanto à demora no envio do manuscrito, primeiro foi a doença que me impediu e depois tive que retomar outros trabalhos remunerados em atraso. Mas a verdadeira razão é a seguinte: tinha toda a matéria diante de mim, tratava-se só de retocar a forma. Ora, em tudo o que escrevia, sentia transparecer no estilo a doença de fígado. E tenho duas razões para não permitir que esta obra seja contaminada por causas dependentes da medicina:
> 1. Ela é o resultado de quinze anos de estudos, logo do melhor período de minha vida.
> 2. Representa uma importante maneira de ver as relações sociais, expostas pela primeira vez de forma científica. É, pois, meu dever em relação ao partido que ela não seja adulterada por esta forma de escrever enfadonha e rígida que é própria de um fígado doente.
>
> Não aspiro à elegância de estilo, mas simplesmente a escrever na forma que me é habitual, o que nestes meses de sofrimento me foi impossível, pelo menos sobre este tema, porque no mesmo período me vi na obrigação de escrever no mínimo dois volumes de editoriais em inglês de *Omnibus rebus et quibusdam alis*[16], escrevi-os. Penso que, se esta situação for apresentada ao senhor Duncker, ainda que o seja por alguém menos sagaz do que tu, ele não poderá deixar de aprovar o meu procedimento que, no que lhe diz respeito como livreiro, se limita ao fato de eu procurar dar-lhe em troca do seu dinheiro a melhor mercadoria possível.
>
> Terminarei em cerca de quatro semanas, pois a bem dizer só agora comecei a escrever.
>
> Outra coisa, mas que só terás de defender quando o manuscrito chegar: é possível que a primeira seção, "O capital em geral", ocupe já dois fascículos; ao passar a limpo descubro que aqui, onde se trata da parte mais abstrata da economia política, muita concisão tornaria a coisa indigesta para o leitor. Por outro lado, esta segunda seção deve aparecer *ao mesmo tempo*. A conexão interna exige-o e todo o efeito depende disto[17].

É, pois, por esta data que Marx empreende a redação definitiva do que será a Contribuição à crítica da economia política. *Como o volume médio dos fascículos tinha sido calculado, nos primeiros acordos, em quatro folhas impressas, ele já apercebe-se de que a matéria a tratar ultrapassará este volume. Ele próprio explica as razões do seu atraso na carta a Engels de 29 de novembro de 1858, e acrescenta, depois de ter mencionado o seu mau estado físico e os seus cuidados financeiros:*

> Enfim, a primeira seção tornou-se mais extensa; efetivamente os dois primeiros capítulos, dos quais o *primeiro, A mercadoria,* ainda não estava redigido no primeiro rascunho, e o *segundo, O dinheiro ou a circulação simples,* estava apenas muito brevemente esboçado, foram desenvolvidos com muito maior amplitude do que eu a princípio tinha em vista[18].

O trabalho continua durante todo o mês de dezembro e princípio de janeiro. Por fim, em 15 de janeiro de 1859, pode anunciar a Engels:

> O manuscrito compreende cerca de doze folhas impressas (três fascículos) e – repara bem –, embora tenham por título: "O capital em geral", estes fascículos não contêm ainda nada sobre o capital, mas somente os dois capítulos: 1. *A mercadoria,* 2. *O dinheiro ou a circulação simples.* Estás, portanto, vendo que a parte elaborada em minúcias (em maio, quando te visitei) não aparece ainda. Contudo, isto tem duas vantagens. Se resultar, o terceiro capítulo, *Do capital,* poderá seguir-se rapidamente. Em segundo lugar, como pela própria natureza da obra, estes "saguis" não podem limitar a sua crítica à parte publicada a simples injúrias tendenciosas, e o conjunto tem um ar extremamente sério e científico, obrigo estes patifes a levar em seguida mais a sério as minhas concepções sobre o capital. De resto, penso que, pondo de lado os fins práticos, o capítulo sobre o dinheiro será interessante para os especialistas[19].

Desta vez a obra aproxima-se de fato do fim. Mas surgem as últimas dificuldades. Em 21 de janeiro de 1859, Marx escreve ainda a Engels:

> O desgraçado do manuscrito está terminado, mas não pode ser expedido, pois não tenho sequer um "farthing" para a franquia e o seguro. É necessário, porque não possuo nenhuma cópia. Assim, vejo-me obrigado a pedir-te que me mandes algum dinheiro até segunda-feira (...).

E Marx acrescenta com amarga ironia:

> Não creio que alguma vez alguém tenha escrito sobre "o dinheiro" com tanta falta dele. A maior parte dos autores que dele trataram estavam profundamente em paz com o assunto das suas pesquisas[20].

Naturalmente, Engels corre em auxílio do amigo e o manuscrito pôde finalmente partir em 25 de janeiro. Contudo, as inquietações não tinham ainda terminado. Duncker demora a acusar a recepção da encomenda. E só em 9 de fevereiro Marx é tranquilizado. Pode agora enviar o prefácio, datado de janeiro de 1859, esse texto admirável pela clareza e concisão em que se lê, a par do resumo da carreira de Marx, aquela definição imortal do materialismo histórico que se conta entre as mais belas páginas da literatura marxista.

O livro aparecerá no princípio de junho – em 1.º de junho, a crer numa carta de Lassalle – numa tiragem de mil exemplares. Não parece que a Contribuição à crítica da economia política *tenha tido o eco que Marx esperava. Com exceção dos dois artigos que Engels publicou no* Das Volk, *jornal que aparecia em Londres[21], não se assinala nenhuma recensão na imprensa alemã. A conspiração do silêncio é bem organizada à volta da obra de Marx. Sem dúvida que o livro era de leitura difícil e, na sua carta a Kugelmann de 28 de dezembro de 1862, o próprio Marx o reconhece:*

No primeiro fascículo a exposição era, sem dúvida, muito pouco popular, o que resulta quer da natureza abstrata do conteúdo, quer do espaço limitado que me tinha sido prescrito, quer ainda da finalidade da obra (...). As tentativas *científicas* para revolucionar uma ciência nunca podem ser verdadeiramente populares (...). Mas sempre esperava que os especialistas alemães, quanto mais não fosse por decência, não ignorassem totalmente o meu trabalho. Por outro lado, foi para mim extremamente desagradável receber cartas particulares com transportes de admiração e louvores excessivos ao fascículo I, vindas de camaradas de partido que na Alemanha há muito se ocupam desta ciência, e que não fizeram o menor gesto para escrever uma crítica ou mesmo inserir simplesmente o índice nas revistas a que tinham acesso[22]. Se esta é a tática do partido, confesso que seus segredos me são impenetráveis.

Se este livro não conheceu quando da sua publicação o êxito que merecia, se não houve reedições durante a vida de Marx, não podemos separá-lo nós por mais tempo do resto da sua obra econômica. Para ele era apenas o princípio. E tencionava sem dúvida, depois de repousar um pouco, continuar a sua redação. Mas, uma vez mais, ia ser interrompida. No ano de 1860, com o caso Vogt, Marx vai passar uma parte do seu tempo a juntar os documentos necessários à redação do seu Herr Vogt. *Além disso, será no princípio de 1862 que a sua principal fonte de receitas, o* New York Daily Tribune, *vai secar. Ficará numa situação financeira desesperada, pensando mesmo entrar para uma companhia de estradas de ferro como empregado, para assegurar a subsistência da família. De fato, só em 1863 voltará de novo aos seus trabalhos econômicos e* O capital *só aparecerá em 1867. Mas aquilo que devia ser o capítulo seguinte da* Contribuição à crítica da economia política *tornar-se-á, entretanto, a grande obra que conhecemos. O plano mudou, e a crítica da economia política apenas figura como subtítulo da nova obra. No prefácio, Marx escreverá:*

A obra da qual agora torno público o primeiro volume é a continuação de um escrito publicado em 1859 com o título de *Crítica da economia política*. Este longo intervalo entre as duas publicações me foi imposto por uma doença de vários anos.

A fim de dar a este livro o complemento necessário, inseri o escrito que o precedeu, resumindo-o no primeiro capítulo. É verdade que julguei dever, neste resumo, modificar o meu primeiro plano de exposição. Um grande número de temas que antes eram simplesmente indicados, são aqui amplamente desenvolvidos, enquanto outros, completamente desenvolvidos antes, são agora simplesmente referidos. *A história da teoria do valor e da moeda*, por exemplo, foi suprimida; mas em contrapartida o leitor encontrará nas notas do primeiro capítulo novas fontes para a história desta teoria[23].

Quando Marx fala dos temas que "são simplesmente referidos" em O capital, *pensa evidentemente no capítulo sobre o dinheiro. E é um fato que temos na* Contribuição à crítica *a exposição mais completa da teoria do dinheiro em Marx. Trata questões da circulação monetária e da teoria da moeda que só voltarão a ser retomadas no Livro III de* O capital, *uma vez estudados o processo de produção e o processo de circulação. É, pois, difícil considerar esta obra como uma simples introdução e* O capital *como sua sequência. Se a análise da mercadoria aparece aqui apenas esboçada e depois amplamente desenvolvida no Livro I, por outro lado, no domínio da teoria do dinheiro, este trabalho deixa-nos antever os contornos da obra completa. É o que dá ao livro o seu cunho original, o que o torna o complemento dos outros estudos econômicos de Marx. É uma obra que não pode ser substituída por nenhuma outra leitura e que será fonte de fecundas meditações.*

*

A presente edição foi baseada na tradução francesa feita segundo a edição publicada em Berlim em 1951. Este texto, retomando o de 1859, é, entretanto, valorizado pela introdução das correções e notas do exemplar pessoal de Marx, cujas fotocópias se encontram no Instituto do Marxismo-Leninismo em Moscou.

A Introdução *foi cotejada com o texto manuscrito tal como foi publicado no princípio dos* Grundrisse. *Isto nos levou a restaurar o texto de Marx nos pontos em que Kautski achou por bem modificá-lo ou corrigi-lo, por vezes sem grande felicidade. Em nota, damos a versão de Kautski.*

Enfim, publicamos pela primeira vez a tradução da versão primitiva, tal como foi impressa na edição dos Grundrisse der Kritik der politischen Oekonomie (Moscou, 1939-1941).

Resta-nos agradecer aos tradutores da edição francesa Maurice Husson para "Crítica da economia política" e "Introdução à Crítica da economia política" e Gilberto Badia para "Fragmento da versão primitiva da Contribuição à crítica da economia política (1858)", bem como a todos os que colaboraram na elaboração desta edição e, particularmente, ao senhor Auguste Cornu.

E. B.
Abril de 1957.

NOTAS

1. Numa carta a R. Fischer de 5 de abril de 1893, Engels escreveu: "Sempre ouvi Marx dizer que foi precisamente ao ocupar-se da legislação sobre roubos de lenha e da situação dos camponeses do Mosela que, ultrapassando a política pura, descobriu a importância das relações econômicas e abordou o socialismo." (Citada por A. Cornu: *Karl Marx und Friedrich Engels*, t. I, 1818-1844, p. 344, Berlim, 1954.)

2. MEHRING, *Aus dem literarischen Nachlass von Karl Marx und Friedrich Engels...*, t. III, pp. 467-8.

3. MEGA III/1, p. 180. As passagens em itálico estão em francês no texto.

4. Ibid., p. 184.

5. MEGA III/2, p. 156.

6. Ibid., p. 201.

7. MEGA III/2, p. 253.

8. Publicada pela primeira vez na *Neue Zeit*, esta introdução continua a ser um texto essencial que nos esclarece ao mesmo tempo sobre o método de trabalho de Marx e sobre o grau de maturidade que a sua teoria tinha atingido, ainda antes de redigir a *Contribuição à crítica da economia política*. Encontrá-la-emos nesta edição na p. 225.

9. Estes manuscritos, publicados em volume em Moscou, em 1939 e 1941, são atualmente conhecidos pelo título de *Grundrisse der Kritik der politischen Oekonomie* (Rohentwurf).

10. Sobre este assunto, veja a carta de Friedrich Engels de 14 de janeiro de 1858 (MEGA III/2, p. 274).

11. Veja Ferdinand LASSALLE: *Nachgelassene Briefe und Schriften*, hrsg. Von Gustav Mayer, vol. III, pp. 116-7 (Berlim, 1922).

12. Veja carta de 2 de abril de 1858 a Marx em MEGA III/2, pp. 308-12.

13. Este índice foi publicado na edição dos *Grundrisse*, pp. 951-67.

14. MEGA III/2, p. 338.

15. Estes manuscritos foram publicados na edição dos *Grundrisse*, pp. 871-947. Dado o interesse deste texto para o conhecimento do pensamento de Marx, juntamo-lo à nossa edição (ver p. 265).

16. Sobre todos os assuntos e mais alguns.

17. LASSALLE: *Nachgelassene Schriften*, t. III, p. 136.

18. MEGA III/2, p. 349.

19. MEGA III/2, p. 356.

20. MEGA III/2, p. 357.

21. Estes dois artigos figuram na obra: K. MARX e F. ENGELS: *Antologia filosófica*, Editorial Estampa, 1971, vol. 21/22 da col. *Clássicos de Bolso (Filosofia)*, pp. 63-76.

22. Marx pensa sem dúvida em Lassalle, a quem tinha pedido diretamente para fazer uma crítica na revista da casa Brockhaus.

23. *Le Capital*, E. S., 1948, t. I, p. 17.

Cronologia

1817. Agitação nacional e liberal na Alemanha.
1817. 5 de maio: Nasce Karl Marx, em Trier. Seu pai é advogado.
1820. 28 de novembro: Nasce Friedrich Engels, em Barmen, onde seu pai é dono de uma empresa têxtil.
1830. Revolução de julho na França. Luís Filipe substitui Carlos X. Na Polônia e na Alemanha há repressão aos movimentos.
1835. Marx inicia seus estudos superiores em Bonn e os prossegue em Berlim, onde frequenta o círculo dos Jovens hegelianos.
1836. A partir da Liga dos Banidos, a Liga dos Justos é fundada por operários e artesãos alemães em Paris.
1840. Sobe ao trono Frederico-Guilherme IV da Prússia.
1841. Marx se torna doutor em filosofia. Engels, que presta serviço militar em Berlim, liga-se aos Jovens hegelianos.
1842. Marx inicia sua atividade jornalística, como redator-chefe do *Rheinische Zeitung*, jornal fundado em Colônia pelos líderes da burguesia liberal renana. Marx imprime ao jornal um tom radical de esquerda. Em 2 de novembro, tem um primeiro encontro com Engels.
1843. *O Rheinische Zeitung* sofre interdição. Marx rompe com os Jovens hegelianos. Casa-se com Jenny von Westphalen, amiga de infância, filha de aristocratas rea-

cionários, e vai para Paris. Colabora com os Anais franco-alemães, dirigidos por Ruge. Período feuerbachiano de Marx. *Contribuição à crítica da filosofia do direito de Hegel*; *A questão judaica*.

1844. Revolta dos tecelões da Silésia. Em agosto, segundo encontro com Engels, selando uma amizade e colaboração duradouras. Período comunista-utópico de Marx. "Manuscritos de 44" (inéditos até 1932).

1844-1845. Redação de *A sagrada família*, publicada em fevereiro de 1845.

1845. Marx é expulso de Paris, refugia-se em Bruxelas, onde se encontra com Engels. Redação das *Teses sobre Feuerbach* e, com Engels e Hess, de *A ideologia alemã*. No final de maio, Engels publica na inglaterra *A situação da classe trabalhadora na Inglaterra*.

1847. Marx redige *Miséria da filosofia*, como réplica à obra de Proudhon *Sistema das contradições econômicas ou filosofia da miséria*. A Liga dos Justos transforma-se na Liga dos Comunistas, que realiza nesse mesmo ano seus dois primeiros congressos. Marx funda em Bruxelas a Associação Operária Alemã, onde faz uma conferência sobre *Trabalho assalariado e capital*.

1848. Período revolucionário generalizado na Europa. Na França, a república é proclamada. Em Colônia, Marx funda a *Neue Rheinische Zeitung*, que se dissolve após o esmagamento da sublevação das províncias renanas. Marx refugia-se em Londres, onde irá viver por mais de trinta anos.

1852. *O 18 Brumário de Luís Napoleão Bonaparte*.

1859. *Contribuição à crítica da economia política*.

1864. É fundada em Londres a Primeira Internacional Comunista.

1867. Livro I de *O capital*.

1871. *A guerra civil na França*.

1875. *Crítica do programa de Gotha*.

1883. Morre Karl Marx.

CONTRIBUIÇÃO À CRÍTICA DA ECONOMIA POLÍTICA

Prefácio

Examino pela ordem seguinte o sistema da economia burguesa: *capital, propriedade fundiária, trabalho assalariado; Estado, comércio externo, mercado mundial*. Nos três primeiros tópicos estudo as condições econômicas de existência das três grandes classes em que se divide a sociedade burguesa moderna; a ligação das três restantes é evidente. A primeira seção do livro primeiro, que trata do capital, subdivide-se nos seguintes capítulos: 1º a mercadoria; 2º a moeda ou a circulação simples; 3º o capital em geral. Os dois primeiros capítulos formam o conteúdo do presente volume. Parto de um conjunto de documentos sob a forma de monografias escritas com longos intervalos para meu próprio esclarecimento, não para impressão, e cuja elaboração sistemática, segundo o plano indicado, dependerá das circunstâncias.

Suprimo uma introdução geral que esbocei no passado porque, pensando bem, parece-me que antecipar conclusões do que é preciso demonstrar em primeiro lugar é pouco correto, e o leitor que quiser seguir-me deverá decidir-se a passar do particular ao geral. Por outro lado, incluí algumas indicações sobre a sequência dos meus próprios estudos da economia política, por me parecerem aqui pertinentes.

O objeto dos meus estudos especializados era a jurisprudência, à qual me dediquei como disciplina complementar da filosofia e da história. Em 1842-1843, na qualidade de redator da *Rheinische Zeitung*[1], encontrei-me pela primeira vez na obrigação embaraçosa de dar a minha opinião sobre o que é costume chamar-se os interesses materiais. As deliberações do *Landtag* renano sobre os roubos de lenha e a divisão da propriedade imobiliária, a polêmica oficial que o Sr. Von Scharper, então primeiro presidente da província renana, sustentou com a *Rheinische Zeitung* sobre a situação dos camponeses do *Mosela* e, finalmente, os debates sobre o livre-câmbio e o protecionismo, forneceram-me as primeiras razões para me ocupar das questões econômicas. Por outro lado, nesta época em que o desejo de "ir para a frente" substituía frequentemente a competência, fez-se ouvir na *Rheinische Zeitung* um eco do socialismo e do comunismo francês, ligeiramente contaminado de filosofia. Pronunciei-me contra este trabalho de aprendiz, mas ao mesmo tempo confessei abertamente, numa controvérsia com a *Allgemeine Augsburger Zeitung*[2], que os estudos que tinha feito até então não me permitiam arriscar nenhum juízo sobre o teor das tendências francesas. Aproveitando a ilusão dos diretores da *Rheinische Zeitung*, que julgavam poder suspender a sentença de morte proferida contra o jornal dando-lhe um caráter mais moderado, preferi deixar o cenário público e retirar-me para meu gabinete de estudo.

O primeiro trabalho que empreendi para esclarecer as dúvidas que me assaltavam foi uma revisão crítica da *Filosofia do direito*, de Hegel, trabalho cuja introdução apareceu nos *Deutsch Französische*[3], publicados em Paris em 1844. Nas minhas pesquisas cheguei à conclusão de que as relações jurídicas – assim como as formas de Estado – não podem ser compreendidas por si mesmas, nem pela dita evolução geral do espírito humano, inserindo-se pelo contrário nas condições materiais de existência de que Hegel, à semelhança dos ingleses e franceses do século XVIII, compreende o conjunto pela designação de "sociedade civil"; por seu lado, a anatomia da sociedade civil deve ser procurada na economia política. Tinha começado o estudo desta em Paris, continuando-o em Bruxelas, para onde emigrei após uma sentença de expulsão do Sr. Guizot. A conclusão geral a que cheguei e que, uma vez adquirida, serviu de fio condutor dos meus estudos, pode formular-se resumidamente assim: na produção social da sua existência, os homens estabelecem relações determinadas, necessárias, independentes da sua vontade, relações de produção que correspondem a um determinado grau de desenvolvimento das forças produtivas materiais. O conjunto destas relações de produção constitui a estrutura econômica da sociedade, a base concreta sobre a qual se eleva uma superestrutura jurídica e política e à qual correspondem determinadas formas de consciência social. O modo de produção da vida material condiciona o desenvolvimento da vida social, política e intelectual em geral. Não é a consciência dos homens que determina o seu ser; é o seu ser social que, inversamente, determina a sua consciência. Em certo estágio de desenvolvimento, as forças produtivas materiais da sociedade entram em contradição com as relações de produção existentes ou, o que é a sua expressão jurídica, com as relações de propriedade no seio das quais se tinham movido até então. De formas de desenvolvimento das forças produtivas, estas relações transformam-se no seu entrave. Surge então uma época de revolução social. A transformação da base econômica altera, mais ou menos rapidamente, toda a imensa superestrutura. Ao considerar tais alterações é necessário sempre distinguir entre a alteração material – que se pode comprovar de maneira cientificamente rigorosa – das condições econômicas de produção, e as formas jurídicas, políticas, religiosas, artísticas ou filosóficas, em resumo, as formas ideológicas pelas quais os homens tomam consciência deste conflito, levando-o às suas últimas consequências. Assim como não se julga um indivíduo pela ideia que ele faz de si próprio, não se poderá julgar uma tal época de transformação pela mesma consciência de si; é preciso, pelo contrário, explicar esta consciência pelas contradições da vida material, pelo conflito que existe entre as forças produtivas sociais e as relações de produção. Uma organização social nunca desaparece antes que se desenvolvam todas as forças produtivas que ela é capaz de conter; nunca relações de produção novas e superiores se lhe substituem antes que as condições materiais de existência destas relações se produzam no próprio seio da velha sociedade. É por isso que a humanidade só levanta os problemas que é capaz de resolver e assim, numa observação atenta, descobrir-se-á que o próprio problema só surgiu quando as condições materiais para resolvê-lo já existiam ou estavam, pelo menos, em via de aparecer. Em um caráter amplo, os modos de produção asiático, antigo, feudal e burguês moderno podem ser qualificados como épocas progressivas da formação econômica da sociedade. As relações de produção burguesas são a última forma contraditória do processo de produção social, contraditória não no sentido de uma contradição individual, mas de uma contradição que nasce das condições de existência social dos indivíduos. No entanto, as forças produtivas que se desenvolvem no seio da sociedade burguesa criam ao mesmo tempo as condições materiais para resolver esta contradição. Com esta organização social termina, assim, a Pré-História da sociedade humana.

Friedrich Engels, com quem, desde a publicação do seu genial esboço de uma contribuição para a crítica das categorias econômicas nos *Deutsch-Französische Jahrbücher*, tenho mantido por escrito uma constante troca de ideias, chegou por outras vias (confrontar a sua *Situação das classes operárias na Inglaterra*) ao mesmo resultado, e quando, na primavera de 1845, veio se estabelecer também em Bruxelas, resolvemos trabalhar em conjunto, a fim de esclarecer o antagonismo existente entre a nossa maneira de ver e a concepção ideológica da filosofia alemã; tratava-se, de fato, de um ajuste de contas com a nossa consciência filosófica anterior. Este projeto foi realizado sob a forma de uma crítica da filosofia pós-hegeliana. O manuscrito, dois grandes volumes *in-octavo*, estava há muito no editor na Vestefália, quando soubemos que novas circunstâncias já não permitiam a sua impressão. De bom grado abandonamos o manuscrito à crítica corrosiva dos ratos, tanto mais que tínhamos atingido nosso fim principal, que era enxergar claramente as nossas ideias. Dos vários trabalhos dispersos desta época em que apresentamos nossas opiniões sobre os diversos assuntos, mencionarei apenas o *Manifesto do Partido Comunista*, redigido em colaboração com Engels, e o *Discurso sobre o livre-câmbio*, publicado por mim. Os pontos decisivos das nossas concepções foram cientificamente esboçados pela primeira vez, ainda que de forma polêmica, no meu texto contra Proudhon publicado em 1847: *Miséria da filosofia*, etc. A impressão de uma dissertação sobre o Trabalho assalariado, escrita em alemão e reunindo as conferências sobre este tema que proferi na Associação dos Operários Alemães de Bruxelas, foi interrompida pela Revolução de Fevereiro a que se seguiu a minha expulsão da Bélgica.

A publicação da *Neue Rheinische Zeitung*[4] em 1848-1849 e os acontecimentos posteriores interromperam meus estudos econômicos, que só pude retomar em 1850, em Londres. A prodigiosa documentação sobre a história da economia política reunida no Museu Britânico, o posto favorável que Londres oferece para a observação da sociedade burguesa e, por último, o novo estágio de desenvolvimento em que esta parecia entrar com a descoberta do ouro californiano e australiano, fizeram com que me decidisse a recomeçar e a estudar a fundo, com espírito crítico, os novos materiais. Estes estudos conduziam-me a disciplinas que pareciam distanciar-me do meu propósito e nas quais tive que me fixar mais ou menos tempo. Mas o que limitou o tempo de que dispunha foi principalmente a imperiosa necessidade de fazer um trabalho remunerado. Uma colaboração de há oito anos a esta parte no *New York Daily Tribune*, o primeiro jornal anglo-americano, provocou, na medida em que só excepcionalmente me ocupo do jornalismo propriamente dito, uma extraordinária dispersão dos meus estudos. Entretanto, os artigos sobre os acontecimentos econômicos de relevo na Inglaterra e no continente formavam uma parte tão considerável das minhas colaborações, que fui levado a familiarizar-me com os pormenores práticos que não são do domínio da ciência pura da economia política.

Com este esboço da evolução dos meus estudos no terreno da economia política, quis apenas mostrar que minhas opiniões, seja qual for o julgamento que mereçam, e por muito pouco que concordem com os preconceitos interessados das classes dirigentes, são o resultado de longas e conscienciosas pesquisas. Mas, no limiar da ciência, como à entrada do inferno, esta obrigação se impõe:

> Qui se convien lasciare ogni sospetto
> Ogni viltà convien che qui sia morta[5].

Londres, janeiro de 1859.

KARL MARX

NOTAS

1. *Gazeta Renana.*
2. *Gazeta Geral de Augsburgo.*
3. *Anais Franco-Alemães.*
4. *Nova Gazeta Renana.*
5. Que aqui se afasta toda a suspeita
   Que neste lugar se despreze todo o medo (DANTE: *Divina Comédia.*) (N. do Editor francês.).

Livro I
DO CAPITAL

PRIMEIRA SEÇÃO

O capital em geral

Capítulo I
A mercadoria

A riqueza da burguesia aparece, à primeira vista, como uma imensa acumulação de mercadorias, e a mercadoria, tomada isoladamente, como a forma elementar desta riqueza. Mas qualquer mercadoria se apresenta sob o duplo aspecto de *valor de uso* e de *valor de troca*[1].

A mercadoria é em primeiro lugar, como dizem os economistas ingleses, "qualquer coisa de necessário, útil ou agradável à vida", objeto de necessidades humanas, um meio de subsistência no sentido mais amplo do termo. Este modo de existência da mercadoria enquanto valor de uso coincide com o seu modo de existência física tangível. O trigo, por exemplo, é um valor de uso particular, que se distingue dos valores de uso que são o algodão, o vidro, o papel, etc. O valor de uso só tem valor pelo uso e só se realiza no processo de consumo. O mesmo valor de uso pode ser utilizado diferentemente. Todavia, seu modo de existência de objeto dotado de propriedades determinadas contém a soma das suas possibilidades de utilização. Além disso, o valor de uso não é só determinado qualitativa, mas também quantitativamente. Valores de uso diferentes medem-se diferentemente, consoante suas particularidades naturais, por exemplo: um alqueire de trigo, uma resma de papel, uma vara de tecido, etc.

Seja qual for a forma social da riqueza, o seu conteúdo é sempre constituído por valores de uso, conteúdo este indiferente à forma social. O gosto do trigo não indica quem o cultivou, servo russo, pequeno camponês francês ou capitalista inglês. Ainda que objeto de necessidades sociais, e, portanto, ligado ao todo social, o valor de uso não exprime nenhuma relação social de produção. Tomemos, por exemplo, um diamante como mercadoria enquanto valor de uso. Ao ver o diamante, não se reconhece nele uma mercadoria. Empregado como valor de uso, pelas necessidades da estética ou da técnica, no colo da cortesã ou na mão do cortador de vidro, ele é diamante e não mercadoria. Parece, pois, condição necessária da mercadoria que ela seja valor de uso, sendo indiferente ao valor de uso o ser mercadoria. Quando o valor de uso é indiferente a toda a determinação econômica formal, quer dizer, quando o valor de uso é tomado como valor de uso, não entra no domínio da economia política[2]. Apenas quando constitui ele próprio uma determinação formal entra nesse domínio. Constitui então a base material sobre a qual se manifesta de modo imediato uma relação econômica determinada, o *valor de troca*.

O valor de troca aparece em primeiro lugar como uma *relação quantitativa* segundo a qual os valores de uso são permutáveis entre si. Em tal relação, eles representam a mesma grandeza de troca. É assim que um volume de Propércio e oito onças de rapé podem representar igual valor de troca, apesar do caráter diverso de valores de uso do tabaco e da elegia. Enquanto valor de troca, um valor de uso tem exatamente o mesmo valor que outro, com a condição de se respeitarem as proporções devidas. O valor de troca de um palácio pode representar-se por um número determinado de caixas de graxa. Por seu lado, os fabricantes de graxa londrinos expressaram em palácios o valor de troca dos seus milhares de caixas. Totalmente indiferentes, pois, ao seu modo de existência natural, e sem consideração pela natureza específica da necessidade pela qual são valores de uso, as mercadorias, tomadas em quantidades determinadas, equilibram-se, substituem-se na troca, avaliam-se como equivalentes e representam assim, apesar da variedade das suas aparências, a mesma unidade.

Os valores de uso são, de modo imediato, meios de subsistência. Mas, por seu lado, estes meios de existência são eles próprios produtos da vida social, o resultado de um dispêndio de força vital humana, são *trabalho materializado*. Enquanto materialização do trabalho social, todas as mercadorias são cristalizações da mesma unidade. É o caráter determinado desta unidade, isto é, do trabalho, manifestado no valor de troca, que vamos agora estudar.

Suponha-se que uma onça de ouro, uma tonelada de ferro, uma quarta[3] de trigo e vinte varas de seda representam valores de troca de igual grandeza. Sendo equivalentes, anulada assim a diferença qualitativa dos seus valores de uso, estes produtos representam um volume igual do mesmo trabalho. O trabalho que se materializa em quantidades iguais nestes diversos produtos deve ser ele próprio um trabalho uniforme, indiferenciado, simples, ao qual é tão indiferente manifestar-se no ouro, no ferro, no trigo ou na seda, como ao oxigênio é indiferente encontrar-se na ferrugem, na atmosfera, no sumo de uva ou no sangue humano. Mas extrair o ouro, retirar o ferro da mina, cultivar o trigo e tecer a seda são gêneros de trabalho qualitativamente diferentes. De fato, as diferenças objetivas dos valores de uso manifestam-se no processo de produção sob a forma de diferenças de atividade que dão origem aos valores de uso. Indiferente à substância particular dos valores de uso, o trabalho que cria o valor de troca é igualmente indiferente à forma particular do próprio trabalho. Além disso, os diferentes valores de uso são o produto da atividade de indivíduos diferentes, logo o resultado de trabalhos diferenciados pelo seu caráter individual. Mas como valores de troca representam trabalho igual não diferenciado, isto é, trabalho no qual se apaga a individualidade dos trabalhadores. O trabalho criador do valor de troca é, pois, o trabalho *geral abstrato*.

Se uma onça de ouro, uma tonelada de ferro, uma quarta de trigo e vinte varas de seda são valores de troca de igual grandeza, ou equivalentes, uma onça de ouro, meia tonelada de ferro, três alqueires de trigo e cinco varas de seda são valores de troca de grandezas inteiramente diferentes, e esta diferença *quantitativa* é a única de que são suscetíveis enquanto valores de troca. Como valores de troca de grandezas diferentes, representam mais ou menos quantidades maiores ou menores desse trabalho simples, uniforme, geral, abstrato, que é a substância do valor de troca. A questão que se coloca é a seguinte: como medir estas quantidades? Ou melhor: qual o modo quantitativo de existência do próprio trabalho, dado que as diferenças de grandeza das mercadorias, enquanto valores de troca, são apenas as diferenças de grandeza do trabalho nelas materializado? Assim como o modo quantitativo de existência do movimento é o tempo, o modo quantitativo de existência do trabalho é o *tempo de trabalho*. Supostamente dada a qualidade do trabalho, somente pela sua própria duração ele pode ser diferenciado. O tempo de trabalho terá por padrão as medidas normais do tempo: hora, dia, semana, etc. O tempo de trabalho é a existência viva do trabalho, não interessa a sua forma, o seu conteúdo, a sua individualidade; é o seu modo de existência viva na sua forma quantitativa, e simultaneamente a sua medida imanente. O tempo de trabalho materializado nos valores de uso das mercadorias é ao mesmo tempo a substância que faz delas valores de troca, logo mercadorias, e o padrão para medir a grandeza precisa do seu valor. Quantidades correlatas de diferentes valores de uso, nas quais se materializa o mesmo tempo de trabalho, são equivalentes; ou ainda, todos os valores de uso são equivalentes nas proporções em que contêm igual tempo de trabalho empregue, materializado. Enquanto valores de troca, todas as mercadorias são apenas medidas determinadas de *tempo de trabalho coagulado*.

Para compreender de que modo o valor de troca é determinado pelo tempo de trabalho, importa não perder de vista as seguintes ideias essenciais: a redução do trabalho a trabalho simples, por assim dizer despido de qualidade; o modo específico pelo qual o trabalho criador de valor e troca, logo produtor de mercadorias, é *trabalho social*; e, finalmente, a distinção entre o trabalho que se realiza em valores de uso e o trabalho que se realiza em valores de troca.

Para medir os valores de troca das mercadorias pelo tempo de trabalho que contêm, é necessário que os diferentes trabalhos sejam eles próprios reduzidos a um trabalho não diferenciado, uniforme, simples, em suma, a um trabalho que seja qualitativamente o mesmo e apenas se diferencie, portanto, quantitativamente.

Esta redução aparece como uma abstração, mas é uma abstração que se faz diariamente no processo da produção social. A redução de todas as mercadorias a tempo de trabalho não é uma abstração maior nem menos real que a redução a ar de todos os corpos orgânicos. De fato, o trabalho assim medido pelo tempo não aparece como trabalho de indivíduos diferentes, antes os diferentes indivíduos que trabalham aparecem normalmente como simples órgãos do trabalho. Aliás, o trabalho, tal como se apresenta nos valores de troca, poderia ser qualificado como trabalho *humano geral*. Esta abstração do trabalho humano geral *existe* no trabalho médio que qualquer indivíduo médio de uma dada sociedade pode efetuar, é um determinado dispêndio produtivo de músculos, nervos, cérebro, etc., humanos. É o trabalho *simples*[4] para o qual pode ser preparado qualquer indivíduo médio, e que de uma maneira ou de outra tem de cumprir. O caráter deste trabalho médio difere segundo as regiões e as épocas, mas aparece em todas as sociedades. Este trabalho simples constitui de longe a parte mais importante de todo o trabalho da sociedade burguesa, como poderemos comprovar consultando qualquer estatística. Que A produza ferro durante seis horas e durante seis horas tecido, e que B igualmente produza ferro durante seis horas e durante seis horas tecido, ou que A produza ferro durante doze horas e B tecido durante doze horas, isto apenas significa, com toda a evidência, uma utilização diferente de *igual* tempo de trabalho. Mas como classificar o trabalho complexo, que se eleva acima do nível médio, como trabalho de maior intensidade e de peso específico superior que é? Este gênero de trabalho converte-se numa soma de trabalho simples, em trabalho simples de força superior, equivalendo, por exemplo, um dia de trabalho complexo a três dias de trabalho simples. Não é ainda o momento indicado para estudar as leis que regem esta redução do trabalho complexo a trabalho simples. Mas é evidente que ela se faz: porque, enquanto valor de troca, o produto do trabalho mais complexo é, em determinadas proporções, o equivalente do produto do trabalho médio simples: é, portanto, posto em equação com um determinado quantitativo necessário desse trabalho simples.

A determinação do valor de troca pelo tempo de trabalho supõe ainda que, numa dada mercadoria, uma tonelada de ferro, por exemplo, se encontre materializada uma *quantidade igual* de trabalho, sendo indiferentemente o trabalho de A ou B, ou ainda, que indivíduos diferentes empreguem um tempo igual para produzir o mesmo valor de uso qualitativa e quantitativamente determinado. Em outras palavras, supõe-se que o tempo de trabalho contido numa mercadoria é o tempo de trabalho *necessário* para a sua produção, isto é, o tempo de trabalho requerido para produzir um novo exemplar da mesma mercadoria em dadas condições gerais de produção.

Como resulta da análise do valor de troca, as condições do trabalho criador de valor de troca são as *determinações sociais do trabalho* ou as determinações do *trabalho social* (dê-se a "social" um sentido particular). É uma forma específica das relações sociais. Em primeiro lugar, a simplicidade não diferenciada do trabalho significa a *igualdade* de trabalhos de indivíduos diferentes, significa que se podem comparar os seus trabalhos, como se tratando de um trabalho idêntico, isto reduzindo efetivamente todos estes trabalhos a um trabalho da mesma espécie. O trabalho de qualquer indivíduo, quando se manifesta em valores de troca, possui este caráter social de igualdade e só se manifesta no valor de troca quando, relacionado com o trabalho de todos os outros indivíduos, é considerado como trabalho igual.

Além disso, no valor de troca, o tempo de trabalho do indivíduo isolado aparece imediatamente como *tempo de trabalho geral*, e este *caráter geral* do trabalho individual, como *caráter social* deste último. O tempo de trabalho representado no valor de troca é o tempo de trabalho do indivíduo, mas sem que se distinga este indivíduo dos outros, é o tempo de trabalho de todos os indivíduos, na medida em que efetuem um trabalho igual, do mesmo modo que o tempo de trabalho empregado por um para produzir uma determinada mercadoria é o tempo de trabalho *necessário* que empregaria qualquer outro para produzir a mesma mercadoria. É o tempo de trabalho do indivíduo, o *seu* tempo de trabalho, mas somente enquanto tempo de trabalho comum a todos; é, portanto, indiferente saber *de que* indivíduo é o tempo de trabalho. Como tempo de trabalho geral, realiza-se num produto geral, num *equivalente geral*, num determinado quantitativo necessário de tempo de trabalho materializado que, indiferente à forma determinada do valor de uso, sob a qual aparece de modo imediato como produto de um indivíduo, pode ser convertido à vontade em qualquer outra forma de valor de uso, sob a qual se manifesta como produto de qualquer outro indivíduo. Só enquanto grandeza *geral* ele é uma grandeza *social*. Para que o resultado do trabalho do indivíduo seja um valor de troca, é necessário que se converta num *equivalente geral*: é necessário que o tempo de trabalho do indivíduo represente tempo de trabalho geral, ou ainda, que o tempo de trabalho geral represente o tempo de trabalho do indivíduo. Tudo se passa como se os diferentes indivíduos tivessem disposto em comum os seus tempos de trabalhos e dessem a forma de valores de uso diferentes às diferentes quantidades de tempo de trabalho de que dispunham coletivamente. O tempo de trabalho do indivíduo isolado é assim, efetivamente, o tempo de trabalho de que a sociedade necessita para produzir um valor de uso determinado, ou seja, para satisfazer uma determinada necessidade. Mas apenas se trata aqui da forma específica, sob a qual o trabalho adquire um caráter social. O tempo de trabalho determinado de um fiandeiro materializa-se, por exemplo, em 100 libras de fio de linho. Suponhamos que 100 varas de tecido, produto do tecelão, representam o mesmo quantitativo de tempo de trabalho. Na medida em que estes dois produtos representam um quantitativo igual de tempo de trabalho geral e são, por conseguinte, equivalentes de *qualquer* valor de uso contendo uma igual quantidade de tempo de trabalho, são equivalentes um ao outro. É pelo fato de o tempo de trabalho do fiandeiro e o tempo de trabalho do tecelão se apresentarem como tempo de trabalho geral e, consequentemente, os seus produtos se apresentarem como equivalentes gerais, que o tempo de trabalho do tecelão para o fiandeiro e o do fiandeiro para o tecelão são o trabalho de um para o trabalho de outro, isto é, para um e para o outro, a existência social dos seus trabalhos. Na indústria patriarcal rural, pelo contrário, em que o fiandeiro e o tecelão habitavam sob o mesmo teto, em que na família as mulheres fiavam e os homens teciam, diga-se que para prover às necessidades da própria família, o fio e o tecido eram produtos *sociais*, fiar e tecer eram trabalhos *sociais* sem ultrapassar o quadro familiar. Mas o seu caráter social não residia no fato de o fio ser substituído pelo tecido, ambos equivalentes gerais, ou de ambos se substituírem um ao outro enquanto expressões equivalentes do mesmo tempo de trabalho geral. Era antes o quadro familiar, com a sua divisão do trabalho primitivo, que dava ao produto do trabalho o seu caráter social particular. Tomemos ainda as corveias e os foros em gêneros da Idade Média. São os trabalhos determinados dos indivíduos sob a forma de prestações em gêneros, é a particularidade e não a generalidade do trabalho, que constituem neste caso o laço social. Ou consideremos, para terminar, o trabalho coletivo na sua forma original, tal como se encontra no limiar da história de todos os povos civilizados[5]. Aqui, é óbvio, o caráter social do trabalho não advém de o trabalho do indivíduo tomar a forma abstrata da generalidade, ou de o seu produto tomar a de um equivalente geral. É o regime comunitário, no qual repousa a produção, que impede que o trabalho do indivíduo seja trabalho privado e o seu produto privado, e que, pelo contrário, faz diretamente do trabalho individual a atividade de um membro do organismo social. O trabalho que se manifesta no valor de troca é, por hipótese, o trabalho do indivíduo isolado. É ao tomar a forma do seu contrário imediato, a forma da generalidade abstrata, que ele se torna trabalho social.

O trabalho criador de valor de troca caracteriza-se, finalmente, pelo fato de as relações sociais entre as pessoas se apresentarem por assim dizer como que invertidas, como uma relação social entre as coisas. É comparando um valor de uso com um outro na sua qualidade de valor de troca, que o trabalho das diversas pessoas é comparado no seu aspecto de trabalho igual e geral. Se é pois verdade dizer que o valor de troca é uma relação entre as pessoas[6], é necessário acrescentar: uma relação que se esconde sob a aparência das coisas. Assim como uma libra de ferro e uma libra de ouro representam a *mesma* massa, apesar da diferença das suas propriedades físicas e químicas, assim os valores de uso de duas mercadorias, contendo igual tempo de trabalho, representam o *mesmo valor de troca*. O valor de troca aparece portanto como uma forma natural socialmente determinada dos valores de uso, forma determinada que lhes é devolvida enquanto objetos e graças à qual, no processo de troca, eles se substituem um ao outro, em relações quantitativas determinadas, e formam equivalentes, do mesmo modo que os corpos químicos simples se combinam em certas relações quantitativas formando equivalentes químicos. Somente o hábito da vida quotidiana faz considerar como banal e como evidente o fato de uma relação social de produção tomar a forma de um objeto, dando às relações entre as pessoas no seu trabalho o aspecto de uma relação que se estabelece entre as coisas e entre estas coisas e as pessoas. Esta mistificação é ainda muito simples na mercadoria. Toda a gente suspeita, mais ou menos vagamente, que a relação entre as mercadorias enquanto valores de troca é antes uma relação entre as pessoas e a sua atividade produtiva recíproca. Esta aparência de simplicidade desaparece nas relações de produção em um nível mais elevado. Todas as ilusões do sistema monetário resultam de não se ver que o dinheiro[7], sob a forma de um objeto natural de propriedades determinadas, representa uma relação social de produção. Nos economistas modernos, que têm um sorriso sarcástico para com as ilusões do sistema monetário, revela-se a mesma ilusão quando se ocupam das categorias econômicas superiores, por exemplo do capital. Ela manifesta-se na confissão do seu ingênuo espanto, quando de repente se lhes apresenta como relação social o objeto que no mesmo instante gravemente julgavam segurar na mão, e quando inversamente zomba deles sob a forma de objeto o que acabavam de catalogar na categoria das relações sociais.

Não sendo o valor de troca senão uma relação entre os trabalhos dos indivíduos, considerados como trabalho igual e geral, sendo apenas a expressão objetiva de uma forma de trabalho especificamente social, é uma tautologia dizer que o trabalho é a única fonte de valor de troca e por conseguinte da riqueza, na medida em que esta consiste em valores de troca. A mesma tautologia é dizer que em si a matéria no estado natural não contém valor de troca[8] visto que não contém trabalho, e que o valor de troca em si não admite a matéria no estado natural. Mas quando William Petty diz "o trabalho o pai, e a terra, a mãe da riqueza"; quando o bispo Berkeley pergunta

> se os quatro elementos e o trabalho humano que os transforma não são a verdadeira fonte de riqueza[9];

ou ainda, quando o americano Th. Cooper explica de forma popular:

> Tirai a um pedaço de pão o trabalho que ele custou, o trabalho do padeiro, do moleiro, do rendeiro, etc., e que é que resta? Alguns grãos de erva daninha, impróprios para qualquer uso humano[10],

em todos estes conceitos não se trata do trabalho abstrato, fonte do valor de troca, mas do trabalho concreto, como uma fonte de riqueza material, em resumo, do trabalho produtor de valores de uso. Ao admitir o valor de uso da mercadoria, supõe-se a utilidade particular, o caráter determinado e sistemático do trabalho que ela absorveu; mas, do ponto de vista da mercadoria, estas considerações esgotam todas as referências a esse trabalho enquanto trabalho útil. O que nos interessa no pão enquanto valor de uso são as suas propriedades alimentares, e nunca os trabalhos do rendeiro, do moleiro, do padeiro, etc. Se qualquer invenção suprimisse dezenove vigésimos desses trabalhos, o pedaço de pão prestaria os mesmos serviços que antes. Se caísse do céu já cozido, não perderia por isso um átomo do seu valor de uso. Enquanto o trabalho criador de valor de troca se realiza na igualdade das mercadorias como equivalentes gerais, quando atividade produtiva sistemática, o trabalho realiza-se na infinita diversidade dos valores de uso que cria. Enquanto o trabalho criador de valor de troca é um trabalho *geral, abstrato e igual*, o trabalho criador de valor de uso é, por seu lado, um trabalho concreto e particular que, consoante a forma e a matéria, se divide numa variedade infinita de gêneros de trabalho.

Não é correto dizer que o trabalho criador de valores de uso é a *única* fonte da riqueza que produz, isto é, da riqueza material. Ele é a atividade que adapta a matéria a este ou àquele fim, ele pressupõe pois, necessariamente, a matéria. A relação entre trabalho e matéria natural é variável segundo os diferentes valores de uso, mas o valor de uso encerra sempre um substrato natural. Atividade sistemática visando a apropriação dos produtos da natureza sob uma ou outra forma, o trabalho é a condição natural do gênero humano, a condição – independentemente de qualquer forma social – da troca de substâncias entre o homem e a natureza. O trabalho criador de valor de troca, pelo contrário, é uma forma de trabalho especificamente social. Na sua determinação material de atividade produtiva particular, o trabalho do alfaiate, por exemplo, produz o terno, mas não o valor de troca do terno. Não é na qualidade de trabalho do alfaiate, mas como trabalho geral abstrato, que produz esse valor, valor que faz parte de um conjunto social para a edificação do qual em nada contribuiu a agulha do alfaiate. É assim que na antiga indústria caseira as mulheres produziam a vestimenta, sem produzir o valor de troca da vestimenta. O trabalho, fonte de riqueza material, era tão familiar ao legislador Moisés como ao funcionário aduaneiro Adam Smith[11].

Consideremos agora algumas determinações mais precisas que resultam da redução do valor de troca a tempo de trabalho. Enquanto valor de uso, a mercadoria exerce uma ação causal. O trigo, por exemplo, age como alimento. Em certas proporções uma máquina suprime o trabalho. Esta ação da mercadoria, ação que apenas faz dela um valor de uso, um objeto de consumo, pode ser considerada o seu serviço, o serviço que ela presta como valor de uso. Todavia, enquanto valor de troca, a mercadoria é sempre e apenas considerada como resultado. Não se trata do serviço que ela presta, mas do serviço[12] que lhe foi prestado ao produzi-la. Assim, o valor de troca de uma máquina, por exemplo, é determinado não pela quantidade de tempo de trabalho que a máquina substitui, mas pela quantidade de tempo de trabalho empregado para construir e que é, por consequência, necessário para produzir uma nova máquina da mesma espécie.

Logo, se a quantidade de tempo de trabalho necessário para a produção de mercadorias fosse constante, o seu valor de troca seria invariável. Mas a facilidade e a dificuldade da produção variam continuamente. Quando aumenta a força produtiva do trabalho, produz-se o mesmo valor de uso num tempo mais curto. Se a força produtiva do trabalho diminui, a produção de igual valor de uso exigirá mais tempo. A quantidade de tempo de trabalho contido numa mercadoria, ou seja, o seu valor de troca, é pois um valor variável: aumenta ou diminui na razão inversa do aumento ou da diminuição da força produtiva do trabalho. A força produtiva do trabalho, que a indústria manufatureira utiliza de antemão numa proporção determinada, é condicionada na agricultura e na indústria extrativa por circunstâncias naturais incontroláveis. *Igual* trabalho permitirá uma extração maior ou menor dos diferentes metais, consoante a raridade ou abundância relativa desses metais na crosta terrestre. *Igual* trabalho poderá materializar-se na forma de dois alqueires de trigo, se o tempo for favorável, e talvez de um só alqueire, se desfavorável. Revestindo a forma de circunstâncias naturais, e ao determinarem a força produtiva, dependente de circunstâncias naturais, de um trabalho concreto particular, a penúria ou a abundância parecem determinar neste caso o valor de troca das mercadorias.

Valores de uso diferentes contêm, em volumes desiguais, o mesmo tempo de trabalho ou o mesmo valor de troca. Quanto menor for, relacionado com os outros valores de uso, o volume de um valor de uso sob o qual uma mercadoria contém um determinado quantitativo de tempo de trabalho, maior será o seu *valor de troca específico*. Se verificamos que em diferentes épocas da civilização, muito distantes umas das outras, certos valores de uso formam entre si uma série de valores de troca específicos, entre os quais se mantém, se não exatamente a mesma relação numérica, pelo menos a mesma relação geral de hierarquização como, por exemplo, o ouro, a prata, o cobre e o ferro, ou o trigo, o centeio, a cevada e a aveia, isto só prova que os progressos no desenvolvimento das forças produtivas sociais influem de maneira uniforme ou sensivelmente uniforme sobre o tempo de trabalho que a produção destas diferentes mercadorias exige.

O valor de troca de uma mercadoria não aparece no seu valor de uso peculiar. Todavia, sendo o valor de uso de uma mercadoria a materialização do tempo de trabalho social geral, existem certas relações entre o valor de uso desta mercadoria e os valores de uso de outras mercadorias. O valor de troca de uma manifesta-se assim nos valores de uso das outras. A equivalência é, de fato, o valor de troca de uma mercadoria expresso no valor de uso de outra. Quando se diz, por exemplo, que uma vara de pano de linho vale duas libras de café, o valor de troca do pano de linho é expresso no valor de uso do café, numa determinada quantidade desse valor de uso. Uma vez estabelecida a proporção, podemos exprimir em café o valor de qualquer quantidade de pano. É evidente que o valor de troca de uma mercadoria, do pano de linho, por exemplo, não encontra a sua expressão exaustiva na proporção em que uma outra mercadoria particular, o café, por exemplo, constitui o seu equivalente. A quantidade de tempo de trabalho geral que a vara de pano de linho representa encontra-se realizada simultaneamente na infinita variedade dos volumes dos valores de uso de todas as outras mercadorias. Na proporção em que o valor de uso de qualquer outra mercadoria representa um tempo de trabalho de igual grandeza, constitui um equivalente da vara de pano de linho. O valor de troca *desta mercadoria tomada isoladamente* só encontra a sua expressão final na infinidade das equações em que tem por termo equivalente os valores de uso de todas as outras mercadorias. E só na soma destas equações, ou na totalidade das diferentes relações indicando em que proporção determinada mercadoria pode ser trocada por qualquer outra, ela encontra a sua expressão acabada de *equivalente geral*. Por exemplo, da série de equações:

   1 vara de pano de linho = 1/2 libra de chá
   1 vara de pano de linho = 2 libras de café
   1 vara de pano de linho = 8 libras de pão
   1 vara de pano de linho = 6 varas de pano de algodão,

podemos extrair a fórmula:

1 vara de pano de linho = 1/8 de libra de chá + 1/2 libra de café + 2 libras de pão + 1 vara e 1/2 de pano de algodão.

Assim, se tivermos a soma total das equações nas quais o valor de uma vara de pano de linho encontra a sua expressão final, poderemos representar o seu valor de troca por uma série. Esta série é realmente infinita, visto que o círculo das mercadorias nunca é definitivamente fechado e se alarga constantemente. Ora, se uma mercadoria encontra assim a medida do seu valor de troca nos valores de uso de todas as outras mercadorias, inversamente, os valores de troca de todas as outras mercadorias medem-se pelo valor de uso dessa mercadoria particular que encontra nelas a sua medida[13]. Se o valor de troca de uma vara de pano de linho se exprime em 1/2 libra de chá, 2 libras de café, 6 varas de pano de algodão ou 8 libras de pão, etc., o café, o chá, o tecido de algodão, o pão, etc., são iguais entre si na medida em que são iguais a uma terceira mercadoria, o pano de linho, servindo assim o pano como medida comum dos seus valores de troca. Enquanto quantitativo determinado de tempo de trabalho geral, cada mercadoria encontra sucessivamente a expressão da medida do seu valor de troca em quantidades determinadas dos valores de uso de todas as outras mercadorias, e o valores de troca de todas as outras mercadorias, por sua vez, medem-se pelo valor de uso dessa mercadoria exclusiva. Mas, na qualidade de valor de troca, cada mercadoria é simultaneamente a mercadoria exclusiva que serve de medida comum aos valores de troca de todas as outras mercadorias, e é também, simplesmente, uma das numerosas mercadorias na série total das quais cada uma das outras mercadorias representa diretamente o seu valor de troca.

A *grandeza de valor* de uma mercadoria não é afetada pelo fato de existirem fora dela poucas ou muitas mercadorias de outra espécie. Mas o fato de a série de equações nas quais se realiza o seu valor de troca ser mais ou menos extensa depende da maior ou menor variedade das outras mercadorias. A série de equações que representa o valor do café, por exemplo, exprime a esfera da sua permutabilidade, os limites em que ele cumpre as suas funções de valor de troca. Ao valor de troca de uma mercadoria, enquanto materialização do tempo de trabalho social geral, corresponde a expressão da sua equivalência numa variedade infinita de valores de uso.

Vimos como o valor de troca de uma mercadoria varia com a quantidade de tempo de trabalho nela diretamente incorporado. O seu valor de troca realizado, isto é, expresso nos valores de uso das outras mercadorias, deve do mesmo modo depender necessariamente das proporções em que varia o tempo de trabalho empregado na produção de todas as outras mercadorias. Se, por exemplo, o tempo de trabalho necessário para a produção de um alqueire de trigo se mantivesse, enquanto duplicava o tempo de trabalho exigido para a produção de todas as outras mercadorias, o valor de troca de um alqueire de trigo, expresso nos seus equivalentes, teria sido reduzido à metade. O resultado seria praticamente o mesmo, se o tempo de trabalho necessário à produção de um alqueire de trigo tivesse diminuído para metade, mantendo-se inalterável o tempo de trabalho necessário para a produção de todas as outras mercadorias. O valor das mercadorias é determinado pela proporção em que podem ser produzidas em igual tempo de trabalho. Para compreender quais são as variações possíveis dessa proporção, tomemos duas mercadorias: A e B. *Primeiro*: supondo que o tempo de trabalho exigido para a produção de B se mantém. Neste caso, o valor de troca de A expresso em B aumenta ou diminui proporcionalmente ao aumento ou diminuição do tempo de trabalho requerido para a produção de A. *Segundo*: supondo que o tempo de trabalho exigido para a produção de A se mantém. O valor de troca de A, expresso em B, aumenta ou diminui na razão inversa do aumento ou da diminuição do tempo de trabalho requerido para a produção de B. *Terceiro*: supondo que o tempo de trabalho necessário para a produção de A e B aumenta ou diminui na mesma proporção. A expressão da equivalência de A e de B mantém-se inalterável. Se, devido a qualquer circunstância, a força produtiva de todos os trabalhos diminuísse na mesma medida, de modo que todas as mercadorias exigissem mais tempo de trabalho para sua produção, e se este aumento se efetuasse dentro da mesma proporção, o valor de *todas* as mercadorias teria aumentado, a expressão concreta do seu valor de troca ter-se-ia mantido igual, e a riqueza real da sociedade teria diminuído, pois haveria necessidade de empregar mais tempo de trabalho para criar a mesma massa de valores de uso. *Quarto*: o tempo de trabalho exigido para a produção de A e B pode aumentar ou diminuir para uma ou para outra, de forma desigual; ou ainda, o tempo de trabalho exigido para A aumenta, enquanto diminui o exigido para B, ou inversamente. Todos estes casos se podem resumir neste enunciado: o tempo de trabalho necessário para a produção de uma mercadoria mantém-se, aumentando ou diminuindo o tempo exigido para a produção da outra.

O valor de troca de qualquer mercadoria exprime-se no valor de uso de todas as outras mercadorias, quer em grandezas inteiras, quer em frações desse valor de uso. Enquanto valor de troca, qualquer mercadoria é tão divisível como o próprio tempo de trabalho nela materializado. A equivalência das mercadorias é independente da divisibilidade física dos seus valores de uso; do mesmo modo, a soma dos valores de troca das mercadorias é indiferente à deformação concreta que os valores de uso dessas mercadorias possam sofrer ao fundirem-se em *uma só* mercadoria nova.

Até aqui, consideramos a mercadoria sob um duplo ponto de vista, como valor de uso e como valor de troca e, em ambos os casos, de forma unilateral. Contudo, enquanto mercadoria, ela é imediatamente *unidade* do valor de uso e do valor de troca; ao mesmo tempo, só em relação às outras mercadorias ela é mercadoria. A relação *real* das mercadorias entre si é o seu *processo de troca*. É um processo social para o qual contribuem os indivíduos, independentemente uns dos outros, mas só enquanto proprietários de mercadorias; a sua existência recíproca é a existência das suas mercadorias, e eles apenas aparecem assim como suportes conscientes do processo de troca.

A mercadoria *é* valor de uso: trigo, linho, diamante, máquina, etc., mas ao mesmo tempo, enquanto mercadoria, *não é* valor de uso. Se fosse valor de uso para o seu proprietário, isto é, um meio imediato de satisfazer as suas próprias necessidades, não seria mercadoria. Para o proprietário a mercadoria é antes um *não valor* de uso, é simplesmente o suporte material do valor de troca ou simples *meio de troca*; enquanto suporte ativo do valor de troca, o valor de uso torna-se meio de troca. Para o seu proprietário só é valor de uso enquanto valor de troca[14]. Em primeiro lugar é pois necessário que a mercadoria *seja tornada* valor de uso para outrem. Não sendo valor de uso para o seu próprio proprietário, ela é valor de uso para o proprietário de uma outra mercadoria. Senão, o trabalho do seu proprietário foi um trabalho inútil e o resultado desse trabalho não é assim uma mercadoria. Por outro lado, é necessário tornar-se valor de uso *para ele próprio*, porque é fora dela, nos valores de uso das mercadorias alheias, que residem os seus próprios meios de substância. Para *se tornar* valor de uso, a mercadoria deve afrontar a necessidade particular, pela qual é objeto de satisfação. Os valores de uso das mercadorias *tornam-se* pois valores de uso ao permutarem-se de forma universal, ao passarem das mãos em que são meios de troca para as mãos em que são objetos de uso. Só em função desta alienação universal das mercadorias, o trabalho que elas encerram se torna trabalho útil. Neste *processo*, em que se relacionam entre si mesmo valores de uso, as mercadorias não adquirem uma nova forma econômica determinada. Há, pelo contrário, dissimulação da forma determinada que as caracterizava como mercadorias. O pão, por exemplo, ao passar do padeiro para o consumidor, não muda de modo de existência enquanto pão. Inversamente, só o consumidor se refere ao pão enquanto valor de uso, enquanto alimento determinado, ao passo que para o padeiro o pão era o suporte de uma relação econômica, um objeto sensível e hipersensível. A única alteração de forma que sofrem as mercadorias ao tornarem-se valores de uso é assim a supressão do modo de existência formal, em que eram não valores de uso para o proprietário, e valores de uso para o não proprietário. Para se tornarem valores de uso, as mercadorias devem ser universalmente alienadas, entrar no processo de troca, mas a sua existência pela troca é a sua existência como valores de troca. Para que se realizem como valores de uso, é necessário realizarem-se como valores de troca.

Se, do ponto de vista do valor de uso, a mercadoria tomada isoladamente aparecia a princípio como um objeto independente, em compensação, como valor de troca, era considerada desde o início em relação com todas as outras mercadorias. Todavia, esta relação era apenas uma ligação teórica, mental. Só no processo de troca ela se manifesta. Por outro lado, a mercadoria *é* efetivamente valor de troca, por conter na sua produção um quantitativo determinado de tempo de trabalho, por ser assim *tempo de trabalho materializado*. Mas, imediatamente, a mercadoria é só tempo de trabalho individual materializado, com um conteúdo particular, e não tempo de trabalho *geral. Não* é imediatamente valor de troca, mas deve antes de tudo *adquirir* esse valor. Em primeiro lugar, ela não pode ser materialização do tempo de trabalho geral sem que represente tempo de trabalho aplicado a um determinado fim útil, logo contido num valor de uso. Era com esta condição material que o tempo de trabalho contido nas mercadorias podia ser considerado trabalho geral, social. Se a mercadoria só pode tornar-se valor de uso ao realizar-se como valor de troca, não pode, por outro lado, realizar-se como valor de troca senão afirmando-se como valor de uso na sua alienação. Uma mercadoria só pode ser alienada como valor de uso para proveito daquele para quem constitui valor de uso, isto é, objeto de uma necessidade particular. Acontece ainda que ela só é alienada em troca de outra mercadoria, ou ainda, colocando-nos do ponto de vista do proprietário dessa outra mercadoria, este só pode igualmente alienar, isto é, realizar a sua mercadoria, pondo-se em contato com a necessidade particular de que ela é objeto. Na sua alienação universal, enquanto *valores de uso*, as mercadorias são relacionadas entre si segundo a sua diferença material de objetos particulares, satisfazendo, pelas propriedades que lhes são específicas, necessidades particulares. Mas, como simples valores de uso, elas são indiferentes umas às outras, ou melhor, sem relação mútua. Enquanto valores de uso, só podem ser trocadas com referência a necessidades particulares. Mas elas são permutáveis apenas quando equivalentes, e apenas são equivalentes quando quantidades iguais de tempo de trabalho materializado, o que anula qualquer consideração sobre as suas qualidades naturais de valores de uso e, por conseguinte, sobre a relação das mercadorias com as necessidades particulares. Como valor de troca, pelo contrário, uma mercadoria manifesta-se substituindo como equivalente qualquer quantitativo determinado de qualquer outra mercadoria, sendo a primeira indiferentemente valor de uso ou não para o proprietário da outra mercadoria. Mas, para o proprietário da outra mercadoria, ela torna-se mercadoria na medida em que é para ele valor de uso e para o seu próprio proprietário ela torna-se valor de troca na medida em que é mercadoria para o outro. A relação entre as mercadorias deve ser uma relação em que elas aparecem enquanto grandezas essencialmente semelhantes, apenas diferindo quantitativamente; deve exprimir-se por uma equação em que as mercadorias aparecem como materialização do tempo de trabalho geral, e ao mesmo tempo deve ser a sua relação enquanto objetos qualitativamente diferentes, valores de uso particulares correspondendo a necessidades particulares, em resumo, uma relação que distinga as mercadorias enquanto valores de uso reais. Ora, esta equação e esta diferenciação excluem-se reciprocamente. Assim se estabelece não só um círculo vicioso, em que a solução de um dos problemas supõe o outro resolvido, mas também um conjunto de exigências contraditórias, em que a realização de uma das condições está diretamente ligada à realização do seu contrário.

O processo de troca das mercadorias deve ser simultaneamente o desenvolvimento e a solução destas contradições, que não se manifestarão todavia com esta simplicidade. Limitamo-nos a ver que as mercadorias em si são relacionadas umas com as outras enquanto valores de uso, isto é, que as mercadorias aparecem como valores de uso no *interior* do processo de troca. Por seu lado, o valor de troca, tal como o temos considerado, apenas existia sob a forma abstrata que lhe demos ou ainda, se preferirmos, sob a forma abstrata que lhe dá o proprietário individual de mercadorias, que tem a mercadoria, enquanto valor de uso, no seu armazém, e que a tem, enquanto valor de troca, na consciência. Ora, no interior do processo de troca, as mercadorias em si devem existir umas para as outras não só como valores de uso, mas também como valores de troca, e este modo de existência que é o seu deve aparecer como a própria relação das mercadorias entre si. A dificuldade que de início nos deteve é a seguinte: para se manifestar como valor de troca, como trabalho materializado, a mercadoria deve ser previamente alienada como valor de uso, achar comprador, ao passo que, por outro lado, a sua alienação como valor de uso supõe a sua existência como valor de troca. Mas vamos supor que foi resolvida esta dificuldade. Vamos supor a mercadoria destituída do seu valor de uso particular e, pela alienação deste, realizada a condição material de ser trabalho socialmente útil em vez de trabalho particular do indivíduo para si próprio. É preciso então que, no processo de troca, a mercadoria, enquanto valor de troca, se torne para as outras mercadorias um equivalente geral, trabalho geral materializado, adquirindo assim, não a eficácia limitada de um valor de uso particular, mas a faculdade de ser representada imediatamente em todos os valores de uso considerados como seus equivalentes. Cada mercadoria é ainda *a* mercadoria que, pela alienação do seu valor de uso particular, deve aparecer como a materialização direta do tempo de trabalho geral. Contudo, no processo de troca, só mercadorias particulares se defrontam, isto é, os trabalhos isolados de indivíduos que materializam valores de uso particulares. O tempo de trabalho geral em si é abstração que, como tal, não existe para as mercadorias.

Consideremos o conjunto das equações nas quais o valor de troca de uma mercadoria encontra a sua expressão concreta, por exemplo:

1 vara de pano de linho = 2 libras de café
1 vara de pano de linho = 1/2 libra de chá
1 vara de pano de linho = 8 libras de pão, etc.

É evidente que estas equações apenas indicam que um tempo de trabalho geral, social, de igual grandeza, se materializa numa vara de pano de linho, em 2 libras de café, 1/2 libra de chá, etc. Mas, de fato, os trabalhos individuais que se manifestam nestes valores de uso particulares tornam-se trabalho geral e, sob esta forma, trabalho social[15], ao permutarem-se realmente entre si proporcionalmente à duração do tempo de trabalho que estes valores de uso contêm[16]. O tempo de trabalho social só existe, por assim dizer, em estado latente nestas mercadorias e só se revela no seu processo de troca. O ponto de partida não é o trabalho dos indivíduos sob a forma de trabalho coletivo, mas, pelo contrário, os trabalhos particulares de pessoas privadas, trabalhos que no processo de troca se revelam trabalho social geral ao perderem o seu caráter primitivo. O trabalho social geral não é, portanto, uma condição de antemão acabada sob esta forma, mas um resultado a que se chegou. Do que resulta esta nova dificuldade: por um lado, as mercadorias devem entrar no processo de troca como tempo de trabalho geral materializado e, por outro lado, a materialização do tempo de trabalho dos indivíduos como tempo de trabalho geral é, ela própria, o resultado do processo de troca.

Cada mercadoria deve, pela alienação do seu valor de uso, do seu modo de existência primitivo, adquirir o modo de existência adequado de valor de troca. A mercadoria apresentará assim no processo de troca um modo de existência duplo. Em contrapartida, o seu segundo modo de existência como valor de troca só pode ser outra mercadoria, porque no processo de troca só mercadorias se defrontam. De que modo representar diretamente uma mercadoria particular como tempo de trabalho *geral materializado*, ou ainda, o que é o mesmo, como dar diretamente ao tempo de trabalho individual materializado numa mercadoria particular o caráter de generalidade? A expressão concreta do valor de troca de uma mercadoria, isto é, de cada mercadoria enquanto equivalente geral, representa-se por uma soma ilimitada de equações tais como:

1 vara de pano de linho = 2 libras de café
1 vara de pano de linho = 1/2 libra de chá
1 vara de pano de linho = 8 libras de pão
1 vara de pano de linho = 6 varas de tecido de algodão
1 vara de pano de linho = etc.

Esta representação do valor de troca era teórica na medida em que a mercadoria era apenas *pensada* como um quantitativo determinado de tempo de trabalho geral materializado. Para que, de pura abstração que era, o modo de existência de uma mercadoria particular enquanto equivalente geral se torne o *resultado* social do próprio processo de troca, basta inverter os termos na série de equações acima citadas:

2 libras de café = 1 vara de pano de linho
1/2 libra de chá = 1 vara de pano de linho
8 libras de pão = 1 vara de pano de linho
6 varas de tecido de algodão = 1 vara de pano de linho

Enquanto o café, o chá, o pão, o tecido de algodão, numa palavra, todas as mercadorias exprimem em pano de linho o tempo de trabalho que contêm, o valor de troca do linho manifesta-se em todas as outras mercadorias, consideradas como seus equivalentes, e o tempo de trabalho materializado nesta mercadoria torna-se, imediatamente, o tempo de trabalho geral, patente em quantidades iguais em volumes diferentes de todas as outras mercadorias. O linho torna-se aqui um *equivalente geral* devido à *ação universal* exercida sobre ele por todas as outras mercadorias. Enquanto valor de troca, cada mercadoria se tornava medida dos valores de todas as outras mercadorias. Aqui, inversamente, medindo todas as mercadorias o seu valor de troca por uma mercadoria particular, a mercadoria excluída torna-se o modo de existência adequado do valor de troca, o seu modo de existência como equivalente geral. Em compensação, a série ilimitada de equações, ou ainda, as equações em número ilimitado pelas quais era representado o valor de troca de cada mercadoria, reduzem-se a uma só equação com dois únicos termos. Duas libras de café = uma vara de pano de linho é agora a expressão final do valor de troca do café, porque neste momento o pano de linho[17] aparece diretamente como o equivalente de um quantitativo determinado de qualquer outra mercadoria. No interior do processo de troca, as mercadorias existem agora umas para as outras, ou ainda, aparecem umas às outras enquanto valores de troca sob a forma de pano de linho. Sabemos que enquanto valores de troca todas as mercadorias se encontram relacionadas entre si como simples quantidades diferentes de tempo de trabalho geral materializado; este fato apresenta-se agora assim: enquanto valores de troca, todas as mercadorias representam simplesmente quantidades diferentes do *mesmo* objeto, o pano de linho. Por seu lado, o tempo de trabalho geral apresenta-se neste caso como uma coisa particular, como uma mercadoria ao lado e fora de todas as mercadorias restantes. Mas ao mesmo tempo a equação na qual a mercadoria se apresenta para a mercadoria como valor de troca, por exemplo, duas libras de café = uma vara de pano de linho, é uma equivalência que falta ainda realizar. Só pela sua alienação enquanto valor de uso, alienação que exige que ela se afirme, no processo de troca, como objeto de uma necessidade, a mercadoria passa realmente do seu modo de existência de café ao seu modo de existência de pano de linho, só assim toma a forma do equivalente geral e se torna realmente valor de troca para todas as outras mercadorias. Pelo contrário, o fato de todas as outras mercadorias, através da sua alienação como valores de uso, se metamorfosearem em tecido de linho, o tecido de linho torna-se a forma metamórfica de todas as outras mercadorias, e é só como resultado desta metamorfose de todas as outras mercadorias em linho que o tecido se transforma, de forma imediata, na *materialização do tempo de trabalho geral*, isto é, num produto da alienação universal, eliminação dos trabalhos individuais. Se, por se apresentarem umas às outras como valores de troca, as mercadorias adquirem assim um duplo modo de existência, a mercadoria excluída, enquanto equivalente geral, adquire por sua vez um duplo valor de uso. Além do seu valor de uso particular como mercadoria particular, adquire um valor de uso geral. Este valor de uso que lhe é próprio é em si uma determinação formal, isto é, o resultado do papel específico que esta mercadoria desempenha no processo de troca, em virtude da ação universal que exercem sobre ela as outras mercadorias. Objeto de uma necessidade particular, o valor de uso de cada mercadoria tem um valor diferente consoante aquele que a possui; tem para o que a aliena, por exemplo, um valor diferente do que tem para o que dela se apropria. A mercadoria excluída como equivalente geral é, nesse momento, o objeto de uma necessidade geral engendrada pelo próprio processo de troca e tem para todos o mesmo valor de uso: é o suporte do valor de troca, é o meio de troca geral. Assim se encontra resolvida, nesta mercadoria, a contradição que a mercadoria encerra em si: como valor de uso particular a mercadoria é, simultaneamente, equivalente geral e, por conseguinte, valor de uso geral. Portanto, enquanto todas as outras mercadorias encontram agora a representação do seu valor de troca numa equação ideal, estabelecida com o valor de uso da mercadoria exclusiva, nesta mercadoria exclusiva o valor de uso, embora real, aparece no próprio processo como um modo de existência puramente formal, que apenas ao transformar-se em valores de uso reais se realiza. Na origem, a mercadoria apresentava-se como mercadoria em geral, como tempo de trabalho geral materializado num valor de uso particular. No processo de troca, todas as mercadorias se relacionam com a mercadoria exclusiva enquanto simplesmente mercadoria, com *a* mercadoria, modo de existência do tempo de trabalho geral num valor de uso particular. Enquanto mercadorias *particulares*, as mercadorias comportam-se assim de modo antitético em relação a uma mercadoria particular considerada como a mercadoria *geral*[18]. Deste modo, o fato de os proprietários de mercadorias se referirem reciprocamente aos seus trabalhos como trabalho social geral apresenta-se assim: referindo-se às suas mercadorias como valores de troca, a relação recíproca das mercadorias entre si, enquanto valores de troca, aparece no processo de troca como a sua relação geral com uma mercadoria particular, considerada como a expressão adequada do seu valor de troca; por seu lado, esta relação aparece inversamente como a relação específica desta mercadoria particular com todas as outras mercadorias e, consequentemente, como o caráter determinado, por assim dizer social pela sua natureza, de um objeto. A mercadoria particular que representa assim o modo de existência adequado do valor de troca de todas as mercadorias sob a forma de uma mercadoria particular, exclusiva, é... *o dinheiro.* Ele é uma cristalização do valor de troca das mercadorias, produzida por estas no próprio processo de troca. Logo, enquanto no interior do processo de troca as mercadorias adquirem umas pelas outras a existência de *valores de uso*, privando-se de toda a determinação formal e relacionando-se entre si sob a sua forma material imediata, é necessário que estas, para aparecerem umas às outras como *valores de troca*, adquiram uma nova determinação formal, chegando à invenção do dinheiro. O dinheiro não é um símbolo, assim como a existência de um valor de uso como mercadoria não é um símbolo. O fato de uma relação social de produção se apresentar sob a forma de um objeto existindo fora dos indivíduos, e de as relações determinadas, pelas quais estes entram no processo de produção da sua vida social, se apresentarem como propriedades específicas de um objeto, é uma transposição, a mistificação não imaginária, mas de uma realidade prosaica, que caracteriza todas as formas sociais do trabalho criador de valor de troca. Apenas no dinheiro aparece de modo mais evidente que na mercadoria.

As propriedades físicas necessárias da mercadoria particular, em que se vai cristalizar o modo de existência monetário de todas as mercadorias, são, porquanto resultam diretamente da natureza do valor de troca, a divisibilidade, a homogeneidade das partes e a identidade de todos os exemplares desta mercadoria. Enquanto materialização do tempo de trabalho geral, ela deve ser uma matéria homogênea e suscetível de apresentar diferenças puramente quantitativas. A outra propriedade que esta mercadoria deve necessariamente possuir é a seguinte: o seu valor de uso deve ser durável, não deve deixar de subsistir ao longo do processo de troca. Os metais preciosos possuem estas propriedades num grau notável. Como a moeda não é um produto da reflexão ou da convenção, mas se constitui instintivamente no processo de troca, mercadorias muito diversas, mais ou menos impróprias, tiveram alternadamente a função de moeda. Num certo estágio do processo de troca, a necessidade de distribuir polarmente entre as mercadorias as determinações de valor de troca e de valor de uso, em que uma desempenhava o papel de meio de troca, por exemplo, enquanto outra era alienada a título de valor de uso, teve como consequência que a mercadoria ou várias mercadorias, cujo valor de uso tinha um caráter mais geral, desempenhassem, a princípio fortuitamente, o papel de moeda. Se estas mercadorias não são objeto de uma necessidade imediata, o fato de serem materialmente o elemento mais importante da riqueza assegura-lhes um caráter mais geral que aos outros valores de uso.

A troca direta, forma primitiva do processo de troca, inicialmente representa antes a transformação dos valores de uso em mercadorias, do que das mercadorias em dinheiro. O valor de troca não adquire uma forma independente, estando ainda diretamente ligado ao valor de uso. Dois fatos o comprovam. A própria produção, em toda a sua estrutura, está orientada no sentido do valor de uso e não do valor de troca, e só quando excedem os limites em que são necessários ao consumo os valores de uso deixam de ser valor de uso para se tornar meio de troca, mercadoria. Por outro lado, eles só se tornam mercadorias nos limites do seu valor de uso imediato, embora distribuídos de forma polar, devendo as mercadorias a trocar pelos seus proprietários ser valor de uso para ambos, cada uma para aquele que não a possui. Com efeito, originariamente o processo de troca das mercadorias não aparecia no seio das comunidades primitivas[19], mas sim onde estas se detêm, nas suas fronteiras, nos raros pontos em que entram em contato com outras comunidades. É aí que começa a troca e daí retrocede para o interior da comunidade sobre a qual exerce uma ação dissolvente. Assim, os valores de uso particulares, que na troca entre comunidades diferentes se tornam mercadorias, tais como os escravos, o gado, os metais, constituem a maior parte das vezes a primeira moeda no interior das próprias comunidades. Vimos que o valor de troca de uma mercadoria se manifesta como valor de troca em um grau tanto mais elevado quanto mais longa for a série dos seus equivalentes, ou ainda, quanto maior for a esfera de troca dessa mercadoria. A extensão progressiva da troca, o seu aumento e a multiplicação das mercadorias trocadas desenvolvem a propriedade valor de troca da mercadoria, levam à criação da moeda e exercem assim uma ação dissolvente sobre a troca direta. Os economistas costumam explicar o aparecimento da moeda pelas dificuldades exteriores que dificultam a troca à medida que esta se desenvolvia, mas esquecem que estas dificuldades têm a sua origem no desenvolvimento do valor de troca e, por conseguinte, do trabalho social enquanto trabalho geral. Como valores de uso, por exemplo, as mercadorias não são divisíveis à vontade, qualidade que devem ter enquanto valores de troca. Ou a mercadoria de A pode ser valor de uso para B, enquanto a mercadoria de B não é valor de uso para A. Ou ainda os proprietários de mercadorias podem ter necessidades em proporções de valor desigual às mercadorias que têm para trocar e que não são divisíveis. Por outras palavras, com o pretexto de que consideram a troca direta simples, os economistas exibem largamente certos aspectos da contradição que o modo de existência da mercadoria encerra, como unidade imediata do valor de uso e do valor de troca. Por outro lado, agarram-se em seguida firmemente e com lógica à troca direta considerada como forma adequada do processo de troca das mercadorias e que apresentaria apenas certas dificuldades técnicas para a solução das quais teria sido astuciosamente imaginado o expediente da moeda. Assim, partindo deste ponto de vista tão simples, um engenhoso economista inglês podia afirmar com razão que o dinheiro era um instrumento puramente material, tal como um barco ou uma máquina a vapor, e não a representação de uma relação social de produção e que, por conseguinte, não era uma categoria econômica. Só abusivamente se tratava a moeda em economia política, ciência que não tem de fato nada em comum com a tecnologia[20].

O mundo das mercadorias pressupõe uma divisão desenvolvida do trabalho, manifestada de forma imediata na diversidade dos valores de uso que se defrontam como mercadorias particulares e que encerram uma igual diversidade de gêneros de trabalho. A *divisão do trabalho*, como totalidade de todos os gêneros particulares de ocupação produtiva, é o aspecto de conjunto do trabalho social encarado pelo ângulo material, considerado como trabalho criador de valores de uso. Mas como tal não existe do ponto de vista das mercadorias e no interior do processo de troca senão no seu resultado, no caráter de particularidade que dá às mercadorias.

A troca de mercadorias, processo de troca social de substâncias ou permuta de produtos particulares de indivíduos privados, é a criação de relações sociais determinadas de produção nas quais, e no decurso desta troca de substâncias, entram os indivíduos. As relações em via de formação que as mercadorias estabelecem entre si cristalizam-se sob a forma de determinações distintas do equivalente geral, e o processo de troca é assim, simultaneamente, o processo de formação da moeda. Todo este processo, que se apresenta como o desenrolar de processos diferentes, é a *circulação*.

A. CONSIDERAÇÕES HISTÓRICAS SOBRE A ANÁLISE DA MERCADORIA

A redução analítica da mercadoria a trabalho, sob a dupla forma de redução do valor de uso a trabalho concreto ou atividade produtiva para um fim determinado, e de redução do valor de troca a tempo de trabalho ou trabalho social igual, é o resultado crítico das pesquisas efetuadas durante mais de um século e meio pela economia política clássica, que começa na Inglaterra com William Petty, na França com Boisguillebert[21], e acaba naquela com Ricardo e na França com Sismondi.

Petty converteu o valor de uso em trabalho, sem se deixar iludir pelo fato de a natureza condicionar a sua força criadora. Concebe o trabalho real no seu aspecto social geral, como *divisão do trabalho*[22].

Esta concepção da fonte de riqueza material não é na sua obra uma ideia mais ou menos estéril, como acontece, por exemplo, com o seu compatriota Hobbes; irá conduzi-lo à *Aritmética política*, onde pela primeira vez a economia política se individualiza como ciência independente. Todavia, entende o valor de troca tal como ele *aparece* no processo de troca das mercadorias, como moeda, e a moeda em si – ouro ou prata – como mercadoria existente. Preso às concepções do sistema monetário, declara que o gênero particular de trabalho concreto pelo qual se adquire o ouro e a prata é um trabalho criador de valor de troca. Pensa, com efeito, que o trabalho burguês não tem que produzir um valor de uso imediato, mas sim a mercadoria, ou seja, um valor de uso capaz, pela sua alienação no processo de troca, de se manifestar sob a forma de ouro e prata, isto é, de moeda, isto é, de valor de troca, isto é, de trabalho geral materializado. O seu exemplo mostra assim, claramente, que reconhecer o trabalho como fonte da riqueza material não exclui de forma alguma a ignorância da forma social determinada sob a qual o trabalho constitui a fonte do valor de troca.

Boisguillebert, por seu lado, conscientemente ou não, converte o valor de troca da mercadoria em tempo de trabalho, ao determinar o "justo valor" pela proporção exata em que o tempo de trabalho dos indivíduos é repartido pelas ramificações particulares da indústria, e ao apresentar a livre concorrência como o processo social que estabelece essa exata proporção. Mas ao mesmo tempo, e ao contrário de Petty, declara-se fanaticamente contra o dinheiro, cuja intervenção perturbaria, na sua opinião, o equilíbrio natural ou a harmonia da troca das mercadorias e que, qual fantástico Moloch, exigiria em sacrifício toda a riqueza natural. Ora se, por um lado, esta polêmica contra o dinheiro está ligada a circunstâncias determinadas – Boisguillebert declarando guerra[23] contra a paixão cega e destruidora pelo ouro que reinava na corte de um Luís XIV, contaminando os seus cobradores de impostos e a sua nobreza, enquanto Petty celebrava na paixão do ouro o poderoso impulso que leva um povo ao desenvolvimento industrial e à conquista do mercado mundial – ela revela-nos já o mais profundo antagonismo de base que reaparece como um contraste permanente entre as economias políticas tipicamente inglesa e tipicamente francesa[24]. Com efeito, Boisguillebert só tem em vista[25] o conteúdo material da riqueza, o valor de uso, a fruição[26], e considera a forma burguesa do trabalho, a produção de valores de uso enquanto mercadorias e o processo de troca destas como a forma social natural sob a qual o trabalho individual atinge esse objetivo. Assim, quando encara o caráter específico da riqueza burguesa, como no caso do dinheiro, acredita na intervenção de fatores estranhos usurpadores e enfurece-se contra o trabalho burguês numa das formas que ele assume, glorificando utopicamente outra das suas formas[27]. Boisguillebert prova-nos que podemos considerar o tempo de trabalho como medida da grandeza de valor das mercadorias, confundindo o trabalho materializado no valor de troca das mercadorias, trabalho este cronometrável, com a atividade natural imediata dos indivíduos.

A primeira análise que, conscientemente e com uma clareza que toca quase a banalidade, reduz o valor de troca a tempo de trabalho, foi apresentada por um homem do Novo Mundo, onde as relações de produção burguesa, importadas ao mesmo tempo que os seus agentes, cresceram rapidamente num solo que compensava por uma superabundância de húmus a falta de tradição histórica. Este homem é *Benjamin Franklin*, que, num trabalho de juventude, escrito em 1719 e impresso em 1721, formulou a lei fundamental da economia política moderna[28]. Afirma a necessidade de descobrir outra medida para os valores que não os metais preciosos. Esta medida seria, na sua opinião, o trabalho.

> Pelo trabalho podemos medir o valor do dinheiro, assim como o de todas as outras coisas. Imaginai, por exemplo, que um homem se ocupa a cultivar o trigo, enquanto outro extrai e refina a prata. No fim do ano, ou passado qualquer outro período de tempo determinado, a produção total do trigo e a da prata constituem os preços naturais um do outro e, se um representa vinte alqueires e o outro vinte onças, o trabalho empregado para produzir um alqueire de trigo vale uma onça de prata. Mas se, graças à descoberta de minas mais próximas, mais facilmente acessíveis, de rendimento superior, um homem consegue produzir de futuro quarenta onças de prata com a mesma facilidade com que antes produzia vinte, e se para a produção dos vinte alqueires de trigo continua a ser necessário o mesmo trabalho, duas onças de prata serão agora o valor do trabalho empregado na produção de um alqueire de trigo e o alqueire, que tinha antes o valor de uma onça, valerá agora duas, *caeteris paribus* (em iguais circunstâncias). A riqueza de um país deve ser avaliada pela quantidade de trabalho que os seus habitantes podem adquirir[29].

Do ponto de vista da economia política, o tempo de trabalho aparece na obra de Franklin sob o aspecto limitado de medida de valores. A transformação dos produtos reais em valores de troca é evidente, e trata-se apenas de encontrar um padrão para a sua grandeza de valor.

Como o comércio em geral não é mais que uma troca de trabalho contra trabalho, será pelo trabalho que mais exatamente se poderá avaliar o valor de todas as coisas[30].

Se substituirmos aqui a palavra trabalho pela expressão trabalho real, nos aperceberemos imediatamente de que há confusão entre o trabalho sob uma forma e o trabalho sob a sua outra forma. Por exemplo: consistindo o comércio numa troca de trabalho do sapateiro, de trabalho do mineiro, de trabalho do fiandeiro, de trabalho do pintor, etc., será assim pelo trabalho do pintor que mais exatamente se avalia o valor das botas? Pelo contrário, Franklin pensava que o valor das botas, dos produtos mineiros, dos tecidos, dos quadros, etc. é determinado pelo trabalho abstrato, trabalho que não possui qualidade particular e só pela quantidade é mensurável[31]. Mas uma vez que não desenvolve estes conceitos até transformar o trabalho contido no valor de troca num trabalho geral abstrato, trabalho social resultante da alienação universal, dos trabalhos individuais, é necessariamente impossível que reconheça no dinheiro a forma de existência imediata desse trabalho alienado. Para Franklin não há, pois, conexão interna entre o trabalho criador de valor de troca, sendo o dinheiro, pelo contrário, um instrumento alheio à troca, introduzido neste processo para comodidade técnica[32]. A análise que Franklin fez do valor de troca não influenciou imediatamente o progresso da ciência, porque se limitou a tratar pontos particulares da economia política a propósito de problemas práticos determinados.

A oposição entre o trabalho útil real e o resultado criador de valor de troca ocupou a atenção da Europa durante o século XVIII. Pergunta-se: que gênero particular de trabalho real é a fonte da riqueza da burguesia? Subentendia-se que o trabalho não cria imediatamente a riqueza, quer se realize em valores de uso, quer procure simplesmente o ganho. Todavia, quer para os fisiocratas, quer para os seus adversários, o problema delicado não era saber que trabalho cria o *valor*, mas sim qual o trabalho que cria a *mais-valia*. Tratam assim o problema na sua forma complexa antes de o haver resolvido na sua forma elementar. Isto acontece, aliás, com todas as ciências, cuja evolução histórica só depois de mil rodeios e atalhos conduz aos verdadeiros pontos de partida. Ao contrário dos arquitetos, os sábios não só fazem castelos no ar, como constroem vários andares habitáveis antes de colocar a primeira pedra do edifício. Sem perder mais tempo com os fisiocratas, e passando em silêncio toda uma série de economistas italianos que com uma intuição mais ou menos pertinente fizeram a análise exata da mercadoria[33], vamos deter-nos em *Sir James Steuart*, o inglês que em primeiro lugar tratou no conjunto o sistema da economia burguesa[34]. Na sua obra as categorias abstratas da economia política estão ainda em via de separação do seu conteúdo material, o que lhes dá um aspecto fluido e pouco determinado; é o caso do valor de troca. Steuart determina o *valor real* pelo tempo de trabalho (What a workman can perform in a day [o que um trabalhador pode realizar num dia]), deixando em grande confusão o salário e a matéria-prima[35]. Num outro passo da sua obra encontra-se mais evidentemente ainda em dificuldades com o conteúdo material da mercadoria. Designa a matéria natural contida numa mercadoria – a prata num composto de prata, por exemplo – por *valor intrínseco* [*intrinsic worth*] da mercadoria, e por *valor de uso* [*useful value*] o tempo de trabalho que ela contém.

> O primeiro é qualquer coisa de concreto em si; o valor de uso, pelo contrário, deve ser avaliado pelo trabalho empregado para produzi-la. O trabalho empregado na transformação da matéria representa uma porção do tempo de um homem, etc. (...)[36]

O que distingue Steuart dos economistas anteriores e dos que se lhe seguiram é a rigorosa diferenciação que estabelece entre o trabalho especificamente social, que se manifesta no valor de troca, e o trabalho concreto, que produz os valores de uso.

> Chamo *indústria* ao trabalho que, pela sua alienação [*alienation*], cria um equivalente geral [*universal equivalent*].

Não só distingue o trabalho enquanto indústria do trabalho concreto, mas ainda das outras formas sociais do trabalho. É para ele a forma burguesa do trabalho, em contraste com as formas antiga e medieval. Interessa-lhe em particular a oposição entre o trabalho burguês e o trabalho feudal, cujo período de declínio tivera oportunidade de estudar na própria Escócia e no decurso das grandes viagens que fez no continente. Steuart sabia naturalmente que nas épocas pré-burguesas o produto também assume a forma de mercadoria e esta a forma de dinheiro, mas prova minuciosamente que a mercadoria, enquanto forma fundamental elementar da riqueza, e a alienação, enquanto forma predominante da apropriação, são características do período de produção burguesa e que, por conseguinte, o trabalho criador de valor de troca é especificamente burguês[37].

Depois de sucessivamente ter sido declarado que as formas particulares do trabalho concreto, a agricultura, a manufatura, a navegação, o comércio, etc., eram as verdadeiras fontes da riqueza, *Adam Smith* proclamou que o trabalho em geral, o trabalho no seu aspecto social geral enquanto *divisão do trabalho*, era a única fonte de riqueza material ou dos valores de uso. O elemento natural, que lhe escapa aqui totalmente, persegue-o na esfera da riqueza puramente social, do valor de troca. Adam determina sem dúvida o valor da mercadoria pelo tempo de trabalho que ela contém, relegando em seguida para épocas "pré-adamitas" a realidade desta determinação. Por outras palavras: o que lhe parece verdade do ponto de vista da simples mercadoria torna-se obscuro quando trata as formas menos comuns e mais complexas de capital, trabalho assalariado, renda imobiliária, etc. Isto está implícito quando diz que o valor das mercadorias era medido pelo tempo de trabalho que estas contêm no *paradise lost* [paraíso perdido] da burguesia, onde os homens se defrontavam não como capitalistas, assalariados, proprietários de bens de raiz, arrendatários, usuários, etc., mas como simples produtores e cambistas de mercadorias. Confunde constantemente a determinação do valor das mercadorias pelo tempo de trabalho que elas encerram com a determinação dos seus valores pelo valor do trabalho; hesita sempre que entra em minúcias e toma injustamente por igualdade subjetiva[38] de direitos de trabalhos individuais a equação objetiva que estabelece brutalmente o processo social entre trabalhos diferentes[39]. Quanto à passagem do trabalho real a trabalho criador de valor de troca, isto é, a trabalho burguês na sua forma fundamental, procura realizá-la pela *divisão do trabalho*. Ora, se é correto dizer que a troca privada supõe a divisão do trabalho, já é errado admitir que a divisão do trabalho supõe a troca privada. Entre os peruanos, por exemplo, o trabalho era extremamente dividido, embora não existisse troca privada, troca de produtos sob a forma de mercadorias.

Ao contrário de Adam Smith, *David Ricardo* esclareceu com precisão o princípio da determinação do valor da mercadoria pelo tempo de trabalho, e demonstra que esta lei regula igualmente as relações de produção da sociedade burguesa que mais parecem estar em contradição com ela. As pesquisas de Ricardo limitam-se à *grandeza de valor*, e suspeitam pelo menos que a realização da lei aplicada a esta supõe condições históricas determinadas. Assim, diz que a determinação da grandeza de valor pelo tempo de trabalho só é válida para as mercadorias que podem ser facilmente multiplicadas pela indústria e cuja produção é submetida a uma concorrência ilimitada[40].

O que apenas significa que a lei do valor supõe, para o seu completo desenvolvimento, a sociedade da grande produção industrial e da liberdade de concorrência, ou seja, a sociedade burguesa moderna. Aliás, Ricardo considera a forma burguesa do trabalho como a forma natural e eterna do trabalho social. O pescador e o caçador primitivos, que ele considera proprietários de mercadorias, trocariam peixe e caça proporcionalmente ao tempo de trabalho materializado nestes valores de troca. Comete neste caso o anacronismo de apresentar o pescador e o caçador primitivos a referirem-se às tabelas de anuidades da Bolsa de Londres em 1817 para avaliação dos seus instrumentos de trabalho. Os "Paralelogramos do senhor Owen" parecem ter sido a única forma de sociedade que ele conheceu fora da forma burguesa. Embora prisioneiro deste horizonte burguês, Ricardo disseca a economia burguesa, que tem no fundo um aspecto totalmente diferente daquele que aparenta à superfície, com um tal rigor teórico que, ao referir-se-lhe, lorde Brougham pôde dizer:

> *Mr. Ricardo seemed as if he had dropped from an other planet.* [O Sr. Ricardo parecia ter caído de um outro planeta.]

Numa polêmica direta com Ricardo, *Sismondi*, ao mesmo tempo que insistia no caráter especificamente social do trabalho criador de valor de troca[41], apresentava como "característica do nosso progresso econômico" a redução da grandeza de valor a tempo de trabalho *necessário*, a

> relação entre a necessidade de qualquer sociedade e a quantidade de trabalho suficiente para satisfazer essa necessidade[42].

Sismondi libertara-se da concepção de Boisguillebert segundo a qual o trabalho criador de valor de troca seria adulterado pelo dinheiro, mas denuncia o grande capital industrial com o fanatismo com que Boisguillebert denunciara o dinheiro. Se, com Ricardo, a economia política chega sem receios às últimas consequências, encontrando assim a sua conclusão, tal conclusão é completada por Sismondi, que leva esta ciência a duvidar de si.

Visto que Ricardo, dando à economia política clássica a sua forma mais perfeita, formulou e desenvolveu com grande clareza a lei da determinação do valor pelo tempo de trabalho, é ele naturalmente o alvo da polêmica suscitada pelos economistas. Abstraindo da forma absurda que esta polêmica apresentou na maioria dos casos[43], podemos resumi-la deste modo:

Primeiro. O próprio trabalho tem um valor de troca, e trabalhos diferentes têm um valor de troca diferente. É um círculo vicioso fazer de um valor de troca a medida do valor de troca, uma vez que o valor de troca que serve para medir tem ele próprio, por seu lado, necessidade de uma medida. Esta objeção fundamenta-se no seguinte problema: dado o tempo de trabalho como medida imanente do valor de troca, desenvolver sobre esta base o salário do trabalhador. A resposta é dada pela teoria do trabalho assalariado.

Segundo. Se o valor de troca de um produto é igual ao tempo de trabalho que ele contém, o valor de troca de um dia de trabalho é igual ao produto de um dia de trabalho. Ou ainda: o salário deve ser igual ao produto do trabalho[44]. Ora, acontece precisamente o contrário. *Ergo* [logo] esta objeção baseia-se no seguinte problema: como é que a produção, tendo por base o valor de troca determinado unicamente pelo tempo de trabalho, conduz a um resultado em que o valor de troca do trabalho é inferior ao valor de troca do seu produto? Resolveremos este problema ao estudar o capital.

Terceiro. O preço de transação das mercadorias é inferior ou ultrapassa o seu valor de troca, consoante as variações da oferta e da procura. *Por consequência*, segue-se que o valor de troca das mercadorias é determinado pela relação da oferta e da procura e não pelo tempo de trabalho que elas contêm. Na prática, esta estranha conclusão leva apenas à pergunta seguinte: como é que, tendo por base o valor de troca, o preço de revenda é diferente desse valor? Ou, mais exatamente: por que é que a lei do valor de troca só se realiza no seu contrário? Este problema é resolvido na teoria da concorrência.

Quarto. A última contradição e aparentemente a mais decisiva, quando não é, como de costume, apresentada sob a forma de exemplos barrocos, é a seguinte: se o valor de troca é apenas o tempo de trabalho contido numa mercadoria, como é que mercadorias que não contêm trabalho podem possuir um valor de troca? Ou, por outras palavras: donde retiram simples forças da natureza o seu valor de troca? Este problema é resolvido na teoria da renda imobiliária.

NOTAS

1. ARISTÓTELES, *Da República*, Livro I, cap. IX (Ed. I Bekkeri, Oxonii, 1837 [*Obras*, vol. X, pp. 13 s.] "Porque todo o bem pode servir para dois usos (...). Um é próprio à coisa em si, mas não o outro; assim, uma sandália pode servir como calçado, mas também como objeto de troca. Trata-se, nos dois casos, de valores de uso da sandália, porque aquele que troca a sandália por aquilo de que necessita, alimentos, por exemplo, serve-se também da sandália. Contudo, não é este o seu uso natural. Pois que a sandália não foi feita para troca. O mesmo se passa com os outros bens."

2. É por esta razão que os compiladores alemães tratam *com amore* (com amor) do valor de uso designado por "bem". Veja, por exemplo, STEIN: *System der Staatswissenschaft* ["Sistema de economia política"] (Stutgart e Tubingen, 1852), vol. I, cap. sobre os "bens" [p. 134, etc.]. Devemos procurar as opiniões corretas sobre os "bens" nas *Indicações sobre a ciência das mercadorias*.

3. Em inglês no texto: *quarter*.

4. "Unskilled labor" (trabalho não qualificado), dizem os economistas ingleses.

5. É um preconceito ridículo, muito generalizado ultimamente, acreditar que a propriedade coletiva *primitiva* é uma forma especificamente eslava, ou exclusivamente russa. É a forma primitiva, de que se pode detectar a presença nos romanos, germanos e celtas, mas de que se encontra ainda na Índia todo um mostruário dos vários modelos, embora em parte no estado de vestígios. Um estudo rigoroso das formas da propriedade coletiva na Ásia, especialmente na Índia, mostraria que, ao dissolverem-se, as diferentes formas de propriedade coletiva primitiva deram origem às diferentes formas de propriedades. É assim que se podem deduzir os diferentes tipos originais de propriedade privada em Roma e nos germanos, por exemplo, a partir das diferentes formas de propriedade coletiva na Índia.

6. "La richezza é una ragione tra due persone." (A riqueza é uma relação entre duas pessoas.) GALIANI, *Della Moneta*, p. 221, vol. III, da compilação de Custodi dos *Scrittori classici italiani di economia politica. Parte moderna*, Milão, 1803.

7. 1.ª ed.: *ouro*. Corrigido no exemplar I, anotado à mão. (N. do R. T.)

8. "No seu estado natural... a matéria é sempre destituída de valor." MAC CULLOCH: *Discours sur l'origine de l'economie politique*, etc. Tradução de Prévost, Genebra, 1825, p. 57. Vê-se como até um Mac Culloch se eleva acima do fetichismo dos "pensadores" alemães, que veem na "matéria" e em meia dúzia de outras coisas que não têm nada a ver com o valor elementos deste último. Veja, por exemplo, STEIN, *System der Staatswissenschaft*, t. 1, p. 170 [195].

9. BERKELEY, *The Querist*, Londres, 1750 [p. 1]. "Whether the four elements, and man's labour therein, be not the true source of wealth?"

10. COOPER, *Lectures on the Elements of Political Economy*, Londres, 1831 (Colúmbia, 1820), p. 99.

11. F. List, que nunca foi capaz de compreender a diferença entre o trabalho pelo qual se cria qualquer coisa útil, um valor de uso, e o trabalho criador de uma determinada forma social da riqueza, o valor de troca – compreender era, aliás, no fim das contas, coisa desconhecida da sua inteligência prática e utilitária –, viu nos economistas ingleses modernos simples plagiadores de Moisés e do velho Egito.

12. Imaginamos que "serviço" a categoria "serviço" deve prestar aos economistas do gênero de J.-B. Say e F. Bastiat, cujo astuto raciocínio em tudo faz abstração da forma específica determinada das relações econômicas, como tão exatamente observou Malthus.

13. "Têm ainda as medidas a particularidade de a sua relação com o objeto medido ser tal que a coisa medida se torna, de qualquer modo, a medida da coisa que serve para medir." MONTANARI, *Della Moneta*, p. 48, na compilação de Custodi, vol. III. *Parte antiga*.

14. É sob esta forma determinada que Aristóteles concebe o valor de troca. (Confronte-se a passagem citada no início do capítulo.)

15. 1.ª ed.: *in* em vez de *zu* ("entram no trabalho social" em vez de "tornam-se trabalho social"), corrigido no exemplar II, anotado à mão. (N. do R. T.)

16. 1.ª ed.: *im Verhältnis ihrer Zeitdauer* (proporcionalmente à sua duração); corrigido no exemplar I, anotado à mão. (N. do R. T.)

17. 1.ª ed.: *er* (ele) em vez de *sie* (ela). (N. do R. T.)

18. A mesma expressão se encontra em Genovesi. (Nota do exemplar I, anotado à mão.) (N. do R. T.)

19. Aristóteles faz a mesma observação a respeito da família privada considerada como a comunidade primitiva. Mas a forma primitiva da família é a família tribal e só pela sua análise histórica se esclarece a família privada. "Porque, na comunidade primitiva [que é a família], não existia certamente nenhuma espécie de necessidade desta [troca]" (*Da República* [*ibid.*, Obras, edição Bekkeri Oxonii, 1837, vol. X, p. 14]).

20. "Na verdade, o dinheiro é apenas o instrumento que permite efetuar a compra e a venda" (mas diga-nos, por favor: o que entende por compra e venda?) "e é tão pouco viável o seu estudo integrado na ciência da economia política, como o seria o estudo dos barcos e das máquinas a vapor ou de qualquer outro instrumento utilizado com o fim de facilitar a produção e a repartição da riqueza" (HODGSKIN, *Popular Political Economy*, etc., Londres, 1827, pp. 178, 179).

21. Um estudo comparado das obras e dos caracteres de Petty e de Boisguillebert, independentemente da luz que lançaria sobre o contraste social existente entre a Inglaterra e a França no fim do

século XVII, princípio do século XVIII, permitiria expor a gênese do contraste nacional entre as economias políticas inglesa e francesa. O mesmo contraste vem a repetir-se no fim com Ricardo e Sismondi.

22. Petty desenvolveu também a tese da divisão do trabalho considerada como força produtiva, e fê-lo num plano muito mais vasto que Adam Smith. Veja: *An Essay Concerning the Multiplication of Mankind*, etc., 3.ª edição, 1686, pp. 35-6. Nesta obra mostra as vantagens da divisão do trabalho para a produção, não só através do exemplo da fabricação de um relógio, como o fez mais tarde Adam Smith para a fabricação de uma agulha, mas estudando também ao mesmo tempo uma cidade e toda uma região do ponto de vista das grandes fábricas. É a esta "ilustration of the admirable Sir William Petty" [explicação do admirável Sir William Petty] que se refere o *Spectator* de 26 de novembro de 1711. Erra, pois, Mac Culloch, quando supõe que o *Spectator* confunde Petty com um escritor 40 anos mais jovem. Veja MAC CULLOCH, *The Literature of Political Economy, a Classified Catalogue*, Londres, 1845, p. 105. Petty tem consciência de ser o fundador de uma ciência nova. O seu método, diz Petty, "não é o método tradicional". Em vez de alinhar uma série de comparativos, de superlativos e de argumentos especulativos, preferiu, diz ele, falar "in terms of number, weight or mesure" [em termos de quantidade, peso e medida], preferiu servir-se unicamente de argumentos deduzidos da experiência sensível e considerar apenas as causas "as have visible foundations in nature" [que têm um fundamento visível na natureza]. Deixa a outros o cuidado de estudar as causas que dependem de "mutable minds, opinions, appetites and passions of particular men" [de concepções, opiniões, tendências e paixões igualmente mutáveis dos indivíduos] (*Political Arithmetic*, etc., Londres, 1699, prefácio). A sua genial audácia revela-se, por exemplo, na proposta de transferir todos os habitantes e bens móveis da Irlanda e da Alta Escócia para o resto da Grã-Bretanha. Poupar-se-ia, assim, tempo de trabalho, aumentaria a força produtiva do trabalho e "o rei e os seus súditos seriam mais ricos e mais fortes" (*Political Arithmetic*, cap. IV [p. 225]). Revela-se também no capítulo da sua *Aritmética política* onde, numa época em que a Holanda desempenhava ainda um papel preponderante como nação comercial e em que a França parecia tornar-se a potência

mercantil predominante, demonstra que a Inglaterra é chamada a conquistar o mercado mundial: "That the King of England's subjects have stock competent and convenient to drive the trade of the whole commercial world" [Que os súditos do rei da Inglaterra dispõem do capital apropriado e suficiente para conduzir todo o comércio mundial] (*ibid.*, cap. X [p. 272]). "That the impediments of England greatness are but contingent and removeable." [Que os obstáculos à grandeza da Inglaterra são fortuitos e ultrapassáveis.] (pp. 247 s.) Há em todos os seus textos um humor original. Mostra, por exemplo, que as coisas se passaram sem nenhum passe de mágica quando a Holanda, que era então o país-modelo para os economistas ingleses, tal como o é hoje a Inglaterra para os economistas continentais, conquistou o mercado mundial, "Without such angelical wits and judgements, as some attribute to the Hollanders" [sem esse juízo e critério angelicais que muitos atribuem aos holandeses] (*ibid.*, pp. 175, 176). Defende a liberdade de consciência como a condição do comércio "porque os pobres são trabalhadores e considerarão o trabalho e a habilidade como um dever para com Deus enquanto se lhes permitir pensar que, se são menos ricos, têm mais inteligência das coisas divinas, o que eles consideram como o bem próprio dos pobres". O comércio não estaria portanto "ligado a esta ou àquela religião, mas sempre, pelo contrário, aos elementos heterodoxos do conjunto" (*ibid.*, pp. 183-6). Preconiza taxas públicas especiais em proveito dos ladrões, pois melhor seria que o público se cotizasse espontaneamente em benefício dos gatunos do que deixar que sejam eles a cobrar as taxas (*ibid.*, p. 199). Em contrapartida, não lhe agradam os impostos que transferem a riqueza das pessoas laboriosas para aqueles que "não têm melhor ocupação do que comer, beber, cantar, tocar, dançar e fazer metafísica". Os textos de Petty são quase raridades nas livrarias e só esporadicamente se encontram em antiquadas e más edições, o que é tanto mais surpreendente quanto William Petty é não só o pai da economia política inglesa mas também o antepassado de Henry Petty, aliás Marquês de Landsdowne, o "Nestor dos Whigs ingleses". É verdade que a família Landsdowne não poderia publicar uma edição completa das obras de Petty sem as fazer preceder da sua biografia, e faz parte dos seus princípios, como acontece na maioria das grandes famílias Whigs, "the less said of them better" [que ao menos digam deles o melhor]. A figura deste cirurgião do exército, este homem de pensamento audacioso, mas de espírito essencialmente frívolo, que tão depressa saqueava a Irlanda sob a égide de Cromwell como se inclinava perante Carlos II para obter, à custa das suas pilhagens, o indispensável título de baronete, é um retrato de antepassado que não convém muito expor à curiosidade pública. Além disso, em grande parte dos textos que publicou em vida, Petty tenta demonstrar que a Inglaterra conheceu o seu apogeu com Carlos II, opinião pouco ortodoxa para os exploradores hereditários da "Glorious Revolution".

23. Opondo-se aos "negros artifícios da finança" da época, Boisguillebert declara: "A ciência financeira é o conhecimento profundo dos interesses da agricultura e do comércio" (*Le Détail de la France*, 1697, edição de Eugène Daire: *Économistes financiers du XVIIe siècle*, Paris, 1943, vol. I, p. 241).

24. Economia política francesa e não *romana*, pois que, se os italianos nas duas escolas napolitana e milanesa fazem reaparecer a oposição entre as economias políticas inglesa e francesa, já os espanhóis da época anterior são simples mercantilistas ou adeptos do mercantilismo modificado, com Uztariz, ou então, como Jovellanos (cf. as suas *Obras*, Barcelona, 1839-1840), encontraram em Adam Smith o "meio-termo".

25. 1ª ed.: *such* (procura) em vez de *sieht* (vê, tem em vista); corrigido no segundo exemplar anotado à mão. (N. do R. T.)

26. "A verdadeira riqueza (...) é a fruição total, não só do que é necessário à vida, mas ainda de tudo o que é supérfluo e de tudo aquilo que apraz à sensualidade" [BOISGUILLEBERT, *Dissertation sur la nature de la richesse, etc.*, *ibid.*, p. 403]. Mas, enquanto Petty era um frívolo aventureiro, um ratoneiro sem caráter, Boisguillebert, embora fosse um dos intendentes de Luís XIV, tomava o partido das classes oprimidas com tanta inteligência quanto audácia.

27. O socialismo francês, na sua forma proudhoniana, sofre do mesmo mal nacional hereditário.

28. FRANKLIN, *The Works of*, etc., Ed. I. Sparks, vol. II, Boston, 1836: "A Modest Inquiry, into the Nature and Necessity of a Paper Currency."

29. *Ibid.*, p. 265. "Thus the riches of a country are to be valuede by the quantity of labour its inhabitants are able to purchase."

30. "Trade in general being nothing else but the exchange of labour for labour, the value of all things is, as I have said before, most justly measured by labour" (*ibid.*, p. 267).

31. *Ibid.* "Remarks and Facts relative to the American Paper Money", 1764.

32. Veja: "Paper on American Politics": "Remarks and Facts relative to the American Paper Money", 1764 (*ibid.*).

33. Veja, por exemplo, GALIANI, *Della Moneta*, vol. III, em *Scrittori classici italiani di economia politica* (editado por Custodi), *Parte Moderna*, Milão, 1803. "O labor (*fatica*) é a única coisa que dá valor ao objeto", p. 74. É caracteristicamente meridional designar o trabalho pela palavra *fatica*.

34. A obra de STEUART, *An Inquiry into the Principles of Political Economy, Being an Essay on the Science of Domestic Policy in Free Nations*, apareceu em Londres, em 1767, em dois volumes in-4°, dez anos antes de *Wealth and Nations* de Adam Smith. Cito a edição de Dublin de 1770.

35. STEUART, *ibid.*, vol. I, pp. 181-3.

36. STEUART, *ibid.*, vol. I, pp. 361-2.

37. Considera, por consequência, um "abuso" a forma patriarcal da agricultura diretamente orientada no sentido da criação de valores de uso para proveito do proprietário da terra. Não se referia a Esparta ou Roma, sem dúvida, nem a Atenas, mas aos países industriais do século XVIII. Esta *abusive agriculture* não era um *trade* [uma indústria], mas "um simples meio de existência". Assim como a agricultura burguesa desembaraçaria o campo de bocas supérfluas, também a manufatura burguesa desembaraçaria a fábrica de braços inúteis.

38. 1.ª ed.: *mit der subjektiven* (confunde com igualdade subjetiva de direitos), corrigido no exemplar, I, anotado à mão. (N. do R. T.)

39. Assim, Adam Smith diz, por exemplo: "Quantidades iguais de trabalho devem ter necessariamente, em todas as épocas e em todos os lugares, um valor igual para aquele que trabalha. Em condições normais de saúde, força e atividade, e com o grau médio de habilidade que deve possuir, é sempre necessário que dê a mesma parte do seu repouso, da sua liberdade e da sua felicidade. Seja qual for a quantidade de mercadorias que receba em retribuição

do seu trabalho, o preço que paga nunca varia. Esse preço permite-lhe comprar ora uma quantidade menor, ora uma maior quantidade dessas mercadorias, mas unicamente porque o valor delas varia, não o valor do trabalho que permite comprá-las. Logo, apenas o trabalho não admite alterações do seu próprio valor. Constitui, pois, o preço real das mercadorias etc." (*Wealth of Nations*, livro I, cap. V, Ed. Wakefield, Londres, 1835-1839, vol. I, p. 104).

40. DAVID RICARDO, *On the Principles of Political Economy and Taxation*, 3.ª ed., Londres, 1821, p. 3.

41. SISMONDI, *Études sur l'economie politique*, vol. II, Bruxelas, 1837. "É a oposição entre o valor de uso e o valor de troca ao qual o comércio reduziu todas as coisas" (p. 161).

42. SISMONDI, *ibid.*, pp. 163-6 s.

43. É sem dúvida nas anotações de J.-B. Say à tradução francesa da obra de Ricardo por Constance que esta inépcia mais se evidencia, e na *Theory of Exchange* do Sr. Macleod recentemente editada em Londres (1858) ela assume o pedantismo mais pretensioso.

44. Esta objeção, feita a Ricardo pelos economistas burgueses, foi mais tarde retomada pelos socialistas. Admitida a exatidão teórica do enunciado, acusou-se a prática de estar em contradição com a teoria e pediu-se à sociedade burguesa que tirasse praticamente a consequência pressuposta do seu princípio teórico. Foi pelo menos deste modo que os socialistas ingleses voltaram contra a economia política a fórmula do valor de troca de Ricardo. E assim o Sr. Proudhon teve a honra não só de celebrar no princípio fundamental da velha sociedade o princípio de uma sociedade nova, mas de se proclamar ao mesmo tempo o inventor da fórmula em que Ricardo tinha condensado a conclusão geral da economia política clássica inglesa. Provou-se que a própria interpretação utópica da fórmula ricardina tinha já caído no esquecimento na Inglaterra quando o Sr. Proudhon a "descobriu" do outro lado da Mancha. (Cf. na minha obra *Miséria da filosofia*, etc., Paris, 1847, o capítulo sobre o "valor constituído" [pp. 18 s.].) (MARX, *Misère de la philosophie*, pp. 40 s., Éditions Sociales, Paris, 1947. [N. do R. T.])

Capítulo II
A moeda ou a circulação simples

Num debate parlamentar sobre os "Bank-Acts" de Sir Robert Peel de 1844 e 1845, Gladstone observava que nem o amor fizera perder a cabeça a tantas pessoas como as ruminações sobre a essência da moeda. Falava de inglês para inglês. Os holandeses, pelo contrário, povo que, a despeito das dúvidas de Petty, sempre possuiu uma "inteligência angelical" para as especulações financeiras, nunca deixaram soçobrar a sua inteligência na especulação sobre o dinheiro.

A principal dificuldade da análise da moeda é ultrapassada quando se compreende que o dinheiro tem a sua origem na própria mercadoria. Admitindo isto, apenas resta conceber nitidamente as formas determinadas que lhe são próprias. O problema é um pouco dificultado pelo fato de todas as relações burguesas aparecerem transformadas em ouro ou prata, aparecerem como relações monetárias, e a forma dinheiro parece possuir, por conseguinte, um conteúdo infinitamente variado e que lhe é estranho.

No estudo que se segue, convém não esquecer que se tratam somente as formas da moeda como resultado imediato da troca de mercadorias, e não as que se integram num estágio superior do processo de produção, como por exemplo a moeda fiduciária[1]. Para simplificação, admitir-se-á o ouro como a mercadoria-moeda.

I. Medida de valores

O processo primeiro da circulação é, a bem dizer, um processo teórico, preliminar da circulação real. As mercadorias, que existem como valores de uso, criam a sua própria forma sob a qual *aparecem* idealmente umas às outras como valores de troca, como quantidades determinadas de trabalho *geral* materializado. Vê-se assim que o primeiro ato necessário deste processo consiste na exclusão, por parte das mercadorias, de uma mercadoria específica – que pode ser o *ouro* – como materialização imediata do tempo de trabalho geral ou equivalente geral. Vamos rever ainda a fórmula pela qual as mercadorias transformam o ouro em moeda:

1 tonelada de ferro = 2 onças de ouro
1 quarta de trigo = 1 onça de ouro
1 quintal de café = 1/4 de onça de ouro
1 quintal de potassa = 1/2 onça de ouro
1 tonelada de pau-brasil = 1 onça e 1/2 de ouro
1 mercadoria = x onça de ouro

Nesta série de equações, o ferro, o trigo, o café, a potassa, etc., apresentam-se entre si como a materialização de trabalho uniforme, de trabalho materializado no ouro, em que se apaga completamente qualquer particularidade dos trabalhos reais representados nos seus diferentes valores de uso. Enquanto valor, estas mercadorias são idênticas, são a materialização de *igual* trabalho, ou ainda, *igual* materialização do trabalho, do ouro. Enquanto materialização uniforme do mesmo trabalho, apresentam *uma* única diferença, uma diferença quantitativa, ou ainda, aparecem como grandezas diferentes de valor porque os seus valores de uso contêm um tempo de trabalho desigual. Enquanto mercadorias isoladas, elas relacionam-se ao mesmo tempo entre si como materialização do tempo de trabalho geral, porque se relacionam com o próprio tempo de trabalho geral como mercadoria excluída, o ouro. A mesma relação em via de constituição, pela qual se apresentam entre si como valores de troca, representa o tempo de trabalho contido no ouro como tempo de trabalho geral, de que um dado quantitativo se exprime em quantidades diferentes de ferro, de trigo, de café, etc., em resumo, nos valores de uso de todas as mercadorias, ou manifesta-se ainda diretamente na série ilimitada de equivalentes em mercadoria. Se as mercadorias exprimem universalmente os seus valores de troca em ouro, o ouro exprime diretamente o seu valor de troca em todas as mercadorias. Ao darem a si próprias, umas pelas outras, a forma de valor de troca, as mercadorias dão ao ouro a forma de equivalente geral ou de moeda.

É na medida em que *todas* as mercadorias medem os seus valores de troca em ouro, na proporção em que uma quantidade determinada de ouro e uma quantidade determinada de mercadorias contêm igual tempo de trabalho, que o ouro se torna *medida de valores*; e é antes de mais nada unicamente devido a esta função de medida de valores, função em que o seu próprio valor se mede diretamente no círculo completo dos equivalentes em mercadoria, que o ouro se torna equivalente geral ou moeda. Por seu lado, o valor de troca de todas as mercadorias passa a exprimir-se em ouro. Há que distinguir nesta expressão do valor um momento qualificativo e um momento quantitativo. O valor de troca da mercadoria apresenta-se sob a forma de materialização do mesmo tempo de trabalho uniforme; a grandeza de valor da mercadoria encontra então a sua expressão exaustiva, porque, ao supor as mercadorias iguais ao ouro, admite-se a sua igualdade entre si. Por um lado, aparece o caráter *geral* do tempo de trabalho que contêm, por outro, a quantidade desse mesmo tempo de trabalho materializado no seu equivalente ouro. O valor de troca das mercadorias assim expresso como equivalência geral e ao mesmo tempo como grau desta equivalência em relação a uma mercadoria específica, ou expresso ainda numa só equação ligando as mercadorias a uma mercadoria específica, é o *preço*. O preço é a forma metamorfoseada sob a qual aparece o valor de troca das mercadorias no interior do processo de circulação.

É portanto pelo mesmo processo que as mercadorias representam os seus valores em preço-ouro e que o ouro se torna a medida dos valores, que se torna, por consequência, moeda. Se medissem universalmente os seus valores em prata, em trigo ou em cobre, esses valores apareceriam como preço-prata, preço-trigo ou preço-cobre; a prata, o trigo e o cobre seriam medida de valores e portanto equivalente geral. Para que as mercadorias apareçam na circulação como preço, têm que revestir a forma de valores de troca. O ouro só se torna medida de valores porque é por ele que todas as mercadorias avaliam o seu valor de troca. Mas a universalidade dessa relação em via de constituição, a única que dá ao ouro o seu caráter de medida, supõe que cada mercadoria isolada se avalie em ouro proporcionalmente ao tempo de trabalho contido em si e no ouro; supõe, pois, que a medida real entre a mercadoria e o ouro seja o próprio trabalho; por outras palavras, que a mercadoria e o ouro sejam admitidos na troca direta como iguais entre si enquanto valores de troca. Não é possível tratar na esfera da circulação simples do modo como se estabelece praticamente esta equação. É todavia evidente que nos países produtores de ouro e prata um determinado tempo de trabalho é imediatamente incorporado numa determinada quantidade de ouro e prata, ao passo que nos países que não produzem ouro ou prata chega-se indiretamente ao mesmo resultado, através da troca, direta ou não, de mercadorias, isto é, de uma certa quantidade do trabalho médio nacional, por uma quantidade determinada de tempo de trabalho dos países que possuem minas, materializado no ouro e na prata. Para que possa servir como medida de valores, é necessário que o ouro seja virtualmente um valor *variável*; ele só pode, com efeito, tornar-se equivalente de outras mercadorias quando materialização do tempo de trabalho, mas esse mesmo tempo de trabalho, segundo a variação das forças produtivas do trabalho concreto, realiza-se sob a forma de volumes desiguais dos mesmos valores de uso. Assim como o valor de troca de cada mercadoria se revela no valor de uso de uma outra mercadoria, também ao avaliar todas as mercadorias pelo ouro se supõe que o ouro representa, num dado momento, uma dada quantidade de tempo de trabalho. Quanto à sua mudança de valor, a lei dos valores de troca, previamente desenvolvida, continua a ser válida. Se o valor de troca das mercadorias continua sem alteração, uma subida geral do seu preço-ouro só é possível baixando o valor de troca do ouro. Mantendo-se o valor de troca do ouro, uma alta geral dos preços-ouro só é possível se houver uma subida dos valores de troca de todas as mercadorias. O inverso é verdadeiro para o caso de uma baixa geral dos preços das mercadorias. Se o valor de uma onça de ouro diminui ou aumenta como consequência de uma variação do tempo de trabalho exigido para a sua produção, esse valor diminui ou aumenta *uniformemente* para todas as outras mercadorias, e representa portanto, antes e depois, em presença de todas as mercadorias, um tempo de trabalho de grandeza *dada*. Iguais valores de troca avaliam-se agora em quantidades de ouro maiores ou menores que antes, mas continuam a avaliar-se em proporção com as suas grandezas de valor, conservando assim a mesma relação de valor entre si. A relação 2 : 4 : 8 é semelhante à relação 1 : 2 : 4 ou 4 : 8 : 16. A alteração quantitativa do ouro serve para avaliar os valores de troca, consoante a variação do valor do ouro, não impedindo o ouro de cumprir a sua função de medida de valores, do mesmo modo que o valor quinze vezes menor da prata não a impede de suplantar o ouro nesta função. Sendo o tempo de trabalho a medida entre o ouro e a mercadoria, e tornando-se o ouro medida de valores apenas quando todas as mercadorias são medidas por ele, é uma simples ilusão do processo de circulação que nos leva a crer ser a moeda que torna as mercadorias comensuráveis[2]. É, pelo contrário, a comensurabilidade das mercadorias enquanto tempo de trabalho materializado que, ela só, transforma o ouro em moeda.

A forma concreta sob a qual as mercadorias entram no processo de troca é a dos seus valores de uso. Só pela sua alienação elas se tornarão um equivalente geral real. A determinação do seu preço é a sua transformação simplesmente ideal no equivalente geral, é a sua equação com o ouro, que falta ainda realizar. Mas dado que os preços só de modo ideal transformam as mercadorias em ouro, ou seja, transformam-nas em ouro puramente figurado, e como o seu modo de existência sob a forma de moeda não está ainda verdadeiramente separado do seu modo de existência real, o ouro é ainda e só moeda ideal; é apenas medida de valores e, como efeito, determinadas quantidades de ouro não são mais, por enquanto, que denominações para quantidades determinadas de tempo de trabalho. A forma determinada sob a qual o ouro se cristaliza em moeda é condicionada em cada uso pelo modo determinado segundo o qual as mercadorias apresentam entre si o seu próprio valor de troca.

As mercadorias que se defrontam têm agora um duplo modo de existência: real, enquanto valores de uso, e ideal, enquanto valores de troca. Representam agora umas para as outras a dupla forma do trabalho que contêm: o trabalho concreto particular, existente realmente nos seus valores de uso, e o tempo de trabalho abstrato geral, revestindo nos seus preços uma existência figurada, pela qual as mercadorias constituem a materialização uniforme e apenas quantitativamente diferem da mesma substância de valor.

Por outro lado, a diferença entre valor de troca e preço parece ser puramente nominal: o trabalho, diz Adam Smith, é o preço real e o dinheiro, o preço nominal das mercadorias. Em vez de avaliar uma quarta de trigo em trinta dias de trabalho, avalia-se agora em uma onça de ouro, se uma onça de ouro for o produto de trinta dias de trabalho. Por outro lado, esta diferença é tampouco uma simples questão de termos, que nela se concentram, pelo contrário, todas as tempestades que ameaçam a mercadoria no processo de circulação real. Uma quarta de trigo contém trinta dias de trabalho, mas nem por isso ele se apresenta em primeiro lugar como tempo de trabalho. Mas o ouro é uma mercadoria diferente do trigo e só na circulação é possível verificar se a quarta de trigo corresponde a uma onça de ouro, como o seu preço o indica por antecipação. De o trigo se confirmar ou não como valor de uso, depende a confirmação ou não da quantidade de tempo de trabalho que ele contém como quantidade de tempo de trabalho necessária à sociedade para produzir uma quarta de trigo. A mercadoria como tal *é* valor de troca, *tem* um preço. Nesta distinção entre valor de troca e preço, é evidente que o trabalho individual particular contido na mercadoria deve antes apresentar-se, pelo processo de alienação, como o seu contrário, como trabalho geral abstrato, impessoal e social e só sob esta forma, isto é, como moeda. Que ele seja suscetível de ser ou não expresso como tal parece fortuito. Logo, ainda que no preço o valor de troca da mercadoria só idealmente adquira uma existência diferente da mercadoria, e o duplo modo de existência do trabalho[3] que ela contém passe a existir apenas sob a forma de uma expressão diferente, ainda que, por outro lado, a materialização do tempo de trabalho geral, o ouro, só defronte por conseguinte a mercadoria real como medida de valor figurada, o modo de existência do valor de troca como preço ou do ouro como medida de valor contém em estado latente a necessidade de alienação da mercadoria pelo ouro sonante e a possibilidade da sua não alienação, em resumo, toda a contradição resultante de o produto ser mercadoria, ou ainda de o trabalho particular do indivíduo privado dever necessariamente tomar a forma do seu contrário imediato, o trabalho geral abstrato, para ter um efeito social. Os utopistas que admitem a mercadoria, mas não o dinheiro, que fundamentam a produção na troca privada, sem as condições necessárias desta produção, são pois consequentes quando "suprimem" o dinheiro não só na sua forma tangível, mas também quando ele assume a forma etérea e quimérica de medida de valores. Vigilante, o sólido dinheiro dissimula-se por detrás da invisível medida dos valores.

Uma vez admitido o processo pelo qual o ouro se torna a medida de valores e o valor de troca o preço, as mercadorias não são mais, no seu preço, que quantidades figuradas de ouro de grandeza diferente. Sob esta forma de quantidades diferentes de uma mesma coisa, o ouro, elas igualam-se, comparam-se e medem-se entre si, e assim se desenvolve a necessidade técnica de as relacionar com uma quantidade de ouro determinada considerada como *unidade de medida*, unidade de medida que se transforma em padrão, dividindo-se a unidade em partes alíquotas que por sua vez se subdividem em partes alíquotas[4]. Ora, as quantidades do ouro em si são medidas pelo peso. O padrão encontra-se, pois, acabado nas medidas gerais de peso dos metais que, por isso, servem efetivamente desde o princípio como padrão de preços em toda a circulação metálica. Não se relacionando mais as mercadorias entre si como valores de troca medidos pelo tempo de trabalho, mas sim como grandezas com a mesma denominação medidas pelo ouro, este, de *medi-*

da de valores que era, torna-se *padrão de preços*. A comparação de preços das mercadorias como quantidades diferentes de ouro cristaliza-se assim nas inscrições gravadas numa quantidade figurada de ouro, designando-o como padrão de partes alíquotas. Consoante o ouro se apresente como medida de valores ou como padrão de preços, possui determinações formais completamente diferentes, e a confusão entre estas determinações levou à formulação das teorias mais insensatas. O ouro é medida de valores quando tempo de trabalho materializado, e é padrão de preços quando peso determinado de metal. Torna-se medida de valores em relação com as mercadorias, ambos na qualidade de valores de troca; como padrão de preços, uma determinada quantidade de ouro serve de unidade a outras quantidades de ouro[5]. O ouro é medida de valores, porque o seu valor é variável; é padrão de preços por ter sido fixado como unidade inalterável de peso. Neste caso, como em todas as determinações de medida de grandeza de igual denominação, a fixidez e a precisão das relações de medida desempenham um papel decisivo. A necessidade de fixar um quantitativo de ouro como unidade de medida e as partes alíquotas como subdivisões dessa unidade deu origem à ideia falsa de que se tinha estabelecido assim uma relação fixa de valor entre uma determinada quantidade de ouro (que tem, naturalmente, um valor variável) e os valores de troca das mercadorias; mas esquecia-se que esses mesmos valores de troca das mercadorias são transformados em preço, em quantidades de ouro, antes que o ouro tome a forma de padrão de preços. Sejam quais forem as variações do valor do ouro, quantidades de ouro diferentes apresentam sempre entre si a mesma relação de valor. Se o valor do ouro baixasse de mil para cem, 12 onças de ouro teriam agora como antes um valor doze vezes maior que uma onça de ouro, e o preço não é mais que a relação entre si de diferentes quantidades de ouro. Como, por outro lado, a alta ou a baixa do seu valor não arrasta nenhuma alteração no peso de uma onça de ouro, também se mantém inalterável o peso das suas partes alíquotas e o ouro continua a prestar o mesmo serviço como padrão fixo de preços, não obstante as possíveis variações do seu valor[6].

De um processo histórico cuja explicação iremos encontrar mais adiante na natureza da circulação metálica resultou que, para um peso que variava e diminuía sem cessar, se conservasse no caso dos metais preciosos na sua função de padrão de preços a mesma designação de peso. É assim que a libra inglesa designa atualmente menos de um terço do seu peso primitivo, a libra escocesa anterior à União 1/36, a libra francesa 1/74, o maravedi espanhol menos de 1/1.000 e o real português uma fração ainda muito menor. Isto explica a diferenciação histórica entre as designações monetárias e as designações comuns dos pesos dos metais[7]. Como a determinação da unidade de medida, das suas partes alíquotas e dos seus nomes é, por um lado, puramente convencional, devendo possuir, por outro lado, no interior da circulação, o caráter da universalidade e da necessidade, foi preciso que se transformasse numa determinação *legal*. Coube assim aos governos cuidar do aspecto formal desta operação[8]. O metal determinado que seria a matéria da moeda estava socialmente dado. O padrão legal dos preços difere naturalmente de país para país. Na Inglaterra, por exemplo, a onça como peso de metal divide-se em pennyweights, grains e carats troy, enquanto a onça de ouro, como unidade de medida da moeda, se divide em 37/8 soberanos, o soberano em 20 shillings, o shilling em 12 pence, de modo que 100 libras de ouro a 22 quilates (1.200 onças) = 4.672 soberanos e 10 shillings. Todavia, no mercado mundial, onde são abolidas as fronteiras entre os diversos países, estas características nacionais das medidas monetárias desaparecem por sua vez, dando lugar às medidas gerais de peso dos metais.

O preço de uma mercadoria, ou a quantidade de ouro em que ela é idealmente convertida, exprime-se agora nos nomes monetários do padrão ouro. Em vez de se dizer que uma quarta de trigo é igual a uma onça de ouro, dir-se-á na Inglaterra que é igual a 3 libras esterlinas, 17 shillings e 10 1/2 pence. As mesmas denominações servem assim para exprimir todos os preços. A forma própria que as mercadorias dão aos seus valores de troca é transformada em *nomes monetários*, pelos quais comunicam umas às outras qual o seu valor. Por seu lado, o dinheiro torna-se *moeda de cálculo*[9].

A transformação da mercadoria em moeda de cálculo mentalmente, por escrito, na linguagem, produz-se sempre que qualquer gênero de riqueza é fixado do ponto de vista do valor de troca[10]. Para esta transformação é necessária a matéria do ouro, mas apenas sob uma forma figurada. Para avaliar o valor de mil fardos de algodão em um número determinado de onças de ouro, e para exprimir por seu lado este número de onças nos nomes de cálculo da onça, em libras esterlinas, shillings, pence, não é necessário nenhum átomo de ouro real. Assim se compreende que antes do "Bank-Act" de Sir Robert Peel em 1845 não circulasse na Escócia uma única onça de ouro, apesar de a onça de ouro servir como medida legal dos preços expressa, enquanto padrão de conta inglês, em 3 libras esterlinas, 17 shillings e 10 1/2 pence. Assim se explica também que o dinheiro sirva como medida de preços na troca de mercadorias entre a Sibéria e a China, embora o comércio não passe de simples troca direta. À moeda enquanto moeda de cálculo é por conseguinte igualmente indiferente que sejam realmente cunhadas ou não, quer a sua unidade de medida, quer as suas subdivisões. Na Inglaterra, no tempo de Guilherme, o Conquistador, uma libra esterlina, então uma libra de ouro puro, e o shilling, 1/20 de uma libra, existiam apenas como moeda de cálculo, ao passo que o penny, 1/240 da libra de prata, era a moeda de prata mais forte que circulava. Na Inglaterra dos nossos dias, pelo contrário, não existem shillings nem pence, ainda que sejam os nomes de cálculo legais de frações determinadas de uma onça de ouro. De modo geral, a moeda, como moeda de cálculo, pode ter uma existência simplesmente ideal, enquanto a moeda que circula realmente é cunhada segundo um escalão totalmente diverso. Assim, em numerosas colônias inglesas da América do Norte, a moeda em circulação consistia, em pleno século XVIII, em espécies espanholas e portuguesas, sendo a moeda de cálculo por toda a parte a mesma que na Inglaterra[11].

Como o ouro, enquanto padrão de preços, se apresenta com os mesmos nomes de cálculo que os preços das mercadorias, de forma que uma onça de ouro, por exemplo, é expressa, tal como uma tonelada de ferro, em 3 libras esterlinas, 17 shillings e 10 1/2 pence, deu-se a estes nomes de cálculo do ouro a designação de *preço monetário* do ouro. Aqui teve a sua origem a estranha concepção segundo a qual o ouro seria avaliado pela sua própria matéria e, constituindo exceção de todas as outras mercadorias, ter-lhe-ia sido atribuído pelo Estado um preço *fixo*. Confundia-se a fixação dos nomes de cálculo a determinados pesos de ouro com a fixação do valor desses pesos[12]. Quando o ouro serve como elemento na determinação de preços e, por conseguinte, como moeda de cálculo, não só não tem um preço fixo, mais que isso, não tem nenhum preço. Para que tivesse um preço, isto é, para que se exprimisse como equivalente *geral* numa mercadoria *específica*, seria necessário que essa outra mercadoria desempenhasse no processo da circulação o mesmo papel exclusivo que o ouro. Ora, duas mercadorias excluindo todas as outras excluem-se mutuamente. Assim, sempre que o ouro e a prata subsistem lado a lado legalmente como moeda, ou seja, como medida de valor, sempre têm sido vãs as tentativas de tratá-los como se fossem *uma só e única matéria*. Supor que igual tempo de trabalho se materializa de modo constante na mesma porção de prata e ouro é realmente admitir que a prata e o ouro são a mesma matéria e que a prata, o metal de menos valor, é uma fração constante do ouro. Desde o reinado de Eduardo III até a época de George II, a história da moeda inglesa mostra uma sucessão contínua de perturbações, provocadas pelo conflito que opõe a relação de valor legalmente estabelecida do ouro e da prata às flutuações do seu valor real. Ora se avaliava com exagero o ouro, ora a prata. O metal mais barato era retirado de circulação, refundido e exportado. A relação de valor dos dois metais era assim modificada pela lei, mas em breve o novo valor nominal e a relação de valor real entravam outra vez em conflito. Assistimos ao mesmo fenômeno em grande escala na atualidade, quando a baixa insignificante e passageira do valor do ouro em relação à prata, provocada pela procura de prata na Índia e na China, levou na França à exportação da prata, substituída pelo ouro na circulação. Na França, durante os anos de 1855, 1856 e 1857, o excedente da importação do ouro sobre a exportação montava a 41.580.000 libras esterlinas, ao passo que o excedente da exportação da prata sobre a importação era de 14.704.000 libras esterlinas. De fato, em países como a França, onde estes dois metais são legalmente medidas de valor e têm ambos uma circulação forçada, mas onde se pode pagar indiferentemente com um ou com outro, o metal cujo valor sofre uma alta de preço é objeto de um ágio e, como qualquer outra mercadoria, mede o seu preço pelo metal avaliado mais alto, servindo unicamente este último como medida de valor. A longa experiência fornecida pela história neste domínio resume-se deste modo: sempre que duas mercadorias têm legalmente a função de medida de valor, na prática só uma delas mantém como tal a sua posição[13].

B. TEORIAS SOBRE A UNIDADE DE MEDIDA DA MOEDA

O fato de as mercadorias sob a forma de preço só idealmente serem transformadas em ouro e este por sua vez só idealmente ser transformado em moeda deu origem à teoria da *unidade de medida ideal da moeda*. Como na determinação dos preços só entram ouro ou prata figurados, ouro ou prata com a simples função de moeda de cálculo, pretendeu-se que os termos shilling, libra, pence, taller franco, etc., em vez de designarem frações de peso do ouro ou da prata, ou do trabalho de qualquer modo materializado, designariam, pelo contrário, átomos ideais de valor. Assim, por exemplo, se o valor de uma onça de prata subisse, isto significava que ela continha um maior número desses átomos, devendo por conseguinte ser avaliada e cunhada num maior número de shillings. Esta doutrina, muito considerada durante a última crise comercial na Inglaterra e defendida mesmo no Parlamento em dois pareceres especiais anexos ao relatório da Comissão Bancária reunida em 1858, data do fim do século XVII. Quando Guilherme III subiu ao trono, o preço monetário inglês de uma onça de prata era de 5 shillings e 2 pence, ou seja 1/62 de uma onça de prata chamava-se penny, e 12 destas unidades, shilling. De acordo com este padrão, um peso de 6 onças de prata, por exemplo, era cunhado em 31 peças com o nome de shilling. Todavia, o *preço corrente* da onça de prata era de 6 shillings e 3 pence, o que ultrapassava o seu *preço monetário* de 5 shillings e 2 pence; em outras palavras: para comprar uma onça de prata em bruto pagavam-se 6 shillings e 3 pence. Como era possível o preço corrente de uma onça de prata ultrapassar o seu preço monetário, se o preço monetário era apenas o nome de cálculo dado às partes alíquotas de uma onça de prata? O enigma era fácil de resolver. Das 5.600.000 libras esterlinas de moeda de prata então em circulação, 4 milhões estavam usados e desgastados. Um ensaio permitiu verificar que 57.200 libras esterlinas de prata, que deveriam pesar 220 mil onças, pesavam apenas 141 mil onças. A Casa da Moeda cunhava segundo o mesmo padrão, mas os shillings gastos realmente em circulação representavam partes alíquotas da onça inferiores àquilo que o seu nome indicava. Era, portanto, necessário pagar no mercado pela onça de prata em bruto uma quantidade maior desses shillings que tinham diminuído. Quando, como consequência da perturbação que isto ocasionou, foi decidido fazer uma refundição geral, *Lowndes*, o Secretário do Tesouro, afirmou que o valor da onça de prata tinha subido, sendo necessário, por conseguinte, cunhá-la em 6 shillings e 3 pence em vez de 5 shillings e 2 pence como antes. Afirmava assim que, tendo subido o valor da onça, tinha baixado o valor das suas partes alíquotas. Contudo, a falsa teoria de Lowndes apenas pretendia ocultar um objetivo prático legítimo: as dívidas públicas tinham sido contraídas em shillings fracos; ora teriam de ser reembolsadas com shillings fortes? Em vez de dizer: reembolsai com 4 onças de prata as 5 onças de valor nominal que recebestes e que na realidade apenas representam 4 onças, ele dizia: reembolsai com 5 onças de valor nominal, reduzindo, no entanto, o seu teor metálico para 4 onças e chamai shilling ao que até agora se chamava 4/5 do shilling. Lowndes atinha-se na prática ao teor metálico, enquanto teoricamente continuava ligado ao nome de cálculo. Os seus adversários, pelo contrário, que se prendiam ao nome de cálculo e declaravam que um shilling com um desgaste de 25 a 30 por cento era idêntico a um shilling de peso normal, afirmavam ter em conta apenas o toque metálico. *John Locke*, defensor da nova burguesia em todas as suas formas, dos industriais contra as classes operárias e os *paupers* (indigentes), dos comerciantes contra os usurários dos velhos tempos da aristocracia financeira contra os devedores do Estado, demonstrou numa obra especial que a razão burguesa era simplesmente o bom senso e aceitou o desafio de Lowndes. John Locke levou a melhor e o dinheiro recebido em guinéus de 10 ou 14 shillings foi reembolsado em guinéus de 20 shillings[14]. *Sir James Steuart* resume a transação nestes termos irônicos:

> O governo tirou consideráveis benefícios dos impostos, os credores do capital e dos juros, e o povo, a única vítima da vigarice, não coube em si de contente porque o seu *standard* [o padrão do seu próprio valor] não foi rebaixado[15].

Steuart pensava que um desenvolvimento ulterior do comércio tornaria a nação mais prudente. Enganava-se. Cerca de 120 anos mais tarde repetiu-se a mesma confusão.

Era normal que o bispo *Berkeley*, o representante do idealismo místico na filosofia inglesa, desse à doutrina da unidade ideal de medida da moeda o impulso teórico que o prático "Secretary to the Treasury" negligenciara. Pergunta: "Não devem os nomes de libra, libra esterlina, coroa, etc., ser considerados como simples *nomes de relação?*" [A saber, de relação do valor abstrato em si.] "O ouro, a prata ou o papel serão algo mais que simples células ou peças em via de registrá-la e de fiscalizá-la?" [essa relação de valor] "*O poder* de reger a indústria de outrem" [o trabalho social] "não será a riqueza? E não será a moeda uma simples marca ou um sinal da transmissão ou do registro desse poder? E para que dar então tal importância àquilo que é a matéria dessas marcas?[16]"

Há aqui confusão: entre a medida de valores e o padrão de preços, por um lado, e o ouro ou a prata enquanto medida e enquanto meio de circulação, por outro. Berkeley conclui da possibilidade de substituir os metais preciosos por cédulas no ato de circulação, que essas cédulas, por seu lado, não representam *nada*, isto é, representam unicamente o conceito abstrato de valor.

A doutrina da unidade de medida ideal da moeda encontrou com *James Steuart* um desenvolvimento tão completo que os seus sucessores – sucessores inconscientes, visto que não o conheciam – são incapazes de descobrir uma única fórmula ou sequer um exemplo novos.

A moeda de cálculo não é mais que um padrão semelhante ao dos graus, minutos, segundos, etc... para os ângulos arbitrário de partes iguais, inventado para medir o valor relativo de objetos mercantes. A moeda de cálculo é totalmente diferente do dinheiro cunhado (*money coin*), que é o preço[17], e poderia existir ainda que não houvesse no mundo uma substância que fosse um equivalente proporcional de todas as mercadorias. A moeda de cálculo tem uma função para o valor das coisas semelhante à dos graus, minutos, segundos, etc... para os ângulos à das escalas para as cartas geográficas, etc... Em todas estas invenções, a mesma denominação é sempre tomada como unidade. Todos estes sistemas têm simplesmente uma utilidade que é indicar a proporção; o mesmo acontece com a unidade monetária. Ela não pode, portanto, representar uma proporção estabelecida de modo imutável em relação com uma parte qualquer do valor, isto é, não pode ser fixada a uma quantidade determinada de ouro, de prata ou de qualquer outra mercadoria. Uma vez conhecida a unidade, pode-se, por multiplicação, chegar ao maior valor. Dado que o valor das mercadorias depende de uma conjuntura geral de circunstâncias tanto como do capricho dos homens, esse valor deveria ser considerado como variável apenas na sua relação recíproca. Tudo o que provoca a perturbação e a confusão no ato de comprovar a variação de proporção por meio de um padrão geral determinado e invariável prejudica necessariamente o comércio. O dinheiro[18] é um padrão puramente ideal de partes iguais. Se perguntarem o que deveria ser a unidade de medida do valor de uma parte, eu respondo com esta outra pergunta: qual é a grandeza normal de um grau, de um minuto, de um segundo? É coisa que não possuem; no entanto, uma vez determinada uma parte, todo o resto deve seguir-se proporcionalmente e em conformidade com a natureza de todo o padrão. Encontramos exemplos desta moeda ideal na moeda do Banco de Amsterdam e na moeda da costa africana de Angola[19].

Steuart prende-se simplesmente às *manifestações* do dinheiro na circulação como *padrão de preços* e como *moeda de cálculo*. Se mercadorias diferentes são cotadas, respectivamente, a 15, 20 e 36 shillings de preço corrente, não são nem o teor em prata, nem o nome de shilling que efetivamente me interessam na comparação da sua grandeza de valor. As relações numéricas 15, 20 e 36 dizem agora tudo, e o número 1 tornou-se a única unidade de medida. A expressão puramente abstrata da proporção não é mais que a própria proporção numérica abstrata. Para ser consequente, Steuart devia desinteressar-se não só do ouro e da prata, mas também dos seus nomes de batismo legais. Não compreendendo a transformação da medida de valores em padrão de preços, pensa naturalmente que a quantidade determinada de ouro que serve como unidade de medida está relacionada enquanto medida, não com outros quantitativos de ouro, mas sim com valores como tais. Aceitando a transformação dos valores de troca em preço, que equipara as mercadorias com grandezas com a mesma denominação, ele nega a qualidade da medida que as reduz à mesma denominação e, sendo convencional a grandeza da quantidade de ouro que serve como unidade de medida nesta comparação de diferentes quantidades de ouro, afirma que é perfeitamente desnecessário fixá-la. Em vez de chamar grau à 360.ª parte do círculo, ele pode, evidentemente, chamar grau à 180.ª parte; o ângulo reto mediria, então, 45 graus em vez de 90, e os ângulos agudos e obtusos sofreriam uma redução proporcional. Mas agora, como antes, a medida do ângulo nem por isso deixava de ser, primeiro, uma figura matemática qualitativamente determinada, o círculo, e, segundo, uma porção do círculo quantitativamente determinada. No que diz respeito aos exemplos econômicos de Steuart, um dá-lhe lenha para se queimar, o outro nada prova. Com efeito, a moeda do Banco de Amsterdam era um simples nome de cálculo dos dobrões espanhóis, que em nada perdiam da sua opulência ou do seu peso com uma preguiçosa estada nas caves do banco, ao passo que as duras fricções com o mundo exterior faziam definhar a laboriosa moeda corrente. Quanto aos idealistas africanos, teremos que abandoná-los ao seu destino até que alguns relatos críticos de viagem nos elucidem com mais precisão[20]. Como moeda aproximativamente ideal no sentido de Steuart, poderíamos apontar o "assinado" francês: *"Propriedade nacional. Assinado de 100 francos."* É verdade que neste caso o valor de uso que o "assinado" devia representar vinha especificado: tratava-se dos domínios confiscados; no entanto, tinha sido esquecida a determinação quantitativa da unidade de medida e, por conseguinte, o termo "franco" era uma palavra vazia de sentido. A porção maior ou menor de terras representadas por um franco-assinado dependia, efetivamente, do resultado dos leilões públicos. Entretanto, na prática o franco-assinado circulava como representação de valor da moeda de prata, sendo portanto por este padrão que se media a sua depreciação.

A época de interrupção de pagamentos em moedas pelo Banco da Inglaterra foi mais fértil em comunicados de guerra do que em teorias monetárias. A depreciação das notas de banco e a subida do preço corrente acima do preço monetário do ouro trouxeram de novo à ordem do dia, ressuscitada por certos defensores do Banco, a doutrina da medida monetária ideal. Lorde *Castlereagh* encontrou, para este conceito confuso, a confusa expressão clássica, ao definir a unidade de medida da moeda como a *sense of value in reference to currency as compared with commodities* [um sentido do valor em relação com os meios de circulação comparados com as mercadorias]. Quando, alguns anos depois da paz de Paris, as circunstâncias permitiram retomar os pagamentos em moedas, pôs-se de forma quase idêntica a questão levantada por Lowndes no tempo de Guilherme III. Enormes dívidas públicas e uma quantidade de dívidas privadas, seguros, títulos de dívida, etc. acumulados durante mais de vinte anos tinham sido contraídos em notas depreciadas. Ora, deveriam ser reembolsados em notas tais que 4.672 libras esterlinas e 10 shillings representavam não nominalmente mas de fato 100 libras de ouro a 22 quilates? *Thomas Attwood*, banqueiro de Birmingham, entrou em cena como uma reencarnação de Lowndes. Nominalmente, os credores deviam receber em pagamento tantos shillings quantos tinham nominalmente, mas se, de acordo com o anterior toque legal, 1/78 da onça tinha o nome de shilling, dever-se-ia chamar shilling agora a 1/90 da onça, por hipótese. Os discípulos de Attwood são conhecidos pelo nome de *little Shillingmen* [homens do pequeno shilling] da escola de Birmingham. A querela entre Sir Robert Peel e Attwood sobre a medida monetária ideal começou em 1819 e durou até 1845; o saber deste último sobre a função da moeda como medida está totalmente contido em resumo na seguinte citação:

> Na sua polêmica com a Câmara do Comércio de Birmingham, Sir Robert Peel pergunta o que representará a vossa nota de uma libra. O que é uma libra? (...) E, inversamente, o que se deve entender por unidade de medida atual do valor (...) 3 libras esterlinas, 17 shillings e 10 1/2 pence significam uma onça de ouro ou o seu valor? Se é a própria onça, por que não chamar as coisas pelo seu nome e dizer onça, pennyweight[21] e grão em vez de libra esterlina, shilling e penny? Retrocedemos assim ao sistema da troca direta (...). Ou significam antes o valor? Se uma onça = 3 libras esterlinas, 17 shillings e 10 1/2 pence, por que é que vale, em diferentes épocas, ora 5 libras esterlinas e 4 shillings, ora 3 libras

esterlinas, 17 shillings e 9 pence? A expressão libra (£) relaciona-se com o valor, mas não com o valor fixado a uma fração invariável de peso de ouro. A libra é uma unidade ideal (...). O trabalho é a substância em que se convertem os gastos da produção, e confere o valor relativo tanto ao ouro como ao ferro. *Seja qual for o nome de cálculo particular que se emprega para designar o trabalho cotidiano ou semanal de um homem*, esse nome exprime, portanto, o valor da mercadoria produzida[22].

Estas últimas palavras dissipam as brumas da concepção da medida monetária ideal e desvendam a ideia que constitui o seu verdadeiro conteúdo. Os nomes de cálculo do ouro – libra esterlina, shilling, etc. – seriam significados de determinadas quantidades de tempo de trabalho. Sendo o tempo de trabalho a substância e a medida imanente dos valores, esses nomes representariam assim, de fato, a proporção do próprio valor. Em outras palavras: o tempo de trabalho é reconhecido como a verdadeira unidade de medida da moeda. E com isto deixamos a escola de Birmingham, observando ainda de passagem que a teoria da medida monetária ideal ganhou nova importância no debate sobre a convertibilidade ou não convertibilidade das notas. Se o papel retira a sua denominação do ouro ou da prata, a convertibilidade da nota, isto é, o seu câmbio contra ouro ou prata, é uma lei econômica, seja qual for a lei jurídica. Assim, um "taler-papel" prussiano, ainda que legalmente não convertível, seria imediatamente depreciado se valesse menos no tráfico ordinário do que um "taler-prata", e não seria, portanto, praticamente convertível. Por esse motivo, os defensores consequentes da inconvertibilidade do papel-moeda na Inglaterra se refugiaram na doutrina da medida monetária ideal. Se os nomes de cálculo da moeda – libra esterlina, shilling, etc. – são indicativos de uma determinada soma, átomos de valor absorvidos ou libertados em uma maior quantidade, ou em quantidade menor, por uma mercadoria no processo de troca com outra mercadoria, uma nota inglesa de 5 libras, por exemplo, não depende mais da sua relação com o ouro do que da sua relação com o ferro ou o algodão. Como seu toque não a iguala teoricamente a um determinado quantitativo de ouro de nenhuma outra mercadoria, a possibilidade de exigir sua convertibilidade, quer dizer, sua equação prática com um quantitativo determinado de um objeto específico, encontrar-se-ia excluída por sua própria definição.

Foi *John Gray*[23] quem pela primeira vez desenvolveu de modo sistemático a teoria do tempo de trabalho tomado como unidade de medida imediata da moeda. Um banco central nacional, agindo por intermédio das suas sucursais, abona o tempo de trabalho empregado para produzir as diferentes mercadorias. Em troca da mercadoria, o produtor recebe um certificado oficial do seu valor, um "recibo" do tempo de trabalho que a sua mercadoria contém[24], e este papel-moeda de uma semana de trabalho, um dia de trabalho, uma hora de trabalho, etc. serve simultaneamente de "vale" para qualquer outra mercadoria armazenada nas docas do banco[25]. Este é o princípio fundamental, cujos pormenores são cuidadosamente estudados para uma aplicação sempre fundamentada nas instituições inglesas existentes. Com este sistema, diz Gray:

> (...) seria em qualquer altura tão fácil vender em troca de dinheiro, como neste momento é fácil comprar com dinheiro; a produção seria uma fonte uniforme nunca exaurida pela procura[26].

Os metais preciosos perderiam o seu "privilégio", colocados a par das outras mercadorias, e

> (...) retomariam no mercado o lugar que lhes compete, ao lado da manteiga e dos ovos, do lençol ou do corte de tecido, e o seu valor interessaria tanto quanto interessa o dos diamantes[27].

Devemos conservar a nossa medida fictícia de valores, o ouro, entravando assim as forças produtivas do país, ou devemos antes recorrer à medida natural dos valores, o trabalho, libertando deste modo as forças produtivas nacionais[28]?

Sendo o tempo de trabalho a medida imanente dos valores, para que a coexistência de uma outra medida que lhe é exterior? Por que razão o valor de troca se transforma em preço? Por que é que todas as mercadorias avaliam o seu valor numa mercadoria exclusiva, transformada assim em modo de existência do valor de troca, em dinheiro? Este era o problema que Gray tinha de resolver. Em vez disso, supôs que as mercadorias poderiam relacionar-se diretamente entre si como produtos do trabalho social. No entanto, só por aquilo que são especificamente elas podem relacionar-se entre si. As mercadorias são, imediatamente, produto de trabalhos privados, independentes e isolados que, através da sua alienação no processo de troca privado, devem confirmar-se como trabalho social geral; em outras palavras: o trabalho, na base da produção comercial, apenas se torna trabalho social pela alienação universal dos trabalhos individuais. Ora, ao admitir como *imediatamente social* o tempo de trabalho contido nas mercadorias, Gray admite-o como tempo de trabalho coletivo ou como tempo de trabalho de indivíduos diretamente associados. Sendo assim, uma mercadoria específica, como o ouro ou a prata, não poderia de fato defrontar as restantes mercadorias como encarnação do trabalho geral, e o valor de troca não se transformaria em preço; mas também o valor de uso não se transformaria em valor de troca nem o produto em mercadoria, e deste modo veríamos suprimida a própria base da produção burguesa. Todavia, não era esta, de modo algum, a ideia de Gray. *Os produtos devem ser fabricados como mercadorias, mas não ser trocados* como mercadorias. Gray confia a um banco nacional a realização de tão piedoso desejo. Por um lado, a sociedade, representada pelo banco, torna os indivíduos independentes das condições da troca privada, mas, por outro lado, deixa que esses indivíduos continuem a produzir na base da troca privada. No entanto, a lógica interna leva Gray a negar, uma a uma, as outras condições da produção burguesa, embora sua intenção seja unicamente "reformar" a moeda engendrada pela troca das mercadorias. É assim que transforma o capital em capital nacional[29], a propriedade fundiária em propriedade nacional[30], e, numa análise mais atenta, apercebemo-nos de que o seu banco não se limita a receber com uma mão as mercadorias, passando com a outra mão certificados de entrega de trabalho, mas vai mais longe, regulando a própria produção. Na sua última obra, *Lectures on Money*, em que Gray procura ansiosamente apresentar a moeda-trabalho como uma simples reforma burguesa, compromete-se com absurdos ainda mais flagrantes.

Qualquer mercadoria é imediatamente moeda. Esta era a tese de Gray, deduzida a partir da sua análise incompleta, logo falsa, da mercadoria. A construção "orgânica" da "moeda-trabalho" e do "banco nacional", bem como dos "entrepostos de mercadorias", não passa de uma quimera que quer dar a ilusão de que o dogma é uma lei que governa o universo. Para que o dogma segundo o qual a mercadoria é imediatamente moeda, ou o trabalho particular do indivíduo privado que a mercadoria contém é imediatamente trabalho social, seja uma verdade, não basta, naturalmente, que um banco acredite nele, conformando as suas operações com esta "fé". De resto, a bancarrota se encarregaria neste caso de fazer a crítica prática. O que se esconde na obra de Gray e que nem ele próprio consegue ver – a saber, que a moeda-trabalho é uma palavra oca de ressonância econômica que traduz o piedoso desejo de se ver livre do dinheiro, com o dinheiro, do valor de troca, com o valor de troca, da mercadoria, e com a mercadoria da forma burguesa da produção – foi proclamado sem rodeios por alguns socialistas ingleses anteriores e posteriores a ele[31]. Mas estava reservado ao Sr. *Proudhon* e à sua escola o "sermão" mais sério sobre a degradação do *dinheiro* e a apoteose da *mercadoria* como sendo a própria essência do socialismo, reduzindo assim o socialismo a um desconhecimento elementar da necessária conexão entre a mercadoria e o dinheiro[32].

II. Meio de circulação

Vimos como a mercadoria adquiriu, no processo da determinação do preço, a forma que a torna apta à circulação e o ouro, o caráter de moeda; a circulação vai simultaneamente revelar e resolver as contradições implicadas no processo de troca das mercadorias. A troca real das mercadorias, isto é, a troca social de substância, processa-se por uma metamorfose em que se manifesta a dupla natureza da mercadoria como valor de uso e como valor de troca, mas em que, ao mesmo tempo, a sua própria metamorfose se cristaliza em formas determinadas da moeda. Explicar esta metamorfose é explicar a circulação. Já vimos que, para ser um valor de troca desenvolvido, a mercadoria supõe necessariamente um mundo de mercadorias e uma divisão do trabalho efetivamente desenvolvida; à sua semelhança, a circulação supõe atos universais de troca, num movimento ininterrupto de renovação. Supõe, em segundo lugar, que as mercadorias entrem no processo de troca enquanto mercadorias de *preço determinado*, ou ainda, que no interior desse processo se apresentem entre si com uma dupla forma de existência: reais, enquanto valores de uso, e ideais – no preço –, enquanto valores de troca.

Nas ruas mais animadas de Londres as lojas sucedem-se em filas cerradas, e por detrás destes cegos olhos de vidro são expostas todas as riquezas do universo, os xales da Índia, os revólveres americanos, as porcelanas da China, os espartilhos de Paris, as peles da Rússia e as especiarias tropicais; mas todos estes artigos mundanos trazem bem visíveis as fatais etiquetas esbranquiçadas onde são gravados algarismos árabes seguidos dos lacônicos caracteres £., s., d. [libra esterlina, shilling e pence]. Tal é a imagem que a mercadoria oferece ao aparecer na circulação.

a) *A metamorfose das mercadorias*

Considerado com atenção, o processo de circulação apresenta dois ciclos de formas diferentes. Se designamos por M a mercadoria e por D o dinheiro[33], podemos exprimir do seguinte modo essas duas formas:

$$M - D - M$$
$$D - M - D$$

Nesta seção iremos ocupar-nos exclusivamente da primeira, isto é, da forma imediata da circulação das mercadorias.

O ciclo M – D – M decompõe-se assim: M – D, troca da mercadoria por dinheiro ou *venda*; movimento inverso D – M, troca de dinheiro por mercadoria ou *compra*; e, finalmente, a unidade de ambos os movimentos M – D – M, troca de mercadoria por dinheiro com vista à troca do dinheiro por mercadoria, ou seja, a *venda* com o objetivo da *compra*. O processo esgota-se no resultado final M – M, troca de mercadoria por mercadoria, que é a troca de substância real.

Se partirmos do limite extremo da primeira mercadoria, M – D – M representa a sua transformação em ouro e a sua reconversão de ouro em mercadoria, isto é, um movimento em que a mercadoria existe em primeiro lugar como um valor de uso particular, e em seguida, privando-se deste modo de existência, adquire, como valor de troca ou equivalente geral, um modo de existência em que se libera de qualquer laço com o seu modo de existência primitivo e, abandonando ainda este novo modo de existência, subsiste finalmente como valor de uso real ao serviço de necessidades individuais. É sob esta última forma que passa da circulação para o consumo. O conjunto da circulação M – D – M é, portanto, antes de mais nada, a série completa das metamorfoses por que passa qualquer mercadoria individual para se tornar valor de uso imediato para o seu proprietário. A primeira metamorfose cumpre-se na primeira metade da circulação: M – D; a segunda metamorfose cumpre-se no segundo momento: D – M; e a totalidade da circulação é o *curriculum vitae* da mercadoria. Mas a circulação M – D – M só é a metamorfose total de uma mercadoria isolada se for simultaneamente o somatório de metamorfoses unilaterais determinadas de outras mercadorias, pois cada metamorfose da primeira mercadoria é a sua transformação numa outra mercadoria, logo, a transformação da outra mercadoria na primeira, logo, uma transformação bilateral, cumprindo-se no mesmo estágio da circulação. Vamos, em primeiro lugar, considerar separadamente cada um dos dois processos de troca em que se decompõe a circulação M – D – M.

M – D ou *venda*: a mercadoria M entra no processo de circulação não só como valor de uso particular – uma tonelada de ferro, por exemplo –, mas também como valor de uso de preço determinado, por hipótese 3 libras esterlinas, 17 shillings e 10 1/2 pence ou uma onça de ouro. Esse preço, que é por um lado o expoente da quantidade de tempo de trabalho contida no ferro, isto é, da sua grandeza de valor, exprime por outro lado o "piedoso" desejo que o ferro tem de se tornar ouro, ou seja, de dar ao tempo de trabalho que ele próprio contém a forma do tempo de trabalho social geral. Malograda esta transubstanciação, a tonelada de ferro deixa de ser mercadoria e produto, pois só é mercadoria quando não-valor de uso para o seu proprietário, ou antes, o trabalho deste só é trabalho real quando trabalho útil para outrem e só é útil para si mesmo como trabalho geral abstrato. A tarefa do ferro ou do seu proprietário é, portanto, descobrir no mundo das mercadorias o ponto em que o ferro atrai o ouro. Ora, esta dificuldade, o *salto mortale* da mercadoria, é ultrapassada se a venda, tal como é admitida nesta análise da circulação simples, se efetuar realmente. Se a tonelada de ferro se realizar como valor de uso através da sua alienação, isto é, através da passagem das mãos de um agente em que é não-valor de uso para a posse de um outro para quem é valor de uso, realiza ao mesmo tempo o seu preço e, de ouro simplesmente figurado que era, torna-se ouro real. O termo "onça de ouro" ou 3 libras esterlinas, 17 shillings e 10 1/2 pence é agora substituído por uma onça de ouro real, mas a tonelada de ferro abandonou a praça. Pela venda M – D, não só a mercadoria, que no seu preço era idealmente transformada em ouro, se transforma realmente em ouro, mas também, pelo mesmo processo, o ouro, que enquanto medida de valores era apenas ouro ideal figurando simplesmente a título de nome monetário das próprias mercadorias, se transforma em moeda real[34]. Assim como se tornou idealmente o equivalente geral, por todas as mercadorias medirem nele o seu valor, do mesmo modo se torna agora a mercadoria absolutamente alienada, a moeda real, na medida em que é produto da alienação universal das mercadorias trocadas por si (e a venda M – D representa o processo desta alienação geral). Mas o ouro só se torna realmente moeda na venda porque os valores de troca das mercadorias eram já idealmente ouro sob a forma dos preços.

Na venda M – D, assim como na compra D – M, duas mercadorias se defrontam, ambas unidades de dois valores de troca e de uso, mas, na mercadoria, o valor de troca só existe idealmente sob a forma de preço, enquanto no ouro, embora seja ele próprio um valor de uso real, o valor de uso existe apenas como suporte de valor de troca e, por conseguinte, somente como valor de uso formal, sem relação com nenhuma necessidade individual real. A oposição entre valor de uso e de troca repartiu-se assim pelos dois polos extremos de M – D, de tal forma que a mercadoria – um valor de uso que apenas no ouro deve realizar o seu valor de troca social, o preço – é valor de uso em presença do ouro, ao passo que o ouro – que apenas na mercadoria materializa o seu valor de uso formal – é valor de troca em presença da mercadoria. Somente pelo desdobramento da mercadoria em mercadoria e ouro, e pela relação, igualmente dupla e contraditória, na qual cada termo extremo é idealmente o que o seu contrário é realmente e vice-versa, logo, somente pela representação das mercadorias como contrários polares duplamente opostos se resolvem as contradições contidas no seu processo de troca.

Até aqui consideramos M – D como a venda, como a transformação da mercadoria em dinheiro. No entanto, se nos colocarmos do ponto de vista de outro extremo, o mesmo processo aparecerá invertido como D – M, como a compra, a transformação do dinheiro em mercadoria. A venda é, necessariamente e ao mesmo tempo, o seu contrário, a compra; é uma ou a outra, consoante o ângulo por que consideramos o processo. Ou melhor, na realidade apenas se estabelece uma distinção no processo porque em M – D a iniciativa parte do termo extremo da mercadoria, ou seja, o vendedor, e em D – M do termo extremo do dinheiro, o comprador. Assim, ao apresentar a primeira metamorfose da mercadoria, a sua transformação em dinheiro, como o resultado do fato de ela ter percorrido o primeiro estágio da circulação M – D, estamos admitindo que uma outra mercadoria já se transformou em dinheiro, encontrando-se já, portanto, no segundo estágio da circulação D – M. Nossas hipóteses conduzem-nos deste modo a um círculo vicioso.

Este círculo vicioso é a própria circulação. Se, em M – D, não consideramos já D como a metamorfose de uma outra mercadoria, isolamos o ato da troca do processo da circulação. Mas, isolada deste, a fórmula M – D desaparece, restando apenas duas M (mercadorias) diferentes em confronto, por exemplo ferro e ouro, cuja troca não é um ato particular da circulação, mas simplesmente uma troca direta. Na sua fonte de produção, o ouro é mercadoria, tal como qualquer outra mercadoria. O seu valor relativo, e o do ferro ou de outra mercadoria, manifesta-se aqui pelas quantidades em que estas mercadorias reciprocamente se trocam. Ora, no processo de circulação supõe-se que esta operação já foi concluída, o valor próprio do ouro já está dado nos preços das mercadorias. Portanto, nada é mais errôneo que imaginar que *no interior do processo de circulação* o ouro e a mercadoria estabelecem uma relação de troca direta e que, por conseguinte, seu valor relativo é estabelecido por sua troca na qualidade de simples mercadorias. Se no processo de circulação parece que o ouro é trocado, como simples mercadoria, pelas outras mercadorias, esta ilusão resulta de uma determinada quantidade de mercadoria ter sido igualada a uma determinada quantidade de ouro no preço, isto é, de ter sido relacionada com o ouro já considerado como moeda, como equivalente geral, e de, *consequentemente*, ser imediatamente permutável com ele. Na medida em que o preço de uma mercadoria se *realiza* no ouro, ela troca-se pelo ouro como mercadoria, como materialização particular do tempo de trabalho; no entanto, na medida em que é o seu *preço* que se realiza no ouro, ela troca-se pelo ouro enquanto moeda e não enquanto mercadoria, o que equivale a dizer que a mercadoria se troca pelo ouro enquanto materialização geral do tempo de trabalho. Porém, em ambos os casos, a quantidade de ouro contra a qual se troca a mercadoria no interior do processo de circulação não é determinada pela troca: pelo contrário, é a troca que é determinada pelo preço da mercadoria, isto é, pelo seu valor de troca avaliado em ouro[35].

No interior do processo de circulação, o ouro aparece sempre como o resultado da venda M – D. Mas como M – D, a venda, é simultaneamente D – M, a compra, torna-se evidente que, enquanto M, a mercadoria, ponto de partida do processo, cumpriu sua primeira metamorfose, a outra mercadoria, D, que a defronta como extremo, cumpriu por seu lado a segunda metamorfose, percorrendo assim a segunda fase da circulação no momento em que a primeira mercadoria se encontra ainda na primeira fase do seu curso.

O ponto de partida do segundo processo de circulação, o dinheiro, surge como o resultado do primeiro processo, da venda. A mercadoria na sua primeira forma é substituída por seu equivalente em ouro. Este resultado pode constituir uma suspensão, dado que a mercadoria possui sob esta segunda forma uma existência própria e constante. A mercadoria que, na posse do seu proprietário, não era valor de uso, está agora à disposição deste sob uma forma constantemente utilizável porque constantemente permutável, e depende das circunstâncias o momento e o ponto de interseção no mundo das mercadorias em que ela reentrará em circulação. Este estado de crisálida de ouro forma um período autônomo da sua vida, em que pode deter-se mais ou menos tempo. Enquanto na troca direta a permuta de um valor de uso particular está diretamente ligada à permuta de outro valor de uso particular, o caráter geral do trabalho criador do valor de troca manifesta-se no fato de os atos de compra e venda serem separados e indiferentemente alternados.

D – M, *compra*, é o movimento inverso de M – D e é ao mesmo tempo a segunda ou última metamorfose da mercadoria. Enquanto ouro, ou seja, na sua forma de equivalente geral, a mercadoria pode mostrar-se imediatamente nos valores de uso de todas as outras mercadorias, já que todas, no preço, aspiram ao ouro como se tratando da sua eternidade; por precaução, dão indicação da nota que as espécies sonantes devem tanger para que seus corpos, seus valores de uso, ascendam à moeda, e sua alma, o valor de troca, ascenda ao próprio ouro. O produto geral da alienação das mercadorias é a mercadoria dotada de uma capacidade absoluta de alienação. Para a transformação do ouro em mercadoria não existe limite qualitativo, existe apenas um limite quantitativo, que é o da quantidade ou grandeza de valor do próprio ouro. "O dinheiro abre todas as portas." Enquanto no movimento M – D a mercadoria, por sua alienação como valor de uso, realiza seu próprio preço e o valor de uso do dinheiro de outrem, no movimento D – M realiza, pela sua alienação como valor de troca, o valor de uso que lhe é próprio e o preço da outra mercadoria. Se ao realizar o seu preço a mercadoria transforma o ouro em moeda real, por sua reconversão ela confere ao ouro o modo próprio e transitório de existência como moeda. Como a circulação das mercadorias supõe uma divisão do trabalho desenvolvido, o que implica a multiplicidade de necessidades do produtor isolado, multiplicidade que está na razão inversa do caráter unilateral do seu produto, a compra D – M será representada ora por uma equação com um equivalente mercadoria, ora se dispersará numa série de equivalentes mercadorias, série que circunscreve agora o círculo das necessidades do comprador e a totalidade de dinheiro de que dispõe. Se a venda é simultaneamente compra, a compra é ao mesmo tempo venda – e D – M é ao mesmo tempo M – D –, mas agora é o ouro, ou o comprador, que toma a iniciativa.

Voltando então à circulação completa M – D – M, vê-se que nesta evolução uma mercadoria percorre toda a série de suas metamorfoses. Mas, quando começa a primeira metade da circulação e sofre a primeira metamorfose, uma segunda mercadoria entra na segunda metade da circulação, sofre sua segunda metamorfose e sai da circulação; inversamente, a primeira mercadoria entra na segunda metade da circulação, sofre sua segunda metamorfose e sai da circulação paralelamente a uma terceira mercadoria, que entra na circulação, percorre a primeira metade do seu curso e cumpre a sua primeira metamorfose. A circulação completa M – D – M, enquanto metamorfose total de uma mercadoria, é, portanto, sempre e simultaneamente, o termo de uma metamorfose total de uma segunda mercadoria e o princípio da metamorfose total de uma terceira; logo, uma série sem princípio nem fim. Para maior clareza e para distinguir as mercadorias, designamos M de modo diferente nos dois extremos, ou seja M' – D – M". Na realidade, o primeiro membro M – D supõe que D seja o resultado de uma outra M – D, sendo ela própria o último membro de M – D – M', enquanto o segundo membro D – M" é, no seu resultado, M" – D, apresentando-se assim como o primeiro membro de M" – D – M", etc. Além disso, o último membro D – M – ainda que D seja apenas o resultado de *uma* venda – pode representar-se por D – M' + D – M" + D – M'" + etc.; pode, pois, fragmentar-se numa série de compras, isto é, numa série de vendas, isto é, numa série de primeiros elos de novas metamorfoses totais de mercadorias. Deste modo, se a metamorfose total de uma mercadoria isolada se apresenta como um elo não só de uma cadeia de metamorfoses sem princípio nem fim, mas também de um grande número de cadeias, o processo de circulação do mundo das mercadorias, uma vez que cada mercadoria isolada percorre o circuito M – D – M, apresenta-se como um enredar de cadeias entrelaçadas até o infinito resultantes desse movimento sempre completo e sempre recomeçado num número infinito de pontos diferentes. Mas cada venda ou cada compra singular subsiste como ato indiferente e isolado, cujo ato complementar pode ser separado no tempo e no espaço sem necessidade de se lhe ligar imediatamente como sequência.

Como qualquer processo de circulação particular M – D ou D – M, transformação de uma mercadoria em valor de uso e da outra mercadoria em dinheiro, primeiro e segundo estágios da circulação, constitui, em ambas as direções, uma suspensão dos estágios da circulação, constitui, em ambas as direções, uma suspensão independente; mas dado que, por outro lado, todas as mercadorias começam a segunda metamorfose e tomam lugar no ponto de partida da segunda metade da circulação sob a forma comum de equivalente geral, de ouro – na circulação geral uma D – M qualquer acerta o passo com uma M – D qualquer –, o segundo capítulo da carreira de uma mercadoria acerta o passo com o primeiro capítulo da carreira de uma outra. A, por exemplo, vende ferro por duas libras esterlinas, completando-se assim M – D ou a primeira metamorfose da mercadoria ferro, mas adia para mais tarde a compra. Ao mesmo tempo B, que quinze dias antes tinha vendido duas quartas de trigo por 6 libras esterlinas, compra com essas 5 libras um terno completo na casa Moisés & Filho, completando-se assim D – M ou a segunda metamorfose da mercadoria trigo. Estes dois atos, D – M e M – D, aparecem aqui como anéis de uma cadeia, simplesmente porque sob a forma D, a forma ouro, uma mercadoria parece-se com outra sem que se possa reconhecer no ouro se é ferro metamorfoseado ou trigo metamorfoseado. No processo de circulação real, M – D – M apresenta-se como a justaposição e a sucessão infinitas e acidentais de membros de diferentes metamorfoses totais confusamente misturados. Assim, o processo de circulação real não se *apresenta como* uma metamorfose total da mercadoria, como a sua passagem por fases opostas, mas sim como o agregado de múltiplas compras e vendas, efetuando-se paralelamente ou sucessivamente de modo acidental. Deste modo se suprime a determinação formal do processo, e tanto mais quanto cada ato particular da circulação, por exemplo a venda, é simultaneamente o seu contrário, a compra, e reciprocamente. Por outro lado, o processo de circulação *é* o movimento das metamorfoses do mundo das mercadorias, sendo necessário que o reproduza também na totalidade do seu movimento. Na seção seguinte estudaremos como o reproduz. Chamaremos ainda a atenção para M – D – M: os dois extremos M não têm a mesma relação formal com D. O primeiro M é mercadoria particular e relaciona-se com o dinheiro como mercadoria universal, enquanto o dinheiro é a mercadoria universal e relaciona-se com o segundo M, que é uma mercadoria individual. M – D – M pode transpor-se para o plano da lógica abstrata sob a forma do silogismo P – U – I, constituindo a particularidade o primeiro extremo, a universalidade, o termo médio e a individualidade, o último extremo.

Os proprietários de mercadorias entram no processo da circulação como simples detentores de mercadorias. No interior desse processo, defrontam-se sob a forma antitética de comprador e vendedor, personificando um o açúcar, o outro o ouro. Quando o açúcar se torna ouro, o vendedor torna-se comprador. Estes tipos sociais determinados não têm de forma alguma a sua origem na individualidade humana em geral, mas sim nas relações de troca entre homens que criam os seus produtos sob a forma determinada da mercadoria. Tampouco são relações individuais as que se exprimem na relação entre o comprador e o vendedor, que ambos entram nesta relação só e na medida em que negam o seu trabalho individual, que se torna dinheiro, deixando de ser trabalho de *um* indivíduo *particular*. Assim como é estúpido conceber estes tipos econômicos burgueses de comprador e vendedor como formas sociais eternas da individualidade humana, também é falso lamentá-los, vendo neles a abolição da individualidade[36]. São a manifestação necessária da individualidade num estágio determinado do processo social de produção. Na oposição entre comprador e vendedor, a natureza antagônica da produção burguesa exprime-se ainda de uma forma tão superficial e tão formal que esta oposição pertence também às formas de sociedade pré-burguesas, sendo a sua única exigência que os indivíduos se relacionem entre si como detentores de mercadorias.

Se consideramos agora o resultado M – D – M, ele reduz-se à troca de substância M – M. A mercadoria foi trocada por mercadoria, o valor de uso por valor de uso, e a transformação da mercadoria em dinheiro, ou seja, a mercadoria sob a forma de dinheiro, apenas serve de intermediário nesta troca de substância. O dinheiro surge assim como um simples *meio de troca* das mercadorias, mas não como meio de troca em geral: aparece como um meio de troca caracterizado pelo processo de circulação, isto é, como um *meio de circulação*[37].

Pelo fato de o processo de circulação das mercadorias se extinguir em M – M, parecendo, por conseguinte, uma troca direta efetuada por intermédio do dinheiro, e de M – D – M não se fracionar só em dois processos isolados, de uma maneira geral, mas representar também a sua unidade móvel, querer concluir a partir daqui que entre a compra e a venda existe somente a unidade e não a separação é fazer um raciocínio cuja crítica é do domínio da lógica e não da economia política. Assim como a separação da compra e da venda no processo de troca faz cair as antigas barreiras locais da troca social de substância que rodeava de tão amável inocência uma devoção ancestral, esta separação é igualmente a forma geral sob a qual os momentos sem interrupção do processo se deslocam e se opõem entre si; constitui, em suma, a possibilidade geral das crises comerciais, mas apenas na medida em que a oposição da mercadoria e da moeda é a forma abstrata e geral de todas as oposições que o trabalho burguês implica. A circulação da moeda pode assim processar-se sem crises, mas as crises não podem acontecer sem circulação da moeda. O que equivale apenas a dizer que, quando o trabalho fundamentado na troca privada não atingiu ainda o estágio da criação da moeda, é evidentemente pouco possível que dê origem a fenômenos que supõem o pleno desenvolvimento do processo de produção burguesa. Assim podemos avaliar até que ponto é profunda uma crítica que pretende suprimir as "anomalias" da produção burguesa, por meio da abolição do "privilégio" dos metais preciosos, substituídos por um pretenso "sistema monetário racional". Para dar um exemplo de apologética em economia política, bastar-nos-á recordar uma interpretação, cuja extraordinária perspicácia deu o que falar. Diz *James Mill*, o pai do conhecidíssimo economista inglês John Stuart Mill:

> Nunca pode haver falta de compradores para todas as mercadorias. Quem quer que ponha uma mercadoria à venda, quer receber uma mercadoria em troca, e é assim comprador pelo simples fato de ser vendedor. Tomados em conjunto, os compradores e vendedores de todas as mercadorias devem pois, por necessidade metafísica, equilibrar-se. Deste modo, se houver mais vendedores que compradores para uma mercadoria, tem de haver forçosamente mais compradores que vendedores para uma outra mercadoria[38].

Mill estabeleceu o equilíbrio, transformando o processo de circulação em troca direta; entretanto, fez entrar por contrabando na troca direta as figuras de comprador e vendedor, próprias do processo de circulação. Para usar a linguagem confusa de Mill, nos momentos em que todas as mercadorias são invendáveis, como por exemplo em Londres e Hamburgo em certos momentos da crise comercial de 1857-1858, há efetivamente mais compradores que vendedores para *uma única* mercadoria, o *dinheiro*, e mais vendedores que compradores para *todas as outras formas de dinheiro*, as mercadorias. O equilíbrio metafísico das compras e vendas reduz-se ao fato de cada compra ser uma venda e cada venda, uma compra, o que não é um enunciado particularmente consolador para os detentores de mercadorias que não conseguem vender nem, por conseguinte, comprar[39].

A separação da venda e da compra torna possível, ao lado do comércio propriamente dito, um grande número de transações fictícias antes da troca definitiva entre os produtos e os consumidores de mercadorias. Permite deste modo que uma quantidade de parasitas se introduza no processo de produção, explorando essa separação. O que uma vez mais equivale a dizer que com o dinheiro como forma geral do trabalho é *possibilitado*, num regime burguês, o desenvolvimento das contradições contidas nesse trabalho.

b) *A circulação da moeda*

A circulação real apresenta-se, antes de tudo, como uma massa de compras e vendas efetuando-se fortuita e paralelamente. Na compra como na venda, a mercadoria e o dinheiro defrontam-se, mantendo sempre a mesma relação: o vendedor do lado da mercadoria, o comprador do lado do dinheiro. O dinheiro, meio de circulação, aparece assim sempre como *meio de compra*, pelo que as suas características distintas nas fases opostas da metamorfose das mercadorias deixaram de ser reconhecíveis.

O dinheiro passa para as mãos do vendedor quando do ato que faz passar a mercadoria para as mãos do comprador. Mercadoria e dinheiro circulam, portanto, em sentido contrário, e esta transferência, que faz passar a mercadoria para um lado e o dinheiro para o outro, opera-se simultaneamente numa infinidade de pontos em toda a superfície da sociedade burguesa. Contudo, o primeiro passo que a mercadoria dá para entrar na circulação é, ao mesmo tempo, o seu último passo[40]. Quer ela mude de lugar porque o ouro é atraído por ela (M – D), quer seja ela atraída pelo ouro (D – M), de um só golpe este único deslocamento a faz cair, do processo de circulação, no consumo. A circulação é um movimento contínuo de mercadorias, mas de mercadorias sempre diferentes, e cada mercadoria efetua um único movimento. Qualquer mercadoria entra na segunda metade da sua circulação não com a forma de mercadoria que lhe era própria, mas com a forma de outra mercadoria, o ouro. O movimento da mercadoria metamorfoseada é, portanto, o movimento do ouro. A moeda ou a peça de ouro idêntica que, no ato M – D, trocou uma vez de lugar com uma mercadoria, aparece inversamente, por sua vez, como ponto de partida de D – M, trocando assim de lugar uma segunda vez com outra mercadoria. Assim como tinha passado da posse do comprador *B* para a posse do vendedor *A*, passa em seguida de *A*, agora comprador, para a posse de *C*. O movimento formal de uma mercadoria, a sua transformação em dinheiro e a sua reconversão de dinheiro em mercadoria, ou seja, o movimento de metamorfose total da mercadoria, apresenta-se assim como o movimento exterior da mesma peça monetária que troca duas vezes de lugar com duas mercadorias diferentes. Por mais fragmentárias e ocasionais que sejam as compras e vendas paralelas na circulação real, um vendedor enfrenta sempre um comprador e o dinheiro que toma o lugar da mercadoria vendida já tinha trocado de lugar uma vez com uma outra mercadoria, antes de vir parar às mãos do comprador. Por outro lado, mais cedo ou mais tarde esse dinheiro transita das mãos do vendedor, agora comprador, para um novo vendedor e, pela frequente repetição destas mudanças de lugar, exprime o encadeamento das metamorfoses das mercadorias. As mesmas peças monetárias, seguindo sempre uma direção oposta à das mercadorias em movimento, passam assim, cada qual com uma frequência maior ou menor, de um ponto a outro da circulação, descrevendo um arco de circulação de maior ou menor amplitude. Estes diferentes movimentos da mesma moeda só podem suceder-se no tempo, ao contrário da multiplicidade e fragmentação das compras e vendas, manifesta na alteração de lugar única e simultânea das mercadorias e do dinheiro, que se efetua paralelamente no espaço.

A circulação das mercadorias sob a forma simples M – D – M realiza-se pela passagem do dinheiro da posse do comprador para a do vendedor, e da posse do vendedor, transformado em comprador, para a de um novo vendedor. A metamorfose da mercadoria termina assim, do mesmo modo o movimento do dinheiro enquanto expressão daquela metamorfose. Mas como são constantemente produzidos novos valores de uso sob a forma de mercadorias, mercadorias constantemente introduzidas de novo na circulação, M – D – M repete-se e renova-se sob o impulso dos mesmos proprietários de mercadorias. O dinheiro que desembolsaram como compradores vem parar novamente em suas mãos quando aparecem como vendedores de mercadorias. A constante renovação da circulação de mercadorias reflete-se assim no movimento do dinheiro, o qual não só rola constantemente de mão em mão em toda a extensão da sociedade burguesa, como descreve simultaneamente uma série de pequenos ciclos diferentes, partindo de uma infinidade de pontos e regressando a esses mesmos pontos para recomeçar o mesmo movimento.

Se a alteração de forma das mercadorias aparece como uma simples mudança de lugar do dinheiro, e se a continuidade do movimento da circulação só no dinheiro se manifesta, se a mercadoria dá sempre um só passo em direção contrária ao dinheiro, enquanto o dinheiro dá sempre o segundo passo pela mercadoria e diz B quando a mercadoria diz A, o movimento completo *parece* ter o dinheiro por ponto de partida, embora seja a mercadoria que, na venda, atrai o dinheiro para fora do seu esconderijo, sendo ela que provoca a circulação do dinheiro, da mesma forma que o dinheiro provoca a sua circulação através da compra. Além disso, como o dinheiro defronta sempre a mercadoria sob a forma de *meio de compra*, qualidade em que apenas provoca a movimentação de mercadorias ao realizar os seus preços, o movimento da circulação, no seu conjunto, apresenta-se assim: o dinheiro troca de lugar com as mercadorias ao realizar os seus preços em atos particulares da circulação que têm lugar, quer simultânea e paralelamente, quer sucessivamente, realizando a mesma espécie monetária, alternadamente, em diferentes preços de mercadorias. Se, por exemplo, atentamos em M – D – M' – D – M'' – D – M''', etc., sem considerar os aspectos qualitativos, que deixam de ser reconhecíveis no processo de circulação real, apenas conseguimos distinguir a mesma operação monótona. Após ter realizado o preço de M, D realiza seguidamente o preço de M', M'', etc., e as mercadorias M', M'', M''', etc. ocupam sempre o lugar abandonado pelo dinheiro. Parece assim que o dinheiro faz circular as mercadorias ao realizar os seus preços. Cumprindo este papel de realizador de preços, ele próprio circula sem cessar, ora limitando-se a trocar de lugar, ora percorrendo um arco de circulação, ora descrevendo ainda um pequeno ciclo em que coincidem os pontos de partida e os pontos de chegada. Meio de circulação que é, ele possui a sua própria circulação. O movimento formal das mercadorias implicadas num processo surge, pois, como um movimento característico do dinheiro que permite a troca de mercadorias imóveis em si. O movimento do processo de circulação das mercadorias manifesta-se assim no movimento do dinheiro[41] enquanto meio de circulação – na *circulação da moeda*.

Se os proprietários de mercadorias apresentaram os produtos dos seus trabalhos privados como produtos do trabalho social, ao transformarem uma coisa, o ouro, em modo de existência imediata do tempo de trabalho geral, e por conseguinte em moeda, o seu próprio movimento universal, pelo qual tornam possível a mútua troca material de trabalhos, apresenta-se-lhes agora como o movimento característico de uma coisa como a circulação do ouro. Para os proprietários de mercadorias o próprio movimento social é, por um lado, uma necessidade exterior e, por outro lado, um processo intermediário puramente formal, que permite que cada indivíduo retire da circulação, em troca do valor de uso que ali tinha lançado, outros valores de uso de igual volume de valor. O valor de uso da mercadoria começa com a saída desta da circulação, enquanto o valor de uso do dinheiro[42] como meio de circulação é a sua própria circulação. O movimento da mercadoria na circulação é um aspecto fugaz, ao passo que as deslocações incessantes são, na circulação, a função do dinheiro[43]. Esta função específica do dinheiro no interior do processo de circulação dá-lhe, enquanto meio de circulação, uma nova determinação formal, que vamos agora desenvolver mais pormenorizadamente.

Em primeiro lugar, salta aos olhos que a circulação monetária é um movimento infinitamente fragmentado, pois nele se reflete a infinita fragmentação em compras e vendas do processo de circulação e a indiferente separação das fases complementares da metamorfose das mercadorias. Nos pequenos circuitos da moeda em que coincidem o ponto de partida e o ponto de chegada, é visível, sem dúvida, um movimento em volta, um verdadeiro movimento circulatório, mas, de início, há tantos pontos de partida quantas as mercadorias e, pela sua multiplicidade já indeterminada, estes circuitos escapam a qualquer exame, a qualquer medida, a qualquer cálculo. Igualmente é pouco determinado o tempo que separa a partida do regresso ao ponto de partida. Assim como é indiferente saber se, num dado caso, um tal circuito é ou não percorrido. Não há fenômeno econômico mais conhecido que a possibilidade de desembolsar dinheiro sem recuperá-lo. O dinheiro parte de pontos infinitamente diversos e regressa a pontos infinitamente diversos, mas a coincidência do ponto de partida com o ponto de chegada é fortuita, porque o movimento M – D – M não implica necessariamente que o comprador se torne vendedor. Tampouco a circulação monetária apresenta um movimento radial de um centro em direção a todos os pontos da periferia, refluindo de todos os pontos da periferia em direção ao mesmo centro. Aquilo que é chamado circuito monetário e de que fazemos uma vaga ideia reduz-se ao aparecimento e dissimulação ao incessante deslocamento da moeda, fatos que se observam em todos os pontos. Numa forma superior intermediária da circulação monetária, por exemplo na circulação de notas de banco, veremos que as condições de emissão da moeda implicam as condições do seu refluxo. Na circulação simples da moeda, pelo contrário, é acidentalmente que o mesmo comprador se torna vendedor. Quando autênticos circuitos se manifestam de forma constante, trata-se de reflexos de processos de produção mais profundos. O fabricante levanta o dinheiro no seu banqueiro na sexta-feira, por exemplo, e paga no sábado aos seus operários; estes gastam em seguida a maior parte nas mercearias, etc., que por sua vez o depositam segunda-feira no banco.

Vimos como, em compras e vendas que tenham lugar indistinta e paralelamente no espaço, o dinheiro realiza simultaneamente uma dada quantidade de preços e só uma vez se permuta com a mercadoria. Mas, por outro lado, assim como se descobre no seu movimento o movimento das metamorfoses totais das mercadorias e o encadeamento dessas metamorfoses, a mesma espécie monetária realiza os preços de mercadorias diferentes e efetua assim um número maior ou menor de rotações. Deste modo, se admitirmos o processo de circulação de um país num lapso de tempo determinado, um dia por hipótese, a massa de ouro necessária para a realização dos preços e, por conseguinte, para a circulação das mercadorias, será determinada por um duplo fator: por um lado, a soma total desses preços, por outro, a média de evoluções efetuadas pelas mesmas peças de ouro. O total dessas evoluções – ou a velocidade de rotação da moeda – é também determinado, ou seja, limita-se a ser a expressão da velocidade média a que as mercadorias percorrem as diferentes fases da sua metamorfose, a velocidade a que essas fases se encadeiam e a que as mercadorias, completadas as suas metamorfoses, são substituídas no processo de circulação por novas mercadorias. Logo, enquanto, na fixação dos preços, o valor de troca de todas as mercadorias era idealmente transformado numa quantidade de ouro de igual grandeza de valor e, nos dois atos isolados da circulação D – M e M – D, igual valor existia sob o duplo aspecto da mercadoria, por um lado, e do outro, por outro, o modo de existência do ouro como meio de circulação é determinado, não por sua relação isolada com as mercadorias particulares em repouso, mas por seu modo de existência móvel no mundo das mercadorias em movimento; é determinado pela função que exerce ao exprimir, por sua mudança de lugar, a alteração de forma das mercadorias, ao exprimir, pela rapidez com que muda de lugar, a rapidez da sua alteração de forma. A sua presença real no processo de circulação, isto é, a massa de ouro real que circula, é portanto determinada por seu modo de existência funcional no próprio processo total.

A circulação da moeda supõe a circulação das mercadorias: a moeda faz circular mercadorias que têm preços, ou seja, já idealmente equacionadas com determinadas quantidades de ouro. Na própria determinação do preço das mercadorias supõe-se já dada a grandeza de valor da quantidade de ouro que serve como unidade de medida ou o valor do ouro. Admitindo isto, a quantidade de ouro necessária à circulação é antes de tudo determinada pela soma total dos preços das mercadorias a realizar. No entanto, esta soma total é por sua vez determinada, primeiro, pelo nível dos preços, o nível relativamente elevado ou baixo dos valores de troca das mercadorias avaliadas em ouro e, segundo, pela massa das mercadorias que circulam com determinados preços, logo, pela soma das compras e vendas a um preço estabelecido[44]. Se uma quarta de trigo custa 60 shillings, para provocar a circulação ou realizar o seu preço é necessária uma quantidade de ouro duas vezes maior do que se custasse 30 shillings. Para a circulação de 500 quartas a 60 shillings, é necessário duas vezes mais ouro que para a circulação de 250 quartas ao mesmo preço. Finalmente, para a circulação de 10 quartas a 100 shillings é necessária uma quantidade duas vezes menor de ouro que para a circulação de 40 quartas a 50 shillings. Daqui resulta que a quantidade de ouro necessária para a circulação das mercadorias pode diminuir apesar da subida de preços, se a massa das mercadorias postas em circulação diminuir numa proporção maior do que aquela em que cresce a soma total dos preços, e, inversamente, a massa dos meios de circulação pode aumentar se a massa das mercadorias postas em circulação diminuir mas a soma dos seus preços subir numa proporção maior. Assim, por exemplo, excelentes monografias inglesas mostraram que na Inglaterra, nos primeiros momentos de um encarecimento de cereais, a massa da moeda em circulação aumentou, porque a soma dos preços de uma massa menor de cereais era maior do que o era a soma dos preços de uma massa maior, enquanto a circulação da massa das outras mercadorias continuou sem perturbação, com os preços antigos, durante um certo tempo. Pelo contrário, num estágio posterior do encarecimento dos cereais, a massa da moeda em circulação diminuiu, quer pelo fato de, juntamente com os cereais, se venderem menos outras mercadorias ao preço antigo, quer porque se vendesse a mesma quantidade de mercadorias, mas a preços inferiores.

Mas a quantidade de moeda em circulação, como se viu, não é só determinada pela soma total dos preços das mercadorias a realizar, mas sim, simultaneamente, pela velocidade a que circula o dinheiro ou a que, num dado lapso de tempo, ele desempenha essa realização. Se o mesmo soberano faz num dia 10 compras, sendo cada mercadoria comprada ao preço de 1 soberano, e muda assim 10 vezes de mãos, cumpriu exatamente a tarefa de 10 soberanos circulando cada um, apenas uma vez por dia[45]. A velocidade de rotação do ouro pode, pois, substituir a quantidade, ou seja, o modo de existência do ouro no processo de circulação não é só determinado pelo seu modo de existência como equivalente ao lado da mercadoria, mas também pelo seu modo de existência no interior do movimento de metamorfose das mercadorias. Todavia, a velocidade de rotação da moeda só até um certo grau substitui a sua quantidade, visto que, em cada momento dado, as compras e as vendas fragmentadas até o infinito se efetuam paralelamente no espaço.

Se aumentar a soma total dos preços das mercadorias em circulação, mas numa proporção menor do que aquela em que cresce a velocidade de rotação da moeda, diminuirá a massa dos meios de circulação. Se, inversamente, diminuir a velocidade de rotação numa proporção maior do que aquela em que baixa a soma total dos preços da massa das mercadorias em circulação, aumentará a massa dos meios de circulação. Aumento dos meios de circulação acompanhando uma baixa geral de preços, diminuição dos meios de circulação ao lado de uma subida geral de preços, eis um dos fenômenos mais bem determinados na história dos preços das mercadorias. Mas as causas que provocam uma elevação do nível dos preços e, simultaneamente, uma aceleração em proporções ainda maiores da velocidade de rotação da moeda, bem como o movimento inverso, não cabem no estudo da circulação simples. A título de exemplo podemos assinalar que, particularmente nos períodos em que predomina o crédito, a velocidade de rotação da moeda cresce mais depressa que os preços das mercadorias, enquanto uma diminuição do crédito provoca uma diminuição mais lenta dos preços das mercadorias do que da velocidade de circulação. O caráter superficial e formal da circulação simples do dinheiro manifesta-se precisamente no fato de todos os fatores que determinam o número dos meios de circulação dependerem de circunstâncias todas elas *exteriores* à circulação simples do dinheiro e que se limitam a refletir-se nela: a massa das mercadorias em circulação, os preços, a alta ou baixa destes, o número de compras e de vendas simultâneas e a velocidade de rotação da moeda dependem do processo de metamorfose do mundo das mercadorias; este, por sua vez, depende do aspecto de conjunto do modo de produção, do montante da população, da relação entre a cidade e o campo, do desenvolvimento dos meios de transporte, do grau de divisão do trabalho, do crédito, etc.

Dada a velocidade da circulação, a massa dos meios de circulação é simplesmente determinada pelos preços das mercadorias. Os preços não são altos ou baixos porque circula mais ou menos dinheiro, mas circula mais ou menos dinheiro na medida em que os preços são altos ou baixos. Esta é uma das leis econômicas mais importantes, e talvez o único mérito da economia política inglesa pós-ricardiana foi tê-la demonstrado em pormenor através da história dos preços das mercadorias. Portanto, se a experiência mostra que num determinado país o nível da circulação metálica, ou a massa do ouro ou a da prata em circulação, está, por certo, sujeito a flutuações temporárias e, por vezes, a fluxos e refluxos muito violentos[46], mantendo-se no entanto inalterável o seu total por longos períodos, e que os desvios do nível médio conduzem apenas a fracas oscilações, tal fenômeno explica-se simplesmente pela natureza contraditória das circunstâncias que determinam a massa da moeda em circulação. Sua modificação simultânea anula seu efeito, e tudo se mantém.

Pode-se ainda enunciar assim a lei segundo a qual, dadas a velocidade de rotação da moeda e a soma dos preços das mercadorias, se encontra determinada a quantidade dos meios de circulação: dados os valores de troca das mercadorias e a velocidade média das suas metamorfoses, a quantidade de ouro em circulação depende do seu próprio valor. Assim, se o valor do ouro, ou seja, o tempo de trabalho necessário para a sua produção, subisse ou diminuísse, os preços das mercadorias subiriam ou baixariam na razão inversa e a esta subida ou baixa geral dos preços, mantendo-se a velocidade de circulação, corresponderia um aumento ou diminuição da massa de ouro necessária para a circulação de igual massa de mercadorias. Dar-se-ia a mesma alteração se a antiga medida de valores fosse suplantada por um metal de maior ou menor valor. Deste modo, quando, por delicada atenção para os credores do Estado, e temerosa das consequências das descobertas da Califórnia e da Austrália, a Holanda substituiu a moeda de ouro pela moeda de prata, teve de dispor de uma quantidade de prata 14 ou 15 vezes maior do que o ouro anteriormente necessário para fazer circular igual massa de mercadorias.

A quantidade de ouro em circulação depende das variações da soma dos preços das mercadorias e das variações da velocidade de circulação; daqui resulta que a massa dos metálicos meios de circulação deve ser suscetível de contração ou expansão; resulta, em suma, que o ouro, enquanto meio de circulação, deve entrar ou sair do processo de circulação consoante as necessidades desse processo. Mais adiante veremos a forma como o processo de circulação torna possíveis essas condições.

c) *O numerário. O signo de valor*

Na sua função de meio de circulação, o ouro sofre uma transformação que lhe é própria, torna-se *numerário*. Para que o seu curso não seja impedido por dificuldades técnicas, é cunhado segundo o padrão da moeda de cálculo. As peças de ouro, cujo cunho e desenho indicam que contêm frações de peso de ouro representadas pelos nomes de cálculo da moeda, libra esterlina, shilling, etc., são o numerário. A fixação do preço do numerário é da competência do Estado, assim como o trabalho técnico de cunhagem. Tal como a moeda de cálculo na qualidade de numerário, o dinheiro adquire um *caráter local e político*, fala línguas diferentes, veste diferentes uniformes nacionais. A esfera em que o dinheiro circula como numerário distingue-se da circulação *geral* do mundo das mercadorias, por ser uma esfera de circulação *interior* das mercadorias, circunscrita às fronteiras de uma comunidade.

No entanto, não há mais diferenças entre o ouro em barra e o ouro sob a forma de numerário do que entre o seu nome de numerário e o seu nome de peso. Aquilo que neste último[47] caso era uma diferença de nome, surge agora como uma simples diferença de configuração. O numerário de ouro pode ser lançado no cadinho e assim *sans phrase*[48] reconvertido em ouro, do mesmo modo que, inversamente, basta enviar a barra de ouro à Casa da Moeda para lhe dar a forma do numerário. A conversão e reconversão de uma das formas na outra são operações puramente técnicas.

Por 100 libras ou 1.200 onças *troy*[49] de ouro a 22 quilates, a Casa da Moeda entrega 4.672 1/2 libras esterlinas ou soberanos de ouro e, se colocarmos estes soberanos num dos pratos da balança e 100 libras de ouro em barra no outro, o peso é igual: o que prova que o soberano é apenas a fração do peso de ouro designada por esse nome no preço monetário inglês, com um cunho e um desenho próprios. Os 4.672 1/2 soberanos de ouro são lançados na circulação em diversos pontos e, arrastados por seu turbilhão, realizam num dia um certo número de rotações, uns mais, outros menos. Se o número médio de rotações cotidianas de cada onça fosse de 10, as 1.200 onças de ouro realizariam uma soma total de preços de mercadorias no montante de 12 mil onças ou 46.725 soberanos. Por isso, por mais voltas que se dê a uma onça de ouro, ela nunca pesará 10 onças. No entanto, no processo de circulação, uma onça pode pesar efetivamente 10 onças. No quadro do processo de circulação o numerário é igual à quantidade de ouro que contém multiplicada pelo número de rotações que faz. Marginalmente à sua existência real sob a forma de uma peça de ouro de determinado peso, o numerário adquire assim uma existência ideal, que tem origem na sua função. Todavia, quer o soberano faça uma ou dez rotações, em cada compra ou venda particular ele atua como um só soberano. É como um general que no dia da batalha surge em dez lugares diferentes no momento oportuno, substituindo assim dez generais; mas em cada lugar e em cada momento ele é o mesmo e único general. A idealização dos meios de circulação, resultante de a velocidade ultrapassar a quantidade na circulação do dinheiro, apenas diz respeito à existência funcional do numerário no interior do processo de circulação e não afeta a existência da peça-moeda tomada individualmente.

Entretanto, a circulação do dinheiro é um movimento externo, e o soberano, apesar de se manter sem mácula, frequenta uma sociedade assaz suspeita. Ao passar por tantas mãos, sacos, algibeiras, bolsas, bolsos, cofres, caixas e caixinhas, o numerário desgasta-se; deixa um átomo de ouro aqui, outro acolá e, desgastando-se na sua circulação por esse mundo afora, perde cada vez mais o seu toque intrínseco. Gastando-o, desgasta-se. Faça-se deter o soberano num momento em que a sua pureza natural só muito levemente tenha sido maculada.

Um padeiro que receba hoje do banco um soberano acabado de cunhar e o desembolse amanhã no moleiro não paga com o mesmo verdadeiro soberano; este soberano é agora mais leve que no momento em que o recebeu[50].

É claro que o numerário, pela sua própria natureza, deve depreciar-se continuamente peça a peça, sob a única ação deste habitual e inevitável desgaste. É materialmente impossível excluir completamente da circulação em qualquer momento, nem que seja apenas durante um dia, peças falidas de moeda[51].

Jacob calcula que, como consequência do uso, de 380 milhões de libras esterlinas existentes na Europa em 1809, tinham desaparecido completamente 19 milhões de libras esterlinas em 1829, ou seja, em vinte anos[52]. Se a mercadoria sai da circulação a seguir ao primeiro passo que dá para nela entrar, o numerário, após dar alguns passos na circulação, representa um teor metálico superior àquele que contém. Quanto mais tempo circula o numerário, mantendo-se constante a velocidade de circulação, ou ainda, quanto mais ativa se torna a sua circulação no mesmo lapso de tempo, mais a sua existência funcional como numerário se desliga da sua existência metálica como ouro ou prata. O que resta é *magni nominis umbra* [a sombra de um grande nome]. O corpo da moeda não é mais que uma sombra. Enquanto o processo a torna mais pesada no início, torna-se agora mais leve, mas em cada compra ou venda isoladas ela continua a valer a quantidade de ouro primitiva. Soberano *fantasma*, ouro *fantasma*, o soberano continua a cumprir mesmo assim a função de peça de ouro legítima. Enquanto os choques com o mundo exterior fazem perder a outros o seu idealismo, a moeda idealiza-se pela prática, o seu corpo de ouro ou prata torna-se pura aparência. Esta segunda idealização da moeda metálica, produzida pelo próprio processo de circulação, ou seja, esta cisão entre o seu conteúdo nominal e o conteúdo real, é explorada em parte pelos governos, em parte por aventureiros privados, que fazem as mais variadas falsificações da moeda. Toda a história da moeda, desde o princípio da Idade Média até bem ao século XVIII, resume-se na história destas falsificações com um caráter duplo antagônico, e à volta desta questão se organizam em grande parte os numerosos volumes da coleção dos economistas italianos de Custodi.

No entanto, a existência fictícia do ouro no quadro da sua função entra em conflito com sua existência real. Ao circular, cada moeda de ouro perde uma quantidade maior ou menor de sua substância metálica, e um soberano vale efetivamente mais que outro. Mas dado que na sua existência funcional têm todos o mesmo valor como moeda, valendo o soberano que é 1/4 de onça a mesma coisa que o soberano que apenas tem a aparência de 1/4 de onça, na posse de indivíduos sem escrúpulos os soberanos que têm o peso original são parcialmente submetidos a operações cirúrgicas, sofrendo artificialmente o desgaste que a própria ação natural da circulação fez sofrer aos seus irmãos de peso inferior. Aparam-nos, e as aparas de ouro excedentes são fundidas. Se 4.672 1/2 soberanos de ouro, no prato de uma balança, não pesarem em média mais do que 800[53] onças em vez de 1.200, no mercado apenas comprarão 800 onças de ouro, ou então o preço corrente do ouro ter-se-ia elevado acima do seu preço monetário. Qualquer peça de moeda, mesmo que conserve todo o seu peso, valerá menos na sua forma de moeda do que na forma de barra. Reduzir-se-iam os soberanos que não tivessem perdido peso novamente à forma de barra, sob a qual mais ouro tem mais valor que menos ouro. A partir do momento em que a redução do teor metálico em questão atingisse um número de soberanos suficiente para provocar uma subida persistente de preço corrente do ouro acima do seu preço monetário, os nomes de cálculo da moeda manter-se-iam, designando no entanto, no futuro, uma quantidade inferior de ouro. Em outras palavras, o padrão monetário mudaria e o ouro passaria a ser cunhado tendo por base esse novo padrão. Através da sua idealização como meio de circulação, o ouro modificaria as relações legalmente estabelecidas segundo as quais era padrão de preços. Esta revolução repetir-se-ia passado algum tempo, e o ouro ver-se-ia submetido a uma variação contínua, quer como padrão de preços, quer como meio de circulação, de tal modo que a alteração sob uma das formas provocaria a alteração sob outra das formas e inversamente. Isto explica o fenômeno que mencionamos anteriormente, a saber, que na história de todos os povos modernos se conserva o mesmo nome monetário referido a um conteúdo metálico que vai diminuindo constantemente. A contradição entre o ouro numerário e o ouro padrão de preços conduz igualmente à contradição entre o ouro numerário e o ouro equivalente geral, forma sob a qual circula não só no interior das fronteiras nacionais, mas também no mercado mundial. Como medida de valores, o ouro conservava sempre o seu peso, pois apenas servia como ouro ideal. Como equivalente, no ato isolado M – D, abandona a sua existência movimentada para cair numa existência sedentária, mas, como numerário, sua substância natural entra em perpétuo conflito com sua função. Não poderíamos evitar completamente a transformação do soberano de ouro em ouro-fantasma, contudo a legislação procura impedir que ele se mantenha como numerário, desmonetizando-o sempre que a insuficiência de substância atinge um certo grau. De acordo com a lei inglesa, por exemplo, um soberano que tenha perdido mais de 0,747 grão de peso não é um soberano legal. O Banco da Inglaterra, que no período que vai de 1844 a 1848 pesou 48 milhões de soberanos de ouro, possui, na balança para ouro do Sr. Cotton, uma máquina que não só detecta uma diferença de 1/100 do grão entre dois soberanos, mas ainda, como se fosse um ser dotado de razão, projeta o soberano com insuficiência de peso numa chapa onde é transportado a outra máquina que o retalha com crueldade oriental.

Nestas condições a moeda não poderia de forma alguma circular se o seu curso não fosse limitado a circuitos determinados da circulação no interior dos quais se desgasta menos rapidamente. Na medida em que uma moeda de ouro é considerada como valendo 1/4 de onça na circulação, ao passo que não pesa mais que 1/5 de onça, torna-se de fato um simples signo, ou simplesmente o símbolo de 1/20 da onça de ouro, e todo o numerário de ouro é assim mais ou menos transformado, pelo próprio processo da circulação, num mero signo ou símbolo da sua substância. Mas nenhuma coisa pode ser o seu próprio símbolo. Um cacho de uvas pintado não é o símbolo do verdadeiro cacho de uvas, mas um simulacro de cacho de uvas. Ora, um soberano falido é tanto o símbolo de um soberano de peso normal, como um cavalo magro é o símbolo de um cavalo gordo. Assim como o ouro se torna o seu próprio símbolo, mas dado que não pode servir como símbolo de si próprio, nos circuitos da circulação em que se desgasta mais rapidamente, isto é, nos círculos em que as compras e vendas se renovam constantemente em proporções mais fracas, adquire um modo de existência simbólico – prata ou cobre –, diverso do seu modo de existência como ouro. Ainda que não fossem as mesmas peças de ouro, uma determinada proporção da totalidade da moeda de ouro circularia constantemente como numerário nesses círculos. Nessa proporção, o ouro é substituído por peças de prata ou cobre. Deste modo, ainda que num país uma única mercadoria específica possa funcionar como medida de valores e, portanto, como moeda, diferentes mercadorias podem servir como numerário ao lado da moeda. Esses meios auxiliares de circulação, peças de prata ou cobre, por exemplo, representam, no interior da circulação, frações determinadas do numerário de ouro. O seu próprio toque em prata ou cobre não é, por conseguinte, determinado pela relação de valor da prata e do cobre com o ouro, mas arbitrariamente fixado pela lei.

Só podem ser emitidos em quantidades tais que frações diminutivas da moeda de ouro que representam possam circular de modo contínuo, quer por troca com peças de ouro de valor superior, quer pela realização de preços de mercadorias de modicidade correspondente ao seu próprio valor. No interior da circulação de mercadorias vendidas a retalho, as peças de prata e cobre pertencerão por sua vez a círculos particulares. Pela própria natureza das coisas, sua velocidade de rotação está na razão inversa do preço que realizam em cada uma das compras e em cada uma das vendas tomadas isoladamente, e ainda da grandeza da fração de numerário-ouro que representam. Se considerarmos o volume enorme do pequeno comércio cotidiano num país como a Inglaterra, a pequena importância relativa da fração da quantidade total de moedas subsidiárias em circulação mostra quanto o seu curso é rápido e contínuo. Lê-se, por exemplo, num relatório parlamentar recentemente publicado, que a Casa da Moeda inglesa cunhou, em 1857, um montante de 4.859.000 libras esterlinas em ouro, 738.000 libras esterlinas de valor nominal em prata e 363.000 libras esterlinas de valor metálico. O montante total de ouro cunhado nos dez anos que terminaram em 31 de dezembro de 1857 foi de 55.239.000 libras esterlinas, sendo apenas de 2.434.000 libras esterlinas o montante total de prata cunhada. A moeda de cobre atingiu em 1857 um valor nominal de 6.720 libras esterlinas, cunhadas em cobre no valor de 3.492 libras esterlinas, sendo 3.136 libras esterlinas em moedas de pence, 2.464 em meios-pence e 1.120 em farthings. O valor total da moeda de cobre cunhada nos dez últimos anos era de 141.477 libras esterlinas de valor nominal para um valor metálico de 73.503 libras esterlinas. Assim como se impede a moeda-ouro de conservar a sua função de moeda, determinando legalmente a perda de metal que a desmonetiza, as peças de prata e cobre, pelo contrário, são impedidas de passar das suas esferas de circulação para a esfera de circulação da moeda de ouro e daí se fixarem como moeda, pela determinação do nível máximo de preços que legalmente realizam. Na Inglaterra, por exemplo, ninguém é obrigado a aceitar cobre em pagamento por um montante que exceda 6 pence, e prata, com um montante que exceda 40 shillings. Se as peças de prata e cobre fossem emitidas em quantidades superiores às exigências das suas esferas de circulação, nem por isso subiriam os preços das mercadorias, mas estas peças acumular-se-iam nos retalhistas, que acabariam por ser obrigados a vendê-las como metal. Foi o que aconteceu em 1798, quando uma comissão particular de 20.350 libras esterlinas em moedas de cobre inglesas se acumulou nos lojistas, que depois de terem em vão tentado repô-las em circulação tiveram que lançá-las como mercadoria no mercado do cobre[54].

As peças de prata e cobre, que representam a moeda de ouro em esferas determinadas da circulação interior, possuem um conteúdo de prata e cobre fixado pela lei; mas, uma vez introduzidas na circulação, desgastam-se tal como a moeda de ouro e, em virtude da rapidez e continuidade do seu curso, idealizam-se ainda mais depressa, até se tornarem simples sombras. Se fosse fixado novamente à perda de metal um limite para além do qual as peças de prata e cobre perderiam o seu caráter de moeda, deveriam, no interior de círculos determinados da sua esfera de circulação própria, ser por sua vez substituídos por uma outra moeda simbólica, ferro ou chumbo, por exemplo, e esta nova representação de moeda simbólica por uma outra moeda simbólica, dando origem a um processo sem fim. Assim, em todos os países de circulação desenvolvida, a própria necessidade da circulação monetária obriga a que o caráter de numerário das peças de prata e cobre seja independente da importância da sua perda metálica. Acontece, pois, que estas peças são símbolos da moeda de ouro, não por serem de prata ou cobre, não porque tenham um valor, mas precisamente porque não têm valor algum.

Matérias relativamente sem valor, como o *papel*, podem assim ter a função de símbolos da moeda de ouro. A moeda subsidiária consiste em peças de metal, de prata, cobre, etc., em parte como consequência de, na maioria dos países, os metais de menor valor terem circulado como moeda[55] – a prata, por exemplo, na Inglaterra, o cobre na República da antiga Roma, na Suécia, na Escócia, etc. –, antes de serem degradadas pelo processo de circulação que fez delas moeda divisionária, substituindo-as por um metal mais precioso. Aliás, por sua própria natureza, o símbolo monetário diretamente originário da circulação metálica é também, a princípio, um metal. Tal como a porção de ouro que deveria circular constantemente como moeda divisionária é substituída por peças metálicas, a porção de ouro constantemente absorvida como numerário pela esfera da circulação interior e que deve circular continuamente pode ser substituída por peças sem valor. A massa da moeda em circulação nunca desce abaixo de um certo nível, determinado de forma empírica em cada país. A diferença entre o conteúdo nominal e o toque da moeda metálica, a princípio insignificante, pode acentuar-se até uma cisão absoluta. O nome monetário do dinheiro separa-se da sua substância para subsistir fora dela, impresso em notas de papel sem valor. Assim como o valor de troca das mercadorias, através do processo de troca, se cristaliza em moedas de ouro, a moeda de ouro, por seu lado, é sublimada na sua circulação até se tornar o seu próprio símbolo, primeiro sob a forma de numerário de ouro degradado pelo uso, depois sob a forma de moedas metálicas subsidiárias e, finalmente, sob a forma de peças sem valor, de papel, de simples *signo de valor*.

Mas a moeda de ouro deu origem aos seus representantes metálicos, em primeiro lugar, e depois ao papel, na medida em que continuou a funcionar como moeda apesar da sua perda de metal. Não circulava porque se desgastava, mas desgastava-se até se tornar um puro símbolo porque continuava a circular. É nesta medida em que a própria moeda de ouro se transformou, no interior do processo, num simples signo do seu valor, que pôde ser substituída por simples signos de valor.

Na medida em que o movimento M – D – M constitui a unidade em desenvolvimento dos dois momentos M – D e D – M que se convertem diretamente um no outro, isto é, na medida em que a mercadoria percorre o processo da sua metamorfose total, desenvolve o seu valor de troca no preço e no dinheiro, para no mesmo instante suprimir esta forma, para se tornar mercadoria, ou melhor, valor de uso. A mercadoria não vai além da *aparente autonomia* do seu valor de troca. Vimos, por outro lado, que o ouro, apesar de só funcionar como numerário, apesar de se encontrar constantemente em circulação, apenas representa, de fato, o encadeamento das metamorfoses das mercadorias e a *forma monetária puramente fugaz das mercadorias*, que apenas realiza o preço de uma mercadoria para realizar o de uma outra, mas que nunca surge como a forma em repouso do valor de troca ou como sendo ele próprio uma mercadoria em repouso. Neste processo, o valor de troca das mercadorias que o ouro representa no seu curso não se reveste de uma realidade diferente da realidade da faísca elétrica. Sendo ouro real, funciona apenas como simulacro do ouro, e pode assim, nesta função, ser substituído por signos que lhe sejam equivalentes.

O signo de valor, por exemplo o papel, que funciona como moeda, é o signo da quantidade de ouro expressa no seu nome monetário, logo *signo de ouro*. Tal como uma quantidade de ouro em si, o signo que a substitui não exprime uma relação de valor. É na medida em que uma quantidade determinada de ouro possui, como tempo de trabalho materializado, uma grandeza de valor determinada, que o signo de ouro representa valor. Mas a grandeza de valor que ele exprime depende, em todos os casos, do valor da quantidade de ouro que ele representa. Em presença das mercadorias, o signo de valor representa a *realidade do seu preço* e só é *signum pretii* [signo de preço] e signo do seu valor por seu valor ser expresso no seu preço. No processo M – D – M, na medida em que este se apresenta como unidade em via de constituição ou conversão direta das duas metamorfoses uma na outra – e é assim que ele se apresenta na esfera da circulação em que funciona o signo de valor –, o valor de troca das mercadorias apenas adquire no preço uma existência ideal, e no dinheiro, uma existência figurada simbólica. O valor de troca manifesta-se *somente* como valor imaginado ou concretamente figurado, mas não possui realidade, a não ser nas próprias mercadorias, quando uma quantidade determinada de tempo de trabalho nelas se materializa. *Parece* assim que o signo de valor representa *imediatamente* o valor das mercadorias, ao manifestar-se não como signo de ouro, mas como signo do valor de troca, que é simplesmente expresso no preço e só existe na mercadoria. Mas esta aparência é enganadora. O signo de valor é, de forma imediata, *signo de preço, logo signo de ouro*, e só por um subterfúgio é signo do valor da mercadoria. O ouro não vendeu a sua sombra, como Peter Schlemihl, mas compra com a sua sombra. O signo de valor só atua quando representa, no interior do processo, o preço de uma mercadoria em presença de outra, ou quando *representa ouro* em presença de cada proprietário de mercadoria. Antes de tudo é pela força do hábito que um certo objeto, relativamente sem valor, um pedaço de cabedal, uma nota de papel, etc., se torna signo da matéria monetária, mas mantém-se como tal garantido pelo consentimento geral dos proprietários de mercadorias, isto é, por adquirir legalmente uma existência convencional e, por conseguinte, um curso forçado. O papel-moeda do Estado de circulação forçada é a forma acabada do *signo de valor* e a única forma de papel-moeda que nasce diretamente da circulação metálica, ou da circulação simples das próprias mercadorias. A *moeda fiduciária*[56] pertence a uma esfera superior do processo de produção social e é regulada por leis muito diferentes. De fato, o papel-moeda simbólico em nada difere da moeda metálica subsidiária, atuando apenas numa esfera de circulação mais extensa. Se o desenvolvimento puramente técnico do padrão de preços ou do preço do numerário e, em seguida, a transformação externa do ouro bruto em ouro cunhado provocavam já a intervenção do Estado, e se, com isto, a circulação interna se separava visivelmente da circulação universal das mercadorias, esta separação é consumada pela evolução da moeda em signo de valor. Como simples meio de circulação, a moeda em geral só pode aceder à autonomia na esfera de circulação interna.

Mostramos que a existência monetária do ouro como signo de valor, desligada da substância ouro, tem a sua origem no próprio processo de circulação e não na convenção ou na intervenção do Estado. A Rússia oferece um exemplo admirável da formação natural do signo de valor. Na época em que os couros e as peles serviam como moeda, da contradição entre estes materiais perecíveis e pouco manejáveis e a sua função de meios de circulação nasceu o costume de os substituir por pequenos pedaços de cabedal com inscrições, que se tornavam assim notas pagáveis à ordem em couros e peles. Mais tarde, conhecidos por *kopeks*, tornaram-se simples signos para frações do rublo de prata e o seu uso local manteve-se até 1700, quando Pedro, o Grande, tornou obrigatória a sua troca pela moeda de cobre mais baixa emitida pelo Estado[57]. Autores da Antiguidade, que apenas podiam observar os fenômenos da circulação metálica, já tinham concebido a moeda de ouro como símbolo ou signo de valor. É o caso de Platão[58] e de Aristóteles[59]. Em países onde o crédito quase não existe, como a China, encontra-se desde muito cedo o papel-moeda de curso forçado[60]. Os primeiros autores a preconizarem o papel-moeda indicaram expressamente que é no próprio processo da circulação que tem origem a transformação da moeda metálica em signos de valor. É o caso de Benjamin Franklin[61] e do bispo Berkeley[62].

Quantas resmas de papel cortadas em notas podem circular como moeda? Seria absurdo pôr assim a questão. As peças, em si destituídas de valor, só são signos de valor na medida em que representam o ouro no interior do processo de circulação, e só o representam na medida em que o próprio ouro entraria nesse processo como numerário numa quantidade determinada pelo seu próprio valor, dados os valores de troca das mercadorias e a velocidade das suas metamorfoses. As notas com a denominação de 5 libras esterlinas só poderiam circular em número cinco vezes inferior ao das notas com a denominação de 1 libra esterlina, e, se todos os pagamentos se fizessem em notas de 1 shilling, deveria circular uma quantidade de notas de shilling 20 vezes superior à de notas de 1 libra esterlina. Se a moeda de ouro fosse representada por notas de denominação diferente, por exemplo, por notas de 5 libras esterlinas, de 1 libra esterlina, de 10 shillings, a quantidade destas diferentes categorias de signos de valor não seria determinada somente pela quantidade de ouro necessária para a circulação total, mas também pela que seria necessária para a esfera de circulação de cada categoria particular. Se 14 milhões de libras esterlinas (é o número adotado pela legislação bancária, não para as espécies, mas para a moeda fiduciária) representassem o nível inferior da circulação de um país, poderiam circular 14 milhões de notas, tendo cada uma o signo de valor de 1 libra esterlina. Se o valor do ouro diminuísse ou aumentasse como consequência da diminuição ou aumento do tempo de trabalho necessário para sua produção, o valor de troca de igual massa de mercadorias manter-se-ia, e o número de notas de 1 libra esterlina em circulação aumentaria ou diminuiria na razão inversa da alteração de valor do ouro. Se o ouro fosse substituído pela prata como medida de valores, supondo que a relação de valor entre a prata e o ouro é de 1:15 e que cada nota representa uma quantidade de prata igual à quantidade de ouro que antes representava, em vez de 14 milhões de notas de 1 libra esterlina, deveriam circular no futuro 210 milhões. A quantidade de notas é, portanto, determinada pela quantidade de moeda de ouro que representam na circulação, e, como só são signos de valor na medida em que a representam, seu valor é determinado simplesmente por sua *quantidade*. Ainda que a quantidade de ouro em circulação dependa do preço das mercadorias, o valor das notas em circulação, pelo contrário, depende exclusivamente de sua própria quantidade.

A intervenção do Estado, que emite o papel-moeda de curso forçado – e apenas nos ocupamos desta espécie de papel-moeda –, parece abolir a lei econômica. O Estado, que ao fixar o preço monetário se limitara a dar um nome de batismo a um peso de ouro determinado, e a marcar o ouro com a sua chancela ao cunhá-lo, parece agora, pela magia desta chancela, metamorfosear o papel em ouro. Tendo as notas um curso forçado, nada o pode impedir de introduzir na circulação a quantidade que quiser e de lhes imprimir os nomes monetários que desejar: 1 libra esterlina, 5 libras esterlinas, 20 libras esterlinas. É impossível retirar as notas da circulação uma vez nela introduzidas, pois os postos fronteiriços detêm o seu curso e *fora* dela perdem todo o valor, tanto o de troca como o de uso. Desligadas da sua existência funcional, transformam-se em pedaços de papel sem valor. No entanto, este poder do Estado é ilusório. É certo que pode lançar em circulação quantas notas quiser com os nomes monetários que lhe agradar, mas toda a sua possibilidade de controle cessa com este ato mecânico. Arrastado pela circulação, o signo de valor ou o papel-moeda cai sob a alçada de suas leis imanentes.

Se 14 milhões de libras esterlinas representassem o total do ouro necessário para a circulação das mercadorias, e se o Estado lançasse em circulação 210 milhões de notas, cada uma com a denominação de 1 libra esterlina, esses 210 milhões de notas seriam transformados em representantes de ouro para um montante de 14 milhões de libras esterlinas. É como se o Estado tivesse transformado as notas de 1 libra esterlina nos representantes de um metal de valor 15 vezes inferior ou de uma fração do ouro de peso 15 vezes menor que antes. Apenas havia que alterar a denominação do padrão de preços, que é naturalmente convencional, quer provenha diretamente de uma modificação do título das espécies, quer, indiretamente, do aumento do número de notas na proporção exigida por um padrão inferior. Como a designação de libra esterlina significaria agora uma quantidade de ouro 15 vezes menor, os preços de todas as mercadorias seriam 15 vezes mais elevados, e 210 milhões de notas de 1 libra esterlina seriam de fato tão necessários como antes os 14 milhões. A quantidade de ouro representada por cada signo de valor particular diminuiria na proporção em que a soma total dos signos de valor aumentasse. A subida dos preços seria a reação do processo de circulação, que impõe a igualdade entre os signos de valor e a quantidade de ouro que se considera que eles substituem na circulação.

Na história da falsificação da moeda pelos governos inglês e francês, mais de uma vez se verifica que os preços não sobem na proporção em que a moeda de prata é alterada. E muito simplesmente porque a proporção em que o numerário era aumentado não correspondia à proporção em que era alterado, ou seja, porque não era emitida uma massa de liga inferior suficiente para que os valores de troca das mercadorias pudessem ser no futuro avaliados nesta liga tomada como medida de valores e ser realizados com um numerário correspondente a esta unidade de medida inferior. Isto resolve a dificuldade que o duelo entre Locke e

Lowndes não tinha conseguido resolver. A relação em que o signo de valor – quer seja papel, quer seja ouro e prata alterados – representa pesos de ouro e prata calculados segundo o preço monetário depende não da sua própria matéria, mas da quantidade de signos de valor em circulação. A dificuldade de compreender esta relação resulta do fato de a moeda, nas suas duas funções de medida de valores e de meio de circulação, ser submetida a leis que não só são contrárias, mas estão aparentemente em contradição com o antagonismo destas duas funções. Na função de medida de valores[63], em que a moeda serve somente como moeda de cálculo, e o ouro, como ouro ideal, tudo depende da matéria natural. Avaliados em prata, ou sob a forma de preço-prata, os valores de troca têm uma expressão naturalmente diferente daquela que têm quando avaliados em ouro ou sob a forma de preço-ouro. Pelo contrário, na função de meio de circulação, função em que o dinheiro não é simplesmente figurado, mas deve existir como coisa real ao lado de outras mercadorias, sua matéria torna-se indiferente, ao passo que tudo depende de sua quantidade. O que é decisivo para a unidade de medida é saber se ela é uma libra de ouro, de prata ou cobre, embora o simples número permita às espécies realizarem, de maneira adequada, cada uma das suas unidades de medida, seja qual for sua matéria. Ora, parece não fazer sentido que o dinheiro, que é apenas figurado, dependa da sua substância material, e que o numerário existente de forma concreta dependa de uma relação numérica ideal.

A subida ou descida dos preços das mercadorias que acompanha o aumento ou diminuição da massa das notas – isto quando as notas constituem o meio de circulação exclusivo – é, pois, uma simples aplicação, imposta pelo processo de circulação, da lei violada mecanicamente do exterior, segundo a qual a quantidade de ouro em circulação é determinada pelos preços das mercadorias, e a quantidade de signos de valor em circulação, pela quantidade de espécies de ouro que esses signos representam na circulação. Por outro lado, não interessa saber que massa de notas é absorvida e, por assim dizer, digerida pelo processo de circulação, porque o signo de valor, qualquer que seja o toque em ouro com que entra na circulação, é reduzido a signo do quantitativo de ouro que poderia circular em seu lugar.

Na circulação dos signos de valor, todas as leis da circulação monetária real parecem invertidas e em desordem. Enquanto o ouro circula porque tem valor, o papel tem valor porque circula. Enquanto, dado o valor de troca das mercadorias, a quantidade de ouro em circulação depende do seu próprio valor, o valor do papel depende da quantidade deste que circula. Enquanto a quantidade de ouro em circulação aumenta ou diminui com o aumento ou diminuição dos preços das mercadorias, os preços das mercadorias parecem aumentar ou diminuir com as variações da quantidade de papel em circulação. Enquanto a circulação das mercadorias só pode absorver uma determinada quantidade de Moeda de ouro e, por conseguinte, a alternância da contração e da expansão da moeda em circulação se apresentar como uma lei necessária, a proporção em que o papel-moeda entra na circulação, por seu lado, parece poder aumentar de forma arbitrária. Enquanto o Estado altera as moedas de ouro e de prata, perturbando assim a sua função de meios de circulação mesmo quando emite a moeda com um simples 1/100 de grão abaixo do seu conteúdo nominal, a operação é perfeitamente correta quando emite notas desprovidas de valor, e que de metal só têm o nome monetário. Enquanto a moeda de ouro só representa visivelmente o valor das mercadorias na medida em que este é calculado em ouro ou expresso em preço, o signo de valor parece representar diretamente o valor da mercadoria. Assim, facilmente compreendemos a razão por que os observadores que estudaram os fenômenos da circulação monetária, considerando exclusivamente a circulação do papel-moeda de curso forçado, ignoraram fatalmente todas as leis imanentes da circulação monetária. Estas leis parecem, com efeito, não só invertidas, mas também abolidas na circulação dos signos de valor, dado que o papel-moeda, se for emitido na quantidade requerida, executa movimentos que não lhe são peculiares como signo de valor, ao passo que o seu movimento próprio, em vez de ter a sua origem direta na metamorfose das mercadorias, provém do fato de não ser respeitada a proporção estipulada em relação ao ouro.

III. A moeda

Considerado como diferente do numerário, o dinheiro resultado do processo de circulação sob a forma M – D – M constitui o ponto de partida do processo de circulação sob a forma D – M – D, isto é, troca de dinheiro por mercadoria e da mercadoria por dinheiro. Na fórmula M – D – M, é a mercadoria e, na fórmula D – M – D, o dinheiro que constitui o ponto de partida, é o resultado do movimento. Na primeira fórmula, o dinheiro é o meio de troca das mercadorias, e, na segunda, é a mercadoria que permite à moeda transformar-se em dinheiro. O dinheiro, que aparece na primeira fórmula como simples meio, surge, na segunda, como o objetivo final da circulação, e a mercadoria, que aparece como o objetivo final na primeira fórmula, surge, na segunda, como simples meio. Assim como o próprio dinheiro é agora o resultado da circulação M – D – M, na fórmula D – M – D o resultado da circulação aparece como sendo ao mesmo tempo o seu ponto de partida. Enquanto em M – D – M é a troca de substância, no segundo processo é a existência formal da própria mercadoria resultante do primeiro processo que constitui o conteúdo real de D – M – D.

Na fórmula M – D – M, os dois extremos são mercadorias de igual grandeza de valor, mas, simultaneamente, valores de uso qualitativamente diferentes. A troca M – M é uma troca real de substâncias. Na fórmula D – M – D, em contrapartida, os dois extremos são ouro e ao mesmo tempo ouro de igual grandeza de valor. Trocar ouro por mercadoria para, em seguida, trocar mercadoria por ouro, ou, se considerarmos o resultado D – D, trocar ouro por ouro, parece absurdo. Mas, se traduzirmos D – M – D pela fórmula *comprar* para *vender*, o que significa: troca de ouro por ouro com auxílio de um movimento intermediário, imediatamente reconheceremos a fórmula predominante da produção burguesa. Na prática, todavia, não se compra para vender, mas compra-se mais barato para vender mais caro. Troca-se dinheiro por mercadoria para, por sua vez, trocar essa mesma mercadoria por uma maior quantidade de dinheiro, de forma que os extremos D – D diferem, se não qualitativa, pelo menos quantitativamente. Uma tal diferença quantitativa supõe *troca de não equivalentes*, ao passo que mercadoria e dinheiro como tais são apenas formas opostas da própria mercadoria, logo, modos de existência diferentes de igual grandeza de valor. O ciclo D – M – D encerra, portanto, sob as formas dinheiro e mercadoria, relações de produção mais desenvolvidas e não é, no quadro da circulação simples, senão o reflexo de um movimento superior. É necessário que estudemos de que modo o dinheiro, que distinguiremos do meio de circulação, nasce da forma imediata da circulação das mercadorias M – D – M.

O ouro, isto é, a mercadoria específica que serve como medida de valores e como meio de circulação, torna-se moeda sem outra intervenção da sociedade. Na Inglaterra, onde a prata não é nem medida de valores nem meio de circulação dominante, não se transforma em moeda; o mesmo acontece com o ouro na Holanda: desde que foi destronado como medida de valor, deixou de ser moeda. Portanto, antes de tudo, uma mercadoria torna-se moeda enquanto unidade de medida do valor e do meio de circulação, ou seja, a unidade de medida do valor e do meio de circulação constitui a moeda. Mas sendo esta unidade, o ouro possui ainda uma existência autônoma e distinta do modo de existência que tem nestas duas funções. Como medida de valores, é apenas moeda ideal e ouro ideal; como simples meio de circulação, é moeda simbólica e ouro simbólico; mas sob a simples forma de corpo metálico, o ouro é moeda, ou a moeda é ouro real.

Consideremos agora, por instantes, a mercadoria ouro em repouso, que é moeda, na sua relação com as outras mercadorias. Todas as mercadorias representam no seu preço uma determinada soma de ouro, são simplesmente ouro figurado ou moeda figurada, *representantes do ouro*, da mesma forma que, inversamente, no signo de valor o dinheiro surgia como um simples representante dos preços das mercadorias[64]. Sendo assim, todas as mercadorias representam dinheiro figurado, o dinheiro é a única mercadoria real. Ao contrário das mercadorias, que se limitam a representar o modo de existência autônomo do valor de troca, do trabalho social geral, da riqueza abstrata, o ouro é a *forma material da riqueza abstrata*. Do ponto de vista do valor de uso, cada mercadoria, ao relacionar-se com uma necessidade particular, exprime apenas um momento da riqueza material, um aspecto isolado da riqueza. O dinheiro, por seu lado, satisfaz todas as necessidades, sendo imediatamente conversível no objeto de qualquer necessidade. O seu próprio valor de uso encontra-se realizado na série interminável de valores de uso que constituem o seu equivalente. Na sua substância metálica compacta, ele encerra em germe toda a riqueza material que se manifesta no mundo das mercadorias. Portanto, se as mercadorias representam, no seu preço, o equivalente geral ou a riqueza abstrata, o ouro representa, no seu valor de uso, os valores de uso de todas as mercadorias. O ouro é, assim, o *representante concreto da riqueza material*. É o "resumo de todas as coisas"[65] (Boisguillebert), o compêndio da riqueza social. Ao mesmo tempo, é, pela forma, a encarnação imediata do trabalho geral e, pelo conteúdo, a soma de todos os trabalhos concretos. É a riqueza universal no seu aspecto individual[66]. Na sua forma de mediador da circulação, sofreu todos os ultrajes: apararam-no e achataram-no até se tornar um simples pedaço de papel simbólico. Como moeda, o seu esplendor de ouro lhe é restituído. De lacaio que era, torna-se senhor[67]. Simples servente, torna-se o deus das mercadorias[68].

a) *Entesouramento*

O ouro como moeda separou-se do meio de circulação pelo fato de a mercadoria interromper o processo da sua metamorfose e se manter no estado de crisálida de ouro. É o que acontece todas as vezes que a venda não se transforma em compra[69]. O acesso do ouro como moeda a uma existência autônoma é antes de tudo a expressão sensível da decomposição do processo de circulação, ou da metamorfose da mercadoria, em dois atos separados, realizando-se indiferentemente um ao lado do outro. O próprio numerário torna-se dinheiro quando o seu curso é interrompido. Na posse do vendedor que o recebe em pagamento da sua mercadoria, é dinheiro e não numerário, mas quando sai das suas mãos torna-se numerário. Cada um é vendedor da mercadoria exclusiva que produz, e comprador de todas as outras mercadorias de que tem necessidade para a sua existência social. Enquanto sua entrada em cena como vendedor depende do tempo de trabalho necessário para a produção de sua mercadoria, sua entrada em cena como comprador é condicionada pela constante renovação das necessidades vitais. Para poder comprar sem vender, é necessário que tenha vendido sem comprar. A circulação M – D – M só é, efetivamente, a unidade em movimento da venda e da compra, na medida em que é, ao mesmo tempo, o processo perpétuo da sua separação. Para que o dinheiro circule constantemente como numerário, é necessário que o numerário se coagule constantemente sob a forma de dinheiro. O curso contínuo da moeda está condicionado por sua contínua acumulação em quantidades maiores ou menores nos fundos de reserva da moeda, que tanto provém de todas as esferas da circulação quanto também é condicionada por todas elas, fundos de reserva cuja constituição, repartição, liquidação e reconstituição variam sem cessar, cuja existência é uma constante dissimulação e a dissimulação, uma constante existência. Adam Smith mostrou esta contínua transformação do numerário em dinheiro e do dinheiro em numerário, afirmando que todos os proprietários de mercadoria devem ter sempre como reserva, ao lado da mercadoria particular que vendem, uma certa quantidade da mercadoria geral com que compram. Vimos como na circulação M – D – M o segundo membro D – M se dispersa numa série de compras que não se efetuam de uma só vez, sucedendo-se no tempo, de forma que uma parte de D circula como numerário, enquanto a outra dorme sob a forma de dinheiro. De fato, o dinheiro é, neste caso, *numerário latente*, e as diferentes partes constituintes da massa monetária em circulação não cessam de seguir alternadamente, ora sob uma forma, ora sob a outra. Esta primeira transformação do meio de circulação em dinheiro representa, portanto, uma fase puramente técnica da própria circulação monetária[70].

A primeira forma natural da riqueza é a de supérfluo ou excedente; é a parte dos produtos não imediatamente utilizada como valor de uso, ou a posse de produtos cujo valor de uso ultrapassa o quadro das necessidades imediatas. Quando examinamos a passagem da mercadoria a dinheiro, vimos que este supérfluo ou este excedente dos produtos constitui, num estágio pouco desenvolvido da produção, a esfera propriamente dita da troca de mercadorias. Os produtos supérfluos tornam-se produtos permutáveis ou mercadorias. A forma de existência adequada deste supérfluo é o ouro e a prata, a primeira forma sob a qual a riqueza foi fixada como riqueza social abstrata. Não só as mercadorias podem ser conservadas sob a forma de ouro ou prata, isto é, na matéria da moeda, mas também o ouro e a prata são a riqueza sob uma forma cuja conservação está assegurada. É ao consumi-la, reduzindo-a a nada, que se a emprega como um valor de uso. Mas o valor de uso do ouro enquanto dinheiro é ser portador do valor de troca enquanto matéria amorfa, ser a materialização do tempo de trabalho geral. No metal amorfo, o valor de troca possui uma forma perdurável. O ouro ou a prata, assim imobilizados como moeda, constituem o *tesouro*. Nos povos em que a circulação é exclusivamente metálica, como na Antiguidade, o entesouramento tem o caráter de um processo universal, estendendo-se desde o particular até o Estado, que vela pelo seu tesouro de Estado. Nos tempos mais recuados, na Ásia e no Egito, esses tesouros eram antes guardados pelos reis e sacerdotes, um testemunho do seu poder. Na Grécia e em Roma desenvolve-se a política da constituição de tesouros públicos, considerados como a forma sob a qual o supérfluo está sempre em segurança e sempre disponível. A transferência rápida destes tesouros de um país para outro pelos conquistadores que, por vezes, os lançaram subitamente na circulação, constitui uma particularidade da economia antiga.

Como *tempo de trabalho materializado*, o ouro é o responsável por sua própria grandeza de valor, e, como é a materialização do tempo de trabalho *geral*, o processo da circulação garante-lhe que continuará a funcionar eficazmente como valor de troca. Pelo simples fato de o proprietário de mercadorias poder fixar a mercadoria sob a forma de valor de troca ou fixar o próprio valor de troca sob a forma de mercadoria, a troca de mercadorias com vista à sua recuperação sob a forma metamorfoseada de ouro torna-se o motor próprio da circulação. A metamorfose da mercadoria M – D tem por finalidade a sua própria metamorfose; de riqueza natural particular, transforma-se em riqueza social geral. Em vez da alteração de substância, é a alteração de forma que se torna um fim em si mesma. De pura forma que era, o valor de troca torna-se o conteúdo do movimento. A mercadoria só se mantém como riqueza, como mercadoria, na medida em que se mantém no interior da esfera da circulação, e só se mantém neste estado fluido na medida em que se petrifica em prata e em ouro. Ela prossegue o seu movimento de fluido como cristal do processo de circulação. O ouro e a prata, todavia, só se fixam sob a forma de moeda quando não são meios de circulação. É *como não meios de circulação que se tornam moeda*[71]. Retirar a mercadoria da circulação sob a forma de ouro é, portanto, o único meio de mantê-la constantemente no interior da circulação.

O proprietário de mercadorias só pode retirar da circulação sob a forma de dinheiro aquilo que nela introduz sob a forma de mercadoria. A venda constante, a contínua introdução de mercadorias na circulação, é, assim, a primeira condição do entesouramento do ponto de vista da circulação das mercadorias. Por outro lado, o dinheiro desaparece constantemente como meio de circulação no próprio processo da circulação, ao realizar-se sem cessar em valores de uso e ao dissolver-se em efêmeras satisfações. É portanto necessário arrancá-lo à corrente devoradora da circulação, deter a mercadoria na sua primeira metamorfose, impedindo o dinheiro de cumprir sua função de meio de compra. O proprietário de mercadorias, transformado agora em entesourador, deve vender o mais possível e comprar o menos possível, como ensinava já o velho Catão: *patrem familias vendacem, non emacem esse* [O pai de família deve ter a paixão da venda e não o gosto da compra.] Se a aplicação ao trabalho é a condição positiva, a poupança é a condição negativa do entesouramento. Quanto menos o equivalente da mercadoria é retirado da circulação sob a forma de mercadorias ou de valores de uso particulares, mais ele é retirado sob a forma de dinheiro ou de valor de troca[72]. A apropriação da riqueza na sua forma geral implica assim a renúncia à riqueza na sua realidade material. O móbil ativo do entesouramento é a *avareza*, que não sente a necessidade da mercadoria como valor de uso, mas sim do valor de troca como mercadoria. Para poder apossar-se do supérfluo na sua forma geral, é necessário tratar as necessidades particulares como se fossem um luxo supérfluo. Foi assim que, em 1593, as Cortes fizeram a Filipe II uma exposição em que se lê, claramente:

> As Cortes de Valladolid no ano de 1586 pediram a V. M. que não permitisse a entrada no reino de velas, vidros, joias, facas e outras coisas semelhantes vindas de fora, para trocar estes artigos tão inúteis à vida humana por ouro, como se os espanhóis fossem índios.

O entesourador despreza os prazeres seculares, temporais e efêmeros, para perseguir o tesouro eterno que não é destruído nem pela traça nem pela ferrugem, que é, ao mesmo tempo, tão totalmente celeste e tão totalmente terrestre. Para Misselden,

> A causa geral remota da nossa penúria de ouro reside no grande excesso de consumo que este reino faz de mercadorias de países estrangeiros, que se verifica serem para nós *discommodities* [quinquilharia inútil] em vez de *commodities* [mercadorias úteis]; porque nos defraudam tanto o tesouro que, se assim não fosse, importaríamos em vez destes brinquedos (*toys*) (...) Entre nós consome-se uma quantidade muito exagerada de vinhos da Espanha, da França, do Reno, do Levante; as passas da Espanha, as uvas do Corinto, do Levante, os *lawns* (espécie de tecido fino) e os *cambrics* [cam-

braias] do Hainan, as sedas da Itália, o açúcar e o tabaco das Índias Ocidentais, as especiarias das Índias Orientais, tudo isto não é para nós de uma *necessidade absoluta* e, no entanto, compramos todas estas coisas com o belo ouro sonante[73].

Sob a forma de ouro e prata a riqueza é imperecível, quer porque o valor de troca existe num metal indestrutível, quer, em particular, porque assim se impede que o ouro e a prata tomem, como meios de circulação, a forma monetária puramente fugaz da mercadoria. O conteúdo perecível é, deste modo, sacrificado à forma imperecível.

Se os impostos levam o dinheiro àqueles que o despendem a comer e a beber, e dão àqueles que o utilizam para melhoramentos da terra, da pesca, das minas, das manufaturas ou até dos vestuários, daqui resulta sempre uma vantagem para a comunidade, porque mesmo o vestuário é menos perecível que a comida e a bebida. Se o dinheiro for gasto em mobiliário, a vantagem é ainda maior; maior será ainda se for empregado na construção de casas, etc..., mas é quando o ouro e a prata são introduzidos no país que a vantagem é enorme, porque só estas coisas não são perecíveis, mas apreciadas como riqueza sempre e em toda a parte; tudo o resto só é a riqueza *pro hic et nunc* [aqui e agora][74].

O ato de arrancar o dinheiro à vaga da circulação e de o colocar ao abrigo da troca social de substância toma aqui o aspecto exterior de um *enterro*, que estabalece entre a riqueza social sob a forma de tesouro subterrâneo eterno e o proprietário de mercadorias as mais secretas relações privadas. O Dr. Bernier, que residiu durante certo tempo em Delhi, na corte de Aurenzeb, conta que os mercadores enterram o seu dinheiro em profundos esconderijos, mas sobretudo os pagãos não maometanos, que têm entre as mãos quase todo o comércio e quase todo o dinheiro, "crentes como estão de que o ouro e a prata que escondem durante a vida lhes servirá depois da morte no outro mundo"[75]. Aliás, o entesourador, na medida em que o seu ascetismo se coaduna com uma ativa aplicação ao trabalho, é de religião essencialmente protestante, frequentemente puritano.

> Ninguém pode negar a necessidade de comprar e vender, atos sem os quais não podemos passar e de que podemos fazer uso como bons cristãos, particularmente em relação aos objetos que servem às nossas necessidades e a nossa honra. Os próprios patriarcas também venderam e compraram gado, lã, trigo, manteiga, leite e outros bens. São dons de Deus, que os extrai da terra e partilha entre os homens. Mas o comércio com o estrangeiro, que importa de Calicute, das Índias e de outras paragens mercadorias como essas sedas preciosas, essas ourivesarias e essas especiarias que só servem à ostentação e não têm utilidade, e que sugam o dinheiro do país e das pessoas, não seria tolerado se tivéssemos um governo e príncipes. Mas neste momento não pretendo escrever sobre este assunto, porque me parece que isto acabará finalmente por si, tal como o luxo e a boa mesa, quando o dinheiro se acabar: também não valerá de nada escrever e dar lições enquanto a necessidade e a pobreza não nos constrangerem[76].

Em épocas de grave perturbação na troca social de substância, a dissimulação do dinheiro na forma de tesouro dá-se até num estágio desenvolvido da sociedade burguesa. O laço social na sua forma sólida – para o proprietário de mercadorias este laço é constituído pela mercadoria, e a forma adequada da mercadoria é o dinheiro – escapa ao movimento social. O *nervus rerum* [energia das coisas] social é enterrado juntamente com o corpo de que é o nervo.

O tesouro seria então um simples metal inútil, a sua alma, o dinheiro, tê-lo-ia abandonado, e agora seria apenas a cinza arrefecida da circulação, o seu *caput mortuum* [resíduo químico], se esta não exercesse sobre ele uma constante atração. O dinheiro, ou o valor de troca que alcançou a autonomia, é, por sua qualidade, o modo de existência da riqueza abstrata, mas por outro lado qualquer soma determinada de dinheiro é uma grandeza de valor quantitativamente limitada. O limite quantitativo do valor de troca contradiz sua generalidade qualitativa, e o entesourador ressente-se deste limite como se fosse uma barreira que, de fato, se convertesse simultaneamente numa barreira qualitativa, ou que fizesse do tesouro o mero representante limitado da riqueza material. Como já se viu, o dinheiro enquanto equivalente geral manifesta-se, de forma imediata, numa equação de que ele forma um dos membros[77], formando a série sem fim das mercadorias o outro membro. Da grandeza do valor de troca depende a medida em que ele se realiza aproximadamente nesta série sem fim, isto é, em que responde ao seu conceito de valor de troca. O movimento do valor de troca, como valor de troca com um caráter automático, só pode ser em geral a ultrapassagem do seu limite quantitativo. Mas, ao mesmo tempo que é transposto um limite quantitativo do tesouro, cria-se uma nova barreira, que, por sua vez, é necessário suprimir. Não é um determinado limite do tesouro, mas sim qualquer limite deste que aparece como barreira. Assim, a acumulação de riquezas não tem limite imanente, nem medida em si, é um processo sem fim que, em cada um dos seus resultados, encontra um motivo de recomeço. Se o tesouro só aumenta conservando-o, igualmente só se conserva aumentando-o.

O dinheiro não é só *um* objeto da paixão de enriquecer; ele é o próprio objeto. Essencialmente, esta paixão é a *auri sacra fames* [a maldita sede do ouro]. A paixão de enriquecer, ao contrário da paixão pelas riquezas naturais particulares ou pelos valores de uso tais como o vestuário, as joias, os rebanhos, etc., só é possível a partir do momento em que a riqueza geral se individualiza numa coisa particular e pode, assim, ser retida sob a forma de uma mercadoria isolada. O dinheiro surge, portanto, como sendo o objeto e a fonte da paixão de enriquecer[78]. No fundo, é o valor de troca, o seu crescimento, que se torna um fim em si. A avareza mantém o tesouro prisioneiro, não permitindo ao dinheiro tornar-se meio de circulação, mas a sede do ouro mantém a alma de dinheiro do tesouro, a constante atração que exerce sobre ele a circulação.

A atividade graças à qual se constitui o tesouro consiste, por um lado, em retirar da circulação o dinheiro por uma repetição constante da venda, por outro lado, em armazenar, em *acumular*. Efetivamente, só na esfera da circulação simples, e sob a forma de entesouramento, se dá a acumulação da riqueza, ao passo que, como veremos mais adiante, as outras pretensas formas de acumulação só abusivamente são consideradas como tal, na medida em que se pensa sempre na acumulação simples do dinheiro. Ou todas as outras mercadorias são acumuladas como valores de uso, e a forma da sua acumulação é, neste caso, determinada pelo caráter particular do seu valor de uso. A acumulação de cereais, por exemplo, exige instalações próprias. Quem acumula carneiros, torna-se pastor; a acumulação de escravos e de terras implica relações de domínio e escravatura, etc. A formação de reservas de riqueza particulares exige processos particulares, diferentes do simples ato de acumulação, e desenvolve aspectos particulares do indivíduo. Ou então, no segundo caso, a riqueza sob a forma de mercadorias é acumulada como valor de troca, e a ação de acumular surge, assim, como uma operação comercial ou especificamente econômica. Aquele que a desempenha torna-se comerciante de grão, comerciante de gado, etc. O ouro e a prata são moeda, não devido a qualquer atividade do indivíduo que os acumula, mas por serem cristalizações do processo de circulação, que decorre sem a contribuição deste último. Não há nada a fazer senão pô-los de lado, amontoá-los uns sobre os outros, atividade desprovida de qualquer conteúdo que, aplicada às outras mercadorias, as depreciaria[79].

O nosso entesourador apresenta-se como o mártir do valor de troca, santo asceta empoleirado na sua coluna de metal. Só lhe interessa a riqueza na sua forma social e é por isso que na terra a põe fora do alcance da sociedade. Quer a mercadoria sob a forma que a torna constantemente apta à circulação, e é por isso que a retira da circulação. Sonha com o valor de troca, e é por isso que não faz trocas. A forma fluida da riqueza e sua forma petrificada, elixir da vida e pedra filosofal, combinam-se na fantasmagoria de uma louca alquimia. Na sua sede de prazer ilusória e sem limites, renuncia a qualquer prazer. Por querer satisfazer todas as necessidades sociais, quase não satisfaz as suas necessidades de primeira ordem. Ao reter a riqueza em sua realidade corporal de metal, volatiliza-a numa pura quimera. Mas, de fato, a acumulação do dinheiro pelo dinheiro é a forma bárbara da produção pela produção, isto é, o desenvolvimento das forças produtivas do trabalho social para além dos limites das necessidades tradicionais. Quanto menos a produção mercantil estiver desenvolvida, maior será a importância do primeiro acesso à autonomia do valor de troca sob a forma de dinheiro, o entesouramento, que desempenha, por conseguinte, um grande papel nos povos antigos, na Ásia até o momento presente e nos povos camponeses modernos, em que o valor de troca ainda não se apropriou de todas as relações de produção. Examinaremos em seguida a função especificamente econômica do entesouramento no quadro da própria circulação metálica, mas antes mencionaremos ainda uma outra forma de entesouramento.

Abstraindo das suas qualidades estéticas, as mercadorias de ouro e prata, na medida em que a matéria que as constitui é a matéria da moeda, podem ser transformadas em moeda, da mesma maneira que as espécies ou barras de ouro podem ser transformadas nessas mercadorias. Sendo o ouro e a prata a matéria da riqueza abstrata, é ao utilizá-los sob a forma de valores de uso concretos que se faz a maior ostentação da sua riqueza, e, se o proprietário de mercadorias esconde o seu tesouro em certos estágios da produção sempre que o pode fazer com toda a segurança, ele é impelido pelo desejo de parecer, aos olhos dos outros proprietários de mercadorias, como um *rico hombre* [rico homem]. Doura a si e à sua casa[80]. Na Ásia, em particular na Índia, em que o entesouramento não tem, como na economia burguesa, uma função secundária no mecanismo de conjunto da produção, mas em que a riqueza, sob esta forma, constitui o objeto final, as mercadorias de ouro e prata são, a bem dizer, a forma estética dos tesouros[81]. Na Inglaterra medieval, as mercadorias de ouro e prata, cujo valor era pouco aumentado pelo trabalho rudimentar que se lhes incorporava, eram legalmente consideradas como uma simples forma de tesouro. Eram destinadas a ser novamente lançadas na circulação, e o seu toque legal era, assim, submetido a prescrições tal como o das próprias espécies monetárias. O paralelismo entre o desenvolvimento do uso do ouro e da prata como objetos de luxo e do desenvolvimento da riqueza é tão simples que os antigos o compreenderam perfeitamente[82], ao passo que os economistas modernos defenderam a tese falsa de que o uso das mercadorias de prata e ouro não aumentava proporcionalmente ao crescimento da riqueza, mas sim em proporção com a depreciação dos metais preciosos. Igualmente, as provas, aliás exatas, com que apoiam a tese sobre a utilização do ouro da Califórnia e da Austrália, deixam sempre uma lacuna porque, na sua imaginação, não encontram justificativa para o aumento do consumo do ouro como matéria-prima numa baixa correspondente do seu valor. De 1810 a 1830, como consequência da luta das colônias americanas contra a Espanha e a interrupção do trabalho nas minas causada pelas revoluções, a produção média anual de metais preciosos diminuiu para menos da metade. A diminuição das espécies monetárias em circulação na Europa atingiu cerca de um sexto, se compararmos 1829 com 1809. Logo, ainda que a produção tenha diminuído em quantidade e os gastos de produção tenham aumentado, se é verdade que houve uma mudança, nem por isso o consumo de metais preciosos sob a forma de objetos de luxo deixou de crescer extraordinariamente, na Inglaterra já durante a guerra, e, no continente, depois da paz de Paris. Aumentou ao lado do crescimento da riqueza geral[83]. Podemos estabelecer como regra geral que a transformação da moeda de ouro e prata em objetos de luxo predomina no tempo de paz, ao passo que sua retransformação em barras ou espécies só prevalece nos períodos de grande perturbação[84]. Poderemos avaliar a importância do tesouro de ouro e prata sob a forma de mercadorias de luxo em relação com o metal precioso que serve como moeda, se pensarmos que em 1839, segundo Jacob, a proporção era de 2 para 1 na Inglaterra, enquanto em toda a Europa e América existia um quarto de metal precioso a mais nos objetos de luxo do que na moeda.

Vimos que a circulação monetária é apenas a manifestação da metamorfose das mercadorias, ou da alteração de forma por que se cumpre a troca social de substância. Era necessário que com as flutuações do preço total das mercadorias em circulação, ou com o volume das suas metamorfoses simultâneas por um lado, e a rapidez de suas alterações de forma em cada caso por outro, houvesse constantemente expansão ou contração da totalidade de ouro em circulação, o que só seria possível com a condição de variar sem cessar a relação entre a totalidade da moeda existente num país e a quantidade de moeda em circulação. Esta condição é realizada pelo entesouramento. Se os preços diminuem ou a velocidade de circulação aumenta, os reservatórios que são os tesouros absorvem a porção de moeda retirada de circulação; se os preços aumentam ou a velocidade de circulação diminui, os tesouros abrem-se e refluem em parte para a circulação. O dinheiro em circulação coagula-se sob a forma de tesouro e os tesouros escoam-se na circulação, obedecendo a um movimento oscilatório de perpétua alternância, em que a predominância de uma ou outra tendência é exclusivamente determinada pelas flutuações da circulação das mercadorias. Os tesouros são como canais de adução e derivação do dinheiro em circulação, de tal forma que só circula sob a forma de numerário a quantidade de dinheiro determinada pelas necessidades imediatas da própria circulação. Se o volume do conjunto da circulação cresce bruscamente e predomina a unidade fluida da venda e da compra, mas de tal forma que a soma total dos preços a realizar cresce ainda mais depressa que a velocidade da circulação monetária, os tesouros esgotam-se num abrir e fechar de olhos; logo que o movimento geral sofre uma insólita parada ou se consolida a separação entre a venda e a compra, o meio de circulação congela-se sob a forma de dinheiro em proporções surpreendentes e os reservatórios dos tesouros enchem-se muito acima do seu nível médio. Nos países em que a circulação é puramente metálica, ou em que a produção se encontra num estágio pouco desenvolvido, os tesouros estão infinitamente dispersos e disseminados em toda a extensão do país, ao passo que nos países de desenvolvimento burguês se concentram nas reservas dos bancos. É preciso não confundir tesouro com reserva de numerário; esta constitui uma parte integrante da quantidade total de dinheiro constantemente em circulação, enquanto a relação ativa entre o tesouro e o meio de circulação supõe a diminuição ou o aumento dessa mesma quantidade total. As mercadorias de ouro e prata, como se viu, formam simultaneamente um canal de derivação e uma fonte latente adutora para os metais preciosos. Nos períodos normais, só a primeira destas funções tem importância na economia da circulação metálica[85].

b) *Meio de pagamento*

As duas formas como o dinheiro se distinguia até agora do meio de circulação eram as de *numerário latente* e *tesouro*. Na transformação transitória do numerário em dinheiro, a primeira forma refletia o fato de o segundo membro de M – D – M, a compra D – M, se dispersar necessariamente, no interior de uma determinada esfera de circulação, em uma série de compras sucessivas. O entesouramento repousava simplesmente no isolamento do ato M – D, que não se desenrolava até D – M, ou era apenas o desenvolvimento autônomo da primeira metamorfose da mercadoria, isto é, o dinheiro tornado o modo de existência alienado de todas as mercadorias, em oposição ao meio de circulação, que representa o modo de existência da mercadoria na forma em que ela se aliena constantemente. Numerário de reserva e tesouro só eram dinheiro enquanto não meios de circulação, e eram não meios de circulação apenas porque não circulavam. No âmbito em que consideramos agora o dinheiro, ele circula ou entra na circulação, mas não na função de meio de circulação. Meio de circulação, o dinheiro era sempre meio de compra; ele atua agora como não meio de compra.

Quando, pelo entesouramento, o dinheiro se torna o modo de existência da riqueza abstrata e o representante tangível da riqueza material, adquire, sob esta forma determinada enquanto moeda, funções particulares no quadro do processo de circulação. Se o dinheiro circula como simples meio de circulação e, portanto, como meio de compra, isso subentende que a mercadoria e o dinheiro se enfrentam simultaneamente; logo, a mesma grandeza de valor existe numa dupla forma: mercadoria num dos polos, na mão do vendedor, e dinheiro no outro polo, na mão do comprador. Esta existência simultânea dos dois equivalentes em polos opostos e a sua permuta simultânea, ou a sua alienação recíproca, supõem, por sua vez, que vendedor e comprador só se relacionem um com o outro a título de proprietários de equivalentes existentes. Entretanto, o processo de metamorfoses de mercadorias que dá origem às diferentes determinações formais do dinheiro metamorfoseia também os proprietários de mercadorias, ou seja, modifica os caracteres sociais sob os quais eles se apresentam uns aos outros. No processo de metamorfose da mercadoria, o detentor de mercadorias muda de pele tantas vezes quantas a mercadoria se desloca e o dinheiro se reveste de formas novas. É assim que, inicialmente, os proprietários de mercadorias só se enfrentavam na qualidade de proprietários de mercadorias; depois, tornaram-se um, vendedor, o outro, comprador, em seguida cada um, alternadamente, comprador e vendedor; mais tarde, entesouradores e, finalmente, homens ricos. Portanto, os proprietários de mercadorias não saem do processo de circulação tal como nele entraram. De fato, as diferentes determinações formais que o dinheiro reveste no processo de circulação são apenas a cristalização da alteração de forma das próprias mercadorias, alteração que é a expressão objetiva das relações sociais móveis em que os proprietários de mercadorias efetuam a sua troca de substância. No processo de circulação nascem novas correspondências de relações e, encarnação destas relações assim transformadas, os proprietários de mercadorias adquirem novas características econômicas. Assim como na circulação interna o dinheiro se idealiza e o simples papel, como representante do ouro, cumpre a função da moeda, pelo mesmo processo o comprador ou o vendedor, que surge como simples representante do dinheiro ou da mercadoria, isto é, representando o dinheiro ou a mercadoria em perspectiva, adquire a eficácia do vendedor ou comprador reais.

Todas as formas determinadas em direção às quais o ouro evolui enquanto moeda são apenas o desenrolar das determinações implícitas na metamorfose das mercadorias, que na circulação monetária simples – aparição do dinheiro como numerário ou movimento M – D – M como unidade em movimento – não são livres sob uma forma autônoma, ou que, como por exemplo a interrupção da metamorfose da mercadoria, só aparecem como simples possibilidades. Vimos que no processo M – D a mercadoria, enquanto valor de uso real e valor de troca ideal, se relacionava com o dinheiro como valor de troca real e valor de uso apenas ideal. Ao alienar a mercadoria como valor de uso o vendedor *realizava* o valor de troca desta, assim como o valor de uso do dinheiro. Inversamente, ao alienar o dinheiro como valor de troca, o comprador realizava o valor de uso deste, assim como o preço da mercadoria. Havia deste modo permuta entre a mercadoria e o dinheiro. Ao realizar-se, o processo vivo desta oposição polar bilateral cinde-se de novo. O vendedor aliena realmente a mercadoria, mas, em contrapartida, começa por só realizar o seu preço idealmente. Vendeu-a por seu preço, mas este só será realizado num momento ulterior. O comprador compra como representante do dinheiro em perspectiva, enquanto o vendedor vende como proprietário da mercadoria presente. Do ponto de vista do vendedor, a mercadoria é realmente alienada como valor de uso sem ter sido realmente realizada como preço; do ponto de vista do comprador, o dinheiro é realmente realizado no valor de uso da mercadoria sem ter sido realmente alienado como valor de troca. Em vez de ser, como anteriormente, o signo de valor, é agora o próprio vendedor que representa simbolicamente o dinheiro. Mas, tal como outrora o caráter simbólico geral do signo de valor suscitava a garantia e o curso forçado do Estado, o caráter simbólico pessoal do comprador suscita agora a constituição de contratos privados legalmente executáveis entre os proprietários de mercadorias.

Inversamente, no processo D – M o dinheiro pode ser alienado como meio de compra real e o preço da mercadoria ser assim realizado antes que o seja o valor de uso do dinheiro, ou antes que a mercadoria seja alienada. É o que acontece, por exemplo, sob a forma corrente do pagamento antecipado; ou ainda, quando o governo inglês compra ópio aos camponeses na Índia, ou quando os comerciantes estrangeiros estabelecidos na Rússia compram uma grande parte dos produtos do país. Mas neste caso o dinheiro só atua sob a forma já conhecida de meio de compra e, portanto, não reveste uma nova forma determinada[86]. Assim não nos deteremos neste último caso, mas chamaremos simplesmente a atenção, a propósito da modificação da forma que revestem aqui os dois processos D – M e M – D, para o fato de a diferença puramente fictícia entre a compra e a venda, tal como aparece imediatamente na circulação, se tornar agora uma diferença real, visto que sob uma das formas apenas a mercadoria está presente e, sob a outra, apenas o dinheiro, mas sob ambas as formas apenas o extremo de que parte a iniciativa está presente. Além disso, as duas formas têm em comum o fato de numa e noutra, um dos equivalentes só existir na vontade comum do comprador e do vendedor, vontade que tem para ambos valor de obrigação e reveste formas legais determinadas.

Vendedor e comprador tornam-se credor e devedor. Se o detentor de mercadorias desempenhava, como guardião do tesouro, um papel cômico, torna-se agora uma personagem terrível, porque já não é a si próprio, mas ao seu próximo, que ele identifica com a existência de uma soma de dinheiro determinada, e não é de si próprio, mas do seu próximo, que faz o mártir do valor de troca. De crente que era, torna-se credor; da religião, cai na jurisprudência.

I stay here on my bond![87]

Assim, na forma M – D transformada, em que a mercadoria está presente e o dinheiro apenas representado, o dinheiro cumpre, primeiro, a função de medida de valores. O valor de troca da mercadoria é avaliado em dinheiro considerado como a sua medida, mas o preço, enquanto valor de troca medido por contrato, não existe só no pensamento do vendedor, existe igualmente como medida da obrigação do comprador. Em segundo lugar, o dinheiro funciona aqui como meio de compra, ainda que só projete diante de si a sombra da sua existência futura. Com efeito, ele desloca a mercadoria, que passa da mão do vendedor para a do comprador. No vencimento do prazo fixado para a execução do contrato, o dinheiro entra na circulação, porque muda de lugar e passa das mãos do antigo comprador para as do antigo vendedor. Mas não entra na circulação como meio de circulação ou como meio de compra. Funcionava como tal antes de estar presente e aparece depois de ter cessado de cumprir esta função. Pelo contrário, entra na circulação como o único equivalente adequado da mercadoria, como modo de existência absoluto do valor de troca, como a última palavra do processo de troca, em resumo, como dinheiro na função precisa de *meio de pagamento geral*. Nesta função de meio de pagamento, o dinheiro surge como a mercadoria absoluta, mas no interior da própria circulação, e não, como o tesouro, fora desta. A diferença entre meio de compra e meio de pagamento[88] se faz sentir desagradavelmente nos períodos de crises comerciais[89].

Na origem, a transformação do produto em dinheiro na circulação só aparece como uma necessidade individual para o proprietário de mercadorias, não sendo o seu produto valor de uso para ele e só o devendo ser por sua alienação. Mas, para pagar no vencimento fixado por contrato, é necessário que tenha vendido mercadorias antes. Abstraindo de qualquer consideração acerca das suas necessidades individuais, a venda transformou-se assim para ele, pelo movimento do processo de circulação, numa necessidade social. De comprador de uma mercadoria, torna-se, por força, vendedor de uma outra mercadoria, a fim de adquirir dinheiro, não como meio de compra, mas como meio de pagamento, como forma absoluta do valor de troca. A transformação da mercadoria em dinheiro concebida como ato final, ou ainda, a primeira metamorfose da mercadoria concebida como fim em si, que no entesouramento parecia ser um capricho do proprietário de mercadorias, tornou-se agora uma função econômica. O motivo e o conteúdo da venda com vista ao pagamento são um conteúdo que resulta da forma do processo da própria circulação.

Nesta forma da venda, a mercadoria efetua a sua mudança de lugar, circula, adiando a sua primeira metamorfose, a sua transformação em dinheiro. Do ponto de vista do comprador, pelo contrário, a segunda metamorfose realiza-se, isto é, o dinheiro é convertido em mercadoria antes que a primeira metamorfose seja realizada, isto é, antes que a mercadoria tenha sido convertida em dinheiro. Portanto, a primeira metamorfose surge, aqui, cronologicamente depois da segunda. E assim o dinheiro, aspecto da mercadoria na sua primeira metamorfose, reveste uma nova forma determinada. O dinheiro, ou seja, a forma autônoma em direção à qual evolui o valor de troca, já não é a forma que permite a circulação das mercadorias, mas seu resultado final.

Que estas *vendas a prazo*, em que os dois polos da venda se encontram separados no tempo, são um produto espontâneo da circulação simples das mercadorias, é um fato de que não é necessário dar provas pormenorizadas. Em primeiro lugar, o desenvolvimento da circulação leva à repetição do encontro dos mesmos proprietários de mercadorias, apresentando-se alternadamente um ao outro como vendedor e como comprador. Esta aparição repetida não é meramente acidental. Uma mercadoria é, por exemplo, encomendada para um certo prazo, no vencimento do qual deve ser entregue e paga. Neste caso a venda realiza-se idealmente, isto é, juridicamente, sem a presença física da mercadoria ou do dinheiro. As duas formas de dinheiro – meio de circulação e meio de pagamento – coincidem ainda aqui, a mercadoria e o dinheiro, por um lado, trocando simultaneamente de lugar, e o dinheiro, por seu lado, não comprando a mercadoria, mas realizando o preço da mercadoria anteriormente vendida. Além disso, a natureza de toda uma série de valores de uso implica que sejam realmente alienados, não pela entrega efetiva da mercadoria, mas apenas por sua cessão por um tempo determinado. Por exemplo, quando o usufruto de uma casa é vendido por um mês, o valor de uso da casa só é correspondido depois de decorrido esse mês, ainda que tenha transitado para outras mãos no princípio do mês. Como a cessão efetiva do valor de uso e sua alienação verdadeira estão aqui separadas no tempo, a realização de seu preço é igualmente posterior à sua mudança de lugar. Finalmente, como as diferentes mercadorias comportam tempos de produção diferentes e se produzem em épocas diferentes, segue-se que um dos intervenientes na troca se apresenta como vendedor, enquanto o outro não pode ainda apresentar-se como comprador e, em virtude da frequente repetição da compra e da venda entre os mesmos proprietários de mercadorias, os dois momentos da venda dissociam-se segundo as condições de produção das mercadorias. Assim nasce entre os possuidores de mercadorias uma relação credor-devedor que forma, sem dúvida, a base natural do sistema de crédito, podendo todavia adquirir um desenvolvimento completo antes da existência deste último. É claro, contudo, que com o aperfeiçoamente do sistema de crédito, logo, da produção burguesa em geral, a função do dinheiro como meio de pagamento desenvolver-se-á em detrimento da sua função de meio de compra e mais ainda como elemento de entesouramento. Na Inglaterra, por exemplo, o dinheiro como numerário é quase exclusivamente relegado para a esfera do comércio retalhista e do pequeno comércio entre produtores e consumidores, enquanto, como meio de pagamento, reina na esfera das grandes transações comerciais[90].

Enquanto meio geral de pagamento, o dinheiro torna-se a *mercadoria geral* dos contratos – a princípio apenas no interior da esfera de circulação das mercadorias[91]. Mas, ao mesmo tempo que se desenvolve nesta função, todas as outras formas de pagamento se convertem, pouco a pouco, no pagamento em moeda. O grau em que o dinheiro se tornou meio de pagamento exclusivo indica em que medida o valor de troca se apoderou da produção em extensão e em profundidade[92].

A quantidade de dinheiro em circulação como meio de pagamento é determinada, antes de tudo, pelo montante dos pagamentos, isto é, pela soma dos preços das mercadorias alienadas, não das mercadorias a alienar, como acontecia à circulação monetária simples. Todavia, a soma assim determinada altera-se duplamente, em primeiro lugar pela rapidez com que a mesma moeda executa de novo a mesma função, ou pela rapidez com que o total dos pagamentos se manifesta como a cadeia de pagamentos em movimento. *A* paga a *B* com o que *B* paga a *C*, e assim por diante. A rapidez com que a moeda executa uma segunda vez a sua função de meio de pagamento depende, por um lado, do encadeamento das relações credor-devedor entre os proprietários de mercadorias, relações tais que os mesmos proprietários de mercadorias são credores em relação a um e devedores em relação a outro, etc., e, por outro lado, do intervalo que separa os diversos prazos de pagamento. Esta cadeia de pagamentos, ou de primeiras metamorfoses das mercadorias, difere qualitativamente da cadeia de metamorfoses que se manifesta na circulação do dinheiro como meio de circulação. Esta última cadeia de metamorfoses não se limita a manifestar-se numa sucessão cronológica, embora seja nisso mesmo que *acaba por se transformar.* A mercadoria torna-se dinheiro, que se transforma de novo em mercadoria, permitindo assim que outra mercadoria se torne dinheiro, etc., ou seja, o vendedor torna-se comprador e assim um outro proprietário de mercadorias torna-se vendedor. Esta conexão nasce fortuitamente no próprio processo de troca das mercadorias. Mas quando o dinheiro com que *A* pagou a *B* é sucessivamente transferido de *B* para *C*, de *C* para *D*, etc., com intervalos de tempo sucedendo-se rapidamente – este encadeamento exterior nada mais faz que pôr em evidência um encadeamento social já existente. O mesmo dinheiro não transita por diversas mãos na medida em que desempenha o papel de meio de pagamento, antes circula como meio de pagamento na medida em que esses diversos intermediários firmaram de antemão o acordo dos cambistas. A rapidez com que o dinheiro circula como meio de pagamento mostra, portanto, que os indivíduos são muito mais profundamente arrebatados pelo processo de circulação do que a rapidez com que o dinheiro circula como numerário ou meio de compra o parece indicar.

A soma dos preços das compras e vendas simultâneas que se produzem paralelamente no espaço constitui o limite em que a rapidez da circulação pode suprir a quantidade de numerário. Esta barreira desaparece quando o dinheiro funciona como meio de pagamento. Se pagamentos a efetuar simultaneamente se concentram no mesmo local, o que só acontece espontaneamente nos grandes centros de circulação das mercadorias, esses pagamentos, representando grandezas negativas e positivas, compensam-se, devendo *A* pagar a *B*, mas receber ao mesmo tempo um pagamento de *C*, etc. A totalidade de dinheiro necessária como meio de pagamento não será, pois, determinada pela soma dos preços dos pagamentos a efetuar simultaneamente, mas sim por sua maior ou menor concentração e pela extensão da balança que permite a sua anulação recíproca como grandezas negativas e positivas. Disposições especiais com vista a compensações existiram antes de qualquer desenvolvimento do sistema de crédito, como por exemplo na antiga Roma. Mas não se justifica aqui o seu estudo, assim como o dos vencimentos gerais que se instituem em círculos sociais determinados. Note-se, no entanto, que a influência específica que estes vencimentos de pagamentos exercem nas flutuações periódicas da quantidade de moeda em circulação só muito recentemente foi cientificamente estudada.

Quando os pagamentos se compensam como grandezas positivas e negativas, não se verifica a menor intervenção do dinheiro real. O dinheiro apenas intervém sob a forma de medida de valores, por um lado, no preço da mercadoria, por outro, na grandeza das obrigações recíprocas. Fora da sua existência ideal, o valor de troca não adquire aqui, por conseguinte, uma existência autônoma, nem sequer como signo de valor, ou seja, a moeda apenas se torna moeda de cálculo ideal. Logo, a função do dinheiro como meio de pagamento implica a seguinte contradição: por um lado, se os pagamentos se compensam, ele apenas atua idealmente como medida; por outro lado, se o pagamento deve ser realmente efetuado, ele entra na circulação não como meio de circulação transitório, mas adotando o modo de existência estável do equivalente geral, intervém como mercadoria absoluta, numa palavra, como moeda. Assim, sempre que são desenvolvidas a cadeia de pagamentos e um sistema artificial de compensação, no caso de agitações interrompendo brutalmente o curso dos pagamentos e desorganizando o mecanismo de compensação, o dinheiro passa bruscamente da forma quimérica de fluido gasoso que tem como medida de valores para a forma sólida de moeda ou de meio de pagamento. No estágio de uma produção burguesa desenvolvida, em que o proprietário de mercadorias há muito se tornou um capitalista, conhece Adam Smith e tem um sorriso condescendente para com essa superstição segundo a qual apenas o ouro e a prata seriam moeda, ou o dinheiro em geral, por oposição às outras mercadorias, seria a mercadoria absoluta, o dinheiro reaparece bruscamente, não como mediador da circulação, mas como a única forma adequada do valor de troca, como a única riqueza, exatamente como é concebido pelo entesourador. Nesta forma de existência exclusiva da riqueza ele não se manifesta, como acontece por exemplo no sistema monetário, fazendo crer que qualquer riqueza material é depreciada e sem valor. Esta depreciação e desvalorização total são reais. Esta é a fase particular das crises do mercado mundial a que se chama crise monetária. O *summum bonum* [bem supremo] que, nestes momentos, é solicitado em altos gritos como a riqueza única, é o dinheiro, o dinheiro sonante, e todas as outras mercadorias, precisamente porque são valores de uso, parecem junto dele inúteis futilidades, bugigangas, ou, como diz o nosso doutor Martinho Lutero, simples luxo e boa mesa. Esta brusca conversão do sistema de crédito em sistema monetário acrescenta o receio teórico ao pânico prático e os fatores da circulação estremecem perante o impenetrável mistério das suas próprias relações econômicas[93].

Por seu lado, os pagamentos tornam necessário um fundo de reserva, uma acumulação de dinheiro a título de meio de pagamento. A constituição desses fundos de reserva já não tem, como no entesouramento, o aspecto de uma atividade exterior à própria circulação, nem, como na reserva de numerário, o de uma interrupção meramente técnica do curso da moeda; trata-se agora de juntar dinheiro pouco a pouco para poder dispor dele em determinados prazos futuros. Assim, enquanto sob a forma abstrata em que passa por um enriquecimento, o entesouramento diminui com o desenvolvimento da produção burguesa, este entesouramento, imediatamente imposto pelo processo de troca, aumenta, ou melhor, uma parte dos tesouros que se formam em geral na esfera da circulação das mercadorias é absorvida como fundos de reserva dos meios de pagamentos. Quanto mais a produção burguesa se desenvolve, mais estes fundos de reserva são limitados ao mínimo indispensável. Na sua obra sobre a baixa da taxa de juro[94], Locke dá interessantes informações sobre a importância desses fundos de reserva no seu tempo. Vê-se como era importante a fração da quantidade de dinheiro em circulação absorvida na Inglaterra por essas reservas de meios de pagamento, precisamente na época em que começava a desenvolver-se o sistema bancário.

A lei da quantidade de dinheiro em circulação, tal como era deduzida do estudo da circulação monetária simples, é essencialmente modificada pela circulação do meio de pagamento. Dada a velocidade de rotação da moeda, quer como meio de circulação, quer como meio de pagamento, a soma total do dinheiro em circulação em dado lapso de tempo será determinada pela soma total dos preços das mercadorias a realizar, [mais] a soma total dos pagamentos vencidos nesse mesmo lapso de tempo, menos os pagamentos anulados entre si por compensação. A lei geral segundo a qual a massa do dinheiro em circulação depende dos preços das mercadorias em nada é afetada, visto que o montante dos pagamentos é ele próprio determinado pelos preços fixados por contrato. Mas é evidente que, ainda que se suponham constantes a velocidade de câmbio e a economia dos pagamentos, a soma dos preços da quantidade de mercadorias em circulação num período determinado, um dia, por exemplo, e a quantidade de dinheiro em circulação nesse mesmo dia não coincidem, porque circula uma massa de mercadorias cujo preço só futuramente será realizado em dinheiro e circula uma massa de dinheiro correspondente a mercadorias há muito saídas da circulação. Esta segunda massa dependerá da grandeza da soma dos valores de pagamentos com vencimento nesse mesmo dia, ainda que objeto de contratos estabelecidos em épocas completamente diferentes.

Vimos que a alteração de valor do ouro e da prata não afeta sua função de medida de valores ou de moeda de cálculo. Entretanto, esta alteração virá a assumir uma importância decisiva para a moeda que constitui o tesouro, pois a alta ou baixa do valor do ouro e da prata determina o aumento ou diminuição da grandeza de valor do tesouro formado por ouro ou prata. A importância desta alteração é ainda maior para o dinheiro como meio de pagamento. O pagamento só tem lugar posteriormente à venda das mercadorias, e o dinheiro atua em dois momentos diferentes e com duas funções distintas, primeiro como medida de valores e em seguida como meio de pagamento correspondente a essa medida. Se nesse intervalo variar o valor dos metais preciosos ou o tempo de trabalho necessário para sua produção, a mesma quantidade de ouro ou prata, servindo como meio de pagamento, terá um valor maior ou menor que no momento em que serviu como medida de valores ou em que se fechou o contrato. A função de uma mercadoria particular, como o ouro e a prata, utilizada como moeda ou como valor de troca promovido à autonomia, entra aqui em conflito com sua natureza de mercadorias particulares cuja grandeza de valor depende das variações do custo de produção. A grande revolução social que a queda do valor dos metais preciosos provocou na Europa é um fato tão conhecido como a revolução inversa que, nos primeiros tempos da República da antiga Roma, teve sua origem no aumento de valor do cobre, o metal em que tinham sido contraídas as dívidas dos plebeus. Sem levar mais longe o estudo das flutuações do valor dos metais preciosos na influência que têm sobre o sistema da economia burguesa, podemos desde já concluir que uma baixa do valor dos metais preciosos favorece os devedores em detrimento dos credores, enquanto, inversamente, uma alta de valor favorece os credores em detrimento dos devedores.

c) *Moeda universal*

O ouro torna-se moeda, distinta do numerário, em primeiro lugar ao retirar-se da circulação sob a forma de tesouro, depois ao entrar de novo na circulação como não meio de circulação e, finalmente, ao transpor as barreiras da circulação interna para funcionar como equivalente geral no mundo das mercadorias. É dessa forma que ele se torna *moeda universal*.

Assim como as medidas gerais de peso dos metais preciosos serviram como primeiras medidas de valor, os nomes de cálculo da moeda voltam a ser, no mercado mundial, os nomes de peso correspondentes. Assim como o metal bruto amorfo (*aes rude*) era a forma primitiva do meio de circulação e, primitivamente, a forma monetária era apenas o signo oficial do peso contido nas peças metálicas, do mesmo modo o metal precioso, enquanto moeda universal, se despe novamente de identidade e cunho para retomar a forma indiferente de barras, ou seja, quando as moedas nacionais, como os imperiais russos, os escudos mexicanos e os soberanos ingleses circulam no estrangeiro, sua denominação torna-se indiferente e apenas conta o seu conteúdo. Finalmente como moeda universal, os metais preciosos cumprem de novo sua primitiva função de meio de troca que, assim como a própria troca das mercadorias, não tem origem no seio das comunidades primitivas, mas sim nos pontos de contato de diferentes comunidades. Enquanto moeda universal, o dinheiro reencontra, portanto, sua forma natural primitiva. Ao deixar a circulação interna, ele abandona mais uma vez as formas particulares nascidas do desenvolvimento do processo de troca no interior dessa esfera particular, as formas locais que lhe eram próprias como padrão de preços, numerário, moeda miúda e signo de valor.

Vimos que na circulação interna de um país uma única mercadoria serve como medida de valores. No entanto, dado que nuns países é o ouro e noutros a prata que desempenha esse papel, no mercado mundial é válida uma dupla medida de valores e a moeda adquire igualmente uma dupla existência em todas as suas outras funções. A conversão dos valores das mercadorias de preço-ouro em preço-prata e vice-versa é determinada em cada momento pelo valor relativo destes dois metais, que varia continuadamente e cuja determinação se apresenta assim como um processo contínuo. Os proprietários de mercadorias de qualquer esfera interna de circulação são obrigados a utilizar alternadamente o ouro e a prata para a circulação exterior e a trocar o metal que serve como moeda no interior pelo metal de que têm necessidade como moeda no estrangeiro. Todas as nações utilizam, por conseguinte, os dois metais, o ouro e a prata, como moeda universal.

Na circulação internacional das mercadorias, o ouro e a prata não surgem como meios de circulação, antes como *meios de troca universais*. Mas o meio de troca universal só funciona sob as duas formas desenvolvidas de *meio de compra* e *meio de pagamento*, cuja relação é, todavia, invertida no mercado mundial. Na esfera da circulação interna, e na medida em que era numerário, em que representava o meio-termo da unidade em movimento M – D – M, ou a forma fugaz do valor de troca na incessante mudança de lugar das mercadorias, a moeda agia exclusivamente como meio de compra. No mercado mundial é o inverso. O ouro e a prata surgem como meios de compra quando a troca de substância é apenas unilateral e há, portanto, separação entre a compra e a venda. O comércio limítrofe de Kiakhta, por exemplo, é de fato e por tratado um comércio de troca direta, em que o dinheiro apenas intervém como medida de valor. A guerra de 1857-1858 incitou os chineses a vender sem comprar. O dinheiro apareceu então, subitamente, como meio de compra. Para respeitar a letra do tratado, os russos transformaram peças francesas de cinco francos em mercadorias de prata não trabalhadas, que serviram como meio de troca. A prata funciona continuamente como meio de compra entre a Europa e a América, de um lado, e a Ásia do outro, onde este metal se deposita sob a forma de tesouro. Além disso, os metais preciosos funcionam como meios de compra internacionais sempre que bruscamente é interrompido o equilíbrio habitual de troca de substância entre duas nações, quando más colheitas, por exemplo, obrigam uma delas a comprar em quantidades excepcionais. Os metais preciosos são ainda meios de pagamento internacional nos países produtores de ouro e prata, em que são produto e mercadoria imediatos e não formas metamorfoseadas da mercadoria. Quanto mais se desenvolve a troca de mercadorias nas diversas esferas nacionais de circulação, mais se desenvolve a função da moeda universal como *meio de pagamento* para saldo dos balanços internacionais.

Do mesmo modo que a circulação interna, a circulação internacional exige uma quantidade de ouro e prata sempre variável. Igualmente, uma parte dos tesouros acumulados serve, em todos os povos, como fundo de reserva de moeda universal, que ora se esvazia, ora se enche de novo, consoante as oscilações da troca das mercadorias[95]. Independentemente dos movimentos particulares que executa no seu vaivém entre as esferas nacionais da circulação[96], a moeda universal é animada por um movimento geral cujos pontos de partida se encontram nas fontes da produção, de onde as correntes de ouro e prata se espalham em diversas direções no mercado mundial. É na qualidade de mercadorias que o ouro e a prata entram agora na circulação mundial, e é como equivalentes que são trocados por mercadorias equivalentes proporcionalmente ao tempo de trabalho que contêm, antes de desaguarem nas esferas internas da circulação. Surgem nestas, portanto, com uma dada grandeza de valor. Qualquer alta ou baixa de seus custos de produção afeta uniformemente no mercado mundial o seu valor relativo que, por seu lado, é totalmente independente da proporção em que o ouro ou a prata são absorvidos pelas diversas esferas da circulação nacional. A porção da corrente de metal que é captada por cada uma das esferas particulares do mundo das mercadorias entra em parte diretamente na circulação monetária interna para substituir as espécies metálicas usadas, é em parte retida nos diversos tesouros que servem como reservatórios de numerário, de meios de pagamento e de moeda universal, e em parte transformada em artigos de luxo, enquanto o excedente é pura e simplesmente transformado em tesouro. No estágio desenvolvido da produção burguesa, a constituição desses tesouros é limitada ao mínimo necessário para o livre funcionamento do mecanismo dos diversos processos da circulação. Só a riqueza se transforma aqui em tesouro – a menos que seja a forma momentânea de um excedente na balança dos pagamentos, o resultado de uma interrupção na troca de substância e, portanto, a solidificação da mercadoria em sua primeira metamorfose.

Assim como, enquanto moeda, o ouro e a prata são concebidos como a mercadoria geral, quando moeda universal revestem o modo de existência correspondente de mercadoria universal. Na medida em que todos os produtos se alienam nestes metais, eles tornam-se a imagem metamorfoseada de todas as mercadorias e, por conseguinte, a mercadoria universalmente alienável. São realizados como materialização do tempo de trabalho geral na medida em que a troca material de trabalhos concretos abarca toda a superfície da terra. Tornam-se equivalente geral quando se desenvolve a série de equivalentes particulares que constituem sua esfera de troca. Dado que, na circulação mundial, as mercadorias desenvolvam universalmente o seu próprio valor de troca, a forma deste, metamorfoseada em ouro e em prata, surge como a moeda universal. Enquanto as nações de proprietários de mercadorias convertem o ouro em moeda adequada através de sua indústria universal, o comércio mundial, a indústria e o comércio são para elas apenas um meio de desviar a moeda do mercado mundial sob a forma de ouro e de prata. Na qualidade de moeda universal, o ouro e a prata são pois, ao mesmo tempo, o produto da circulação geral das mercadorias e o meio de expandir seus círculos. Do mesmo modo que os alquimistas ao tentarem fabricar ouro deram origem à química, é involuntariamente que os proprietários de mercadorias, lançados na perseguição da mercadoria em sua forma mágica, constituem as fontes da indústria e do comércio mundiais. O ouro e a prata contribuem para a criação do mercado mundial, uma vez que no seu conceito monetário reside a antecipação da existência deste. Este efeito mágico do ouro e da prata não está, de forma alguma, limitado à infância da sociedade burguesa; resulta necessariamente da imagem totalmente invertida que os agentes do mundo das mercadorias têm do seu próprio trabalho social; e temos a prova disso na extraordinária influência que a descoberta de novos países auríferos em meados do século XIV exerce sobre o comércio mundial.

Assim como a moeda, ao desenvolver-se, se transforma em moeda universal, o proprietário de mercadorias torna-se cosmopolita. Na sua origem, as relações cosmopolitas entre os homens não são mais que as suas relações como proprietários de mercadorias. Em si e para si, a mercadoria está acima de qualquer barreira religiosa, política, nacional e linguística. Sua língua universal é o preço, e sua comunidade, o dinheiro. Mas, com o desenvolvimento da moeda universal em oposição à moeda nacional, desenvolve-se o cosmopolitismo do proprietário de mercadorias sob a forma de religião da razão prática em oposição aos preconceitos hereditários religiosos, nacionais e outros, preconceitos esses que entravam a troca de substância entre os homens. Enquanto o mesmo ouro que desembarca na Inglaterra sob a forma de *eagles* americanas [moedas de 10 dólares] se transforma em soberanos, circula três dias depois em Paris sob a forma de napoleões, encontra-se algumas semanas mais tarde em Veneza sob a forma de ducados, conservando sempre, no entanto, o mesmo valor, o proprietário de mercadorias apercebe-se de que a nacionalidade *is but guinea's stamp* [não é mais que o cunho do guinéu]. Tem do mundo inteiro uma ideia sublime, a de mercado – de *mercado mundial*[97].

IV. Os metais preciosos

Antes de tudo, o processo de produção burguesa apropria-se da circulação metálica como de um organismo que lhe fosse transmitido pronto a funcionar, que se transforma pouco a pouco, sem dúvida, mas conserva sempre, apesar disso, sua estrutura fundamental. A questão de saber por que são o ouro e a prata que servem como matéria da moeda, em vez de outras mercadorias, não tem lugar no quadro do sistema burguês. Limitar-nos-emos, portanto, a resumir sumariamente os pontos de vista essenciais.

Como o tempo de trabalho geral só admite diferenças quantitativas, torna-se necessário que o objeto que deve ser considerado como sua encarnação específica seja capaz de representar diferenças meramente quantitativas, o que supõe a identidade, a uniformidade da qualidade. Esta é a primeira condição para que uma mercadoria cumpra a função de medida de valor. Se, por exemplo, avalio todas as mercadorias em bois, peles, cereais, etc., é necessário, de fato, que eu avalie em boi médio ideal, em pele média ideal, etc., visto que há diferenças qualitativas de boi para boi, de cereal para cereal, de pele para pele. O ouro e a prata, pelo contrário, sendo corpos simples, são sempre idênticos a si próprios, e quantidades iguais destes metais representam portanto valores de igual grandeza[98]. A outra condição a satisfazer pela mercadoria destinada a servir como equivalente geral, condição essa que resulta diretamente da função de representar diferenças puramente quantitativas, é que possa ser dividida em tantas frações quantas as que se queira e que seja possível reunir de novo essas frações de modo que a moeda de cálculo possa ser também representada sob uma forma tangível. O ouro e a prata possuem estas qualidades no mais alto grau.

Como meio de circulação, o ouro e a prata têm sobre as outras mercadorias a vantagem de à sua densidade elevada, que lhes confere um peso relativamente grande dado o pequeno espaço que ocupam, corresponder uma densidade econômica que lhes permite conter, num pequeno volume, uma quantidade relativamente elevada de tempo de trabalho, isto é, um grande valor de troca. Isto assegura a facilidade de transporte, de transferência de mão em mão e de país para país, assim como a capacidade de aparecer e desaparecer com igual rapidez – em resumo, a mobilidade material, o *sine qua non* [a condição indispensável] da mercadoria que deve servir como *perpetuum mobile* no processo de circulação.

O grande valor específico dos metais preciosos, a sua durabilidade, a sua relativa indestrutibilidade, a propriedade de serem inoxidáveis ao ar, e, especialmente no caso do ouro, de ser insolúvel nos ácidos, com exceção apenas da água-régia, todas estas propriedades naturais fazem dos metais preciosos a matéria natural do entesouramento. Assim, Pedro Martyr, que parece ter sido um grande apreciador de chocolate, diz, referindo-se aos sacos de cacau que eram uma das espécies de moeda utilizadas no México:

> Ó ditosa moeda, que oferece ao gênero humano uma bebida doce e rica e, não podendo ser enterrada nem conservada por muito tempo, preserva os seus inocentes proprietários da peste infernal da avareza (*De orbe novo* [Alcalá, 1530, Dec. 5, Cap. 4]).

A grande importância dos metais em geral no processo imediato de produção está ligada à sua função como instrumentos de produção. Independentemente de sua raridade, a maleabilidade do ouro e da prata em comparação com o ferro e até com o cobre (no estado endurecido em que era empregado pelos antigos) torna-os impróprios para uso utilitário e priva-os assim, em larga medida, da qualidade em que se fundamenta o valor de uso dos metais em geral. Sem utilidade imediata no processo de produção, eles não são indispensáveis enquanto meios de existência, enquanto objetos de consumo. Podem-se introduzir no processo de circulação social seja em que quantidade for sem que isso prejudique os processos imediatos de produção e consumo. Seu valor de uso individual não entra em conflito com sua função econômica. Por outro lado, o ouro e a prata não têm apenas o caráter negativo de coisas supérfluas, dispensáveis: suas qualidades estéticas fazem destes metais a matéria natural do luxo, dos adornos, da suntuosidade, das necessidades festivas, em resumo, a forma positiva do supérfluo e da riqueza. Em sua pureza inata, são uma espécie de luz que o homem extrai das entranhas da terra, a prata refletindo todos os raios luminosos em sua primitiva combinação e o ouro refletindo apenas o vermelho, a mais elevada potência da cor. Ora, o sentido da cor é a forma mais popular do sentido estético em geral. A ligação etimológica entre os nomes dos metais preciosos e as conexões de cor nas diversas línguas indo-europeias foi provada por Jacob Grimm (Cf. sua *História da língua alemã*).

Finalmente, a faculdade de o ouro e a prata passarem da forma de numerário à forma de lingotes, da forma de lingotes à forma de artigos de luxo e *vice-versa*, a vantagem que têm sobre as outras mercadorias de não ficarem prisioneiros de formas de uso determinadas, dadas de uma vez para sempre, faz deles a matéria natural da moeda, que constantemente deve passar de uma determinada forma a outra.

A natureza não produz moeda, tampouco banqueiros ou câmbios. No entanto, como a produção burguesa tem necessariamente de fazer da riqueza um ídolo e cristalizá-la sob a forma de um objeto particular, o ouro e a prata são a sua encarnação apropriada. Naturalmente, o ouro e a prata não são moeda, mas a moeda é, por natureza, ouro e prata. Por um lado, a cristalização da moeda em prata ou em ouro não é só um produto do processo de circulação, mas de fato o seu único produto estável. Por outro lado, o ouro e a prata são produtos naturais acabados, e são produtos da circulação e produtos da natureza de modo imediato e sem que nenhuma diferença formal os separe. O produto geral do processo social, ou o próprio processo enquanto produto, é um produto natural particular, um metal escondido nas entranhas da terra e que delas podemos extrair[99].

Vimos que o ouro e a prata não podem satisfazer a condição que se lhes exige como moeda: serem valores de grandeza constante. Possuem todavia, como já o notara Aristóteles, uma grandeza de valor mais durável que a média das outras mercadorias. Independentemente do efeito geral de uma alta ou depreciação dos metais preciosos, as flutuações da relação de valor do ouro e da prata têm uma particular importância, porque no mercado mundial estes dois metais constituem, lado a lado, a matéria da moeda. As causas meramente econômicas destas alterações de valor – as conquistas e outras perturbações políticas, que no mundo antigo exerciam uma grande influência sobre o valor dos metais, têm apenas um efeito local e passageiro – devem ser investigadas na variação do tempo de trabalho necessário para a produção destes metais. Por seu lado, este tempo dependerá da raridade natural relativa, assim como da maior ou menor dificuldade em encontrar os metais em estado puro. O ouro foi o primeiro metal que o homem descobriu. Por um lado, a natureza entrega-o na sua forma cristalina pura, individualizada, sem combinações químicas com outros corpos ou, como diziam os alquimistas, em estado virgem; por outro lado, submetendo-o às grandes lavagens dos cursos de água, a própria natureza se encarrega do trabalho da tecnologia. Assim, apenas se pede ao homem o trabalho mais elementar para obter quer o ouro de aluvião, quer o ouro dos leitos dos rios, enquanto a produção da prata supõe o trabalho de mina e, de uma maneira geral, um desenvolvimento relativamente elevado da técnica. Por isso, apesar de a prata ser mais abundante em absoluto, tem um valor primitivo relativamente superior ao do ouro. A afirmação de Estrabão, segundo a qual numa tribo árabe trocavam-se 10 libras de ouro por uma libra de ferro e 2 libras de ouro por 1 libra de prata, não é tão inverossímil como pode parecer. Mas à medida que se desenvolvem as forças produtivas do trabalho social e que, por conseguinte, encarece o produto do trabalho simples em relação com o do trabalho complexo, à medida que a crosta terrestre é remexida em mais sítios e se esgotam as fontes monetárias de abastecimento em ouro que se encontravam à superfície, o valor da prata vai diminuindo em relação ao do ouro. Num determinado estágio de desenvolvimento da tecnologia e dos meios de comunicação, a descoberta de novas regiões auríferas e argentíferas fará pender a balança. Na antiga Ásia, a relação entre o ouro e a prata era de 6 para 1 ou de 8 para 1; esta última relação prevalecia ainda na China e no Japão no princípio do século XIX; a relação de 10 para 1, a da época de Xenofonte, pode ser considerada como a relação média do período médio da Antiguidade. A exploração das minas de prata espanholas, feita por Cartago e mais tarde por Roma, teve na Antiguidade quase o mesmo efeito que a descoberta das minas americanas na Europa moderna. Na época do Império Romano, podemos considerar como relação média a de 15 ou 16 para 1, embora se tenha verificado frequentemente em Roma uma depreciação superior da prata. Um movimento semelhante, começando por uma depreciação relativa do ouro e terminando na queda de valor da prata, vem a verificar-se no período seguinte, que se estende desde a Idade Média até os nossos dias. Tal como no tempo de Xenofonte, a relação média é de 10 para 1 na Idade Média e, como consequência da descoberta das minas americanas, passa novamente de 16 ou 15 para 1. A descoberta das jazidas de ouro na Austrália, na Califórnia e Colômbia faz prever uma nova queda do valor do ouro[100].

C. TEORIAS SOBRE OS MEIOS DE CIRCULAÇÃO E A MOEDA

Enquanto nos séculos XVI e XVII, na infância da moderna sociedade burguesa, a paixão universal pelo ouro lançou povos e príncipes nas cruzadas de além-mar e na conquista do Graal de ouro[101], os primeiros intérpretes do mundo moderno, os promotores do sistema monetário – de que o sistema mercantil é apenas uma variante –, aclamaram como única riqueza o ouro e a prata, isto é, a moeda. Expressavam com exatidão a vocação da sociedade burguesa, que é ganhar dinheiro, ou seja, do ponto de vista da circulação simples das mercadorias, constituir o tesouro eterno, ao abrigo da traça e da ferrugem. Dizer que uma tonelada de ferro ao preço de 3 libras esterlinas representa uma grandeza de valor igual a 3 libras esterlinas de ouro não é uma resposta ao sistema monetário. Não se trata aqui da grandeza do valor de troca, mas sim de sua forma adequada. Se o sistema monetário e mercantil distingue o comércio mundial e os ramos particulares do trabalho nacional que desembocam diretamente no comércio mundial para fazer deles as únicas fontes autênticas da riqueza ou do dinheiro, é necessário ter em conta que nessa época a maior parte da produção nacional se desenvolvia ainda em moldes feudais e constituía para os próprios produtores a fonte imediata de seus meios de subsistência. Para muitos deles os produtos não se transformavam em mercadorias, não se transformavam, portanto, em dinheiro; não eram envolvidos na troca geral de substância da sociedade, não tinham o caráter de materialização do trabalho abstrato geral e, de fato, não criavam riqueza burguesa. O dinheiro como finalidade da circulação é o valor de troca ou a riqueza abstrata, e não qualquer elemento material da riqueza representando o fim determinante e o princípio motor da produção. Como era de esperar no limiar da produção burguesa, estes profetas ignorados estavam firmemente agarrados à forma sólida, palpável e brilhante do valor de troca, à sua forma de mercadoria geral em oposição a todas as mercadorias particulares. Naquela altura a esfera da economia burguesa propriamente dita era a esfera da circulação das mercadorias. Assim, era do ponto de vista desta esfera elementar que julgavam todo o complicado processo da produção burguesa e confundiam dinheiro com capital. A luta inevitável que os economistas modernos travam contra o sistema monetário e mercantil é em grande parte resultado de este sistema divulgar, com bruta ingenuidade, o segredo da produção burguesa, o fato de ela ser dominada pelo valor de troca. Ricardo chama a atenção algures, tirando, é verdade, uma falsa ilação, para o fato de, mesmo em épocas de fome, se importarem cereais não porque o povo tenha fome, mas sim para que o comerciante de grãos ganhe dinheiro. Na crítica que faz ao sistema monetário e mercantil, a economia política moderna erra ao combater esse sistema como se fosse uma simples ilusão, uma teoria falsa, não reconhecendo nele a forma bárbara de seu próprio princípio fundamental. Além disso, esse sistema não tem apenas um valor histórico, tem pleno direito de cidadania em certas esferas da economia moderna. Em todos os estágios do processo de produção burguesa em que a riqueza toma a forma elementar da mercadoria, o valor de troca toma a forma elementar de moeda e, em todas as fases do processo de produção, a riqueza reproduz-se sempre, por um momento, na forma elementar geral da mercadoria. Até na economia burguesa mais evoluída as funções específicas do ouro e da prata como moeda, diferentes da sua função como meios de circulação e nas quais se opõem a todas as outras mercadorias, não são abolidas, mas apenas limitadas, continuando portanto válidos os sistemas monetário e mercantil. Aquilo que há de especificamente católico no fato de o ouro e a prata defrontarem todas as outras mercadorias profanas na qualidade de encarnação imediata do trabalho social, logo, como modo de exigência da riqueza abstrata, fere naturalmente o *point d'honneur*[102] protestante da economia política burguesa, e o medo dos preconceitos do sistema monetário embotou-lhe durante muito tempo a faculdade de exercer um raciocínio não sobre os fenômenos da circulação da moeda, como a seguir se provará.

Era de fato muito natural que ao contrário do sistema monetário e mercantil, que apenas conhece o dinheiro na sua forma determinada de cristalização da circulação, a economia política clássica o concebesse na sua forma fluida, como a forma do valor de troca que nasce e morre na própria metamorfose das mercadorias. Como a circulação das mercadorias é, por conseguinte, concebida exclusivamente sob a forma M – D – M e esta, por sua vez, exclusivamente concebida sob a forma determinada da unidade em movimento da venda e da compra, opõe-se a moeda na sua forma determinada de meio de circulação à sua forma determinada de moeda. Se isolarmos o próprio meio de circulação na sua função de numerário, ele transforma-se, como vimos, em signo de valor. No entanto, sendo a circulação metálica a forma dominante da circulação que a economia política clássica descobre, esta considera a moeda metálica como numerário e o numerário metálico como um simples signo de valor. Partindo da lei da circulação dos signos de valor chegou-se à seguinte proposição: os preços das mercadorias dependem da massa de moeda em circulação, e não, inversamente, a massa de moeda em circulação dos preços das mercadorias. Com uma clareza maior ou menor, esta opinião é formulada pelos economistas italianos do século XVII, ora perfilhada ora desmentida por *Locke*, desenvolvida com precisão no *Spectator* (no número de 19 de outubro de 1711) por *Montesquieu* e *Hume*. *Hume* era indubitavelmente o representante mais importante desta teoria no século XVIII, e é por ele que começaremos este desfile dos diversos economistas.

Em certas condições, um aumento ou diminuição da quantidade de espécies metálicas ou de signos de valor em circulação parece agir *uniformemente* sobre os preços das mercadorias. Se há uma descida ou subida de *valor* do ouro ou da prata que servem para avaliar os valores de troca das mercadorias sob a forma de preços, os *preços* sobem ou descem por ter variado a sua medida de valor, e circula uma quantidade maior ou menor de ouro e prata como numerário pelo fato de terem subido ou descido os preços. Mas o fenômeno visível é a variação dos preços, mantendo-se constante o valor de troca das mercadorias, com um aumento ou diminuição da quantidade de meios de circulação. Se, por outro lado, a quantidade de signos de valor em circulação cai ou se eleva abaixo ou acima do nível necessário, são forçosamente repostos a esse nível pela baixa ou alta dos preços das mercadorias. Em ambos os casos o mesmo efeito parece provocado pela mesma causa, e a esta aparência se prendeu *Hume*.

Em qualquer estudo científico da relação entre a quantidade dos meios de circulação e o movimento dos preços das mercadorias é preciso supor como dada a matéria da moeda. Hume, pelo contrário, considera exclusivamente as épocas de revolução na medida dos próprios metais preciosos, logo, as revoluções da medida de valores. A subida dos preços das mercadorias simultaneamente com o aumento da moeda metálica desde a descoberta das minas americanas forma o fundo histórico de sua teoria, do mesmo modo que a polêmica contra o sistema monetário e mercantil lhe dá o motivo prático. A quantidade de metais preciosos pode naturalmente aumentar sem que haja variação de seu custo de produção. Por outro lado, a diminuição de seu valor, isto é, do tempo de trabalho necessário para sua produção, apenas se manifestará imediatamente no aumento da sua quantidade. Logo, concluíram mais tarde os discípulos de Hume, a redução de valor dos metais preciosos manifesta--se no crescimento da massa dos meios de circulação, e o crescimento da massa dos meios de circulação, na subida de preços das mercadorias. Mas, de fato, o que aumenta é o preço das mercadorias exportadas que são trocadas por ouro e prata na qualidade de mercadorias, e não na qualidade de meios de circulação. É assim que o preço dessas mercadorias avaliadas em ouro e prata cujo valor baixou, sobe em relação com todas as outras mercadorias cujo valor de troca continua a ser avaliado em ouro e prata de acordo com o padrão dos anteriores custos de produção. Esta dupla avaliação dos valores de troca das mercadorias no mesmo país só pode naturalmente ter um caráter temporário e os preços-ouro ou prata devem necessariamente equilibrar--se nas proporções determinadas pelos próprios valores de troca, de modo que os valores de troca de todas as mercadorias sejam finalmente avaliados segundo o novo valor da matéria da moeda. Não é este o momento de expor esse processo nem a forma como o valor de troca das mercadorias se impõe em geral sobre as flutuações do seu preço corrente. Mas recentes estudos críticos sobre o movimento dos preços das mercadorias no século XVI mostraram claramente que esta compensação se faz progressivamente e abrangendo longos períodos nas épocas em que a produção burguesa está menos desenvolvida e que, em qualquer caso, não se realiza a um ritmo igual ao do aumento das espécies em circulação[103]. É indevidamente que os discípulos de Hume se referem, como é tanto do seu agrado, à subida dos preços na antiga Roma a seguir à conquista da Macedônia, do Egito e da Ásia Menor. A transferência brusca e brutal de um país para outro de tesouros acumulados, tão comum no mundo antigo, a redução temporária dos gastos de produção dos metais preciosos graças ao simples processo de pilhagem, afetam tão pouco as leis imanentes da circulação monetária como a distribuição gratuita em Roma dos cereais do Egito e da Sicília, por exemplo, afeta a lei geral que regula o preço dos cereais. O exame minucioso da circulação monetária exige, por um lado, uma história cuidadosamente classificada dos preços das mercadorias e, por outro, estatísticas oficiais sem lacunas sobre a expansão e contração do meio de circulação, sobre o afluxo e escoamento dos metais preciosos, etc.; esta documentação, que apenas começa a existir com o pleno desenvolvimento do sistema bancário, faltava a Hume, como aliás a todos os outros escritores do século XVIII. A teoria da circulação de Hume resume-se nas seguintes proposições: 1. Os preços das mercadorias num país são determinados pela massa de dinheiro que aí se encontra (dinheiro real ou simbólico). 2. O dinheiro em circulação num país representa todas as mercadorias que aí se encontram. Consoante o aumento do número de representantes, isto é, da quantidade de dinheiro, a coisa representada equivale em grau mais ou menos aproximado a cada representante particular. 3. Se a quantidade de mercadorias aumentar, seu preço baixa ou o valor do dinheiro sobe. Se a quantidade de dinheiro aumentar, pelo contrário, é o preço das mercadorias que sobe e o valor do dinheiro que diminui[104]. Para Hume,

> a carestia das coisas devida à superabundância de dinheiro é uma desvantagem para todo o comércio estabelecido, permitindo os preços baixos que os países pobres suplantem os países ricos em todos os mercados estrangeiros[105]. Considera-

da uma nação, a abundância ou raridade do numerário de conta ou de representação das mercadorias não pode ter influência, boa ou má, da mesma forma que não seria alterado o balanço de um comerciante se em vez do sistema de numeração árabe, que exige poucos algarismos, empregasse na sua contabilidade o sistema romano, que exige uma maior quantidade de sinais. Todavia o aumento da quantidade de dinheiro, como os signos numéricos no sistema romano, tem um inconveniente e apresenta maiores dificuldades, tanto para o conservar como para o transportar[106].

Para provar que assim é, Hume deveria demonstrar que, num *dado* sistema de signos numéricos, a totalidade de algarismos empregados não depende da grandeza do valor numérico, mas antes, pelo contrário, é a grandeza do valor numérico que depende da totalidade de signos empregados. É perfeitamente exato afirmar que não há vantagem em avaliar ou "contar" os valores das mercadorias em ouro ou em prata depreciada; deste modo, quando aumentasse o valor das mercadorias em circulação, as pessoas achariam sempre mais cômodo pagar em prata em vez de cobre, em ouro em vez de prata. À medida que enriquecessem, transformariam em moeda subsidiária os metais de menor valor, e em dinheiro aqueles que tivessem maior valor. Por outro lado Hume esquece que para avaliar os valores em ouro ou prata não é necessária a "presença" de nenhum destes metais. Confunde moeda de cálculo e moeda de circulação: para Hume ambas são numerário (*coin*). Partindo do princípio de que uma alteração de valor, refletindo-se na medida de valores ou nos metais preciosos na função de moeda de cálculo, faz aumentar ou diminuir os preços das mercadorias e, por conseguinte, igualmente a quantidade de dinheiro em circulação, mantendo-se constante a velocidade de rotação, Hume conclui que a subida ou baixa dos preços das mercadorias depende da quantidade de dinheiro em circulação. Nos séculos XVI e XVII não só aumentava a quantidade de ouro e prata, como diminuíam, simultaneamente, os seus custos de produção, fato que Hume podia comprovar pelo encerramento das minas europeias. Nos séculos XVI e XVII os preços das mercadorias aumentaram na Europa em consequência do ouro e da prata importados da América; logo, os preços das mercadorias são determinados, em cada país, pela quantidade de ouro e prata que nele se encontra. Esta era a primeira "consequência necessária" de Hume[107]. Nos séculos XVI e XVII, os preços não subiram na mesma proporção em que aumentavam os metais preciosos; decorreu mais de meio século antes que se verificasse *qualquer* alteração nos preços das mercadorias e, mesmo então, passou ainda muito tempo antes que os valores de troca das mercadorias fossem avaliados, de um modo geral, em função da depreciação do ouro e da prata, antes que esta depreciação afetasse, portanto, os preços gerais das mercadorias. E Hume, que, em absoluta contradição com os princípios de sua filosofia, transforma os fatos observados de forma unilateral, sem os ter criticado, em proposições gerais, concluiu que, consequentemente, o preço das mercadorias, ou o valor do dinheiro, é determinado não pela quantidade absoluta de dinheiro existente num país, mas sim pela quantidade de ouro e prata que entra realmente na circulação; mas, no fim das contas, é necessário que todo o ouro e a prata existente num país sejam absorvidos pela circulação sob a forma de numerário[108]. É evidente que se o ouro e a prata possuem um valor próprio, abstração feita de todas as outras leis da circulação monetária, só uma determinada quantidade de ouro e prata pode circular como equivalente de uma dada soma de valor das mercadorias. Assim, se toda a quantidade de ouro e prata que se encontra acidentalmente num país deve entrar como meio de circulação no processo de troca das mercadorias sem ter em conta a soma dos valores das mercadorias, o ouro e a prata não possuem valor imanente e não são, portanto, verdadeiras mercadorias.

Tal é a terceira "consequência necessária" de Hume. O que ele põe em circulação são mercadorias sem preço, ouro e prata sem valor. Nunca se refere ao valor das mercadorias nem ao valor do ouro, mas apenas às suas quantidades. Já Locke tinha afirmado que o ouro e a prata tinham apenas um valor imaginário ou convencional; primeira afirmação brutal da oposição à tese do sistema monetário, segundo a qual apenas o ouro e a prata possuem um verdadeiro valor. Interpreta assim o fato de o modo de existência monetária do ouro e da prata resultar da sua única função no processo de troca social: é à função social que devem o seu[109] próprio valor e, portanto, a sua grandeza de valor[110]. Assim, o ouro e a prata são coisas sem valor, mas adquirem no interior do processo de circulação uma grandeza de valor fictícia enquanto *representantes das mercadorias*. O processo transforma-os não em moeda, mas em valor. Este valor que adquirem é determinado pela relação entre a sua própria massa e a massa das mercadorias, devendo necessariamente coincidir as duas massas. Enquanto Hume introduz o ouro e a prata no mundo das mercadorias como não-mercadorias, quando aparecem sob a forma determinada de numerário, pelo contrário, transforma-os em simples mercadorias que se permutam por troca direta com as outras mercadorias. Neste caso, se o mundo das mercadorias consistisse numa única mercadoria, 1 milhão de quartas de trigo, por exemplo, seria fácil imaginar que uma quarta se trocava por duas onças de ouro, no caso de existirem 2 milhões de onças de ouro, e por 20 onças de ouro, no caso de existirem 20 milhões, e que, consequentemente, o preço da mercadoria e o valor do dinheiro subiam ou baixavam na razão inversa da quantidade de dinheiro existente[111]. Mas o mundo das mercadorias é formado por uma variedade infinita de valores de uso, cujo valor relativo não é, de modo algum, determinado pela quantidade relativa. Como é que Hume concebe, pois, esta troca entre a massa das mercadorias e a massa do ouro? Contenta-se com a vaga e confusa concepção segundo a qual cada mercadoria se troca, como parte alíquota da totalidade das mercadorias, por uma parte alíquota correspondente da totalidade de ouro. O movimento das mercadorias ao descreverem seu processo, que nasce da contradição que elas encerram entre valor de troca e valor de uso, que aparece na circulação monetária e se cristaliza nas diferentes formas determinadas desta, é suprimido e substituído por uma equação mecânica imaginária formada pela massa ponderal dos metais preciosos existente num país e pela massa de mercadorias que aí se encontram ao mesmo tempo.

Sir James Steuart inicia o seu estudo sobre o numerário e o dinheiro com uma crítica minuciosa a Hume e Montesquieu[112]. De fato, é o primeiro a levantar a questão: será a quantidade de dinheiro em circulação que é determinada pelos preços das mercadorias, ou os preços das mercadorias determinados pela quantidade de dinheiro em circulação? Embora seu enunciado seja obscurecido por uma concepção fantasmagórica da medida de valores, por suas hesitações sobre o valor de troca em geral e pelas reminiscências do sistema mercantil, descobre as formas essenciais determinadas da moeda e as leis gerais da circulação monetária porque não coloca mecanicamente as mercadorias de um lado e o dinheiro do outro, mas deduz efetivamente as diversas funções a partir das diferentes operações da troca das mercadorias.

> O emprego da moeda na circulação interna de um país pode resumir-se em dois pontos principais: o pagamento do que se deve e a compra daquilo de que se necessita. O conjunto destes dois atos constitui a procura de dinheiro sonante [*ready money demands*] (...). O estado do comércio e das manufaturas, o modo de vida e as despesas habituais dos habitantes são as condições cujo conjunto regula e determina a procura de dinheiro sonante, isto é, a massa das alienações.

Para realizar estes múltiplos pagamentos é indispensável uma certa proporção de dinheiro. Esta proporção pode, por seu lado, aumentar ou diminuir conforme as circunstâncias, ainda que a quantidade das alienações se mantenha (...) Em todo o caso, a circulação de um país só pode absorver uma determinada quantidade de moeda[113].

O preço corrente da mercadoria é determinado pela operação complexa da procura e da concorrência [*demand and competition*], que são absolutamente independentes da quantidade de ouro e prata existente num país. O que acontece então ao ouro e à prata que não são necessários como numerário? São amealhados sob a forma de tesouro, ou servem como matéria-prima na fabricação de artigos de luxo. Se a quantidade de ouro e prata cai abaixo do nível necessário para a circulação, é compensada pela moeda simbólica ou por outros expedientes. Quando um câmbio favorável introduz um excedente de moeda no país e suspende, ao mesmo tempo, a exportação suprimindo a procura externa, uma grande quantidade entra nos cofres, onde se torna tão inútil como se tivesse ficado no fundo das minas[114].

A segunda lei descoberta por *Steuart* é o refluxo, no seu ponto de partida, da circulação baseada no crédito. Finalmente, mostra os efeitos que a diversidade de taxas de juro nos diferentes países produz sobre a exportação e importação internacionais dos metais preciosos. Apenas referimos aqui estes dois últimos pontos para sermos completos, visto que se desviam do assunto da circulação simples de que tratamos[115]. A moeda simbólica ou a moeda fiduciária – Steuart não faz ainda distinção entre estas duas formas de moeda – podem substituir os metais preciosos como meios de compra ou meios de pagamento na circulação interna, mas não no mercado mundial. É por esta razão que as notas constituem a moeda da sociedade (*money of society*), enquanto o ouro e a prata constituem a moeda universal (*money of the world*)[116].

É comum às nações que têm um desenvolvimento "histórico", no sentido de escola de direito histórico, esquecer constantemente a sua própria história. Igualmente, embora a questão controversa da relação entre os preços das mercadorias e a quantidade de meios de circulação tenha agitado continuamente o Parlamento durante este meio século e feito surgir na Inglaterra milhares de panfletos, grandes e pequenos, Steuart continuou a ser um "cão morto", mais que Spinoza o fora para Moses Mendelsohn no tempo de Lessing. Até o mais recente historiador da *currency* [do meio de circulação], Maclaren, fez de Adam Smith o inventor da teoria de Steuart, e de Ricardo o inventor da teoria de Hume[117]. Ora, enquanto Ricardo aperfeiçoava a teoria de Hume, Adam Smith registrava os resultados das pesquisas de Steuart como se fossem fatos sem vida. *Adam Smith* aplicou também ao talento o provérbio escocês que reza assim: "quando se fez um pequeno benefício torna-se fácil fazer grandes benefícios"; e foi por isso que pôs um cuidado mesquinho em ocultar as fontes a que deve pouco e de que tirou efetivamente muito. Mais de uma vez prefere dissimular um problema, quando uma formulação rigorosa o obrigaria a cruzar armas com os seus predecessores. É o caso da teoria da moeda. Sem se lhe referir, adota a teoria de Steuart quando diz que o ouro e a prata que se encontram num país são em parte empregados como numerário, em parte armazenados como fundos de reserva pelos comerciantes nos países em que não há bancos e como reservas bancárias nos países que possuem uma circulação de crédito; servem em parte como tesouro para equilibrar os pagamentos internacionais e são em parte empregados na fabricação de artigos de luxo. Quanto à questão da quantidade de numerário em circulação, passa-a em silêncio e afasta-se ao tratar de forma mais errônea a moeda como simples mercadoria[118]. Seu vulgarizador, o insípido *J.-B. Say*, que os franceses elevaram à categoria de "príncipe da ciência"[119], tal como Johann Christoph Gottsched elevou o seu Schönaich à categoria de Homero e Aretino proclamou-se a si próprio *terror principum* [terror dos príncipes] e *lux mundi* [luz do mundo], J.-B. Say, fazendo-se de tal, aferrou-se a esta tese e erigiu em dogma o que, em Adam Smith, era uma distração menos inocente do que parecia[120]. Por outras razões, o espírito polêmico com que se insurgia contra as ilusões do sistema mercantil impediu Adam Smith de compreender objetivamente os fenômenos da circulação metálica, enquanto suas opiniões sobre a moeda fiduciária são originais e profundas. Assim como no século XVIII se encontra por detrás de todas as teorias sobre a petrificação uma corrente de ideias que tem sua origem nas considerações críticas ou apologéticas que se referem à tradição bíblica do Dilúvio, por detrás de todas as teorias da moeda do século XVIII esconde-se uma luta implacável contra o sistema monetário, esse fantasma que tinha assombrado o berço da economia burguesa e continuava a projetar sua sombra sobre a legislação.

No século XIX não foram os fenômenos da circulação metálica mas sim os da circulação de notas de banco que deram um impulso direto às pesquisas sobre a natureza da moeda. Só se recorreu à primeira para descobrir as leis da segunda. A suspensão de pagamentos em espécies do Banco da Inglaterra a partir de 1797, a subida dos preços de numerosas mercadorias que se verificou a seguir, a queda do preço monetário do ouro abaixo do seu nível corrente, a depreciação das notas de banco, particularmente desde 1809, forneceram os motivos práticos imediatos para uma luta política no Parlamento e para um torneio teórico no exterior, tão apaixonado este como aquela. O fundo histórico do debate era a história do papel-moeda no século XVIII, o fiasco do banco de Law, a depreciação das notas de banco provinciais das colônias inglesas da América do Norte que, paralelamente ao crescimento dos signos de valor, durou do começo a meados do século XVIII; depois, mais tarde, o curso forçado do papel-moeda (*Continental bills*) imposto pelo governo central americano durante a guerra da Independência e, finalmente, a experiência feita em maior escala ainda dos "assinados" franceses. A maior parte dos escritores ingleses da época confunde a circulação das notas de banco, que é regulamentada por leis totalmente diferentes, com a circulação dos signos de valor ou do papel oficial de curso forçado e pretendem explicar os fenômenos desta circulação de curso forçado pelas leis da circulação metálica, mas pelo contrário são as leis desta última que de fato deduzem dos fenômenos da primeira. Passaremos por alto os numerosos escritores do período que vai de 1800 a 1809, para considerar imediatamente Ricardo, quer porque sua obra resume a dos seus predecessores, de quem formula as ideias de uma forma mais rigorosa, quer porque a forma que deu à teoria da moeda domina até agora toda a legislação bancária inglesa. Tal como os seus predecessores, Ricardo confunde a circulação das notas de banco, ou da moeda fiduciária, com a circulação de simples signos de valor. O fato que lhe chama a atenção é o da depreciação do papel-moeda e da subida simultânea dos preços das mercadorias. As minas americanas tiveram para Hume a mesma importância que as chapas para notas de Threadneedle Street para Ricardo, e numa passagem ele próprio identifica expressamente estes dois fatores. Seus primeiros escritos, que apenas tratam da questão da moeda, surgem no momento em que a mais violenta polêmica opunha o Banco da Inglaterra, com os ministros e o partido da guerra, aos seus adversários, à volta dos quais se agrupava a oposição parlamentar, os *whigs*, e o partido da paz. Estes textos parecem ser os precursores diretos do famoso parecer do *Bullion Committee*[121] de 1810, em que são adotadas as ideias de Ricardo[122]. O fato singular de Ricardo e seus discípulos, que declaram que a moeda é apenas um simples signo de valor, serem conhecidos por *bullionists* (homens dos lingotes de ouro), não tem só a ver com o nome desta comissão, mas com o conteúdo da sua própria doutrina. Na sua obra sobre economia política, Ricardo repetiu e desenvolveu as mesmas ideias, mas não estudou a natureza da moeda em si, como o fez para o valor de troca, o lucro, a renda, etc.

Ricardo começa por determinar o valor do ouro e da prata, como o de todas as outras mercadorias, pela quantidade de tempo de trabalho nelas materializado[123]. É nestes metais, enquanto mercadorias de determinado valor, que são medidos os valores de todas as outras mercadorias[124]. A quantidade dos meios de circulação de um país é então determinada, por um lado, pelo valor da unidade de medida da moeda e, por outro, pela soma dos valores de troca das mercadorias. Esta quantidade é modificada pela economia do modo de pagamento[125]. Assim, determina-se em que quantidade uma moeda de dado valor pode circular; dado que o seu valor no interior da circulação apenas se manifesta pela quantidade, pode ser substituída na circulação por simples signos de valor dessa moeda, com a condição de serem emitidos na proporção determinada pelo valor da moeda, e pode dizer-se que:

> (...) a moeda em circulação se encontra no seu estado mais perfeito quando consiste exclusivamente em papel com um valor igual ao do ouro que pretende representar[126].

Até este momento, supostamente dado o valor da moeda, Ricardo determina a quantidade dos meios de circulação pelos preços das mercadorias, e a moeda, enquanto signo de valor, é para ele o signo de uma determinada quantidade de ouro e não, como para Hume, o representante sem valor das mercadorias.

Quando Ricardo interrompe bruscamente o curso regular de sua exposição para adotar o ponto de vista contrário, volta no mesmo instante a sua atenção para a circulação internacional dos metais preciosos e complica assim o problema com a introdução de pontos de vista que lhe são estranhos. Investigando a expressão íntima do seu pensamento, começaremos pondo de lado todos os problemas secundários artificiais e situaremos as minas de ouro e prata nos países em que estes metais preciosos circulam como moeda. O único teorema que se infere da anterior exposição de Ricardo é que, dado o valor do ouro, a quantidade de moeda em circulação é determinada pelos preços das mercadorias. Logo, num dado momento, a massa de ouro em circulação num país é simplesmente determinada pelo valor de troca das mercadorias em circulação. Suponha-se então que a soma destes valores de troca diminui, ou porque se produzem menos mercadorias segundo o anterior valor de troca, ou porque, em consequência de um aumento da força produtiva do trabalho, a mesma massa de mercadorias vê diminuir o seu valor de troca. Ou admita-se, inversamente, que a soma dos valores de troca aumenta por aumentar a massa das mercadorias, mantendo-se os custos de produção, ou porque o valor dessa mesma massa de mercadorias ou de uma massa menor cresce, em consequência de uma redução da força produtiva do trabalho. Que acontece, nestes dois casos, à quantidade *dada* de metal em circulação? Se o ouro só é moeda porque circula como meio de circulação, se é obrigado a manter-se na circulação como o papel-moeda de curso forçado emitido pelo Estado (e é neste que Ricardo pensa), então, no primeiro caso, haverá superabundância da quantidade de moeda em circulação em relação com o valor de troca do metal e, no segundo caso, achar-se-ia abaixo do seu nível normal. Assim, embora seja dotado de um valor próprio, o ouro no primeiro caso torna-se signo de um metal de valor de troca inferior ao seu próprio valor, e no segundo caso signo de um metal de valor superior. Enquanto signo de valor, estará, no primeiro caso, abaixo e, no segundo, acima do seu valor real (mais uma dedução a partir do papel-moeda de curso forçado). No primeiro caso seria como se as mercadorias fossem avaliadas num metal de valor inferior, e no segundo caso como se o fossem num metal de valor superior ao ouro. Os preços das mercadorias subiriam pois no primeiro caso, e baixariam no segundo. Em ambos os casos, o movimento dos preços das mercadorias, a sua subida ou a sua baixa seria o efeito da expansão ou contração relativas[127] da massa de ouro em circulação, quer acima, quer abaixo do nível correspondente ao seu próprio valor, isto é, da quantidade normal que é determinada pela relação entre o seu próprio valor e o valor das mercadorias que é necessário fazer circular.

O processo seria o mesmo se a soma dos preços das mercadorias em circulação se mantivesse, mas a massa de ouro em circulação viesse a estar abaixo ou acima do nível devido; abaixo, se as espécies de ouro usadas na circulação não fossem substituídas por uma nova produção correspondente extraída das minas, e acima, se a nova contribuição proveniente das minas tivesse ultrapassado as necessidades da circulação. Nos dois casos, supõe-se que os custos de produção do ouro, ou seja, o seu valor, se mantêm inalteráveis.

Resumindo: a moeda em circulação está no seu nível normal quando, dado o valor de troca das mercadorias, sua quantidade é determinada por seu próprio valor metálico. Ultrapassa esse nível quando o ouro cai abaixo do seu próprio valor metálico e os preços das mercadorias sobem em virtude de diminuir a soma dos valores de troca das mercadorias ou aumentar a contribuição de ouro proveniente das minas. Contrai-se abaixo do seu nível devido, quando o ouro sobe ultrapassando o seu próprio valor metálico e os preços das mercadorias caem porque a soma dos valores de troca da massa da mercadoria aumenta ou a contribuição de ouro proveniente das minas não compensa a massa de ouro destruída pelo uso. Nestes dois casos o ouro em circulação é signo de um valor maior ou menor do que o valor que realmente contém. Pode tornar-se um signo sobreavaliado ou depreciado de si próprio. Quando as mercadorias em geral tiverem sido avaliadas de acordo com este novo valor da moeda e os preços gerais das mercadorias tiverem aumentado ou diminuído na proporção, a quantidade de ouro em circulação corresponderá novamente às necessidades da circulação (consequência que Ricardo realça com uma particular satisfação), mas estará em contradição com os custos de produção dos metais preciosos e, por conseguinte, com sua relação enquanto mercadorias com as outras mercadorias. De acordo com a teoria ricardiana dos valores de troca em geral, a alta do ouro acima do seu valor de troca, ou seja, do valor determinado pelo tempo de trabalho que ele contém, provocaria um aumento de produção do ouro até que esse aumento da oferta o fizesse novamente descer até atingir a devida grandeza de valor. Inversamente, uma queda do ouro abaixo do seu valor provocaria uma diminuição de sua produção até que atingisse de novo a devida grandeza de valor. Estes movimentos inversos permitiriam resolver a contradição entre o valor metálico do ouro e o seu valor como meio de circulação, estabelecer-se-ia um justo nível da massa de ouro em circulação e a subida dos preços correntes corresponderia de novo à medida dos valores. Estas flutuações do valor do ouro em circulação atingiriam igualmente o ouro em lingotes, visto que, por hipótese, todo ouro que não é utilizado nos artigos de luxo está em circulação. Tal como o próprio ouro que quer como numerário, quer em lingotes, se pode tornar signo de valor de um valor metálico superior ou inferior ao seu, escusado será dizer que as notas de banco conversíveis, porventura em circulação, partilharão a mesma sorte. Ainda que as notas sejam conversíveis, que o seu valor real corresponda, portanto, ao seu valor nominal, a massa total de moeda em circulação, ouro e notas (*the aggregate currency consisting of metal and of convertible notes*) pode ser superavaliada ou depreciada consoante sua quantidade total, pelos motivos acima expostos, flutue acima ou abaixo do nível determinado pelo valor de troca das mercadorias em circulação e pelo valor metálico do ouro. A esse respeito, o papel-moeda não conversível só tem sobre o papel-moeda conversível a vantagem de poder desvalorizar-se duplamente. Pode cair abaixo do valor do metal que se admite que representa por ter sido emitido em uma quantidade demasiado grande, ou porque o metal que representa caiu abaixo do seu próprio valor. Esta depreciação, não do papel em relação ao ouro, mas do ouro e do papel em conjunto, ou da massa total dos meios de circulação de um país, é uma das principais descobertas de Ricardo, de que Lorde Overstone e Cia. se apossaram para uso próprio e fizeram um princípio fundamental das leis de 1844 e 1845 sobre bancos que trazem a assinatura de Sir Robert Peel.

Faltava provar que o preço das mercadorias ou o valor do ouro depende da massa de ouro em circulação. A demonstração consiste em admitir antecipadamente aquilo que se quer demonstrar, a saber, que toda a quantidade de metal precioso na função de moeda, seja qual for a relação com o seu valor intrínseco, se torna necessariamente meio de circulação, numerário, logo, signo de valor para as mercadorias em circulação, seja qual for a soma total do seu valor. Por outras palavras, a demonstração consiste em fazer abstração de todas as outras funções que a moeda [desempenha] marginalmente à sua função de meio de circulação[128]. Quando se sente acossado, como por exemplo na sua polêmica com Bosanquet, Ricardo, a braços com o fenômeno da depreciação dos signos de valor em função da sua quantidade, refugia-se numa afirmação dogmática[129].

Se Ricardo tivesse apresentado abstratamente esta teoria como nós o fizemos, sem recorrer a fatos concretos e incidentes que o afastam do próprio problema, surpreender-nos-ia a sua superficialidade. Mas ele dá a todo o desenvolvimento um verniz *internacional*. No entanto será fácil mostrar como a grandeza aparente da escala adotada em nada altera a pequenez das ideias fundamentais.

A primeira proposição era: a quantidade de moeda metálica em circulação é normal quando é determinada pela soma dos valores das mercadorias em circulação, calculada no seu valor metálico. O que, no plano internacional, se exprimirá deste modo: no estado normal da circulação, cada país possui uma massa de moeda correspondente à sua riqueza e à sua indústria. A moeda circula de acordo com um valor correspondente ao seu verdadeiro valor ou ao seu custo de produção, isto é, tem o mesmo valor *em todos os países*[130]. Assim, nunca haveria exportação de moeda para um país nem importação para outro[131]. Estabelecer-se-ia, pois, um equilíbrio entre as *currencies* (as massas totais de moeda em circulação) dos diversos países. O justo[132] nível da *currency* nacional é então expresso sob a forma do equilíbrio internacional das *currencies*, o que, de fato, apenas significa que a nacionalidade em nada altera a lei geral. E eis-nos de novo no mesmo beco sem saída que antes. Como é possível alterar o justo nível? Interrogação que se formula agora nestes termos: como é possível alterar o equilíbrio internacional das *currencies*? Ou melhor: como é que a moeda deixa de ter igual valor em todos os países? Ou, finalmente, como deixa de ter o seu próprio valor em cada país? Assim como anteriormente o justo[132] nível alterado porque a massa de ouro em circulação aumentava ou diminuía, mantendo-se a soma dos valores das mercadorias, ou antes, porque a quantidade de moeda em circulação se mantinha enquanto os valores de troca das mercadorias aumentavam ou diminuíam, do mesmo modo é agora alterado o nível internacional determinado pelo próprio valor do metal, porque a massa de ouro existente num país aumenta em consequência da descoberta de novas minas de metal nesse país[133], ou porque aumenta ou diminui a soma dos valores de troca em circulação num dado país. Se, anteriormente, a produção de metais preciosos diminuía ou aumentava consoante a necessidade de provocar a contração ou expansão da *currency* e a baixa ou alta dos preços das mercadorias na medida correspondente, são no caso presente a exportação e a importação de um país para outro que provocam esse efeito. No país em que os preços tivessem subido e o valor do ouro caído abaixo do seu valor metálico, em consequência de uma dilatação da circulação, o ouro seria desvalorizado em relação aos outros países e haveria consequentemente uma alta de preços das mercadorias em relação com o estrangeiro. Exportar-se-ia então ouro e importar-se-iam mercadorias. E vice-versa. Antes, era a produção de ouro que se processava até o restabelecimento da justa relação de valor entre o metal e a mercadoria; agora serão a importação e a exportação, e com elas a alta ou baixa dos preços das mercadorias, que se processam até o restabelecimento do equilíbrio entre as *currencies* internacionais. À semelhança com o primeiro caso, em que a produção do ouro aumentava ou diminuía unicamente porque o ouro estava acima ou abaixo do seu valor, seria esta a única razão que provocaria as migrações internacionais do ouro. Assim como, no primeiro caso, qualquer variação na sua produção afetava a quantidade de metal em circulação, e com ela os preços, do mesmo modo afeta agora a importação e a exportação. A partir do momento em que fosse restabelecido o valor relativo do ouro e da mercadoria, ou a quantidade normal dos meios de circulação, a produção cessaria no primeiro caso, e a exportação e importação no segundo, exceto aquele mínimo necessário para assegurar a substituição das espécies fora de uso e para a indústria dos objetos de luxo. Segue-se:

> (...) que a tentação de exportar ouro como equivalente das mercadorias ou uma balança comercial desfavorável apenas podem ser o resultado de uma superabundância dos meios de circulação[134].

Seria sempre unicamente a desvalorização ou supervaloração do metal consecutiva à expansão ou contração da massa dos meios de circulação acima ou abaixo do seu justo nível que provocaria as entradas e saídas de ouro[135]. Outra consequência: como no primeiro caso a produção do ouro aumenta ou diminui, e no segundo caso o ouro é importado ou exportado, apenas porque a sua quantidade está acima ou abaixo do seu justo nível, apenas por ser calculado acima ou abaixo do seu valor metálico e os preços das mercadorias serem demasiado elevados ou demasiado baixos, cada um destes movimentos atua como corretivo[136] ao restituir os preços ao seu verdadeiro nível através da expansão ou contração da moeda em circulação, no primeiro caso restabelecendo o nível entre o valor do ouro e o valor da mercadoria, no segundo caso o nível internacional das *currencies*. Em outras palavras: a moeda apenas circula nos diversos países na medida em que circula como numerário em cada país. A moeda não é mais que numerário, e a quantidade de ouro existente num país deve necessariamente entrar na circulação, e pode assim, como signo de valor de si mesma, subir ou baixar em relação ao seu valor. E, finalmente, através das sutilezas desta complicação internacional, eis que chegamos sem novidade ao simples dogma de que partíramos.

Alguns exemplos mostrarão como Ricardo força os fenômenos reais para conciliá-los[137] com sua teoria abstrata. Afirma, por exemplo, que nas épocas de más colheitas, frequentes na Inglaterra durante o período de 1800 a 1820, o ouro era exportado não porque houvesse necessidade de trigo e o ouro ser moeda, logo, um meio de compra e pagamento sempre eficaz[138] no mercado mundial, mas por o ouro ter sido depreciado no seu valor em relação com as outras mercadorias e, por conseguinte, a *currency* do país em que se verificara a má colheita ter sido depreciada em relação com as outras *currencies* nacionais. Assim, na medida em que a má colheita tinha diminuído a massa das mercadorias em circulação, a quantidade dada de moeda em circulação teria ultrapassado o seu nível normal e, portanto, teriam subido todos os preços das mercadorias[139]. Contrariamente a esta interpretação paradoxal, as estatísticas mostraram que de 1793 até a atualidade, nos casos de más colheitas na Inglaterra não houve superabundância mas sim penúria na quantidade de meios de circulação existentes e que, consequentemente, circulou e devia circular necessariamente mais moeda que antes[140].

Ricardo afirmou igualmente que na altura do bloqueio continental de Napoleão e dos decretos de bloqueio inglês os ingleses exportavam para o continente ouro em vez de mercadorias, porque sua moeda tinha sido depreciada em relação à moeda dos países continentais; por conseguinte, suas mercadorias tinham um preço mais elevado e portanto era uma especulação comercial mais vantajosa exportar ouro em vez de mercadorias. Segundo ele, a Inglaterra era o mercado em que as mercadorias eram caras e o dinheiro barato, enquanto no continente as mercadorias eram baratas e o dinheiro caro. Diz um escritor inglês:

> A realidade eram os baixos preços ruinosos impostos aos nossos objetos e produtos coloniais pelo bloqueio continental durante os seis últimos anos da guerra. Os preços do açúcar e do café, por exemplo, avaliados em ouro, eram no continente quatro ou cinco vezes mais elevados que os mesmos preços avaliados na Inglaterra em notas de banco. Era a época em que os químicos franceses descobriam o açúcar de beterraba e substituíam o café pela chicória, enquanto os rendeiros ingleses, para engordar os bois, experimentavam o xarope e o melaço, a época em que a Inglaterra tomava posse de Heligoland a fim de estabelecer um depósito de mercadorias que favorecesse o contrabando com o Norte da Europa e em que os artigos leves de fabricação britânica procuravam entrar na Alemanha abrindo passagem pela Turquia...

Quase todas as mercadorias do mundo eram acumuladas nos entrepostos onde eram deixadas de lado até que uma licença francesa, pela qual os comerciantes de Hamburgo e Amsterdam pagavam a Napoleão a soma de 40 mil a 50 mil libras esterlinas, libertava uma pequena quantidade. Estranhos comerciantes estes, que pagavam a tal preço a liberdade de transportar de mercado caro para mercado barato um carregamento de mercadorias. Em que evidente alternativa se encontrava o comerciante? Ou comprar o café a 6 pence em notas de banco e expedi-lo para uma praça onde podia vendê-lo imediatamente a 3 ou 4 shillings-ouro a libra, ou então comprar ouro com notas de banco a 5 libras esterlinas a onça e expedi-lo para uma praça onde era avaliado em 3 libras esterlinas, 17 shillings e 10 1/2 pence. É portanto absurdo dizer que se remetia ouro em vez de café, vendo nisso uma operação comercial mais vantajosa (...). Não havia então no mundo país onde se conseguisse uma tão grande quantidade de mercadorias cobiçadas como na Inglaterra. Bonaparte examinava sempre minuciosamente os preços correntes ingleses. Quando verificou que na Inglaterra o ouro era caro e o café barato, mostrou-se satisfeito com os efeitos do seu bloqueio continental[141].

Precisamente na época em que Ricardo expunha pela primeira vez sua teoria da moeda e em que o *Bullion Committee* a incluía no seu relatório parlamentar, em 1810, produziu-se uma ruinosa derrocada nos preços de todas as mercadorias inglesas em relação a 1808 e 1809, verificando-se em contrapartida uma subida relativa no valor do ouro[142]. Os produtos agrícolas constituíram exceção, porque sua importação do estrangeiro encontrava obstáculos e a quantidade disponível internamente era muito reduzida devido às más colheitas[143]. Ricardo enganava-se totalmente acerca do papel dos metais preciosos como meio de pagamento internacional, de tal forma que, em seu relatório para a Comissão da Câmara dos Lordes (1809), declarou que as perdas de ouro devidas à exportação cessariam completamente logo que fossem retomados os pagamentos em espécies e a circulação monetária reconduzida ao seu nível metálico.

Morreu a tempo, imediatamente antes de rebentar a crise de 1825, que desmentiu a sua profecia. Aliás, o período em que Ricardo se entregou à sua atividade de escritor não era nada propício à observação do papel dos metais preciosos na função da moeda universal. Antes do bloqueio continental, a balança comercial estava quase sempre a favor da Inglaterra, e enquanto ele[144] durou, as transações com o continente europeu foram muito pouco importantes para que pudessem afetar o câmbio inglês. As remessas de dinheiro eram de natureza essencialmente política, e Ricardo parece ter ignorado totalmente o papel que os subsídios desempenharam na exportação do ouro inglês[145].

James Mill é o mais importante entre os contemporâneos de Ricardo que formaram a escola que defendia os princípios da sua economia política. Tentou expor a teoria da moeda de Ricardo com base na circulação metálica simples, sem recorrer às complicações internacionais injustificadas por detrás das quais Ricardo esconde a pobreza de suas ideias, e sem nenhuma preocupação polêmica a propósito das operações do Banco da Inglaterra. Suas teses principais são as seguintes[146]:

> Por valor da moeda, entendemos aqui a proporção segundo a qual a trocamos por outros artigos, ou a quantidade de moeda que damos em troca de uma certa quantidade de outras coisas. [Esta relação é determinada pela] quantidade total de moeda existente num país (...). Supondo que todas as mercadorias de um país estão reunidas de um lado, e toda a moeda de outro, e que trocamos estas duas massas uma pela outra, é evidente que um décimo, um centésimo, ou qualquer outra fração do total de mercadorias se permutará por

uma fração igual do total de moeda, e que esta fração será uma quantidade grande ou pequena, consoante o total de moeda existente no país seja grande ou pequeno (...). Veremos que o caso é precisamente o mesmo no estado real das coisas. A massa total de mercadorias de um país não se cambia de uma só vez pela massa total de moeda. As mercadorias cambiam-se em porções, por vezes em porções muito pequenas, e em diferentes épocas durante o ano. A mesma moeda que serviu hoje para uma troca pode servir amanhã para uma outra troca. Uma parte da moeda será empregada para um grande número de trocas, uma outra parte para um número muito reduzido, e finalmente uma outra, que será acumulada, não intervirá em nenhuma outra. Haverá nestas variações uma taxa média baseada no número de trocas em que teria sido usada cada peça, se todas tivessem operado uma quantidade igual de intervenções. Fixemos, por hipótese, essa taxa num número qualquer, 10, por exemplo. Se cada peça que se encontra no país serviu para 10 compras, é como se o número total de peças tivesse sido multiplicado por 10, servindo cada uma para uma só compra. O valor de todas as mercadorias do país é, neste caso, igual a 10 vezes o valor da totalidade de moeda, etc... Se [inversamente], em vez de cada moeda servir para 10 compras no ano, a massa total de moeda fosse multiplicada por 10 e servisse para uma única troca, é evidente que qualquer aumento dessa massa provocaria uma redução proporcional de valor em cada uma das suas partes tomadas isoladamente. Como se parte do princípio de que a massa de mercadorias pela qual se poderia trocar toda a moeda se mantém, o valor da massa total de moeda não é maior, depois de ter sido aumentada a quantidade, do que antes. Supondo que se aumentou um décimo, o valor de cada uma das suas partes, de uma onça, por exemplo, é reduzido de um décimo (...). Logo, qualquer que seja o grau de aumento ou diminuição que sofre a massa total de moeda mantendo-se a quantidade das outras coisas, o valor dessa massa total e de cada uma das suas partes sofre reciprocamente uma redução ou aumento proporcionais. É evidente que esta afirmação é absolutamente verdadeira. Sempre que o valor da moeda sofreu uma alta ou baixa, mantendo-se inalteráveis a quantidade de mercadorias pela qual a poderíamos trocar e o movimento da circulação, esta variação deve ter sido causada por uma redução ou por um aumento proporcionais na quantidade de moeda, e não pode ser atribuída a nenhuma outra coisa. Se a massa de mercadorias diminui, enquanto o total de moeda se mantém, é como se o total de moeda tivesse aumentado, e reciprocamente. Alterações deste tipo são o resultado de qualquer alteração no movimento da circulação (...). Qualquer aumento do número total da moeda produz de imediato um efeito igual a um aumento do total do dinheiro; uma diminuição desse número produz o efeito dessas compras, que produz um efeito igual a um aumento do contrário (...). Se houver uma porção do produto anual que não tenha sido trocada, como a que os produtores consomem (...) esta porção não deve ser tida em conta, visto que aquilo que não se troca por moeda está para a moeda como se não existisse (...). Deste modo, sempre que o aumento ou diminuição da quantidade de moeda pode exercer-se livremente, esta quantidade [total da moeda que se encontra num país] é regulada pelo valor do metal (...) Na realidade, o ouro e a prata são mercadorias (...). Os custos de produção [o quantitativo de trabalho que eles contêm] são, portanto, o que determina o valor do ouro e da prata, como o de todos os outros produtos[147].

Toda a perspicácia de Mill se reduz a uma série de suposições tão arbitrárias como absurdas. Quer demonstrar que o preço das mercadorias, ou o valor da moeda é determinado "pela quantidade total de moeda existente num país". Ora, se *partirmos do princípio* de que a massa e o valor de troca das mercadorias em circulação se mantêm, tal como a velocidade de circulação e assim como o valor dos metais preciosos determinado por seus custos de produção, e *supondo* igualmente que apesar disso a quantidade de moeda metálica *em circulação* aumentou ou diminuiu proporcionalmente à massa de moeda *existente* no país, é com efeito "evidente" que partimos do princípio que pretendíamos demonstrar. De resto, Mill comete o mesmo erro que Hume, pondo em circulação valores de uso e não mercadorias de determinado valor de troca, e é por isso que sua afirmação é falsa, mesmo admitindo todas as suas "suposições". A velocidade de circulação pode perfeitamente manter-se, tal como o valor dos metais preciosos, tal como a *quantidade* de mercadorias em circulação, e no entanto é possível que, com a variação de seu valor de troca, sua circulação exija ora uma massa de moeda superior, ora uma massa inferior. Mill apercebe-se do fato de que uma parte da moeda existente no país circula, enquanto a outra é estacionária. Recorrendo a um cálculo de médias de grande efeito cômico, *supõe* que de fato, embora a realidade pareça diferente, toda a moeda que se encontra no país circula. Vamos supor que num país 10 milhões de táleres de prata descrevem durante o ano dois circuitos; poderiam circular neste caso 20 milhões, se cada táler realizasse uma só compra. E, se a soma total de dinheiro existente no país em todas as suas formas se elevasse a 100 milhões de táleres, podemos supor que os 100 milhões podem circular, se cada peça efetuar uma compra em cinco anos. Poderíamos também supor que toda a moeda do mundo circula em Hampstead, mas que cada uma das suas partes alíquotas, em vez de fazer três rotações num ano, por exemplo, faz uma em 3 milhões de anos. A primeira suposição é tão importante como a segunda para determinar a relação entre a soma dos preços das mercadorias e a quantidade de meios de circulação. Mill reconhece que é para ele de uma importância decisiva colocar as mercadorias em relações imediatas não com a quantidade de moeda que se encontra em circulação, mas com a quantidade total de moeda de que dispõe em cada caso um país. Admite que a massa total das mercadorias de um país não se permuta "de uma só vez" pela massa total de moeda, e que diferentes porções dessa massa de mercadorias sejam trocadas em épocas diferentes do ano, por diferentes porções da massa de moeda. Para eliminar esta anomalia, *supõe* que ela não existe. Toda esta concepção do confronto imediato das mercadorias com a moeda e da sua troca sem intermediário é, aliás, deduzida a partir do movimento das compras e vendas simples ou da função que a moeda tem como meio de compra através de um raciocínio abstrato. No movimento da moeda como meio de pagamento já não há nenhum vestígio desta aparição simultânea da mercadoria e da moeda.

As crises comerciais que se manifestaram durante o século XIX, em particular as grandes crises de 1825 e 1836, não estimularam o desenvolvimento, mas uma nova aplicação da teoria ricardiana da moeda. Já não eram os fenômenos econômicos isolados, como em Hume a depreciação dos metais preciosos nos séculos XVI e XVII ou, como em Ricardo, a depreciação do papel-moeda no decurso do século XVIII e princípios do século XIX; eram agora as grandes tempestades do mercado mundial onde explodia o conflito entre todos os elementos do processo de produção burguesa e de que se diagnosticavam a origem e a cura na esfera mais superficial e mais abstrata desse processo, a da circulação monetária. O postulado teórico de que parte a escola destes "virtuoses" da meteorologia econômica resume-se ao dogma segundo o qual Ricardo descobriu as leis da circulação puramente metálica. Limitaram-se a submeter a estas leis a circulação do crédito ou das notas de banco.

O fenômeno mais geral e mais evidente das crises comerciais é a queda súbita e geral dos preços das mercadorias que se segue a uma subida geral demasiado prolongada desses preços. Podemos apresentar a baixa geral dos preços das mercadorias como uma subida do valor relativo da moeda em relação a todas as mercadorias e, inversamente, a alta geral dos preços como uma baixa do valor relativo da moeda. Em ambos os casos, enunciamos o fenômeno, não o explicamos. Se colocarmos este problema: explicar a subida geral periódica dos preços alternando com a sua queda geral, ou se formularmos o mesmo problema, dizendo: explicar a descida ou subida periódicas do valor relativo da moeda em relação às mercadorias, a variante do enunciado não modifica mais o problema do que a sua tradução de alemão para inglês. Assim, a teoria da moeda de Ricardo vinha singularmente a propósito, dando a uma tautologia a aparência de uma relação causal. O que é que provoca a descida geral periódica dos preços das mercadorias? É a subida periódica do valor relativo da moeda. E o inverso: o que é que provoca a subida geral periódica dos preços das mercadorias? É a queda periódica do valor da moeda. Poderíamos também dizer que a subida ou descida periódica dos preços resulta da sua subida e da sua descida periódicas. O próprio problema se baseia na hipótese de que o valor imanente da moeda, ou seja, o seu valor determinado pelos custos de produção dos metais preciosos se mantém *inalterável*. Se esta tautologia pretende ser outra coisa além de uma tautologia, assenta numa total ignorância das noções mais elementares. Quando o valor de troca de A medido em B baixa, sabemos que isso tanto pode ter origem numa baixa do valor de A como numa subida do valor de B. O mesmo acontece quando, inversamente, o valor de troca de A medido em B sobe. Uma vez admitida a transformação da tautologia em relação causal, todo o resto se segue facilmente. A subida dos preços das mercadorias resulta da baixa do valor da moeda, mas a baixa do valor da moeda, como nos ensinou Ricardo, resulta de uma superabundância na circulação, isto é, de a massa de moeda em circulação ultrapassar o nível determinado por seu próprio valor imanente e pelos valores imanentes das mercadorias. De igual modo, inversamente, a baixa geral dos preços das mercadorias resulta de uma alta do valor da moeda acima do seu valor imanente em consequência de uma circulação deficiente. Logo, os preços sobem ou baixam periodicamente porque periodicamente a moeda circula demasiada ou insuficientemente. Se demonstrarmos agora que a subida dos preços coincide com uma diminuição, e a descida dos preços com um aumento da circulação monetária, poderemos não obstante afirmar que em consequência de uma diminuição ou de um aumento qualquer da massa das mercadorias em circulação, embora seja absolutamente impossível prová-lo por meio de estatísticas, a quantidade de moeda em circulação aumenta ou diminui de forma se não absoluta, pelo menos relativa. Ora vimos que, segundo Ricardo, estas flutuações gerais dos preços se produzem também necessariamente numa circulação puramente metálica, mas que são compensadas por sua alternância: uma circulação insuficiente, por exemplo, provoca uma descida dos preços das mercadorias, a descida dos preços das mercadorias uma exportação de mercadorias para o estrangeiro, esta exportação, pelo contrário, um afluxo de dinheiro para o interior, e este afluxo de dinheiro, por seu lado, uma nova subida de preços. O processo é inverso no caso de uma circulação superabundante, em que as mercadorias são importadas e o dinheiro exportado. Portanto, e visto que, apesar dessas flutuações gerais dos preços que resultam da natureza da própria circulação metálica ricardiana, a sua forma violenta e aguda, a sua forma de crise pertence às épocas do sistema de crédito desenvolvido – é bem claro que a emissão de notas não é exatamente regulada pelas leis da circulação metálica. A circulação metálica encontra seu equilíbrio na importação e exportação dos metais preciosos que no mesmo instante entram em circulação sob a forma de numerário e que, através do seu afluxo e refluxo, provocam uma subida ou uma descida dos preços correntes. Para obter agora igual efeito sobre os preços das mercadorias será necessário que os bancos imitem artificialmente as leis da circulação metálica. Se há afluência de ouro do estrangeiro, é uma prova de que há insuficiência de ouro na circulação, de que o valor da moeda é demasiado elevado e os preços das mercadorias demasiado baixos, e por conseguinte torna-se necessário lançar notas em circulação proporcionalmente ao ouro recém-importado. Igualmente é necessário retirá-las da circulação proporcionalmente à quantidade de ouro que sai do país. Em outras palavras: a emissão de notas deve ser regulada pela importação e exportação dos metais preciosos ou pelos câmbios. A falsa hipótese de Ricardo de que o ouro[148] não é mais que numerário, e por conseguinte todo o ouro importado aumenta a moeda em circulação, provocando uma subida de preços, e todo o ouro exportado diminui o numerário provocando uma baixa de preços, esta hipótese teórica torna-se agora uma *experiência prática consistindo em fazer circular tanto numerário quanto o ouro que existe em cada caso*. Lorde *Overstone* (o banqueiro Jones Loyd), o Coronel Torrens, Norman, Clay, Arbuthnot e uma série de outros autores conhecidos na Inglaterra pelo nome de Escola do *currency principle* não só abraçaram esta doutrina, como fizeram dela a base de toda a legislação bancária inglesa e escocesa ainda em vigor, graças aos Bank Acts de 1844 e 1845 de Sir Robert Peel. Seu ignominioso fiasco tanto no plano teórico como no plano prático, que marcou as experiências feitas à maior escala nacional, só poderá ser relatado na teoria do crédito[149]. Mas desde já se percebe que a teoria de Ricardo, que isola o dinheiro na sua forma fluida de meio de circulação, acabou por atribuir ao crescimento e à diminuição dos metais preciosos uma influência absoluta sobre a economia burguesa, influência nunca sonhada pela superstição do sistema monetário. Eis de que modo Ricardo, que proclama o papel-moeda como a forma mais perfeita da moeda, se tornou o profeta dos *bulionists*.

Depois de a teoria de Hume, ou a oposição abstrata ao sistema monetário, ter sido assim desenvolvida até suas últimas consequências, *Thomas Tooke* restabeleceu finalmente em todos os seus direitos a concepção concreta da moeda de Steuart[150]. Tooke não deduziu seus princípios de qualquer teoria, mas da conscienciosa análise da história dos preços correntes de 1793 a 1856. Na primeira edição da sua História dos preços, publicada em 1823, Tooke está ainda completamente influenciado pela teoria ricardiana, esforçando-se em vão por conciliar os fatos com esta teoria. Seu panfleto *On the Currency*, que aparece após a crise de 1825, poderia mesmo ser considerado como a primeira exposição consequente das ideias que Overstone fez prevalecer mais tarde. Todavia, na continuidade das suas pesquisas sobre a história dos preços, percebeu que esta conexão imediata entre os preços e a quantidade dos meios de circulação, tal como a teoria a admite, é uma pura construção do espírito, que a expansão e a contração dos meios de circulação, mantendo-se inalterável o valor dos metais preciosos, são sempre o efeito e nunca a causa das flutuações de preços, que a circulação monetária em geral não passa de um movimento secundário e que o dinheiro reveste ainda no processo de produção real formas determinadas totalmente diversas das de meio de circulação. Suas pesquisas pormenorizadas pertencem a uma esfera que não é da circulação metálica simples e sua discussão não se enquadra aqui; o mesmo acontece com os estudos de *Wilson* e *Fullarton*, cuja orientação é igual[151]. Estes autores não concebem a moeda de forma unilateral mas nos seus diferentes momentos, baseando-se todavia no conteúdo material, sem estabelecer o menor encadeamento animado entre estas diversas fases, quer entre si, quer com o conjunto do sistema das categorias econômicas. Cometem igualmente o erro de confundir o *dinheiro*, que distinguem do *meio de circulação*, com o *capital* ou até com a mercadoria, embora por vezes se achem na obrigação de fazer valer de momento o que diferencia um do outro[152]. Se, por exemplo, envia-se ouro para o estrangeiro, é efetivamente capital que é enviado para o estrangeiro; mas o mesmo acontece quando se exporta ferro, algodão, cereais, em resumo, qualquer mercadoria. Um e outra são capital; logo, não se distinguem enquanto capital, mas sim enquanto dinheiro e mercadoria. O papel do ouro como meio de troca internacional não resulta da sua forma determinada de capital, mas de sua função específica de moeda. Do mesmo modo, quando o ouro ou as notas que o substituem funcionam como meio de pagamento no comércio interno, são ao mesmo tempo capital. Mas o capital na forma de mercadoria não poderia substituí-los, como provam com toda a evidência as crises, por exemplo. Portanto, é novamente a diferença entre o ouro como moeda e a mercadoria, e não o seu modo de existência como capital, que faz dele um meio de pagamento. Mesmo quando o capital é exportado diretamente como capital, com a finalidade, por exemplo, de emprestar a juros uma determinada soma de valor ao estrangeiro, depende das circunstâncias o ser exportado sob a forma de mercadorias ou sob a forma de ouro, e, se é exportado sob esta última forma, é em virtude da determinação formal específica dos metais preciosos, enquanto moeda ante a mercadoria. De um modo geral estes autores não consideram o dinheiro na forma abstrata tal como ele se desenvolve no quadro da circulação simples das mercadorias e nasce das próprias relações das mercadorias ao descreverem o seu processo. Também hesitam constantemente entre as determinações formais abstratas que o dinheiro adquire em oposição à mercadoria e as determinações formais do dinheiro que as relações mais concretas, tais como capital, lucro, etc., encerram[153].

NOTAS

1. Traduzimos assim a expressão *monnaie de crédit*, por não termos em português a expressão *moeda de crédito* que corres-

ponderia a uma tradução literal. (Note-se ainda que em alemão *crédito* e *fiduciário* podem ter a mesma raiz: *vertrauen*.) (N. do T.)

2. Aristóteles percebeu de fato que os preços das mercadorias supõem o valor de troca das mercadorias: "que (...) houve troca antes de existir o dinheiro, é evidente; porque dar cinco leitos por uma casa é o mesmo que dar pela casa o dinheiro que os cinco leitos valem". Por outro lado, como só pelo preço as mercadorias possuem a forma de valor de troca umas para as outras, torna-as comensuráveis por meio do dinheiro. "É necessário que tudo tenha um preço; assim haverá sempre troca e, por conseguinte, sociedade. O dinheiro, como se fosse uma medida, torna os objetos comensuráveis (sumetra) para em seguida os igualar entre si. Pois que há sociedades sem troca; mas a troca não pode existir sem igualdade, nem a igualdade sem comensurabilidade." Aristóteles não ignora que estes objetos diferentes medidos pelo dinheiro constituem grandezas absolutamente incomensuráveis. O que ele procura é a unidade das mercadorias sob a forma de valor de troca e, como grego da Antiguidade que era, não tinha possibilidade de encontrá-la. Contorna a dificuldade tornando comensurável por meio do dinheiro, na medida em que tal se torna indispensável na prática, aquilo que em si é incomensurável. "Sem dúvida que na verdade é impossível que objetos tão diferentes sejam comensuráveis, mas isso é necessário na prática" (ARISTÓTELES, *Ética Nicomaqueia*, Livro V, cap. VIII, Ed. Bekkeri, Oxonii, 1837 [Obras, vol. IV, pp. 99 s.]).

3. 1ª ed.: *Doppelarbeit* (trabalho duplo); corrigido no exemplar II, anotado à mão. (N. do R. T.)

4. Assim se explica o fato bizarro de os ingleses não subdividirem em partes alíquotas a onça de ouro enquanto unidade de medida da moeda: "No princípio, o nosso sistema monetário foi adaptado ao uso da prata, e assim uma onça de prata pôde ser sempre dividida no número desejado de moedas; ora, como o ouro só foi introduzido numa época posterior num sistema monetário já adaptado à prata, uma onça de ouro não pôde ser cunhada em um número correspondente de moedas." (MAC LAREN, *History of the Currency*, p. 16, Londres, 1858).

5. Na primeira edição falta a palavra *gold* (ouro), corrigido no exemplar II, anotado à mão. (N. do R. T.)

6. "O dinheiro pode mudar constantemente de valor e no entanto continuar a ser a medida do valor como se não tivesse sofrido nenhuma alteração. Admitamos, por exemplo, que perdeu valor: antes desta redução de valor, um guinéu compraria três alqueires de trigo ou o trabalho de seis dias; depois só comprará dois alqueires ou o trabalho de quatro dias. Dadas em ambos os casos as relações do trigo e do trabalho com o dinheiro, poderemos deduzir por este exemplo a sua relação recíproca; por outras palavras, poderemos estabelecer que um alqueire de trigo vale dois dias de trabalho. Medir o valor nada mais implica, e tão facilmente se chega a esta conclusão antes como depois da perda de valor. O fato de uma coisa se distinguir como medida de valor é totalmente independente da variabilidade do seu próprio valor." (BAILEY, *Money and its Vicissitudes*, Londres, 1837, pp. 9, 10.)

7. "As moedas cujas designações têm hoje apenas um caráter ideal são as mais antigas em todos os povos e foram todas, em tempos, moedas reais" (esta última afirmação não é correta na generalização que faz) "e é exatamente porque foram moedas reais que serviram para contar" (GALIANI, *Della moneta, ibid.*, p. 153).

8. O romântico A. Müller diz: "Segundo as nossas concepções, qualquer soberano independente tem o direito de fixar o nome à moeda metálica, de lhe atribuir um valor nominal social, uma ordem, uma posição, um título" (p. 228, vol. II, MÜLLER, *Die Elemente der Staatskunst*, Berlim, 1809). Quanto ao "título", o Sr. Conselheiro da Corte tem toda a razão, só é pena que esqueça o detentor. A passagem seguinte mostra quanto as suas "concepções" eram confusas: "Toda a gente compreende a importância de uma fixação justa do preço monetário, sobretudo num país como a Inglaterra, onde o governo cunha a moeda gratuitamente, com uma *grandiose liberalité* [Parece que o Sr. Müller acredita que os membros do governo inglês subsidiam as despesas de cunhagem à custa da sua própria bolsa], país onde não prevalece o direito senhorial, etc., e onde, se o governo fixasse o preço monetário do ouro muito mais alto que o preço do mercado, se em vez de pagar uma onça de ouro a 3 libras esterlinas, 17 shillings e 10½ pence, como agora, fixasse em 3 libras esterlinas e 19 shillings o preço monetário de uma onça de ouro, toda a moeda afluiria à Casa da Moeda, o dinheiro aí recebido seria trocado no mercado

por ouro, visto que era mais barato, levar-se-ia este de novo à Casa da Moeda, e todo o sistema monetário soçobraria na desordem." (pp. 280, 281, *ibid.*) A fim de preservar a ordem da moeda inglesa, cai o Sr. Müller na "desordem". Quando shillings e pence são simplesmente nomes, nomes de frações precisas de uma onça de ouro representadas em peças de prata e cobre, ele imagina que a onça de ouro é avaliada em ouro, em prata e em cobre, mimoseando assim os ingleses com um triplo *standard of vallue* [padrão monetário]. É certo que o emprego da prata como medida monetária só foi formalmente abolido em 1816 pela 68.ª lei do 56º. ano do reinado de George III. Legalmente, tinha sido já abolido em 1734 pela 42.ª lei do ano 14º. do reinado de George II e tinha-o sido ainda muito antes pela prática. Duas coisas qualificavam especialmente A. Müller para aparecer com uma concepção supostamente *superior* da economia política: por um lado, a sua profunda ignorância dos fatos econômicos; por outro, o diletantismo pasmado que caracterizava as suas ligações com a filosofia.

9. "Como perguntassem a Anacharsis para que fim se serviam os gregos do dinheiro, ele respondeu: "para contar" (ATHENAEUS, *Deipnosophistai*, Livro IV, 49, vol. II [p. 120], Ed. Schweighauser, 1802).

10. G. Garnier, um dos primeiros tradutores franceses de Adam Smith, teve a estranha ideia de estabelecer em que proporção eram empregadas a moeda de cálculo e a moeda real. A relação é de 10 para 1 (GARNIER, *Histoire de la monnaie depuis les temps de la plus haute antiquité*, etc., vol. I, p. 78).

11. O ato de Maryland de 1723, pelo qual o tabaco se torna moeda legal, enquanto o seu valor era reproduzido na moeda de ouro inglesa, na proporção de um penny por libra de tabaco, faz lembrar as *leges barbarorum* em que, ao contrário, se presume que somas determinadas de dinheiro seriam iguais a bois, vacas, etc. Neste caso, não era o ouro nem a prata, mas o gado, que constituía a matéria real da moeda de cálculo.

12. Lê-se, por exemplo, na obra *Familiar Words*, do Sr. David Urquhart: "O valor do ouro deve ser medido pelo próprio ouro: mas como pode uma matéria qualquer ser a medida do seu próprio valor em outros objetos? O valor do ouro deve ser fixado pelo seu próprio peso sob uma denominação falsa desse peso (...) e

uma onça valerá tantas libras e frações da libra. Trata-se da falsificação de uma medida e não da determinação de um padrão" (Londres, 1856, pp. 104 s.).

13. "Enquanto medida do comércio, a moeda, à semelhança de qualquer outra medida, deveria ser mantida tão estável quanto possível. Isso é impraticável enquanto a vossa moeda for constituída por dois metais cuja relação de valor varia constantemente" (LOCKE, *Some Considerations on the Lowering of Interest*, etc., 1691, p. 65, nas suas *Works*, 7ª ed., Londres, 1768, vol. II).

14. Locke diz explicitamente: "Chamai coroa ao que antes se chamava meia-coroa. O valor não deixa de ser determinado pelo teor metálico. Se é possível tirar 1/20 do seu peso de prata a uma moeda sem diminuir o seu valor, seria também possível tirar-lhe 19/20. Segundo esta teoria, se for dado a um farthing o nome de coroa, comprar-se-ão com um farthing tantas especiarias, seda ou outra mercadoria como com uma coroa, que no entanto contém sessenta vezes mais prata. Está no âmbito das vossas possibilidades dar a uma menor quantidade de prata o cunho e o nome de uma quantidade maior. Mas é a prata e não o nome que paga as dívidas e compra mercadorias. Se elevar o valor da moeda consiste unicamente em batizar consoante os gostos as partes alíquotas de uma peça de prata, chamar por exemplo penny à oitava parte de uma onça de prata, assim podeis elevar efetivamente a taxa da moeda à altura que nos agradar." Locke respondia ainda a Lowndes que a subida do preço corrente acima do preço monetário "não era um resultado da subida de valor da prata, mas sim da redução de peso da moeda de prata". 77 shillings desgastados não pesavam nem mais um grão, dizia ele, que 62 com o peso normal. Sublinhava ainda, e com razão, que na Inglaterra, independentemente da perda de peso em prata da moeda em circulação, o preço corrente da prata em bruto podia exceder por pouco que fosse o preço monetário porque era autorizada a exportação da prata em bruto e interdita a da moeda de prata. (Cf. *Some Considerations*, etc., pp. 54-116 *passim*.) Locke evitava cuidadosamente tocar na questão melindrosa das dívidas públicas, como evitava prudentemente abordar o delicado problema econômico. E este apresentava-se assim: a cotação do câmbio e a relação da prata bruta com a moeda de prata provavam que a moeda em circula-

ção não estava a tal ponto depreciada em proporção com a sua perda real de prata. Trataremos de novo esta questão na sua forma geral no capítulo sobre os meios de circulação. [Veja p. 83.] *Nicholas Barbon*, em *A Discourse Concerning Coining the New Money Lighter, in Answer to Mr. Locke's Considerations*, etc., Londres, 1696, em vão tentou atrair Locke para este terreno difícil.

15. STEUART, *An Inquiry into the Principles of Political Economy*, etc., Dublin, 1770, vol. II, p. 154.

16. *The Querist* [Londres, 1750, pp. 3, 4]. De resto não falta talento às *Queries on Money* [Questões sobre a moeda]. Entre outras coisas, Berkeley observa com razão que precisamente o desenvolvimento das colônias norte-americanas "torna claro como o dia que o ouro e a prata não são tão necessários à riqueza de uma nação como geralmente se pensa em todas as categorias sociais".

17. Aqui, como nos economistas ingleses do século XVII, preço significa equivalente concreto.

18. 1ª ed.: "ouro"; corrigido no exemplar II, anotado à mão. (N. do R. T.)

19. STEUART, *An Inquiry into the Principles of Political Economy*, etc., vol. II, pp. 102-7.

20. Certos meios ingleses celebram com ênfase, a propósito da última crise comercial, a moeda ideal africana, domiciliada agora não na costa, mas no interior do país bérbere. A ausência de crises comerciais e industriais nos berberes teria a sua explicação na unidade de medida ideal das suas *barras*. Não teria sido mais simples dizer que o comércio e a indústria são a condição *sine qua non* das crises comerciais e industriais?

21. Medida de peso correspondente à 20ª parte da onça.

22. *The Currency Question, the Gemini Letters*, Londres, 1844, pp. 266-72, *passim*.

23. GRAY, *The Social System. A Treatise on the Principle of Exchange*, Edimburgo, 1831. Veja do mesmo autor: *Lectures on the Nature and Use of Money*, Edimburgo, 1848. Depois da Revolução de Fevereiro, Gray enviou ao governo provisório francês uma comunicação em que declara que a França tem necessidade não de uma organização de trabalho (*organisation of labour*), mas sim de uma organização de troca (*organisation of exchange*) cujo plano estava completamente elaborado na sua concepção do sis-

tema monetário. O bom John não suspeitava que, dezesseis anos após o aparecimento do "Social System", Proudhon, esse espírito inventivo, fosse registrar patente pela mesma descoberta.

24. GRAY, *The Social System*, etc., p. 63. "Em resumo, o dinheiro devia ser um simples recibo, a prova de que o detentor contribui com um determinado valor para o conjunto da riqueza nacional ("to the national stock of wealth"), ou de que adquiriu direitos nessa proporção sobre o valor de qualquer pessoa que tenha também entregue a sua contribuição."

25 "Que um produto previamente avaliado em certo valor seja depositado em um banco, e levantado quando for necessário, estipulando-se por convenção geral que aquele que deposita um determinado bem no banco nacional proposto para o efeito poderá retirar um valor igual de qualquer outra mercadoria contida no banco, em vez de ser obrigado a levantar o próprio produto que depositou" (GRAY, *The Social System*, etc., pp. [67] 68).

26. *Ibid.*, p. 16.

27. GRAY, *Lectures on Money*, etc., pp. 182 [183].

28. *Ibid.*, p. 169.

29. "A condução dos negócios de todos os países deveria ter por base um capital nacional" (GRAY, *The Social System*, etc., p. 171).

30. "É necessário que o solo seja transformado em propriedade nacional" (*ibid.*, p. 298).

31. Veja, por exemplo, THOMPSON, *An Inquiry into the Distribution of Wealth*, etc., Londres, 1827; BRAY, *Labours Wrongs and Labours Remedy*, Leeds, 1839.

32. Podemos considerar a obra de DARIMON, *De la réforme des banques* (Paris, 1856), como o compêndio desta melodramática teoria da moeda.

33. 1ª ed.: "ouro". (N. do R. T.)

34. "A moeda é de duas espécies: ideal e real; é usada de dois modos diferentes: para avaliar as coisas e para comprá-las. Para a avaliação, a moeda ideal convém tanto quanto a moeda real, ou talvez ainda mais. O outro uso da moeda consiste na compra das coisas que ela avalia (...). Os preços e os contratos estabelecem-se sobre uma avaliação em moeda ideal e realizam-se em moeda real" (GALIANI, *Della Moneta*, pp. 112 s.).

35. Isto não impede, naturalmente, que o preço corrente das mercadorias seja mais alto ou mais baixo que o seu valor. Mas esta consideração é estranha à circulação simples e pertence a uma outra esfera, que consideraremos mais adiante ao estudar a relação do valor e do preço corrente.

36. O seguinte excerto das *Leçons sur l'industrie et les finances* (Paris, 1832), do Sr. Isaac PÉREIRE, mostra até quanto a forma mais superficial do antagonismo manifesto na compra e na venda fere as almas bem formadas. Inventou o crédito mobiliário de que foi também ditador e que lhe valeu o triste renome de "lobo da Bolsa de Paris", o que é uma amostra do que devemos pensar da crítica sentimental da economia. O Sr. Péreire, então apóstolo de Saint-Simon, diz: "É por todos os indivíduos estarem isolados, separados uns dos outros, quer no trabalho, quer no consumo, que há troca mútua dos produtos das respectivas indústrias. A necessidade de troca fez surgir a necessidade de determinar o valor relativo dos objetos. As ideias de valor e de troca estão assim intimamente ligadas, e ambas, na sua forma atual, exprimem o individualismo e o antagonismo (...). É necessário fixar o valor dos produtos (...) porque há venda e compra; por outras palavras, antagonismo entre os diversos membros da sociedade (...). Só havia necessidade de tratar de preço, de valor, quando havia venda e compra, isto é, quando cada indivíduo era obrigado a *lutar* para conseguir os objetos necessários à manutenção da sua existência" (*ibid.*, pp. 2, 3, *passim*).

37. "O dinheiro é apenas o meio e o encaminhamento, ao passo que os gêneros úteis à vida são o objetivo e o fim" (BOISGUILLEBERT, *Le Détail de la France*, 1697, em *Économistes financiers du XVII siècle*, de Eugène Daire, vol. I, Paris, 1843, p. 210).

38. Em novembro de 1807 apareceu na Inglaterra uma obra de William SPENCE intitulada: *Britain Independent of Commerce* [A Inglaterra independente do comércio], cujo princípio foi retomado por William CORBET na obra *Political Register* e desenvolvido de forma mais radical: *Perish Commerce* [Abaixo o comércio]. Como resposta, James Mill publicou, em 1803, a *Defense of Commerce* [Defesa do comércio], em que aparece já o argumento citado segundo a sua obra *Elements of Political Economy*. Na polêmica com Sismondi e Malthus sobre as crises comerciais, J.-B.

Say apropriou-se desta interessante descoberta, e, como é realmente impossível dizer com que nova ideia este ridículo *prince de la science** contribuiu para o enriquecimento da economia política – o seu mérito consistiu na imparcialidade com que deturpou os contemporâneos Malthus, Sismondi e Ricardo –, os seus admiradores no continente celebraram-no a som de trompa como o homem que desenterrou este famoso tesouro do equilíbrio metafísico das compras e vendas. * Em francês no texto. (N. do R. T.)

39. Os exemplos que se seguem permitirão ver a forma como os economistas apresentam as diferentes determinações formais da mercadoria.

"De posse do dinheiro, basta-nos fazer uma troca para adquirir o objeto dos nossos desejos, ao passo que com outros produtos excedentes é necessário fazermos duas, sendo a primeira (aquela em que se obtém o dinheiro) infinitamente mais difícil que a segunda" (G. OPDYKE, *A Treatise on Political Economy*, Nova York, 1851, pp. 287-8).

"Se o dinheiro pode vender-se mais facilmente, é precisamente como efeito ou consequência natural de as mercadorias serem mais dificilmente vendáveis" (CORBET, *An Inquiry into the Causes and Modes of the Wealth of Individuals*, etc., Londres, 1841, p. 117).

"O dinheiro tem a propriedade de ser sempre permutável contra aquilo que ele mede" (BOSANQUET, *Metallic, Paper and Credit Currency*, etc., Londres, 1842, p. 100).

"O dinheiro pode comprar sempre outras mercadorias, ao passo que as outras mercadorias nem sempre podem comprar dinheiro" (TOOKE, *An Inquiry into the Currency Principle*, 2ª ed., Londres, 1844, p. 10).

40. A mesma mercadoria pode ser comprada e revendida várias vezes. Neste caso, ela não circula como simples mercadoria; cumpre antes uma função que não existe do ponto de vista da circulação simples, da simples oposição da mercadoria e do dinheiro.

41. 1ª ed.: "do ouro". (N. do R. T.)

42. *Idem*. (N. do R. T.)

43. *Ibidem*. (N. do R. T.)

44. A massa da moeda é indiferente "desde que haja o suficiente para manter os preços contraídos pelos gêneros" (BOIS-

GUILLEBERT, *Le Détail de la France*, p. 209.) "Se a circulação de mercadorias de 400 milhões de libras esterlinas exige uma massa de ouro de 40 milhões, e se essa proporção de 1/10 for o nível adequado, se o valor das mercadorias em circulação, por causas naturais, subisse a 450 milhões, a massa de ouro deveria, para manter o nível, subir para 45 milhões" (BLAKE, *Observations of the Effects Produced by the Expenditure of Government*, etc., Londres, 1823, pp. 80, 81).

45. "É a velocidade de rotação do dinheiro, e não a quantidade de metal, que faz com que pareça haver muito ou pouco dinheiro" (GALIANI, *Della Moneta*, p. 99).

46. Em 1858, a Inglaterra deu um exemplo de quebra extraordinária da circulação metálica abaixo do seu nível médio, como se poderá ver pelo seguinte excerto do *London Economist*: "Em virtude da própria natureza do fenômeno (o caráter fragmentário da circulação simples), não podemos conseguir dados realmente precisos sobre a quantidade de numerário em flutuação no mercado e na posse de classes que não têm negócios com bancos. Mas talvez a atividade ou a inatividade das Casas da Moeda das grandes nações comerciais seja um dos índices mais seguros das variações desta quantidade de numerário. Fabrica-se muita moeda quando se utiliza muita, e pouca quando se utiliza pouca. Na Casa da Moeda da Inglaterra, a cunhagem, em 1855, foi de 9.245.000 libras esterlinas; em 1856, de 6.476.000 libras esterlinas; em 1857, de 5.293.858 libras esterlinas. Em 1858, a Casa da Moeda não fez praticamente nada" (*Economist*, 10 de julho de 1858 [pp. 754 s.]). No entanto, pela mesma altura, havia nas caves do banco cerca de 18 milhões de libras esterlinas de ouro.

47. 1ª ed.: "primeiro", corrigido no exemplar II, anotado à mão. (N. do R. T.)

48. Em francês no texto. *Sans phrase*: sem rodeios.

49. Sistema de pesos empregado para o ouro e a prata. *Troy ounce* = 31,103 gramas.

50. DODD, *Curiosities of Industry*, etc., Londres, 1854 [Gold: *in the mine, the mint and the workshop*, p. 16].

51. *The Currency Question Reviewed by a Banker*, etc., Edimburgo, 1845, p. 69, etc. "Se um soberano um pouco usado fosse considerado como valendo qualquer coisa menor que um sobe-

rano novo, a circulação seria continuamente interrompida, e nem um só pagamento deixaria de ser matéria de contestação" (GARNIER, *Histoire de la monnaie*, etc., vol. I, p. 24).

52. JACOB, *An Historical Inquiry into the Production and Consumption of the Precious Metals*, Londres, 1831, vol. II, cap. XXVI, [p. 322].

53. 1.ª ed.: "80". (N. do R. T.)

54. BUCHANAN, *Observations on the Subjects Treated of in Doctor Smith's Inquiry on the Wealth of Nations*, etc., Edimburgo, 1814, p. 3.

55. 1.ª ed.: "ouro". Corrigido nos exemplares I e II, anotado à mão. (N. do R. T.)

56. Na tradução francesa, *monnaie de crédit*. Veja nota 1.

57. STORCH, *Cours d'economie politique*, etc., com notas de J.-B. Say, Paris, 1823. vol. IV, p. 79. Storch publicou a sua obra em Petersburgo em língua francesa. J.-B. Say preparou logo uma reimpressão em Paris, completada com pretensas "notas", que nada mais são que lugares-comuns. Storch (Cf. *Considerations sur la nature du revenu national*, Paris, 1824) acolheu sem nenhuma gratidão esta anexação da sua obra feita pelo "príncipe da ciência".

58. PLATÃO, *República*, Livro II, "a moeda é um *símbolo de troca*" (*Opera omnia*, etc., Ed. G. Stallbumius, Londres, 1850, p. 304). Platão apenas estuda a moeda nas suas duas determinações como medida de valor e signo de valor, mas, para além do signo de valor servindo na circulação interna, propõe outro para o comércio com o estrangeiro. (Cf. também o Livro V das *Leis*.)

59. ARISTÓTELES, *Ética Nicomaqueia*, Livro V, cap. XVIII, *ibid.* [p. 98]. "O dinheiro tornou-se, por convenção, o único meio de troca capaz de satisfazer as necessidades recíprocas. Assim, tem o nome *nómisma* porque não tem origem na natureza mas na lei [*nómos*] e depende de nós alterá-lo e privá-lo de qualquer valor útil." Aristóteles tinha um conceito de moeda incomparavelmente mais amplo e profundo que Platão. No seguinte passo dá-nos uma ótima exposição de como, da troca entre diferentes comunidades, surge a necessidade de dar o caráter de moeda a uma mercadoria específica, a uma substância que possui um valor intrínseco. "Pois, quando os serviços recíprocos prestados ao importar o que faltava, e ao exportar o excedente, se estenderam a

maiores distâncias, a *necessidade* deu origem ao uso da moeda (...). Convencionou-se dar e receber, nas trocas recíprocas, uma coisa que, *tendo um valor intrínseco*, teria a vantagem de ser manejável (...) como o ferro e a prata ou outra substância análoga" (ARISTÓTELES, *República*, Livro I, cap. IX, *ibid.* [p. 14.]). Michel Chevalier, que não leu Aristóteles ou não o compreendeu, cita este passo para provar que, segundo Aristóteles, o meio de circulação é necessariamente constituído por uma substância que possui um valor intrínseco. Pelo contrário, Aristóteles diz expressamente que a moeda, como simples meio de circulação, parece ter uma existência puramente convencional ou legal, como o seu nome indica (*nómisma*), e ainda que deve efetivamente o seu valor de uso como moeda apenas à sua própria função e não a um valor de uso intrínseco. "A moeda parece ser uma *coisa inútil*, cujo valor é determinado pela lei, e parece não ser *nada pela natureza*, pois que *fora do seu curso* é desprovida de qualquer espécie de valor e incapaz de responder a qualquer necessidade" (*ibid.* [p. 15]).

60. MANDEVILLE, *Voyages and Travels*, Londres, ed. 1705, p. 105: "Este imperador (de Cantão ou da China) pode despender o que quiser sem preocupação, porque é independente e só faz moeda com cabedal ou papel impresso. E, quando esta moeda circulou o bastante para começar a decompor-se, levam-na ao Tesouro Imperial, onde a moeda velha é substituída por nova moeda. E esta moeda circula em todo o país e em todas as províncias (...) não se fabrica nem moeda de ouro nem de prata" e, pensa Mandeville, "é por esta razão que ele pode sempre fazer novas despesas, mesmo as mais exageradas".

61. FRANKLIN, *Remarks and Facts relative to the American Paper Money*, 1764, *op. cit.*, p. 348: "Neste momento, na Inglaterra, a própria moeda de prata deve ao curso forçado uma parte do seu valor como meio de pagamento legal; e a parte que representa a diferença entre o seu peso real e o seu valor nominal. Uma grande quantidade das peças de um shilling e de 6 pence atualmente em circulação perderam, com o uso, 5, 10, 20 e, no caso de algumas peças de 6 pence, até 50 por cento do seu peso. Não há nada que compense esta diferença entre o *valor real* e o *valor nominal*: não se pode recorrer nem ao valor intrínseco nem ao

papel. É o curso forçado, justamente com a certeza de as poder facilmente pôr de novo em circulação pelo mesmo valor, que faz que uma peça de prata no valor de 3 pence passe por uma peça de 6 pence."

62. BERKELEY, *The Querist* [Londres, 1750, p. 3]. "Se conservássemos a denominação da moeda mesmo depois de a sua substância metálica ter deixado de existir, não substituiria da mesma maneira a circulação do comércio?"

63. "Na função": introduzido no exemplar I, anotado à mão. (N. do R. T.)

64. "Não só os metais preciosos são signos das coisas (...) mas as coisas são, inversamente (...) signos do ouro e da prata." (GENOVESI, *Lezioni di Economia Civile*, 1765, p. 281, em CUSTODI, *Parte moderna*, vol. VIII.)

65. Em francês no texto: "précis de toutes les choses". (N. do R. T.)

66. PETTY, O ouro e a prata são "universal wealth" [riqueza universal]. *Political Arithmetic, ibid.*, p. 242.

67. MISSELDEN, *Free Trade or the Means to Make Trade Florish*, etc., Londres, 1622. "A matéria natural do comércio é a *merchandize* [gêneros comerciais] que os comerciantes, por motivos de ordem comercial, chamaram *commodities* [mercadorias de utilidade]. A matéria artificial do comércio é o dinheiro, que foi qualificado como *sinewes of warre and of state* [força da guerra e do Estado]. Ainda que, por ordem natural e cronológica, o dinheiro venha depois de *merchandize*, tornou-se entretanto, tal como está atualmente em uso, o essencial" (p. 7). Compara a mercadoria e o dinheiro com "os dois filhos do velho Jacob, que colocava a mão direita sobre o mais jovem e a esquerda sobre o mais velho" (*ibid.*). BOISGUILLEBERT, *Dissertation sur la nature des richesses*, etc., *ibid.*: "Eis o escravo do comércio transformado no seu tirano... A miséria dos povos é o resultado de terem feito um senhor, ou melhor, um tirano, daquele que era um escravo" (pp. 399, 395).

68. BOISGUILLEBERT, *Dissertation sur la nature des richesses*, etc. "Fizeram-se ídolos destes metais (o ouro e a prata) e, esquecendo o objetivo e a intenção com que tinham sido convocados para o comércio – para servir como garantia na troca e para a transmissão recíproca dos gêneros (...) –, foram praticamente

dispensados desse serviço e transformados em *divindades* a que se sacrificou e sacrifica todos os dias mais bens e necessidades essenciais e até homens do que toda a cega antiguidade imolou às suas falsas divindades, etc." (*ibid.*, p. 395).

69. 1ª ed.: "compra em venda", corrigido nos exemplares I e II, anotados à mão. (N. do R. T.)

70. Boisguillebert, quando da primeira imobilização do *Perpetuum mobile*, isto é, quando da negação da sua existência funcional como meio de circulação, tem logo uma suspeita do seu acesso à autonomia ao lado das mercadorias. O dinheiro, diz ele, deve existir "em movimento contínuo, o que só pode acontecer enquanto móvel; tudo se perde quando se imobiliza" (*Le Détail de la France*, p. 213). O que ele não compreende é que a mobilização é a condição do seu movimento. Na verdade, o que ele quer dizer é que o valor de troca* das mercadorias aparece como uma forma puramente fugitiva da sua troca de substância, sem que nunca se fixe como fim em si. * O que quer dizer: a forma de valor das mercadorias. [Nota do exemplar I, anotado à mão. (N. do R. T.)]

71. Sublinhado por Marx no exemplar I, anotado à mão. (N. do R. T.)

72. "Quanto mais aumentam as reservas de mercadorias, mais diminuem as que existem sob a forma de tesouro (*in treasure*). MISSELDEN, *Free Trade or the Means to Make Trade Florish*, etc., p. 23.

73. *Ibid.*, pp. 11-3, *passim*.

74. PETTY, *Political Arithmetic, ibid.*, p. 196.

75. BERNIER, *Voyages contenant la description des États du Grand Mogol*, Paris, 1830, vol. I, Cf. pp. 312-4.

76. LUTERO, *Bücher von Kaufhandel und Wucher*, 1524. Lutero diz na mesma passagem: "Deus fez assim, a nós alemães, que atiramos o nosso ouro aos países estrangeiros, enriquecendo deste modo o mundo inteiro e continuando como mendigos. Certamente a Inglaterra teria menos ouro se a Alemanha prescindisse dos seus lençóis, e o rei de Portugal também teria menos se lhe deixássemos as suas especiarias. Calculai quanto ouro uma feira de Frankfurt faz sair dos países alemães sem necessidade nem razão, e ficareis admirado por ainda existir um real em terra alemã.

Frankfurt é a brecha de prata e ouro por onde se escoa para fora da Alemanha tudo o que brota e cresce, tudo o que é cunhado entre nós; se a brecha fosse vedada não se ouviriam mais queixas de que por todo lado só há dívidas e nenhum dinheiro, que os campos e as cidades estão arruinados pela usura. Mas deixem estar, mesmo assim isto vai andando: nós, alemães, devemos continuar a ser alemães; o que é preciso é não desistir."

Misselden, na obra citada, quer reter o ouro e a prata, pelo menos no círculo da Cristandade: "O dinheiro é reduzido pelo comércio fora da Cristandade, com a Turquia, a Pérsia e as Índias Orientais. Na maior parte destes casos o comércio é feito com dinheiro sonante, mas no interior da Cristandade o comércio é completamente diferente. Porque, ainda que no interior da Cristandade o comércio se faça com dinheiro sonante, nem por isso o dinheiro deixa de se conservar dentro das suas fronteiras. Com efeito, há uma corrente e uma contracorrente, um afluxo e refluxo de dinheiro no comércio feito no interior da Cristandade porque às vezes ele é mais abundante em um sítio e falta em outro, consoante há escassez num país e superabundância noutro: vai, vem, rodopia no círculo da Cristandade, mas fica sempre fechado nos limites da sua esfera. O dinheiro, com o qual se faz comércio no exterior da Cristandade, nos países acima referidos, esse parte e nunca mais regressa" [pp. 19, 20].

77. 1.ª ed.: *Glied* (termo). Corrigido: *Seite* (membro) no exemplar II, anotado à mão. (N. do R. T.)

78. "É no dinheiro que tem origem a avareza (...) pouco a pouco desencadeia-se uma espécie de raiva que já não é avareza, mas a sede do ouro" (PLÍNIO, *Historia naturalis*, Livro XXXIII, cap. III, § 14).

79. Portanto, Horácio não compreende nada da filosofia do entesouramento quando escreve (*Sátiras*, Livro II, sátira III [versos 104-110]):

"Se alguém comprasse cítaras para as armazenar, não se dedicando nem à cítara nem a nenhuma das musas; se, não sendo sapateiro, comprasse sovelas e formas, e velas de navio, não tendo o gosto do comércio marítimo, em toda a parte se bradaria contra o louco e o insensato, e não seria sem razão. Em que difere deste aquele que enterra a prata e o ouro e, sem saber utilizar os tesouros que acumula, julga sacrílego tocar-lhes?"

O Sr. Senior compreende melhor o entesouramento: "O dinheiro parece ser a única coisa universalmente desejada, e é assim porque o dinheiro é uma *riqueza abstrata*, e porque os homens, ao possuí-la, podem satisfazer todos os seus desejos e necessidades, seja qual for a sua natureza" (*Principes fondamentaux de l'economie politique*, traduzido pelo conde Jean Arrivabène, Paris, 1836, p. 221). Ou até Storch: "Dado que o numerário representa todas as outras riquezas (...) basta-nos amealhar dinheiro para adquirir todas as diferentes espécies de riquezas que existem no *mundo*" (*Cours d'economie politique*, etc., *ibid.*, vol. II, p. 135).

80 e 81. Um exemplo mostra como o *inner man* [homem interior] persiste no proprietário de mercadorias, mesmo quando este é um indivíduo civilizado e capitalista; é o caso do representante londrino de um banco cosmopolita que achou como brasão adequado uma nota de 100 mil libras esterlinas, que emoldurou em vidro e pendurou na parede. O engraçado da história é o olhar condescendente e irônico que, do alto da sua distinção, a nota deixa cair sobre a circulação.

82. Cf. a passagem de Xenofonte, citada na nota 85.

83. JACOB, *An Historical Inquiry into the Production and Consumption of the Precious Metals*, vol. II, caps. XXV e XXVI.

84. "Nas épocas de grande agitação e insegurança, particularmente durante as revoltas internas e as invasões, os objetos de ouro e prata são rapidamente transformados em moeda; nos períodos de calma e bem-estar, pelo contrário, a moeda é transformada em baixelas e joia" (*ibid.*, vol. II, 357).

85. Na seguinte passagem, Xenofonte estuda o dinheiro nas suas formas específicas de moeda e de tesouro: "Nesta indústria, a única de todas as que conheço, nada desperta a inveja das outras pessoas que a ela se dedicam (...). Porque, quanto mais ricas parecem ser as minas de prata, mais prata se extrai, e mais pessoas atraem para o trabalho. Ao serem adquiridos os utensílios suficientes para o lar, poucos mais podem ser comprados; mas o dinheiro, ninguém o possui em quantidade bastante para que não deseje ter mais e, se alguém tem o suficiente, guarda o supérfluo e não encontra nisto menor prazer do que se o utilizasse. É principalmente quando as cidades são prósperas que as pessoas têm uma particular necessidade de dinheiro. Porque os homens que-

rem comprar não só belas armas, mas também bons cavalos, casas e mobílias magníficas; as mulheres desejam toda espécie de vestuários e adereços de ouro. Mas, quando as cidades sofrem privações como consequência das más colheitas ou da guerra, há necessidade de moeda para comprar mantimentos, em virtude da infertilidade do solo, ou para recrutar tropas auxiliares" (XENOFONTE, *De Vectigalibus*, cap. IV). Aristóteles, no capítulo IX, Livro I da *República*, enuncia os dois movimentos opostos da circulação M – D – M e D – M – D com os nomes de "Econômico" e "Crematístico". Os trágicos gregos, principalmente Eurípides, opõem estas duas formas da circulação com os nomes "diké" [a justiça] e "kérdos" [a ambição].

86. Capital é naturalmente antecipado também sob forma de dinheiro, e o dinheiro antecipado pode ser capital antecipado, mas este ponto de vista não entra no quadro da circulação simples.

87. Insisto nos termos do contrato! (Shylock, em *O mercador de Veneza*, de Shakespeare). (N. do R. T.)

88. 1ª ed.: "meios de compra e meios de pagamento". Corrigido no exemplar I, anotado à mão. (N. do R. T.)

89. Diferença entre meio de compra e meio de pagamento, sublinhada na obra de Lutero. [Nota do exemplar I, anotado à mão.]

90. Macleod, apesar de toda a habilidade doutrinária de que suas definições dão prova, compreende tão pouco as revelações econômicas mais elementares, que considera o dinheiro em geral como tendo origem na sua forma mais desenvolvida, a de meio de pagamento. Diz, entre outras coisas: como as pessoas não têm sempre, ao mesmo tempo, necessidade de uma reciprocidade de serviços nem de serviços de igual grandeza de valor, "existiria uma certa diferença ou uma certa quantidade de serviço pagável pelo primeiro ao segundo (...) a dívida". O beneficiário desta dívida tem necessidade dos serviços de um terceiro que, por seu lado, não tem imediatamente necessidade dos seus e "transfere para o terceiro a dívida que o primeiro tem para consigo. O reconhecimento da dívida passa, assim, de mão em mão (...) meio de circulação (...). Quando se recebe uma obrigação expressa em moeda metálica, dispõe-se não só dos serviços do primitivo devedor, mas dos de toda a comunidade trabalhadora" (MACLEOD: *Theory and Practice of Banking*, etc., Londres, 1855, vol. I [pp. 23 e s., 29]).

91. BAILEY, *Money and its Vicissitudes*, Londres, 1837, p. 3: "O dinheiro é a mercadoria geral dos contratos, aquela em que é concluída a maior parte dos contratos de propriedade que devem ser executados numa época posterior."

92. SENIOR (*Principes fondamentaux*, etc., p. 221) diz: "Como o valor de todas as coisas varia num dado período de tempo, convencionou-se que o pagamento seria feito por meio de algo cujo valor parece ser menos afetado por causas eventuais e parece conservar por mais tempo a mesma (...) faculdade média de comprar outros objetos. É assim que a moeda se torna a expressão ou [o] representante do valor." Passa-se exatamente o contrário: é pelo fato de o ouro, a prata, etc. se terem transformado em moeda, isto é, no modo de existência do valor de troca promovido à autonomia, que se tornam meios de pagamento universais. Quando entra em conta a duração da grandeza de valor da moeda mencionada pelo Sr. Senior, ou seja, nos períodos em que a moeda se impõe por força das circunstâncias como meio de pagamento geral, verifica-se precisamente também uma oscilação da grandeza de valor da moeda. Na Inglaterra, a época da rainha Elisabeth foi um desses períodos, e foi então que Lorde Burleigh e Sir Thomas Smith, considerando a depreciação dos metais preciosos, que se tornara sensível, fizeram lavrar um auto no Parlamento que obrigava as universidades de Oxford e Cambridge a reservar um terço de suas rendas imobiliárias em trigo e cevada.

93. Boisguillebert, que queria impedir as relações de produção burguesa de se voltarem contra os próprios burgueses, mostra, nas suas ideias, uma predileção pelas formas do dinheiro em que ele se revela idealmente ou de maneira fugitiva. Manifesta quando tratou o meio de circulação, tal predileção é igualmente evidente quando trata o meio de pagamento. Uma vez mais ignora, no entanto, a passagem imediata do dinheiro da sua forma ideal à sua realidade exterior, não vê que a medida de valores, apenas imaginada, encerra já o rude dinheiro em estado latente. O fato, diz ele, de o dinheiro ser uma simples forma das próprias mercadorias é evidente no comércio em grande escala, onde a troca se efetua sem a intervenção do dinheiro depois de "as mercadorias serem avaliadas" (*Le Détail de la France*, *ibid.*, p. 210).

94. LOCKE, *Some Considerations on the Lowering of Interest*, etc., *ibid.*, pp. 17, 18.

95. "O dinheiro acumulado vem juntar-se à soma que, para estar efetivamente em circulação e para satisfazer as eventualidades do comércio, se afasta e *abandona a esfera da própria circulação*" (CARLI, nota a VERRI, *Meditazioni sulla Economia Política*, p. 196, vol. XV, coleção Custodi, *ibid.*).

96. 1ª ed.: "Internacionais". Corrigido no exemplar I, anotado à mão. (N. do R. T.)

97. MONTANARI, *Della Moneta* (1683), *ibid.*, p. 40: "As relações entre todos os povos estão tão desenvolvidas em toda a extensão do globo terrestre que quase se pode dizer que o mundo inteiro tornou-se uma única cidade onde existe uma feira permanente de todas as mercadorias e onde cada qual, sem sair de sua casa, pode, por meio do dinheiro, abastecer-se e fruir tudo o que é produzido em qualquer lugar pela terra, os animais e o trabalho humano. Maravilhosa invenção."

98. "Os metais possuem a propriedade e a particularidade de neles todas as qualidades se resumirem a uma única, que é a quantidade: não receberam da natureza diversidade de qualidade, nem na sua estrutura interna, nem na forma e aparência exteriores" (GALIANI, *Della Moneta*, p. 130).

99. Em 760 uma multidão de pobres emigrou para lavrar as areias auríferas do sul de Praga, e três homens conseguiram extrair, num dia, 3 marcos de ouro. Foi tal a afluência aos *diggings* [jazidas auríferas] e a quantidade de braços roubados à agricultura, que no ano seguinte foi assolada pela fome (veja KOERNER, *Abhandlung von dem Altertum des böhmischen Bergwerks*, Schneeberg, 1758 [pp. 37 ss.]).

100. Até agora as descobertas da Austrália, etc. não afetaram ainda a relação entre o ouro e a prata. As afirmações em contrário de Michel Chevalier têm exatamente o mesmo valor que o socialismo deste ex-saint-simoniano, nem mais nem menos. É verdade que a cotação da prata no mercado de Londres prova que de 1850 a 1858 o preço-ouro médio da prata é pouco mais de 3% superior ao que era no período de 1830-1850. Mas esta subida explica-se simplesmente pela procura de prata na Ásia. De 1852 a 1858, o preço da prata nos vários anos e meses varia *unicamente* em função desta *procura*, e não em função da entrada de ouro proveniente das fontes de produção recém-descobertas. Eis um apanhado dos preços-ouro da prata no mercado de Londres:

Preço da prata por onça:

Ano	Março		Julho		Novembro	
1852......	61	1/8 pence	60 1/4	pence	61 7/8	pence
1853......	61	3/8 "	61 1/2	"	61 7/8	"
1854......	61	7/8 "	61 3/4	"	61 1/2	"
1855......	60	7/8 "	61 1/2	"	60 7/8	"
1856......	60	"	61 1/4	"	62 1/8	"
1857......	61	3/4 "	61 5/8	"	61 1/2	"
1858......	61	5/8 "				

101. "O ouro é uma coisa maravilhosa! Quem o possui é o senhor de tudo o que deseja. Com o ouro compra-se a entrada das almas no paraíso" (Cristóvão COLOMBO, em uma carta da Jamaica, 1503). [Nota do exemplar I, anotado à mão.]

102. Em francês no texto: ponto de honra. (N. do R. T.)

103. Aliás Hume admite esta progressividade, por muito pouco que corresponda ao seu princípio. Cf. HUME, *Essays and Treatise on Several Subjects*, Ed. Londres, 1777, vol. I, p. 300.

104. Veja STEUART, *An Inquiry into the Principles of Political Economy*, etc., vol. I, pp. 394-400.

105. HUME, *Essays*, etc., p. 300.

106. HUME, *ibid.*, p. 303.

107. HUME, *ibid.*, etc., p. 303.

108. "É evidente que os preços não dependem tanto da quantidade absoluta das mercadorias e do dinheiro que se encontram num país, como da quantidade que entra ou pode entrar no mercado, e do dinheiro em circulação. Encerrar as espécies nos cofres tem sobre os preços o mesmo efeito que destruí-las; se as mercadorias forem acumuladas em armazéns ou celeiros, o efeito é igual. Como nestas circunstâncias as mercadorias e o dinheiro nunca se encontram, não podem exercer uma ação recíproca. A totalidade (dos preços) acaba por atingir *uma justa proporção com a nova quantidade de numerário que se encontra no país*" (*Essays and Treatise on Several Subjects*, pp. 303, 307, 308).

109. "O seu", introduzido no exemplar II, anotado à mão. (N. do R. T.)

110. Cf. LAW e FRANKLIN, sobre o excedente de valor que daria ao ouro e à prata a sua função de moeda. Igualmente: FORBONNAIS. [Nota do exemplar I, anotado à mão.]

111. Esta ficção encontra-se textualmente em MONTESQUIEU. [Nota do exemplar II, anotado à mão.]

112. STEUART, *An Inquiry into the Principles of Political Economy*, etc., vol. I, pp. 394 ss.

113. STEUART, *ibid.*, vol. II, pp. 377-9, *passim*.

114. *Ibid.*, pp. 379-80, *passim*.

115. "O numerário adicional será guardado no cofre ou transformado em baixela (...). Quanto ao papel-moeda, quando tiver realizado a sua primeira finalidade, que é satisfazer as necessidades daquele que o pediu emprestado, regressará ao devedor e será realizado (...). Do mesmo modo, quer se aumentem, quer diminuam as espécies de um país na proporção que se quiser, as mercadorias não subirão nem baixarão menos, segundo os princípios da procura e da concorrência, e estas dependerão sempre das disposições dos que têm qualquer bem ou qualquer espécie de equivalente a ceder, e nunca da quantidade de numerário que possuam (...). Que se torne (a quantidade das espécies num país) tão pequena quanto se queira, enquanto houver no país propriedade real de qualquer natureza, e concorrência no consumo entre os que possuem, os preços serão elevados graças à troca, ao uso da moeda simbólica, às determinações recíprocas e *mil* outras invenções (...). Se este país tem negócios com outras nações, é necessário que exista uma relação entre os preços de muitas mercadorias, no país e no estrangeiro, e uma brusca subida ou uma brusca diminuição das espécies, admitindo que pudesse *por si* provocar a alta ou a baixa dos preços, seria *limitada* nos seus efeitos pela concorrência estrangeira" (STEUART, *An Inquiry into the Principles of Political Economy*, etc., vol. I, pp. 400-2). "A circulação de cada país deve ser adaptada à atividade industrial dos habitantes que produzem as mercadorias que vêm para o mercado (...). É por isto que, se o numerário de um país cai abaixo da proporção correspondente ao preço do trabalho à venda, recorre-se a invenções como a moeda simbólica para estabelecer um equivalente. Mas, se acontece de o numerário ultrapassar a proporção correspondente à atividade industrial, nem por isso provocará a subida dos

preços ou entrará na circulação: *será guardado sob a forma de tesouros* (...). Qualquer que possa ser a massa de dinheiro num país em relação ao resto do mundo, nunca pode estar *em circulação* mais que uma quantidade sensivelmente proporcional ao consumo dos habitantes ricos e ao trabalho ou à atividade industrial dos pobres", e a proporção não é determinada "pela quantidade de dinheiro que se encontra efetivamente no país" (*Ibid.*, pp. 403-8, *passim*). "Todos os países se esforçarão por lançar as espécies que não são necessárias à sua própria circulação, no país em que o juro do dinheiro seja elevado em relação ao juro local". (*Ibid.*, vol. II, p. 5). "O país mais rico da Europa pode ser o mais pobre em espécies em circulação" (*An Inquiry into the Principles of Political Economy*, etc., vol. II, p. 6). Cf. polêmica contra Steuart em Arthur Young [aditado ao exemplar I, anotado à mão].

116. STEUART, *ibid.*, vol. II, p. 370. Louis Blanc transforma a *money of society*, que significa moeda interna, nacional, em moeda socialista, o que não significa absolutamente nada, e faz consequentemente de John Law um socialista. (Veja o seu primeiro volume de *Histoire de la Révolution française.*)

117. MACLAREN, *History of the Currency*, Londres, 1858, p. 43. O patriotismo levou um escritor alemão morto prematuramente (Gustav Julius) a transformar o velho Büsch numa autoridade que se opõe à escola ricardina. O respeitável Büsch traduziu no dialeto hamburguês o inglês genial de Steuart, estropiando o original sempre que possível.

118. Isto não é exato. Pelo contrário, formula corretamente a lei em várias passagens. [Nota do exemplar I, anotado à mão.]

119. Em francês no texto: *Prince de la science.* (N. do R. T.)

120. É por isso que a distinção entre *currency* e *money*, isto é, entre meio de circulação e moeda não se encontra na obra *The Wealth of Nations* (Trad. bras., São Paulo, Martins Fontes, 1ª ed., 2003.). Enganado pela aparente inocência de Adam Smith, que conhecia muito bem o Sr. Hume e o Sr. Steuart, o honesto Maclaren faz esta observação: "A teoria da dependência dos preços em função da quantidade dos meios de circulação não foi levada ainda em devida conta tanto pelo Sr. Smith como pelo Sr. Locke" (Locke diverge na sua maneira de ver) "a moeda metálica não é mais do que uma mercadoria" (MACLAREN, *History of the Currency*, p. 44).

121. Comissão do dinheiro metálico. (N. do R. T.)

122. RICARDO, *The High Price of Bullion, a Proof of the Depreciation of Banknotes*, 4ª ed., Londres, 1811 (a primeira edição apareceu em 1809). E ainda *Reply to Mr. Bosanquet's Pratical Observations on the Report of the Bullion Committee*, Londres, 1811.

123. RICARDO, *On the Principles of Political Economy*, etc., p. 77. "O valor dos metais preciosos, como o de todas as outras mercadorias, depende, no fim de contas, da quantidade total de trabalho necessário para sua obtenção e lançamento no mercado."

124. *Ibid.*, pp. 77, 180, 181.

125. RICARDO, *ibid.*, p. 421: "A quantidade de moeda que pode ser empregada num país depende do seu valor. Sendo o ouro o único metal em circulação, seria necessária uma quantidade quinze vezes inferior do que se fosse a prata o único metal utilizado." Cf. também RICARDO, *Proposals for a Economical and Secure Currency*, Londres, 1816, pp. 17, 18, onde diz: "A quantidade de notas em circulação depende do montante necessário para a circulação do país, e este é regulado pelo valor da unidade de medida da moeda, pelo montante dos pagamentos e pela economia da sua realização."

126. RICARDO, *Principles of Political Economy*, pp. 432, 433.

127. Esta palavra (*relativas*) não aparece na primeira edição. Corrigido no exemplar I, anotado à mão. (N. do R. T.)

128. 1ª ed.: "de todas as formas determinadas que a moeda possui marginalmente à sua forma de meio de circulação". Corrigido no exemplar I, anotado à mão. (N. do R. T.)

129. RICARDO, *Reply to Mr. Bosanquet's Practical Observations*, etc., p. 49. "Que o preço das mercadorias subiria ou baixaria proporcionalmente ao crescimento ou à redução da moeda, *admito a coisa como um fato indiscutível.*"

130. RICARDO, *The High Price of Bullion*, etc. "A moeda teria em todos os países o *mesmo valor*" (p. 4). Na sua *Economia política*, Ricardo modificou esta afirmação, o que não é importante neste caso.

131. *Ibid.*, pp. 3-4.

132. "Justo", introduzido no exemplar I, anotado à mão. (N. do R. T.)

133. *Ibid.*, p. 4.

134. "Uma balança desfavorável apenas resulta de uma superabundância dos meios de circulação" (RICARDO, *The High Price of Bullion*, etc., pp. 11, 12).

135. "A exportação das espécies é provocada pelo seu baixo preço e não é o efeito, mas a causa de uma balança desfavorável" (*ibid.*, p. 14).

136. *Ibid.*, p. 17.

137. 1ª ed.: "para que suas afirmações se orientem". (N. do R. T.)

138. 1ª ed.: "agindo". Corrigido no exemplar II, anotado à mão. (N. do R. T.)

139. RICARDO, *The High Price of Bullion*, etc., pp. 74, 75. "A Inglaterra, em consequência de uma má colheita, encontrava-se na situação de um país que tinha sido privado de uma parte de suas mercadorias e que, portanto, necessitava de uma menor quantidade de meios de circulação. As espécies, que anteriormente igualavam os pagamentos, tornavam-se agora demasiadas e relativamente baratas em relação à diminuição da produção. A exportação desta soma excedente restabelecia, pois, o valor do meio de circulação em relação ao dos outros países." A confusão que faz entre dinheiro e mercadoria, e entre dinheiro e numerário, dá vontade de rir quando se lê a frase seguinte: "Se é possível supor que após uma colheita desfavorável, vendo-se a Inglaterra obrigada a fazer uma importação extraordinária de trigo, e um outro país possuindo este cereal em grande abundância mas não tendo necessidade de nenhuma espécie de mercadorias, seguir-se-ia que esse país não exportaria o seu trigo em troca de mercadorias: *mas também não o exportaria em troca de dinheiro*, visto que este é uma mercadoria cuja necessidade, num país, nunca é absoluta, mas relativa" (*ibid.*, p. 75). No poema heroico de Puchkin, o pai do herói nunca consegue compreender que a mercadoria é dinheiro. Mas que o dinheiro é uma mercadoria sempre o compreenderam os russos, como o prova não só a importação de trigo, pela Inglaterra, de 1838 a 1842, mas ainda toda a sua história comercial.

140. Veja TOOKE, *History of Prices*, e WILSON, *Capital, Currency and Banking*. (Este último livro reúne uma série de artigos que apareceram em 1844, 1845 e 1847 no *London Economist*.)

141. HUME, *Letters on the Cornlaws*, Londres, 1834, pp. 29-31.

142. 1ª ed., "moeda". Corrigido no exemplar I, anotado à mão. (N. do R. T.)

143. TOOKE, *History of Prices*, etc., Londres, 1848, p. 110.

144. 1ª ed., "ela". (N. do R. T.)

145. Veja BLAKE, *Observations*, etc., anteriormente citado.

146. MILL, *Elements of Political Economy*. Texto da tradução francesa de J. T. PARISSOT, Paris, 1823.

147. 1ª ed., "moeda". Corrigido no exemplar II, anotado à mão. (N. do R. T.)

148. 1ª ed., "moeda". Corrigido no exemplar II, anotado à mão. (N. do R. T.)

149. Alguns meses antes de rebentar a crise comercial geral de 1857, reunia-se uma comissão da Câmara dos Comuns para abrir um inquérito sobre os efeitos das leis bancárias de 1844 a 1845. Lorde Overstone, o teórico responsável por estas leis, permitiu-se as seguintes fanfarronadas perante a comissão: "Graças à observância estrita e pronta dos princípios do ato de 1844, tudo se passou com regularidade e facilidade, o sistema monetário está firme e não foi abalado, a prosperidade do país é incontestável, a confiança do público no ato de 1844 aumenta dia a dia. Se a comissão deseja outras provas práticas de que os princípios em que repousa este ato são íntegros, se exige a demonstração dos felizes resultados que ele assegurou, bastar-nos-á responder-lhes com toda a franqueza: olhai à vossa volta, senhores; considerai o estado atual dos negócios do nosso país; observai as classes da sociedade; depois de o ter feito, a comissão estará apta a decidir se deve opor-se à manutenção de um ato graças ao qual se obtiveram tais sucessos" [*Report from the Select Committee on Bank Acts*, etc., 1857. Declaração nº 4189.] A 14 de julho de 1857, Overstone anunciava aos quatro ventos o seu próprio triunfo e, a 12 de novembro do mesmo ano, o ministro, assumindo toda a responsabilidade, iria suspender a miraculosa lei de 1844.

150. Tooke desconhecia totalmente a obra de Steuart, como se depreende da sua *History of Prices from 1839 till 1847*, Londres, 1848, onde resume a história das teorias da moeda.

151. A obra importante de TOOKE, além da *History of Prices*, que seu colaborador Newmarch editou em seis volumes é *An Inquiry into the Currency Principle, the Connection of Currency with*

Prices, etc., 2ª ed., Londres, 1844. Já citamos a obra de WILSON. Resta finalmente assinalar FULLARTON, *On the Regulation of Currencies*, 2ª ed., Londres, 1845.

152. "Convém distinguir o dinheiro como mercadoria, *isto é*, como capital, e o dinheiro como meio de circulação" (TOOKE, *An Inquiry into the Currency Principle*, etc., p. 10.) "Podemos contar com o ouro e a prata para realizar com a sua contribuição quase que exatamente a soma de que necessitamos (...). O ouro e a prata têm nesta ocasião uma imensa vantagem sobre todas as outras espécies de mercadorias (...) pelo fato de terem um uso universal como moeda (...). Não é em chá, café, açúcar ou índigo que as pessoas geralmente se comprometem a pagar as dívidas contraídas no estrangeiro ou no país, mas em espécies; e por conseguinte um pagamento, quer seja feito na moeda indicada, quer em lingotes – que podem ser imediatamente convertidos nessa moeda pela Casa da Moeda ou pelo mercado do país para onde são expedidos –, deve garantir sempre ao remetente o meio mais seguro, mais direto e mais apropriado de atingir o fim em vista sem risco de contratempos devidos à ausência de procura ou à flutuação do preço" (FULLARTON, *ibid.*, pp. 132, 133). "Qualquer outro artigo" (exceto o ouro e a prata) "pode, dada a quantidade ou em virtude da sua natureza, exceder a procura habitual do país para onde é enviado" (TOOKE, *An Inquiry*, etc.).

153. Estudaremos a transformação do dinheiro em capital no terceiro capítulo, que trata do capital e encerra esta primeira seção.

INTRODUÇÃO À CRÍTICA DA ECONOMIA POLÍTICA[1]

INTRODUÇÃO

I. Produção, consumo, distribuição, troca (circulação)

1. PRODUÇÃO

a) O objeto deste estudo é, em princípio, a *produção material*.

Indivíduos produzindo em sociedade, portanto uma produção de indivíduos socialmente determinada – este é, naturalmente, o ponto de partida. O caçador e pescador individuais e isolados, de que partem Smith e Ricardo, pertencem às inocentes ficções do século XVIII. São "robinsonadas" que não exprimem de forma alguma, como parecem crer alguns historiadores da civilização, uma simples reação contra os excessos de requinte e um regresso a um estado de natureza malcompreendido. Do mesmo modo o contrato social de Rousseau, que estabelece, entre indivíduos independentes por natureza, relações e laços por meio de um pacto, nem por isso se acha mais assentado em um tal naturalismo. Não passa de aparência, aparência de ordem puramente estética nas pequenas e grandes "robinsonadas". Na realidade, trata-se de uma antecipação da "sociedade burguesa" que vem se preparando desde o século XVI e que, no século XVIII, caminhava a passos de gigante para sua maturidade. Nesta sociedade onde reina a livre concorrência, o indivíduo aparece isolado dos laços naturais que fazem dele, em épocas históricas anteriores, um elemento de um conglomerado humano determinado e delimitado. Para os profetas do século XVIII – Smith e Ricardo fundamentam-se ainda completamente nas suas teses –, este indivíduo do século XVIII – produto, por um lado, da decomposição das formas feudais de sociedade e, por outro, das novas forças de produção que se desenvolvem a partir do século XVI – surge como um ideal que teria *existido no passado*. Veem nele não um resultado histórico, mas o ponto de partida da história, porque consideram este indivíduo como algo natural, conforme com a sua concepção de natureza humana, não como um produto da história, mas como um dado da natureza. Esta ilusão tem sido partilhada, até o presente, por todas as novas épocas. Steuart, que em mais de um aspecto se opõe ao século XVIII e que, em sua condição de aristocrata, se situa mais sobre o terreno histórico, conseguiu fugir a esta ilusão ingênua.

Quanto mais se recua na história, mais o indivíduo – e, por conseguinte, também o indivíduo produtor – se apresenta num estado de dependência, membro de um conjunto mais vasto; este estado começa por se manifestar de forma totalmente natural na família, e na família ampliada até as dimensões da tribo; depois, nas diferentes formas de comunidades provenientes da oposição e da fusão das tribos. Só no século XVIII, na "sociedade burguesa", as diferentes formas do conjunto social passaram a apresentar-se ao indivíduo como um simples meio de realizar seus objetivos particulares, como uma necessidade exterior. Mas a época que dá origem a este ponto de vista, o do indivíduo isolado, é precisamente aquela em que as relações sociais (revestindo deste ponto de vista um caráter geral) atingiram o seu máximo desenvolvimento. O homem é, no sentido mais literal, um *dzôon politikhón*[2], não só um animal sociável, mas um animal que só em sociedade pode isolar-se. A produção realizada à margem da sociedade pelo indivíduo isolado – fato excepcional que pode muito bem acontecer a um homem civilizado transportado por acaso para um lugar deserto, mas já levando consigo em potência as forças próprias da sociedade – é uma coisa tão absurda como o seria o desenvolvimento da linguagem sem a presença de indivíduos vivendo e falando *em conjunto*. É inútil insistirmos nisto. Nem mesmo haveria razão para abordarmos este assunto se tal banalidade, que tinha um sentido e uma razão de ser para as pessoas do século XVIII, não tivesse sido reintroduzida muito a sério por Bastiat, Carey, Proudhon e outros em plena economia política moderna. Para Proudhon torna-se por certo muito cômodo fazer mitologia para dar uma explicação histórico-filosófica de uma relação econômica de que ele ignora a origem histórica: a ideia desta relação teria surgido já acabada, um belo dia, na cabeça de Adão ou Prometeu, que depois a deixaram ao mundo como herança (...). Nada é mais fastidioso e árido do que o *locus communis* [lugar-comum] possesso de delírio.

Eternização das relações históricas de produção
Produção e distribuição em geral. Propriedade

Assim, sempre que falamos de produção, é à produção num estágio determinado do desenvolvimento social que nos referimos – à produção de indivíduos vivendo em sociedade. Pode parecer que, para falar da produção em geral, será conveniente ou seguir o processo histórico do seu desenvolvimento nas suas diversas fases, ou declarar antes de mais nada que iremos ocupar-nos de *uma* época histórica determinada, por exemplo, da produção burguesa moderna que é, de fato, o nosso verdadeiro tema. Mas todas as épocas da produção têm certas características comuns, certas determinações comuns. A *produção em geral* é uma abstração, mas uma abstração racional, na medida em que, sublinhando e precisando os traços comuns, nos evita a repetição. No entanto, este caráter *geral* ou estes traços comuns, que a comparação permite estabelecer, formam por seu lado um conjunto muito complexo cujos elementos divergem para revestir diferentes determinações. Algumas destas características pertencem a todas as épocas, outras são comuns apenas a umas poucas. [Algumas] destas determinações revelar-se-ão comuns tanto à época mais recente como à mais antiga. Sem elas, não é possível conceber nenhuma espécie de produção. Mas, se é verdade que as línguas mais evoluídas têm de comum com as menos evoluídas certas leis e determinações, é precisamente aquilo que as diferencia desses traços gerais e comuns que constitui a sua evolução; do mesmo modo é importante distinguir as determinações que valem para a produção em geral, a fim de que a unidade – que se infere já do fato de o sujeito, a humanidade, e o objeto, a natureza, serem idênticos – não nos faça esquecer a diferença essencial. Este esquecimento é o responsável por toda a sapiência dos economistas modernos que pretendem provar a eternidade e a harmonia das relações sociais atualmente existentes. Por exemplo, não há produção possível sem um instrumento de produção; esse instrumento será a mão. Não há produção possível sem trabalho passado acumulado; esse trabalho será a habilidade que o exercício repetido desenvolveu e fixou na mão do selvagem. Entre outras coisas, o capital é, também, um instrumento de produção, é também trabalho passado, objetivado. Logo, o capital é uma relação natural universal e eterna; sim, mas com a condição de negligenciar precisamente o elemento específico, o único que transforma em capital o "instrumento de produção", o "trabalho acumulado". A história das relações de produção apresenta-se assim, e a obra de Carey é um exemplo disso, como uma falsificação provocada pela malevolência dos governos. Se não há produção em geral, não há também produção geral. A produção é sempre um ramo particular da produção – por exemplo, a agricultura, a criação de gado, a manufatura, etc. – ou constitui um todo. Mas economia política não é tecnologia. Em outro lugar (mais tarde) será necessário explicar a relação entre as determinações gerais da produção num dado estágio social e as formas particulares da produção. Finalmente a produção também não é apenas uma produção particular, surge sempre sob a forma de um determinado corpo social de um indivíduo social, que exerce sua atividade num conjunto mais ou menos vasto e rico de ramificações da produção. Não é ainda oportuno estudar a relação entre a exposição científica e o movimento real. A produção em geral. Os ramos particulares da produção. A produção considerada na sua totalidade.

Está na moda em economia política fazer preceder qualquer estudo de uma parte geral – aquela que figura precisamente com o título de *Produção* (Cf., por exemplo, J. St. Mill) – em que se trata das *condições gerais* de qualquer produção. Esta parte geral compreende ou supõe-se que compreende:

1º O estudo das condições sem as quais a produção não é possível, e que de fato se limita à menção dos fatores essenciais comuns a qualquer produção. Na realidade, costuma reduzir-se a algumas determinações muito simples repisadas em insípidas tautologias, como se verá.

2º O estudo das condições que favorecem mais ou menos o desenvolvimento da produção, como, por exemplo, o estado social progressivo ou estagnado de Adam Smith. Para dar um caráter científico àquilo que, na sua obra, vale como rascunho, seria necessário estudar os períodos dos diversos *graus de produtividade* no decurso do desenvolvimento dos diferentes povos – estudo que ultrapassa os limites propriamente ditos do nosso assunto, mas que, na medida em que nele se enquadra, será exposto na parte referente à concorrência, à acumulação, etc. Na sua forma geral, a conclusão leva à seguinte generalidade: um povo industrial encontra-se no apogeu da sua produção no próprio momento em que, de certo modo, atinge o seu apogeu histórico. E, de fato, um povo está no seu apogeu industrial quando não é ainda o lucro, mas a procura do ganho, que é tida como essencial. Superioridade, neste caso, dos *yankees* sobre os ingleses. Ou conclui-se também o seguinte: certas raças, certas inclinações, certos climas, certas condições naturais, como a situação geográfica à beira-mar, a fertilidade do solo, etc., são mais favoráveis que outras à produção. O que nos leva de novo a esta tautologia: a riqueza cria-se tanto mais facilmente quanto os seus elementos subjetivos e objetivos existem em um grau mais elevado.

Mas nesta parte geral não são estes, de modo algum, os problemas que na realidade são postos aos economistas. Trata-se de preferência, como o prova o exemplo de Mill, de apresentar a produção, em oposição à distribuição, etc., como que fechada em leis naturais, eternas, independentes da história, aproveitando a ocasião para insinuar sub-repticiamente que as relações *burguesas* são leis naturais imutáveis da sociedade concebida *in abstracto*. Tal é o fim para que, mais ou menos conscientemente, tende todo este processo. Na distribuição, pelo contrário, os homens permitir-se-iam agir com muita arbitrariedade. Abstraindo desta separação brutal da produção e da distribuição, e da ruptura da sua relação real, podemos ver claramente pelo menos que, por muito diversificada que possa ser a distribuição nos diferentes estágios da sociedade, deve ser possível, tal como no caso da produção, isolar as características comuns; possível ainda diluir ou suprimir todas as diferenças históricas para enunciar leis que se apliquem ao *homem em geral*. Por exemplo, o escravo, o servo, o trabalhador assalariado, todos eles recebem uma determinada quantidade de alimento que lhes permite subsistir na sua condição de escravo, servo, assalariado. Quer vivam do tributo, do imposto, da renda imobiliária, da esmola ou do dízimo, o conquistador, o funcionário, o proprietário de bens de raiz, o monge ou o sacerdote recebem todos eles uma quota da produção social, parte que lhes é fixada segundo outras leis que não as do escravo e seus semelhantes. Os dois pontos principais que todos os economistas colocam nesta rubrica são: 1º propriedade; 2º garantia desta por intermédio do direito, da polícia, etc. A isto podemos responder em muito breves palavras:

Sobre o primeiro ponto: Toda e qualquer produção é apropriação da natureza pelo indivíduo, no quadro e por intermédio de uma forma de sociedade determinada. Neste sentido, é uma tautologia dizer que a propriedade (apropriação) é uma condição da produção. Mas é ridículo partir daqui para, de um salto, passar a uma forma determinada da propriedade, à propriedade privada, por exemplo. (Que, além disso, supõe igualmente como condição uma forma oposta, a *não propriedade*.) A história nos apresenta na propriedade comum (por exemplo nos índios, nos eslavos, nos antigos celtas e outros) o exemplo da forma primitiva, forma que, sob o aspecto de propriedade comunal, desempenhará ainda durante muito tempo um papel importante. Quanto a saber se a riqueza se desenvolve melhor sob uma ou outra forma de propriedade, tal preocupação não está ainda em causa. Mas afirmar que não pode haver produção, nem por conseguinte sociedade onde não existe nenhuma das formas de propriedade, é pura tautologia. Uma apropriação que não se apropria de nada é uma *contradictio in subjecto* [contradição nos termos].

Sobre o segundo ponto: Garantir a segurança dos bens adquiridos, etc. Se reduzirmos estas banalidades ao seu conteúdo real, elas significam muito mais do que imaginam aqueles que as apregoam. A saber, que qualquer forma de produção engendra as suas próprias relações jurídicas, a sua própria forma de governo, etc. É falta de sutileza e de perspicácia estabelecer relações contingentes entre as coisas que formam um todo orgânico, estabelecer entre elas um simples laço de reflexão. Assim, os economistas burgueses têm o vago sentimento de que a produção é mais fácil com a moderna polícia do que, por exemplo, na época do "direito do mais forte". Simplesmente esquecem que o "direito do mais forte" é igualmente um direito, e que, sob outra forma, sobrevive no seu "Estado jurídico".

Quando as condições sociais correspondentes a um estágio determinado da produção estão ainda em via de formação ou quando, pelo contrário, estão já em via de desaparecer, produzem-se naturalmente perturbações na produção, ainda que de grau e de efeito variáveis.

Resumindo: todos os estágios da produção possuem determinações comuns, às quais o pensamento dá um caráter geral, mas as pretensas *condições gerais* de qualquer produção não são mais que esses fatores abstratos, sem nenhuma correspondência num estágio histórico real da produção.

2. RELAÇÃO GERAL ENTRE A PRODUÇÃO E A DISTRIBUIÇÃO, A TROCA, O CONSUMO

Antes de nos embrenharmos mais na análise da produção, é necessário examinar os diversos tópicos de que os economistas a acompanham.

Eis o problema, tal como ele se apresenta: na produção, os membros da sociedade adaptam (produzem, dão forma) os produtos da natureza em conformidade com as necessidades humanas; a distribuição determina a proporção em que o indivíduo participa na repartição desses produtos; a troca obtém-lhe os produtos particulares em que o indivíduo quer converter a quota-parte que lhe é reservada pela distribuição; no consumo, finalmente, os produtos tornam-se objetos de prazer, de apropriação individual. A produção cria os objetos que correspondem às necessidades; a distribuição reparte-os segundo leis sociais; a troca reparte de novo o que já tinha sido repartido, mas segundo as necessidades individuais; no consumo, enfim, o produto evade-se desse movimento social, torna-se diretamente objeto e servidor da necessidade individual, que satisfaz pela fruição. A produção surge assim como o ponto de partida, o consumo como o ponto de chegada, a distribuição e a troca como o meio-termo que, por seu lado, tem um duplo caráter, sendo a distribuição o momento que tem por origem a sociedade e a troca, o momento que tem por origem o indivíduo. Na produção o indivíduo objetiva-se, e no indivíduo[3] subjetiva-se o objeto; na distribuição é a sociedade, sob a forma de determinações gerais dominantes, que faz o papel de intermediária entre a produção e o consumo; na troca a passagem de uma a outra é assegurada pela determinação contingente do indivíduo.

A distribuição determina a proporção (a quantidade) de produtos que cabem ao indivíduo; a troca determina os produtos que cada indivíduo reclama como parte que lhe foi designada pela distribuição.

Produção, distribuição, troca, consumo formam assim [segundo a doutrina dos economistas][4] um silogismo-modelo; a produção constitui o geral, a distribuição e a troca, o particular, o consumo, o singular para o qual tende o conjunto. Trata-se, sem dúvida, de um encadeamento, mas muito superficial. A produção é determinada por leis naturais gerais; a distribuição pela contingência social, e esta pode, por consequência, exercer sobre a produção uma ação mais ou menos estimulante; a troca situa-se entre ambas como um movimento social de caráter formal, e o ato final do consumo, concebido não só como resultado, mas também como última finalidade, é, a bem dizer, exterior a toda a economia, salvo na medida em que reage por sua vez sobre o ponto de partida, abrindo de novo todo o processo.

Os adversários dos economistas – adversários da profissão ou amadores – que os censuram por dissociarem de forma bárbara coisas que formam um todo, colocam-se ao mesmo nível ou até abaixo deles. Não há nada mais banal que a acusação feita aos economistas de considerarem a produção exclusivamente como um fim em si, alegando que a distribuição tem igual importância. Esta censura baseia-se precisamente na concepção econômica segundo a qual a distribuição existe como esfera autônoma, independente, lado a lado com a produção. Censuram-nos ainda por não considerarem na sua unidade estas diferentes fases. Como se esta dissociação não tivesse passado da realidade para os livros, mas, pelo contrário, dos livros para a realidade, como se estivesse em causa um equilíbrio dialético de conceitos e não da concepção[5] das relações reais!

a[1]) *A produção é também imediatamente consumo*

Duplo caráter do consumo, subjetivo e objetivo: por um lado, o indivíduo que desenvolve suas faculdades ao produzir, igualmente as despende, as consome no ato da produção, tal como a procriação natural é um consumo de forças vitais. Em segundo lugar há o consumo dos meios de produção que empregamos, porque se desgastam e se dissolvem (como na combustão, por exemplo) nos elementos do universo. O mesmo acontece com a matéria-prima, que não conserva sua forma e sua constituição naturais, mas que se vê desgastada. Portanto, o ato de produção é, em todos os seus momentos e ao mesmo tempo, um ato de consumo. Aliás, os economistas admitem-no. Designam mesmo por *consumo produtivo* a produção considerada como imediatamente idêntica ao consumo e o consumo como coincidente de forma imediata com a produção. Esta identidade da produção e do consumo recorda a afirmação de Spinoza: *Determinatio est negatio* [qualquer determinação é negação].

Mas esta determinação do consumo produtivo só é exatamente estabelecida para distinguir o consumo que se identifica com a produção do consumo propriamente dito, que costuma ser concebido como a antítese destrutiva da produção. Consideremos portanto o consumo propriamente dito.

Imediatamente, o consumo é também produção, à semelhança da natureza, em que o consumo dos elementos e das substâncias químicas é a produção da planta. É evidente que através da alimentação, por exemplo, forma particular do consumo, o homem produz o seu próprio corpo. Ora, isto é igualmente válido para qualquer outra espécie de consumo que, de uma maneira ou de outra, contribui com qualquer aspecto para a produção humana. Produção consumidora. Mas, objeta a economia, esta produção que se identifica com o consumo é uma segunda produção, resultante da destruição do primeiro produto. Na primeira, o produtor objetiva-se; na segunda, pelo contrário, é o objeto que ele criou que se personifica. Assim, esta produção consumidora – apesar de constituir uma unidade imediata da produção e do consumo – é essencialmente diferente da produção propriamente dita. A unidade imediata, em que a produção coincide com o consumo e o consumo com a produção, deixa subsistir a dualidade intrínseca de ambos.

Portanto, a produção é imediatamente consumo, o consumo imediatamente produção. Cada um é imediatamente o seu contrário. Mas opera-se simultaneamente um movimento intermediário entre os dois termos. A produção é a intermediária do consumo, a quem fornece os elementos materiais e que, sem ela, não teria nenhum objetivo. Por seu lado, o consumo é também o intermediário da produção, dando aos produtos o motivo que os justifica como produtos. Só no consumo o produto conhece sua realização última. Uma estrada de ferro em que não passam comboios, que não se usa, não é consumida, só no domínio da possibilidade *dünámei* e não no da realidade é estrada de ferro. Sem produção não há consumo; mas sem consumo também não haveria produção, porque neste caso a produção não teria nenhum objetivo. O consumo produz duplamente a produção. 1º Somente pelo consumo o produto se torna realmente produto. Por exemplo, um terno só se torna ver-

dadeiramente um terno quando vestido; uma casa que não seja habitada não é, de fato, uma verdadeira casa; logo, o produto, ao contrário do simples objeto natural, não se afirma como produto, não se *torna* produto, senão pelo consumo. Apenas o consumo, ao absorver o produto, lhe dá o retoque final (*finish stroke*); porque a produção não se desencadeou enquanto atividade objetivada, mas como mero objeto para o sujeito ativo [o consumo produz a produção][6].
2º. O consumo cria a necessidade de uma *nova* produção, por conseguinte a razão ideal, o móbil interno da produção, que é sua condição prévia. O consumo cria o móbil da produção; cria também o objeto que, atuando sobre a produção, lhe determina a finalidade. Se é evidente que a produção oferece, na sua forma material, o objeto do consumo, não é menos evidente que o consumo *supõe idealmente* o objeto da produção, na forma de imagem interior, de necessidade, de móbil e fim. Cria os objetos da produção sob uma forma ainda subjetiva. Sem necessidade não há produção. Ora, o consumo reproduz a necessidade.

A este duplo caráter corresponde, do ponto de vista da produção: 1º. A produção fornece ao consumo a sua matéria, o seu objeto. Um consumo sem objeto não é consumo; neste sentido, portanto, a produção cria, produz o consumo. 2º. Mas não é unicamente o objeto que a produção dá ao consumo. Dá-lhe ainda o seu aspecto determinado, o seu caráter, o seu acabamento (*finish*). Tal como o consumo dava o retoque final ao produto como produto, a produção dá-o ao consumo. *Em primeiro lugar* o objeto não é um objeto geral, mas um objeto determinado, que deve ser consumido de forma determinada, à qual a própria produção deve servir[7] de intermediária. A fome é a fome, mas a fome que se satisfaz com carne cozida, comida com faca e garfo, não é a mesma fome que come a carne crua servindo-se das mãos, das unhas, dos dentes. Por conseguinte, a produção determina não só o objeto do consumo, mas também o modo de consumo, e não só de forma objetiva, mas também subjetiva. Logo, a produção cria o consumidor. 3º A produção não se limita a fornecer um objeto material à necessidade: fornece ainda uma necessidade ao objeto material. Quando o consumo se liberta da sua grosseria primitiva e perde seu caráter imediato – e não o fazer seria ainda o resultado de uma produção que se mantivesse num estágio de primitiva rudeza –, o próprio consumo, enquanto instinto, tem como intermediário o objeto. A necessidade que sente desse objeto é criada pela percepção deste. O objeto de arte – tal como qualquer outro produto – cria um público capaz de compreender a arte e de apreciar a beleza. Portanto, a produção não cria somente um objeto para o sujeito, mas também um sujeito para o objeto. Logo, a produção gera o consumo: 1º fornecendo-lhe sua matéria; 2º determinando o modo de consumo; 3º criando no consumidor a necessidade de produtos que começaram por ser simples objetos. Produz, por conseguinte, o objeto do consumo, o modo de consumo, o instinto do consumo. De igual modo o consumo engendra a *vocação* do produtor, solicitando-lhe a finalidade da produção sob a forma de uma necessidade determinante.

A identidade entre o consumo e a produção surge sob um triplo aspecto:

1º *Identidade imediata*. A produção é consumo; o consumo é produção. Produção consumidora. Consumo produtivo. Ambos são chamados consumo produtivo pelos economistas, que fazem no entanto uma distinção: a primeira toma a forma de reprodução; o segundo, de consumo produtivo. Todas as pesquisas sobre a primeira são o estudo do trabalho produtivo ou improdutivo; as pesquisas sobre o segundo são o estudo do consumo produtivo ou improdutivo.

2º Ambos surgem como intermediários um do outro; uma é intermediada pelo outro, o que se exprime por sua interdependência, movimento que os relaciona entre si e os torna reciprocamente indispensáveis, embora se conservem exteriores uma ao outro. A produção cria a matéria do consumo enquanto objeto exterior; o consumo cria para a produção a necessidade enquanto objeto interno, enquanto finalidade. Sem produção não há consumo; sem consumo não há produção. Isto é repetido na economia política de numerosas formas.

3º A produção não é apenas imediatamente consumo, nem o consumo imediatamente produção; igualmente a produção não é apenas um meio para o consumo, nem o consumo um fim para a produção, no sentido em que cada um dá ao outro o seu objeto, a produção o objeto exterior do consumo, o consumo o objeto figurado da produção. De fato, cada um não é apenas imediatamente o outro, nem apenas intermediário do outro: cada um, ao realizar-se, cria o outro; cria-se sob a forma do outro. É o consumo que realiza plenamente o ato da produção ao dar ao produto o seu caráter acabado de produto, ao dissolvê-lo consumindo a forma objetiva independente que ele reveste, ao elevar à destreza, pela necessidade de repetição, a aptidão desenvolvida no primeiro ato da produção; ele não é somente o ato último pelo qual o produto se torna realmente produto, mas o ato pelo qual o produtor se torna também verdadeiramente produtor. Por outro lado, a produção motiva o consumo ao criar o modo determinado do consumo, e originando em seguida o apetite do consumo, a faculdade de consumo sob a forma de necessidade. Esta última identidade, que particularizamos no item 3, é comentada em economia política de múltiplas formas a propósito das relações entre a oferta e a procura, os objetos e as necessidades, as necessidades criadas pela sociedade e as necessidades naturais.

Nada mais simples nesse caso, para um hegeliano, que admitir a identidade da produção e do consumo, proeza realizada não só por homens de letras socialistas, mas até por prosaicos economistas, como por exemplo J.-B. Say, do seguinte modo: quando se considera um povo, ou a humanidade *in abstracto*, conclui-se que sua produção é seu consumo. Storch apontou o erro de Say: um povo, por exemplo, não consome pura e simplesmente a sua produção, mas cria também meios de produção, etc., capital fixo, etc. Considerar a sociedade como um indivíduo único é, de resto, considerá-la de um ponto de vista falso – especulativo. Para um indivíduo, produção e consumo manifestam-se como momentos de um mesmo ato. Importa apenas sublinhar que, quer se considere a produção e o consumo como atividades de um sujeito ou de numerosos indivíduos[8], ambos os atos surgem de qualquer modo como momentos de um processo em que a produção é o verdadeiro ponto de partida e por conseguinte também o fator que prevalece. O consumo enquanto necessidade é um fator interno da atividade *produtiva*; mas esta é o ponto de partida da realização e, por conseguinte, o seu fator predominante, o ato em que todo o processo novamente se desenvolve. O indivíduo produz um objeto, e pelo consumo deste regressa a si mesmo, mas o faz enquanto indivíduo produtivo e que se reproduz. O consumo surge assim como momento da produção.

Mas na sociedade a relação entre o produtor e o produto, quando este último se considera acabado, é uma relação exterior, e o retorno do produto ao sujeito depende das relações deste com os outros indivíduos. Não se torna imediatamente proprietário. Tanto mais que a imediata apropriação do produto não é o objetivo do produtor ao produzir em sociedade. Entre o produtor e os produtos interpõe-se a *distribuição*, que obedecendo a leis sociais determina a parte que lhe pertence na totalidade dos produtos, colocando-se assim entre a produção e o consumo.

Mas constituirá a distribuição uma esfera autônoma, marginal e exterior à produção?

b¹) *Distribuição e produção*

À primeira vista causa necessariamente espanto, quando se examinam os tratados correntes de economia política, ver que todas as categorias neles são consideradas de duplo modo. Por exemplo, na distribuição incluem: renda imobiliária, salário, juro e lucro, enquanto na produção figuram como agentes terra, trabalho e capital. No que diz respeito ao capital, é evidente que ele é admitido de duas formas: 1º como agente de produção; 2º como fonte de receitas: como formas de distribuição determinadas e determinantes. Por conseguinte, juro e lucro figuram também na produção, na medida em que são formas que determinam o aumento do capital, o seu crescimento, na medida em que são fatores de sua própria produção. Juro e lucro, enquanto formas de distribuição, supõem o capital considerado como agente da produção. São modos de distribuição que têm por postulado o capital como agente da produção. São igualmente modos de reprodução do capital.

De igual modo o salário é o trabalho assalariado, que os economistas consideram num outro tópico: o caráter determinado de agente de produção que o trabalho possui neste caso apresenta-se como determinação da distribuição. Se o trabalho não fosse definido como trabalho assalariado, o modo segundo o qual participa na repartição dos produtos não assumiria a forma de salário: é o que acontece com a escravatura. Finalmente, a renda imobiliária, para considerar agora a forma mais desenvolvida da distribuição pela qual a propriedade fundiária participa na repartição dos produtos, supõe a grande propriedade fundiária (a bem dizer a grande agricultura) como agente de produção, e não pura e simplesmente a terra, tal como o salário não supõe o trabalho puro e simples. As relações e os modos de distribuição apresentam-se simplesmente como o inverso dos agentes de produção. Um indivíduo que participe na produção por meio do trabalho assalariado participa na repartição dos produtos, resultados da produção, através do salário. A estrutura da distribuição é inteiramente determinada pela estrutura da produção. A própria distribuição é um produto da produção, não só no que diz respeito ao objeto, apenas podendo ser distribuído o resultado da produção, mas também no que diz respeito à forma, determinando o modo preciso de participação na produção as formas particulares da distribuição, isto é, determinando de que forma o produtor participará na distribuição. É absolutamente ilusório incluir a terra na produção, a renda imobiliária na distribuição, etc.

Economistas como Ricardo, a quem muitas vezes se censurou só ter em vista a produção, definiram no entanto a distribuição como o objeto exclusivo da economia política, porque instintivamente viam nas formas de distribuição a expressão mais clara das relações fixas dos agentes de produção numa dada sociedade.

Em relação ao indivíduo isolado, a distribuição surge naturalmente como uma lei social, que condiciona a sua posição no interior da produção no quadro da qual ele produz, e que precede portanto a produção. Originariamente, o indivíduo não tem capital nem propriedade fundiária. Logo ao nascer é reduzido ao trabalho assalariado pela distribuição social. Mas o próprio fato de ser reduzido ao trabalho assalariado é um resultado da existência do capital e da propriedade fundiária como agentes de produção independentes.

Considerando as sociedades na sua totalidade, a distribuição, de um outro ponto de vista, parece preceder a produção e determiná-la – a bem dizer como um fato pré-econômico. Um povo conquistador partilha a terra entre os conquistadores, impondo assim uma certa repartição e uma certa forma de propriedade fundiária: determina, portanto, a produção. Ou então escraviza os povos conquistados, fazendo assim do trabalho servil a base da produção. Ou ainda, pela revolução, um povo destrói a grande propriedade e divide-a; dá assim, com esta nova distribuição, um novo caráter à produção. Ou, finalmente, a legislação perpetua a propriedade fundiária em certas famílias, e faz do trabalho um privilégio hereditário imprimindo-lhe, deste modo, um caráter de casta. Em todos estes casos, e todos são históricos, a distribuição não parece ser organizada e determinada pela produção, pelo contrário, é a produção que parece determinada pela distribuição.

Na sua concepção mais banal, a distribuição apresenta-se como distribuição dos produtos, e assim como que afastada da produção e a bem dizer independente dela. Contudo, antes de ser distribuição de produtos, ela é: 1º distribuição dos instrumentos de produção e 2º distribuição dos membros da sociedade pelos diferentes gêneros de produção, o que é uma outra determinação da relação anterior. (Subordinação dos indivíduos a relações de produção determinadas.) A distribuição dos produtos é manifestamente o resultado desta distribuição que, incluída no próprio processo de produção, lhe determina a estrutura. Considerar a produção sem ter em conta esta distribuição, nela incluída, é sem dúvida uma abstração vazia de sentido, visto que a distribuição dos produtos é implicada por esta distribuição, que constitui na origem um fator da produção. Ricardo, a quem interessava conceber a produção moderna na sua estrutura social determinada, e que é o economista da produção por *excelência*[9], afirma por esta mesma razão que *não* é a produção, mas sim a distribuição que constitui o verdadeiro assunto da economia política moderna. Daí o absurdo, quando os economistas tratam a produção como se fosse uma verdade eterna, pondo de parte a história no domínio da distribuição.

A questão de saber que relação se estabelece entre a distribuição e a produção que ela determina depende da própria produção. Se, partindo do princípio de que a produção tem necessariamente o seu ponto de partida numa determinada distribuição dos instrumentos de produção, concluíssemos que a distribuição, pelo menos neste sentido, precede a produção, constituindo a sua condição prévia, poderíamos responder à questão posta afirmando que a produção tem efetivamente suas próprias condições e premissas, que constituem os seus fatores. Estes podem surgir a princípio como dados naturais. O próprio processo da produção transforma estes dados naturais em dados históricos e, se é certo que surgem num determinado período como premissas naturais da produção, num outro período foram o seu resultado histórico. São constantemente modificados no próprio quadro da produção. A máquina, por exemplo, modificou tanto a distribuição dos instrumentos de produção como a dos produtos. A grande propriedade latifundiária moderna é o resultado não só do comércio e da indústria modernos, como da aplicação desta última à agricultura.

As questões acima formuladas resumem-se em última análise a saber de que modo as condições históricas gerais intervêm na produção e qual a relação desta com o movimento histórico em geral. O problema levanta a discussão e a análise da própria produção.

No entanto, na forma trivial em que atrás foram citadas, podemos arrumá-las em uma palavra. Em todas as conquistas há três possibilidades: o povo conquistador impõe ao povo conquistado o seu próprio modo de produção (por exemplo, os ingleses na Irlanda neste século e em parte na Índia); ou deixa subsistir o antigo modo de produção, contentando-se com cobrar um tributo (os turcos e os romanos, por exemplo); ou verifica-se uma ação recíproca que dá origem a qualquer coisa de novo, a uma síntese (foi o que aconteceu em parte nas conquistas germânicas). Em qualquer dos casos, o modo de produção – quer o do povo conquistador, quer o do povo conquistado, quer ainda o que resulta da fusão de ambos – é determinante para a nova distribuição que se faz. Embora esta se apresente como condição prévia do novo período de produção, ela própria, por sua vez, é um produto da produção, não só da produção histórica em geral, mas desta ou daquela produção histórica determinada.

Os mongóis, quando devastaram a Rússia, por exemplo, agiram de acordo com o seu modo de produção, que se baseava no pastoreio, exigindo como condição essencial grandes espaços desabitados. Os bárbaros germânicos, cujo modo de produção tradicional se baseava na cultura da terra pelos servos e na vida isolada no campo, puderam submeter facilmente as províncias romanas a estas condições, tanto mais que a concentração da propriedade rural que se tinha já operado alterara completamente o anterior regime da agricultura.

É já tradicional a afirmação de que em certos períodos o homem viveu apenas da pilhagem. Contudo, para poder fazê-lo, é necessário que exista algo para pilhar, logo, uma produção. E o modo de pilhagem é, por seu lado, determinado pelo modo de produção. Uma *stock-jobbing nation* [nação de especuladores da Bolsa], por exemplo, não pode ser pilhada como uma nação de vaqueiros.

O instrumento de produção é diretamente roubado na pessoa do escravo. Mas neste caso a produção do país, em proveito do qual ele é roubado, deve ser organizada de modo que permita o trabalho do escravo, ou (como na América do Sul, etc.) é necessário criar um modo de produção de acordo com a escravatura.

As leis podem perpetuar em certas famílias um instrumento de produção, por exemplo a terra. Mas estas leis só têm uma importância econômica quando a grande propriedade fundiária está em harmonia com a produção social, como acontece na Inglaterra. Na França praticou-se a pequena cultura apesar da existência da grande propriedade, aliás destruída pela Revolução. Mas o que acontecerá se pretendermos perpetuar através da lei a divisão da propriedade, por exemplo? A propriedade volta a concentrar-se, não obstante a lei. A influência que as leis exercem sobre a manutenção das relações de distribuição e, por conseguinte, sobre a produção deve ser determinada separadamente.

c¹) *Troca e produção*

A própria circulação é apenas um momento determinado da troca, ou a troca considerada na sua totalidade.

Na medida em que a *troca* não é mais que um fator que serve de intermediário entre a produção e a distribuição que ela determina tal como o consumo; na medida, por outro lado, em que este último surge como um dos fatores da produção, a troca constitui manifestamente um momento da produção.

Em primeiro lugar, é evidente que a troca de atividades e de capacidade que tem lugar na própria produção faz diretamente parte desta, constituindo um dos seus elementos essenciais. Em segundo lugar, isto é verdade para a troca de produtos, na medida em que esta troca é o instrumento que fornece o produto acabado, destinado ao consumo imediato. Neste sentido, a própria troca é um ato incluído na produção. Em terceiro lugar, a troca (*exchange*) entre negociantes (*dealers*) é, por sua organização, inteiramente determinada pela produção, ao mesmo tempo que atividade produtiva. A troca só aparece como independente ao lado da produção, como indiferente em presença desta, no último estágio em que o produto é trocado para ser imediatamente consumido. Mas, 1º não há troca sem divisão do trabalho, quer esta seja natural quer um resultado histórico; 2º a troca privada supõe a produção privada; 3º a intensidade da troca, tal como sua extensão e seu modo, é determinada pelo desenvolvimento e pela estrutura da produção. Por exemplo, a troca entre a cidade e o campo; a troca entre o campo e a cidade, etc. Em todos estes momentos, a troca aparece, portanto, como diretamente compreendida na produção ou por ela determinada.

Não chegamos à conclusão de que a produção, a distribuição, a troca e o consumo são idênticos, mas que são antes elementos de uma totalidade, diferenciações no interior de uma unidade. A produção ultrapassa também o seu próprio quadro na determinação antitética de si mesma, tal como os outros momentos. É a partir dela que o processo recomeça sem cessar. É evidente que a troca e o consumo não podem prevalecer sobre ela. O mesmo acontece com a distribuição enquanto distribuição dos produtos. Mas, enquanto distribuição dos agentes de produção, a distribuição é um momento da produção. Uma produção determinada determina portanto um consumo, uma distribuição, uma troca determinados, regulando igualmente as *relações recíprocas determinadas desses diferentes momentos*. A bem dizer a produção, *na sua forma exclusiva*, é também, por seu lado, determinada pelos outros fatores. Quando o mercado, ou seja, a esfera da troca, por exemplo, se desenvolve, cresce o volume da produção, operando-se nela uma divisão mais profunda. Uma transformação da distribuição provoca uma transformação da produção; é o caso da concentração do capital, da repartição diferente da população entre a cidade e o campo, etc. Finalmente, as necessidades inerentes ao consumo determinam a produção. Há reciprocidade de ação entre os diferentes momentos, o que acontece com qualquer totalidade orgânica.

3. O MÉTODO DA ECONOMIA POLÍTICA

Quando consideramos um determinado país do ponto de vista da economia política, começamos por estudar a sua população, a divisão desta em classes, a sua repartição pelas cidades, pelo campo e à beira-mar, os diversos ramos da produção, a exportação e a importação, a produção e o consumo anuais, os preços das mercadorias, etc.

Parece que o melhor método será começar pelo real e pelo concreto, que são a condição prévia e efetiva; assim, em economia política, por exemplo, começar-se-ia pela população, que é a base e o sujeito do ato social de produção como um todo. No entanto, numa observação atenta, apercebemo-nos de que há aqui um erro. A população é uma abstração se desprezarmos, por exemplo, as classes de que se compõe. Por seu lado, essas classes são uma palavra oca se ignorarmos os elementos em que repousam, por exemplo o trabalho assalariado, o capital, etc. Estes supõem a troca, a divisão do trabalho, os preços etc. O capital, por exemplo, sem o trabalho assalariado, sem o valor, sem o dinheiro, sem o preço, etc., não é nada. Assim, se começássemos pela população teríamos uma visão caótica do todo, e através de uma determinação mais precisa, através de uma análise, chegaríamos a conceitos cada vez mais simples; do concreto figurado passaríamos a abstrações cada vez mais delicadas até atingirmos as determinações mais simples. Partindo daqui, seria necessário caminhar em sentido contrário até chegar finalmente de novo à população, que não seria, desta vez, a representação caótica de um todo, mas uma rica totalidade de determinações e de relações numerosas. A primeira via foi a que, historicamente, a economia política adotou ao seu nascimento. Os economistas do século XVII, por exemplo, começam sempre por uma totalidade viva: população, Nação, Estado, diversos Estados; mas acabam sempre por formular, através da análise, algumas relações gerais abstratas determinantes, tais como a divisão do trabalho, o dinheiro, o valor, etc. A partir do momento em que esses fatores isolados foram mais ou menos fixados e teoricamente formulados, surgiram sistemas econômicos que, partindo de noções simples tais como o trabalho, a divisão do trabalho, a necessidade, o valor de troca, se elevavam até o Estado, as trocas internacionais e o mercado mundial. Este segundo método é evidentemente o método científico correto. O concreto é concreto por ser a síntese de múltiplas determinações, logo, unidade da diversidade. É por isso que ele é para o pensamento um processo de síntese, um resultado, e não um ponto de partida, apesar de ser o verdadeiro ponto de partida e portanto igualmente o ponto de partida da observação imediata e da representação. O primeiro passo reduziu a plenitude da representação a uma determinação abstrata; pelo segundo, as determinações abstratas conduzem à reprodução do concreto pela via do pensamento. Por isso Hegel caiu na ilusão de conceber o real como resultado do pensamento, que se concentra em si mesmo, se aprofunda em si mesmo e se movimenta por si mesmo, enquanto o método que consiste em elevar-se do abstrato ao concreto é para o pensamento precisamente a maneira de se apropriar do concreto, de o reproduzir como concreto espiritual. Mas este não é de modo nenhum o processo da gênese do próprio concreto. Por exemplo, a categoria econômica mais simples, o valor de troca, por hipótese, supõe a população, uma população produzindo em condições determinadas; supõe ainda um certo gênero de família, ou de comuna, ou de Estado, etc. Só pode pois existir sob a forma de relação *unilateral* e abstrata de um todo concreto, vivo, já dado. Como categoria, pelo contrário, o valor de troca leva uma existência antediluviana. Para a consciência – e a consciência filosófica considera que o pensamento que concebe constitui o homem real e, por conseguinte, o mundo só é real quando concebido –, portanto, o movimento das categorias surge como ato de produção real – que recebe um simples impulso do exterior, o que é lamentado – cujo resultado é o mundo; e isto (mas trata-se ainda de uma tautologia) é exato na medida em que a totalidade concreta enquanto totalidade de pensamento, enquanto concreto de pensamento, é de fato um produto do pensamento, da atividade de conceber; ele não é, pois, de forma alguma o produto do conceito que engendra a si próprio, que pensa exterior e superiormente à observação imediata e à representação, mas um produto da elaboração de conceitos a partir da observação imediata e da representação. O todo, na forma em que aparece no espírito como todo-de-pensamento, é um produto do cérebro pensante, que se apropria do mundo do único modo que lhe é possível, de um modo que difere da apropriação desse mundo pela arte, pela religião, pelo espírito prático. Antes como depois, o objeto real conserva a sua independência fora do espírito; e isso durante o tempo em que o espírito tiver uma atividade meramente especulativa, meramente teórica. Por consequência, também no emprego do método teórico é necessário que o objeto, a sociedade, esteja constantemente presente no espírito como dado primeiro.

Mas as categorias simples não terão também uma existência independente, de caráter histórico ou natural, anterior à das categorias mais concretas? Depende[10]. Hegel, por exemplo, tem razão em começar a filosofia do direito pelo estudo da posse, constituindo esta a relação jurídica mais simples do problema. Mas não existe posse antes de existir a família ou as relações entre senhores e escravos, que são relações muito mais concretas. Pelo contrário, seria correto dizer que existem famílias, comunidades de tribos, que estão ainda apenas no estágio da *posse* e não no da *propriedade*. Em relação à propriedade, a categoria mais simples surge, pois, como a relação de comunidades simples de famílias ou de tribos. Na sociedade num estágio superior, ela aparece como a relação mais simples de uma organização mais desenvolvida. Mas pressupõe-se sempre o substrato concreto que se exprime por uma relação de posse. Podemos imaginar um selvagem isolado que possua. Mas a posse não constitui neste caso uma relação jurídica. Não é exato que historicamente a posse evolua até a forma familiar. Pelo contrário, ela supõe sempre a existência dessa "categoria jurídica mais concreta". Entretanto, não deixaria de ser menos verdadeiro que as categorias simples são a expressão de relações em que o concreto ainda não desenvolvido pôde realizar-se sem ter ainda dado origem à relação ou conexão mais complexa que encontra sua expressão mental na categoria mais concreta, enquanto o concreto mais desenvolvido deixa subsistir essa mesma categoria como uma relação subordinada. O dinheiro pode existir e existiu historicamente antes de existir o capital, os bancos, o trabalho assalariado, etc. Neste sentido, podemos dizer que a categoria mais simples pode exprimir relações dominantes de um todo menos desenvolvido ou, pelo contrário, relações subordinadas de um todo mais desenvolvido, relações que existiam já historicamente antes que o todo se desenvolvesse no sentido que encontra a sua expressão numa categoria mais concreta. Nesta medida, a evolução do pensamento abstrato, que se eleva do mais simples ao mais complexo, corresponderia ao processo histórico real.

Por outro lado, podemos dizer que há formas de sociedade muito desenvolvidas, mas a quem falta historicamente maturidade, e nas quais descobrimos as formas mais elevadas da economia, como, por exemplo, a cooperação, uma divisão do trabalho desenvolvida, etc., sem que exista nenhuma forma de moeda: o Peru, por exemplo. Também entre os eslavos, o dinheiro e a troca que o condiciona não aparecem ou aparecem pouco no interior de cada comunidade, mas aparecem nas suas fronteiras, no comércio com outras comunidades. Aliás, é um erro colocar a troca no centro das comunidades, fazer dela o elemento que está na sua origem. A troca surge nas relações das diversas comunidades entre si, muito antes de aparecer nas relações dos membros no interior de uma só e mesma comunidade. Além disso, embora o dinheiro apareça muito cedo e desempenhe um papel múltiplo, é na Antiguidade, enquanto elemento dominante, apanágio de nações determinadas unilateralmente, de nações comerciais. E mesmo na Antiguidade de menor duração, entre os gregos e os romanos, ele só atinge o seu completo desenvolvimento, postulado da sociedade burguesa moderna, no período da sua dissolução. Esta categoria, no entanto tão simples, só aparece portanto historicamente com todo o seu vigor nos Estados mais desenvolvidos da sociedade. Não abre caminho através de todas as relações econômicas. No Império romano, por exemplo, no apogeu do seu desenvolvimento, o tributo e as prestações em gêneros continuavam a ser fundamentais. O sistema monetário propriamente dito só estava completamente desenvolvido no exército. E nunca se introduziu na totalidade do trabalho. Assim, apesar de historicamente a categoria mais simples poder ter existido antes da mais concreta, pode pertencer, no seu completo desenvolvimento – em compreensão e em extensão –, precisamente a uma forma de sociedade complexa[11], enquanto a categoria mais concreta se achava já completamente desenvolvida numa forma de sociedade mais atrasada.

O trabalho parece ser uma categoria muito simples. A ideia de trabalho nesta universalidade – como trabalho em geral – é, também, das mais antigas. No entanto, concebido do ponto de vista econômico nesta forma simples, o "trabalho" é uma categoria tão moderna como as relações que esta abstração simples engendra. O sistema monetário, por exemplo, situa ainda de forma perfeitamente objetiva, como coisa exterior a si, a riqueza no dinheiro. Em relação a este ponto de vista, fez-se um grande progresso quando o sistema industrial ou comercial transportou a fonte de riqueza do objeto para a atividade subjetiva – o trabalho comercial e fabril –, concebendo ainda esta atividade apenas sob a forma limitada de produtora de dinheiro. Em face deste sistema, o sistema dos fisiocratas admite uma forma determinada do trabalho – a agricultura – como a forma de trabalho criadora de riqueza, e admite o próprio objeto não sob a forma dissimulada do dinheiro, mas como produto enquanto produto, como resultado geral do trabalho. Este produto, em virtude do caráter limitado da atividade, continua a ser ainda um produto determinado pela natureza – produto da agricultura, produto da terra *por excelência*[12].

Um enorme progresso é devido a Adam Smith, que rejeitou toda a determinação particular da atividade criadora de riqueza, considerando apenas o trabalho puro e simples, isto é, nem o trabalho industrial, nem o trabalho comercial, nem o trabalho agrícola, mas todas estas formas de trabalho no seu caráter comum. Com a generalidade abstrata da atividade criadora de riqueza igualmente se manifesta então a generosidade do objeto na determinação de riqueza, o produto considerado em absoluto, ou ainda o trabalho em geral, mas enquanto trabalho passado, objetivado num objeto. O exemplo de Adam Smith, que pende por vezes para o sistema dos fisiocratas, prova quanto era difícil e importante a transição para esta nova concepção. Poderia assim parecer que deste modo se encontrara simplesmente a expressão abstrata da relação mais simples e mais antiga que se estabeleceu – seja qual for a forma de sociedade – entre os homens considerados como produtores, o que é verdadeiro num sentido mas falso em outro. A indiferença em relação a um gênero determinado de trabalho pressupõe a existência de uma totalidade muito desenvolvida de gêneros de trabalhos reais, dos quais nenhum é absolutamente predominante. Assim, as abstrações mais gerais só nascem, em resumo, com o desenvolvimento concreto mais rico, em que um caráter aparece como comum a muitos, como comum a todos. Deixa de ser possível deste modo pensá-lo apenas sob uma forma particular. Por outro lado, esta abstração do trabalho em geral não é somente o resultado mental de uma totalidade concreta de trabalhos. A indiferença em relação a esse trabalho determinado corresponde a uma forma de sociedade na qual os indivíduos mudam com facilidade de um trabalho para outro, e na qual o gênero preciso de trabalho é para eles fortuito, logo indiferente. Aí o trabalho tornou-se não só no plano das categorias, mas na própria realidade, um meio de criar a riqueza em geral e deixou, enquanto determinação, de constituir um todo com os indivíduos, em qualquer aspecto particular. Este estado de coisas atingiu o seu mais alto grau de desenvolvimento na forma de existência mais moderna das sociedades burguesas, nos Estados Unidos. Só aí, portanto, a abstração da categoria "trabalho", "trabalho em geral", trabalho "*sans phrase*"[13], ponto de partida da economia moderna, se torna verdade prática. Assim, a abstração mais simples, que a economia política moderna coloca em primeiro lugar e que exprime uma relação muito antiga e válida para todas as formas de sociedade, só aparece no entanto sob esta forma abstrata como verdade prática enquanto categoria da sociedade mais moderna. Poder-se-ia dizer que esta indiferença em relação a uma forma determinada de trabalho, que se apresenta nos Estados Unidos como produto histórico, se manifesta na Rússia, por exemplo, como uma disposição natural. Mas, por um lado, que extraordinária diferença entre os bárbaros que têm uma tendência natural para se deixar empregar em todos os trabalhos, e os civilizados que empregam a si próprios. E, por outro lado, a esta indiferença em relação a um trabalho determinado corresponde na prática, entre os russos, a sua sujeição tradicional a um trabalho bem determinado, ao qual só influências exteriores podem arrancá-los.

Este exemplo do trabalho mostra com toda a evidência que até as categorias mais abstratas, ainda que válidas – precisamente por causa da sua natureza abstrata – para todas as épocas, não são menos, sob a forma determinada desta mesma abstração, o produto de condições históricas e só se conservam plenamente válidas nestas condições e no quadro destas.

A sociedade burguesa é a organização histórica da produção mais desenvolvida e mais variada que existe. Por este fato, as categorias que exprimem as relações desta sociedade e que permitem compreender a sua estrutura permitem ao mesmo tempo perceber a estrutura e as relações de produção de todas as formas de sociedade desaparecidas, sobre cujas ruínas e elementos ela se edificou, de que certos vestígios, parcialmente ainda não apagados, continuam a substituir nela, e de que certos signos simples, desenvolvendo-se nela, se enriqueceram de toda a sua significação. A anatomia do homem é a chave da anatomia do macaco. Nas espécies animais inferiores só se podem compreender os signos denunciadores de uma forma superior quando essa forma superior já é conhecida. Da mesma forma a economia burguesa nos dá a chave da economia antiga, etc. Mas nunca à maneira dos economistas que suprimem todas as diferenças históricas e veem em todas as formas de sociedade as da sociedade burguesa. Podemos compreender o tributo, o dízimo, etc., quando conhecemos a renda imobiliária. Mas não se deve identificar estas formas. Como, além disso, a sociedade burguesa é apenas uma forma antitética do desenvolvimento histórico, há relações que pertencem a formas de sociedade anteriores que só poderemos encontrar nela completamente debilitadas ou até disfarçadas. Por exemplo, a propriedade comunal. Se, portanto, é certo que as categorias da economia burguesa possuem uma certa verdade válida para todas as outras formas de sociedade, isto só pode ser admitido *cum grano salis* [com um grão de sal]. Elas podem encerrar estas formas desenvolvidas, debilitadas, caricaturadas, etc., mas sempre com uma diferença essencial. O que se chama desenvolvimento histórico baseia-se, ao fim e ao cabo, sobre o fato de a última forma considerar as formas passadas, como jornadas que levam ao seu próprio grau de desenvolvimento, e dado que ela raramente é capaz de fazer a sua própria crítica, e isto em condições bem determinadas – não estão naturalmente em questão os períodos históricos que consideram a si próprios como épocas de decadência –, concebe-as sempre sob um aspecto unilateral. A religião cristã só pôde ajudar a compreender objetivamente as mitologias anteriores, depois de ter feito, até certo grau, por assim dizer *dünámei* [virtualmente], a sua própria crítica. Igualmente a economia política burguesa só conseguiu compreender as sociedades feudais, antigas e orientais, no dia em que empreendeu a autocrítica da sociedade burguesa. Na medida em que a economia política burguesa, criando uma nova mitologia, não se identificou pura e simplesmente com o passado, a crítica que fez às sociedades anteriores, em particular à sociedade feudal contra a qual tinha ainda que lutar diretamente, assemelha-se à crítica do paganismo feita pelo cristianismo, ou a do catolicismo feita pela religião protestante.

Do mesmo modo que em toda a ciência histórica ou social em geral, é preciso nunca esquecer, a propósito da evolução das categorias econômicas, que o objeto, neste caso a sociedade burguesa moderna, é dado, tanto na realidade como no cérebro; não esquecer que as categorias exprimem portanto formas de existência, condições de existência determinadas, muitas vezes simples aspectos particulares desta sociedade determinada, deste objeto, e que, por conseguinte, esta sociedade de maneira nenhuma começa a existir, *inclusive do ponto de vista científico, somente a partir do momento em que ela está em questão como tal*. É uma regra a fixar, porque dá indicações decisivas para a escolha do plano a adotar. Nada parece mais natural, por exemplo, do que começar pela renda imobiliária, pela propriedade fundiária, dado que está ligada à terra, fonte de toda a produção e de toda a existência, e por ela à primeira forma de produção de qualquer sociedade que atingiu um certo grau de estabilidade – à agricultura. Ora, nada seria mais errado. Em todas as formas de sociedade é uma produção determinada e as relações por ela produzidas que estabelecem a todas as outras produções e às relações a que elas dão origem a sua categoria e a sua importância. É como uma iluminação geral em que se banham todas as cores e que modifica as tonalidades particulares destas. É como um éter particular que determina o peso específico de todas as formas de existência que aí se salientam. Tomemos como exemplo os povos de pastores. (Os simples povos de caçadores e pescadores estão aquém do ponto em que começa o verdadeiro desenvolvimento.) Entre eles aparece uma certa forma de agricultura, uma forma esporádica. É o que determina entre eles a forma de propriedade fundiária. Trata-se de uma propriedade coletiva que conserva mais ou menos esta forma enquanto estes povos continuam mais ou menos ligados à sua tradição: por exemplo, a propriedade comunal dos eslavos. Entre os povos em que a agricultura está solidamente implantada – implantação que constitui já uma etapa importante – onde predomina esta forma de cultura, como acontece nas sociedades antigas e feudais, a própria indústria, assim como sua organização e as formas de propriedade que lhe correspondem, tem mais ou menos o caráter da propriedade fundiária. Ou a indústria depende completamente da agricultura, como entre os antigos romanos, ou, como na Idade Média, imita na cidade e nas suas relações a organização rural. Na Idade Média o próprio capital – na medida em que não se trata apenas de capital monetário – tem, sob a forma de aparelhagem de um ofício tradicional, etc., esse caráter de propriedade fundiária. Na sociedade burguesa é o contrário. A agricultura torna-se cada vez mais um simples ramo da indústria e acha-se totalmente dominada pelo capital. O mesmo acontece com a renda imobiliária. Em todas as formas de sociedade em que predomina a propriedade fundiária, a relação com a natureza é predominante. Naquelas em que o capital domina é o elemento social formado ao longo da história que prevalece. Não se pode compreender a renda imobiliária sem o capital. Mas podemos compreender o capital sem a renda imobiliária. O capital é a força econômica da sociedade burguesa que tudo domina. Constitui necessariamente o ponto de partida e o ponto de chegada e deve ser explicado antes da propriedade fundiária. Depois de os ter estudado a cada um em particular, é necessário examinar a sua relação recíproca.

Seria portanto impossível e errado classificar as categorias econômicas pela ordem em que foram historicamente determinantes. A sua ordem é pelo contrário determinada pelas relações que existem entre elas na sociedade burguesa moderna e é precisamente contrária ao que parece ser a sua ordem natural ou ao que corresponde à sua ordem de sucessão no decurso da evolução histórica. Não está em questão a relação que se estabeleceu historicamente entre as relações econômicas na sucessão das diferentes formas de sociedade. Muito menos a sua ordem de sucessão "na ideia" (Proudhon) (concepção nebulosa do movimento histórico). Trata-se da sua hierarquia no quadro da moderna sociedade burguesa.

O estado de pureza (determinação abstrata) em que apareceram no mundo antigo os povos comerciantes – fenícios, cartagineses – é determinado pela própria predominância dos povos agricultores. O capital, enquanto capital comercial ou capital monetário, aparece precisamente sob esta forma abstrata sempre que o capital não é ainda o elemento dominante das sociedades. Os lombardos e os judeus têm a mesma posição em relação às sociedades da Idade Média que praticam a agricultura.

Um outro exemplo do lugar diferente que estas mesmas categorias ocupam em diferentes estágios da sociedade: uma das mais recentes formas da sociedade burguesa são as *joint stock-companies* [sociedades por ações]. Mas aparecem também no princípio das grandes companhias privilegiadas de comércio que gozavam de um monopólio.

O próprio conceito de riqueza nacional se insinua na obra dos economistas do século XVII – a ideia subsiste ainda em parte nos do século XVIII – desta forma: a riqueza é criada unicamente pelo Estado, e o poder deste mede-se por esta riqueza. Esta era a forma ainda inconscientemente hipócrita que anuncia a ideia que faz da própria riqueza e da sua produção o objetivo final dos Estados modernos, considerados assim exclusivamente como meios de produzir a riqueza.

O plano a adotar deve evidentemente ser o seguinte: 1º. As determinações abstratas gerais, convindo portanto mais ou menos a todas as formas de sociedade, mas consideradas no sentido anteriormente referido. 2º. As categorias que constituem a estrutura interna da sociedade burguesa e sobre as quais assentam as classe fundamentais. Capital, trabalho assalariado, propriedade fundiária. As suas relações recíprocas. Cidade e campo. As três grandes classes sociais. A troca entre estas. A circulação. O crédito (privado). 3º. Concentração da sociedade burguesa na forma do Estado. Considerado na sua relação consigo próprio. As classes "improdutivas". Os impostos. A dívida pública. O crédito público. A população. As colônias. A emigração. 4º. Relações internacionais de produção. A divisão internacional do trabalho. A troca internacional. A exportação e a importação. Os câmbios. 5º. O mercado mundial e as crises.

4. PRODUÇÃO. MEIOS DE PRODUÇÃO E RELAÇÕES DE PRODUÇÃO. RELAÇÕES DE PRODUÇÃO E RELAÇÕES DE CIRCULAÇÃO. FORMAS DE ESTADO E DE CONSCIÊNCIA EM RELAÇÃO ÀS CONDIÇÕES DE PRODUÇÃO E DE CIRCULAÇÃO. RELAÇÕES JURÍDICAS. RELAÇÕES FAMILIARES

N. B.: em relação aos pontos a mencionar aqui e a não esquecer:

1º A *guerra* desenvolvida anteriormente à paz: mostrar como certas relações econômicas, tais como o trabalho assalariado, a máquina, etc., se desenvolveram mais cedo com a guerra e os exércitos que no seio da sociedade burguesa. Igualmente a relação entre a força produtiva e as relações de circulação particularmente manifesta no exército.

2º *Relação entre a história idealista tal como tem sido escrita e a história real. Em particular as que se intitulam histórias da civilização*, e que são todas histórias da religião e dos Estados[14]. (A propósito, podemos referir também os diferentes gêneros de história escrita até o presente. A história dita objetiva. A subjetiva [moral, etc.]. A filosófica.)[15]

3º *Fenômenos secundários e terciários*. De uma forma geral, relações de produção *derivadas, transferidas*, não originais. Aqui entram em jogo relações internacionais.

4º *Críticas a propósito do materialismo desta concepção. Relação com o materialismo naturalista.*

5º *Dialética dos conceitos: força produtiva (meios de produção) e relações de produção, dialética* cujos limites estão por determinar e que não suprime a diferença real.

6º *Relação desigual entre o desenvolvimento da produção material e o da produção artística, por exemplo*. De uma maneira geral, não tomar a ideia do progresso na forma abstrata habitual. Arte moderna, etc.[16]. Esta desproporção está longe de ser tão importante e tão difícil de aprender como a que se produz no interior das relações sociais práticas. Por exemplo, a cultura. Relação dos Estados Unidos com a Europa[17]. A verdadeira dificuldade neste caso é discutir o seguinte: de que modo as relações de produção, tomando a forma de relações jurídicas, seguem um desenvolvimento desigual. Assim, por exemplo, a relação entre o direito privado romano (que não é bem o caso do direito criminal e do direito público) e a produção moderna.

7º *Esta concepção surge como um desenvolvimento necessário. Mas justificação do acaso. De que modo*[18]. (Particularmente também a liberdade.) (Influência dos meios de comunicação. A história universal não existiu sempre; a história considerada como história universal é um resultado.)[19]

8º. *Naturalmente o ponto de partida das determinações naturais*; subjetivamente e objetivamente. Tribos, raças, etc.

Em relação à arte, sabe-se que certas épocas do florescimento artístico não estão de modo algum em conformidade com o desenvolvimento geral da sociedade, nem, por conseguinte, com o da sua base material, que é, a bem dizer, a ossatura da sua organização. Por exemplo os gregos comparados com os modernos ou ainda Shakespeare. Em relação a certas formas de arte, a epopeia, por exemplo, admite-se mesmo que não poderiam ter sido produzidas na forma clássica em que fizeram escola, quando a produção artística se manifesta como tal; que, portanto, no domínio da própria arte, algumas de suas criações importantes só são possíveis num estágio inferior do desenvolvimento artístico. Se isto é verdade em relação aos diferentes gêneros artísticos no interior do domínio da própria arte, já é menos surpreendente que seja igualmente verdade em relação a todo o domínio artístico no desenvolvimento geral da sociedade. A dificuldade reside apenas na maneira geral de apreender estas contradições. Uma vez especificadas, estão automaticamente explicadas.

Tomemos, por exemplo, a relação com o nosso tempo, primeiro, da arte grega, depois da arte de Shakespeare. Sabe-se que a mitologia grega não foi somente o arsenal da arte grega, mas também a terra que a alimentou. A maneira de ver a natureza e as relações sociais que a imaginação grega inspira e constitui por isso mesmo o fundamento da [mitologia[20]] grega será compatível com as *Selfactors* [máquinas automáticas de fiar], as estradas de ferro, as locomotivas e o telégrafo? Quem é Vulcano aos pés de Roberts & Cia., Júpiter em comparação com o para-raios e Hermes em comparação com o crédito mobiliário? Toda a mitologia subjuga, governa as forças da natureza no domínio da imaginação e pela imaginação, dando-lhes forma: portanto, desaparece quando estas forças são dominadas realmente. O que seria da fama em confronto com a Printing-house square[21]? A arte grega supõe a mitologia grega, isto é, a elaboração artística mas inconsciente da natureza e das próprias formas sociais pela imaginação popular. São esses os seus materiais. O que não significa nenhuma mitologia, ou seja, nenhuma elaboração artística inconsciente da natureza (subentendendo esta palavra tudo o que é objetivo, incluindo portanto a sociedade). Jamais a mitologia egípcia teria podido proporcionar um terreno favorável à eclosão da arte grega. Mas de qualquer modo é necessária *uma* mitologia, isto é, uma sociedade num estágio de desenvolvimento que exclua qualquer relação mitológica com a natureza, qualquer relação geradora de mitos, exige assim do artista uma imaginação independente da mitologia.

Por outro lado, Aquiles será compatível com a pólvora e o chumbo? Ou, em resumo, a *Ilíada* com a imprensa, ou melhor, com a máquina de imprimir? O canto, o poema épico, a musa não desaparecerão necessariamente perante a barra do tipógrafo? Não terão deixado de existir as condições necessárias à poesia épica?

Mas a dificuldade não está em compreender que a arte grega e a epopeia estão ligadas a certas formas do desenvolvimento social. A dificuldade reside no fato de nos proporcionarem ainda um prazer estético e de terem ainda para nós, em certos aspectos, o valor de normas e de modelos inacessíveis.

Um homem não pode voltar a ser criança, sob pena de cair na puerilidade. Mas não é verdade que acha prazer na inocência da criança e, tendo alcançado um nível superior, não deve aspirar ele próprio a imitar aquela verdade? Em todas as épocas não se julga ver repetido o seu próprio caráter na verdade natural do temperamento infantil? Por que então a infância histórica da humanidade, naquilo precisamente em que atingiu o seu mais belo florescimento, por que esse estágio de desenvolvimento para sempre perdido não há de exercer um eterno encanto? Há crianças mal-educadas e crianças que agem como adultos. A maior parte dos povos da Antiguidade pertenciam a esta categoria. Os gregos eram crianças normais. O encanto que sua arte exerce sobre nós não está em contradição com o caráter primitivo da sociedade em que ela se desenvolveu. Pelo contrário, é uma consequência desse caráter primitivo e está indissoluvelmente ligado ao fato de as condições sociais insuficientemente maduras em que esta arte nasceu – nem poderia ter nascido em condições diferentes – nunca mais poderem repetir-se.

NOTAS

1. Veja o prefácio de Marx, p. 23. Esta introdução, datada de 29 de agosto de 1857, segue a fotocópia do manuscrito do Instituto de Marxismo-Leninismo. O título em epígrafe, que se tornou tradicional, não é da autoria de Marx. (N. do R. T.)

2. Animal político. (N. do R. T.)

3. Na versão Kaustski: no consumo. (N. do R. T.)

4. Adição de Kautski ao original. (N. do R. T.)

5. Kautski leu *Auflösung* (análise) em vez de *Auffassung* (concepção). (N. do R. T.)

6. Esta frase não aparece no original. (N. do R. T.)

7. No texto de Kautski: serve. (N. do R. T.)

8. No texto de Kautski: indivíduos isolados. (N. do R. T.)

9. Em francês no texto: *par excellence*. (N. do R. T.)

10. Em francês no texto: *Ça dépend*. (N. do R. T.)

11. Corrigido segundo o original. No texto de Kautski: *grade nur kombinierten Gesellschaftsformen* (precisamente as formas de sociedade complexas somente) em vez de: *grade einer kombinierten Gesellschaftsform*. (N. do R. T.)

12. Em francês no texto: *par excellence*. (N. do R. T.)

13. Em francês no texto: "*pura e simples*".
14. Em Kautski: a antiga história da religião e dos Estados. (N. do R. T.)
15. Parênteses no original. (N. do R. T.)
16. Corrigido segundo o original. (N. do R. T.)
17. Toda a pontuação deste passo, à primeira vista cheio de erros, foi corrigida segundo o original. (N. do R. T.)
18. Corrigido segundo o original. (N. do R. T.)
19. Parênteses segundo o original. (N. do R. T.)
20. A palavra foi omitida no original. Retomamos o termo "mitologia", empregado na edição de Moscou (1939), e que nos parece mais satisfatório que o termo "arte" da edição de Kautski. (N. do R. T.)
21. Tipografia do *Times*. (N. do R. T.)

FRAGMENTO DA VERSÃO PRIMITIVA DA CONTRIBUIÇÃO À CRÍTICA DA ECONOMIA POLÍTICA *(1858)*

O manuscrito de que este fragmento faz parte foi escrito entre o princípio de agosto e meados de novembro de 1858 (Veja Mega, III-2, pp. 334, 336-8, 345-6, 349). O fragmento em si ocupa dois cadernos não datados, designados um por B', o outro por B" e B"II. Com efeito, segundo a indicação do próprio Marx nas suas "Referências aos meus cadernos pessoais", este último divide-se em duas partes: as páginas 1 a 14 constituem o caderno B", e as páginas 16-9, o caderno B"II.

Valor imutável do dinheiro[1]

> "Como meio de pagamento – em si – considera-se que o dinheiro representa o valor intrínseco; de fato, é apenas uma mesma quantidade de um valor suscetível de sofrer variações."

1º O DINHEIRO COMO TAL (*moeda* universal, etc...)

O dinheiro é a negação do meio de circulação em si, da moeda. Mas ao mesmo tempo inclui-o como sua determinação: *negativamente*, porque sem cessar pode ser reconvertido em moeda; *positivamente*, enquanto moeda universal; mas nesse caso sua forma determinada pouco importa. Ele é essencialmente mercadoria em si, mercadoria onipresente, sem determinação local. Esta indiferença com respeito à forma revela-se antes de tudo no fato de apenas ser agora dinheiro por ser ouro e prata. A sua qualidade de dinheiro não reside no símbolo, a forma monetária. Também a forma que o Estado dá ao dinheiro, cunhando moeda, não tem nenhum valor: o que conta é sua substância metálica. Com esta forma de *mercadoria geral*, de moeda universal, não é necessário que o ouro e a prata regressem ao seu ponto de partida; generalizando: o movimento da circulação em si não é indispensável. Exemplo: a Ásia e a Europa. Daí as lamentações dos partidários do sistema mercantil que se queixam por ver o ouro desaparecer nos países pagãos, de onde não regressa. (O movimento circulatório e a rotação da moeda universal, que se instauram e se desenvolvem paralelamente ao próprio mercado mundial, não nos interessam ainda.)

Se é apenas a realização do preço das mercadorias, o dinheiro é a negação de si mesmo: a mercadoria particular continua a ser neste caso sempre o essencial. Caso contrário, o dinheiro torna-se então o preço que se realizou em si (nele, o dinheiro) e, nesta qualidade, torna-se também o representante material da riqueza geral.

O dinheiro é negado também quando é apenas medida dos valores de troca. Porque é ele próprio a realidade adequada do valor de troca em sua existência metálica. Neste caso, é a ele que interessa medir. Ele é a sua própria unidade e a medida do seu valor, a sua própria medida enquanto riqueza, enquanto valor de troca, é a quantidade da sua própria matéria que ele representa. É o número de unidades do seu próprio padrão. Enquanto medida, este número não tinha nenhuma importância; enquanto meio de circulação, era a sua materialidade, a matéria da unidade que nos era indiferente; enquanto dinheiro, nesta terceira determinação, é, pelo contrário, o número de unidades, a indicação numerada de uma certa quantidade material (o número de libras, por exemplo) que se torna essencial. Uma vez admitida a sua qualidade de riqueza universal, o dinheiro só apresenta agora diferenças quantitativas. Exprime uma fração maior ou menor da riqueza geral, consoante se possua um número maior ou menor de unidades de medida determinadas. Se o dinheiro é a riqueza universal, se se é tanto mais rico quanto mais dinheiro se possuir, o único processo eficaz é a *sua acumulação*. O seu conceito o fez sair da circulação. Agora essa retirada da circulação, essa *armazenagem* surge como o objeto essencial do desejo de enriquecer e como o processo essencial do enriquecimento. Possuindo ouro e prata, retenho a riqueza geral na sua forma mais pura. Quanto mais acumulo, maior será a quantidade de riqueza geral de que me apodero. Todavia, se o ouro e a prata constituem a riqueza geral, na forma de quantidades determinadas só a representam num certo grau, logo, de uma maneira imperfeita. A totalidade deve tender a ultrapassar-se. Acumular assim o ouro e a prata, operação que se apresenta como uma retirada repetida do metal precioso para fora da circulação, é ao mesmo tempo pôr a riqueza geral ao abrigo da circulação, onde não para de se perder, trocando-se por riquezas particulares que acabam por desaparecer com o consumo.

Apud Tragicos contraria sunt diké et kérdos[2].

2.º FORMA DE PROPRIEDADE

A propriedade do trabalho de outrem tornada possível pela de seu próprio trabalho.

[segue: falta o texto anterior].

(...) obtêm. Qualquer particularidade se apaga nas suas relações recíprocas (nesta relação, trata-se apenas do valor de troca em si: do produto geral da circulação social) e do mesmo modo desaparecem todas as relações políticas, patriarcais e outras que resultam do caráter particular da relação destes dois indivíduos. Ambos se comportam um em relação ao outro como pessoas sociais abstratas que, face a face, apenas representam o valor de troca em si. O dinheiro tornou-se o único *nexus rerum* (elo das coisas) que as liga, o dinheiro *sans phrase*[3]. O camponês já não enfrenta o proprietário de bens de raiz na sua qualidade de camponês que possui os seus produtos agrícolas e o seu trabalho, mas como proprietário de dinheiro; a venda, com efeito, despojou o produto do seu valor de uso imediato e por intermédio do processo social tomou esta forma não diferenciada. Do mesmo modo, por seu lado, o proprietário de bens de raiz, que o enfrenta, já não está em relação com um indivíduo de maior ou menor habilidade, produzindo em condições particulares, mas com alguém cujo produto, valor de troca promovido à autonomia, equivalente geral, numa palavra, dinheiro, em nada se distingue do produto de outrem. Assim desaparece a aparente bonomia que caracterizava a transação em sua forma anterior.

A monarquia absoluta – ela própria produto do desenvolvimento da riqueza burguesa num grau incompatível com as antigas relações feudais – tem necessidade dessa alavanca material que é o poder do *equivalente geral*; tem necessidade da riqueza na sua forma sempre mobilizável, absolutamente independente das relações particulares locais, naturais, individuais: esta corresponde ao poder geral, uniforme, que ela deve estar apta a exercer em todos os pontos do seu território. Tem necessidade da riqueza sob a forma de dinheiro. Um sistema de prestações e entregas em gêneros, em virtude do seu caráter particular, confere à sua utilização um caráter de particularidade. Só o dinheiro é conversível em qualquer valor de uso particular. A monarquia absoluta também se ocupa em fazer do dinheiro o meio de pagamento geral; metamorfose que só pode impor-se pela circulação forçada, que faz circular os produtos abaixo do seu valor. A transformação de todos os foros em impostos pagos em dinheiro é uma questão vital para a monarquia absoluta. Num estágio anterior, toda a conversão das prestações em gêneros em taxas era como que uma libertação das relações de dependência pessoais, como que uma vitória da sociedade burguesa que compra com espécies sonantes a supressão de entraves importunos – processo que, aliás, de um ponto de vista romântico, parece consistir em substituir por relações monetárias duras e frias os *laços* pitorescos que uniam os homens entre si; em contrapartida, é nesta época em que se instaura a monarquia absoluta, cuja ciência financeira consiste em transformar à força as mercadorias em dinheiro, que os próprios economistas burgueses atacam o dinheiro, essa riqueza imaginária à qual se imola brutalmente a riqueza natural. Assim, enquanto Petty, por exemplo, ao celebrar o dinheiro, matéria do entesouramento, apenas exalta de fato o desejo de enriquecimento, geral e veemente, da jovem sociedade burguesa da Inglaterra, Boisguillebert, por seu lado, no reinado de Luís XIV, denuncia o dinheiro como a maldição geral que esgota as fontes reais de produção da riqueza; somente destronando-o, diz ele, se poderá restaurar nos seus antigos direitos o mundo das mercadorias, verdadeira riqueza, e dar a todos a possibilidade de a usufruir. Ele não podia ainda compreender que estes mesmos negros artifícios da finança[4], que precipitam os homens e as mercadorias na retorta do alquimista para os transformar em ouro, faziam ao mesmo tempo desvanecer-se em fumaça todas as ilusões e todas as relações que entravavam o modo de produção burguês, para apenas conservar como resíduo as relações monetárias simples, as relações de valores de troca comuns.

> Na época feudal o pagamento em espécies não era o único (...) *nexus* (laço) entre os homens. Não havia entre os homens. Não havia entre eles apenas a relação de comprador para vendedor (...) mas as relações entre pessoas de condição inferior e pessoas de condição mais elevada eram múltiplas, entre soldado e capitão (...), entre o súdito leal e o senhor. O triunfo final do dinheiro inaugurou uma época totalmente diferente (CARLYLE: *On Chartism*, Londres, 1840, p. 58).

O dinheiro é propriedade "impessoal". Permite-me transportar comigo, no meu bolso, o poder social e as relações sociais gerais: a substância da sociedade. O dinheiro, sob a forma de objeto, repõe o poder social nas mãos dos particulares, que exercem este poder na qualidade de indivíduos. As relações sociais, a própria troca de substância da sociedade manifestam-se no dinheiro como algo realmente exterior, não mantendo nenhuma[5] relação individual com aquele que possui este dinheiro; e por conseguinte o poder que ele exerce aparece-lhe como algo meramente fortuito e que lhe é exterior.

Sem adiantar mais, é evidente que graças ao crédito as transações a prazo conhecem um incremento extraordinário. Na medida em que o crédito, isto é, a produção baseada no valor de troca, se desenvolve, o papel do dinheiro como meio de pagamento vai adquirir importância em detrimento do papel que desempenha como meio de circulação, agente de compras e vendas. Nos países com um modo de produção moderna desenvolvido, ou seja, onde o crédito está desenvolvido, o dinheiro, de fato, figura sob a forma de moeda quase exclusivamente ao nível do comércio de retalho e do pequeno comércio para regular as operações entre produtores e consumidores, enquanto na esfera das grandes transações comerciais aparece quase unicamente sob a forma de *meio de pagamento geral*. Na medida em que os pagamentos se compensam, o dinheiro só aparece na sua forma fugitiva, simples medida ideal e figurada das grandezas dos valores trocados. Sua intervenção material limita-se ao saldo relativamente pouco importante dos balanços[6]. O desenvolvimento do dinheiro como meio de pagamento geral é paralelo ao desenvolvimento de uma circulação superior, realizada por intermediários, fechada em si, e colocada já sob vigilância social, em que o dinheiro deixou de ter essa importância exclusiva que possui na base da circulação metálica simples, por exemplo no entesouramento propriamente dito. Mas basta que as perturbações do crédito venham interromper bruscamente o curso dos pagamentos por compensação, alterando assim o mecanismo desses pagamentos, e imediatamente se reclama o dinheiro como meio de pagamento geral real e se quer que a riqueza, em todo o seu volume, exista duplamente: como mercadoria por um lado, e como dinheiro por outro, de forma que ambos estes modos de existência coincidam. Nesses momentos de crise o dinheiro apresenta-se como a única riqueza, manifestando-se este caráter exclusivo não pela depreciação puramente figurada (como acontece por exemplo no sistema monetário), mas ativa, de toda a verdadeira riqueza material[7]. Em face do mundo das mercadorias, o valor só existe na sua forma adequada exclusiva de dinheiro. Não é oportuno estudar aqui como esta situação evolui. Mas tem inteira validade neste capítulo dizer que, nos momentos de crise monetária propriamente dita, manifesta-se uma contradição imanente a esse desenvolvimento do dinheiro como meio de pagamento geral. Não é na qualidade de padrão que, nestas crises, se procura o dinheiro, pois enquanto medida sua presença material não tem importância; também não é como numerário, porque nos pagamentos ele não figura enquanto moeda; é na sua qualidade de valor de troca promovido à autonomia, de equivalente geral objetivamente presente, de materialização da riqueza abstrata, em resumo, exatamente na forma em que é objeto do entesouramento propriamente dito, como dinheiro. O seu desenvolvimento como meio de pagamento implica a seguinte contradição: o valor de troca tomou formas independentes do seu modo de existência como dinheiro, mas por outro motivo esse modo de existência é admitido como definitivo e o único adequado.

O dinheiro meio de pagamento pode manifestar-se, em virtude das compensações de pagamentos, da sua mútua neutralização enquanto grandezas positivas e negativas, como a forma puramente ideal das mercadorias: é o que se passa quando serve como medida e é assim que ele atua na fixação dos preços. O conflito nasce da necessidade de o dinheiro estar presente e ser de repente apresentado na sua forma real, sempre que o mecanismo das compensações e o sistema de crédito em que ele repousa em parte são perturbados. Esta necessidade de apresentar o dinheiro quebra o acordo tácito e geral que está na base do comércio moderno.

A lei segundo a qual a massa de dinheiro em circulação é determinada pelo preço total das mercadorias que circulam pode ser agora completada: ela é determinada pelo preço total dos pagamentos vencidos numa determinada época e pela economia desses pagamentos.

Vimos que as alterações de valor do ouro e da prata não afetam a sua função de medida de valores, de moeda de cálculo. Para o dinheiro na sua função de meio de pagamento, pelo contrário, essa alteração de valor terá uma importância decisiva. Havia a pagar uma quantidade determinada de ouro ou prata, que materializava um certo valor, isto é, um certo tempo de trabalho no momento da conclusão do contrato. Ora, o ouro e a prata, como qualquer outra mercadoria, veem o seu valor modificado com o tempo de trabalho necessário à sua produção, provocando o aumento ou a redução de um, uma alta ou baixa do outro. Ora, é possível – dado que a realização da venda por parte do comprador é posterior no tempo à alienação da mercadoria vendida – que iguais quantidades de ouro ou prata representem um valor diferente, maior ou menor, do que representavam no momento do contrato. A qualidade específica de serem, enquanto dinheiro, um equivalente geral sempre realizado e realizável, de serem sempre permutáveis por qualquer outra mercadoria proporcionalmente ao seu[8] próprio valor, possuem-na o ouro e a prata, seja qual for a alteração da sua grandeza de valor. Ora, esta está sujeita, *potentialiter* (potencialmente), às mesmas flutuações que as de qualquer outra mercadoria. Na medida em que o tempo de trabalho necessário para a produção de uma dada quantidade de ouro ou de prata se mantém inalterável ou não, o pagamento será ou não efetuado num verdadeiro equivalente, isto é, será ou não dada em pagamento a grandeza de valor inicialmente prevista. A natureza do dinheiro, personificada numa mercadoria particular, entra agora em conflito com sua função de valor de troca tornado autônomo. Conhecemos as grandes perturbações que afetaram todas as relações econômicas, provocadas pela queda de valor dos metais preciosos nos séculos XVI e XVII, e, embora numa escala mais reduzida, pela subida de valor do cobre (e era em cobre que os plebeus tinham contraído suas dívidas), na República da antiga Roma entre a época [do princípio do denário, em 485 antes da nossa era[9] e o começo da segunda guerra púnica. A exposição da influência da subida ou descida de valor dos metais preciosos, da matéria do dinheiro, sobre as relações econômicas supõe a explicação dessas mesmas relações e não pode portanto fazer-se ainda.

Mas desde já parece evidente que uma baixa de valor dos metais preciosos, ou seja, do dinheiro, favorece sempre aquele que paga, em detrimento daquele que recebe; e inversamente, no caso de uma alta de valor[10].

A objetivação, a total exteriorização das trocas materiais na sociedade na base dos valores de troca, manifesta-se de uma forma impressionante no fato de todas as relações metálicas dependerem dos custos de produção de matérias metálicas naturais que, enquanto instrumentos de produção, enquanto agentes da criação da riqueza, não têm absolutamente nenhuma importância.

3º O DINHEIRO: MEIO DE COMPRA E DE PAGAMENTO INTERNACIONAL, MOEDA UNIVERSAL

O dinheiro é a mercadoria *geral*, quanto mais não seja por ser a forma geral que cada mercadoria particular assume ideal ou realmente.

Na qualidade de tesouro e de meio de pagamento geral, o dinheiro torna-se o meio de troca geral do mercado mundial; torna-se a mercadoria geral não só por definição mas também por seu modo de existência. A forma nacional particular que tomou na sua função de moeda despe-a na sua existência monetária. Como dinheiro ele é cosmopolita[11]. A intervenção do ouro e da prata como valor de uso da necessidade de enriquecer, da riqueza abstrata independente das necessidades particulares, permite uma troca de substância no próprio plano social, no caso de uma nação ter imediata necessidade dos valores de uso de outra; deste modo o ouro e a prata tornam-se[12] agentes extremamente ativos da criação do mercado mundial, favorecem a extensão da troca social de substância para lá de todas as diferenças locais, religiosas, políticas e raciais. Já entre os antigos, o entesouramento por parte do Estado serviu de fundo de reserva, sobretudo para os pagamentos internacionais; serviu como equivalente imediatamente mobilizável no caso de más colheitas e como fonte de subsídios em caso de guerra (Xenofonte). A prata americana desempenha um grande papel na ligação entre os continentes. Da América é expedida para a Europa como mercadoria, de onde é exportada para a Ásia, principalmente para a Índia, como meio de troca, e aí se deposita na maior parte como tesouro: foi a observação deste fato que desencadeou a controvérsia científica a propósito do sistema monetário, porque este conduziu à luta da Companhia das Índias Orientais contra a interdição, instituída na Inglaterra, de exportar prata (MISSELDEN). Na medida em que nestas relações internacionais o ouro e a prata só servem de simples meio de troca, eles cumprem realmente a função de numerário, mas de numerário privado do seu cunho; e quer existam sob a forma de numerário, quer sob a forma de lingotes, só são avaliados de acordo com seu peso metálico: eles não representam somente o valor, são o próprio valor. Não é necessário que o ouro e a prata, na sua determinação de *moeda universal*, descrevam o movimento circular que descreviam enquanto numerário propriamente dito: pode haver relação unilateral, permanecendo um grupo comprador e continuando o outro a ser vendedor: trata-se ainda de uma das observações que se impuseram imediatamente aos economistas nos verdes anos da sociedade burguesa. Daí o papel de extraordinária importância que a descoberta de novos países produtores de ouro e prata desempenha na história do desenvolvimento do mercado mundial, do seu desenvolvimento à superfície e em profundidade. Com efeito, o valor de uso que estes países produzem é imediatamente uma mercadoria geral; por outro lado, em virtude da sua natureza abstrata, ela impõe-lhes imediatamente, com a possibilidade do comércio baseado no valor de troca, a necessidade deste comércio.

No interior de uma dada esfera nacional da sociedade burguesa, o papel do dinheiro como meio de pagamento cresce na medida em que se desenvolvem as relações de produção em geral; o mesmo acontece com o dinheiro na sua qualidade de meio de pagamento internacional. Mas, tanto no plano estritamente nacional como no plano geral, sua importância apenas se manifesta com toda a clareza nas épocas de perturbação do mecanismo dos pagamentos compensados. Desde 1825 o papel do dinheiro nesta determinação vem atingindo uma amplitude tal – naturalmente paralela à extensão e intensificação do comércio internacional – que os economistas da época precedente, como Ricardo, não faziam ainda a menor ideia do volume de dinheiro líquido necessário como meio de pagamento internacional, para uma nação como a Inglaterra, por exemplo. A condição prévia para que exista o valor de troca sob a forma de qualquer outra mercadoria é a necessidade particular do valor de uso particular, no qual ele se encarna: para o ouro e a prata, expressão da riqueza abstrata, não existe nenhum limite deste gênero. À semelhança do homem nobre com que sonha o poeta, o dinheiro paga com o que ele é, não com o que faz. Naturalmente, ele encerra sempre em si, em estado latente, a possibilidade de funcionar como meio de compra e de pagamento. Mas enquanto modo de existência imóvel e seguro do equivalente geral, enquanto tesouro, ele não é em nenhum país limitado pela necessidade que esse país tem de meios de circulação, pelo volume de numerário necessário como meio de circulação, tampouco por alguma necessidade do seu uso imediato. O próprio valor de uso abstrato e meramente social, que ele adquire na sua função de meio de circulação, aparece por sua vez como um aspecto particular do seu uso como *equivalente geral*, como matéria da riqueza abstrata em geral. A partir do seu valor de uso particular enquanto metal, e portanto matéria-prima de manufaturas, as diversas funções que ele é capaz de desempenhar alternativamente no quadro da troca de substância da sociedade, e no desempenho das quais toma diversas formas, numerário, lingote, etc., aparecem todas como outros tantos valores de uso deste equivalente geral: todas se convertem em diversas formas nas quais, como modo de existência abstrato e por conseguinte adequado do valor de troca em si, ele enfrenta o seu modo de existência na mercadoria particular.

Aqui só temos que analisar o dinheiro nas suas formas determinadas abstratas. As leis que regulam[13] a repartição dos metais preciosos no mercado mundial supõem a existência de relações econômicas na sua forma mais concreta, relações que ainda não estudamos. Acontece o mesmo com toda a circulação de dinheiro na função de capital, não de mercadoria geral ou equivalente geral.

No mercado mundial o dinheiro é sempre um *valor realizado*. É em sua materialidade imediata, como peso de metal precioso, que ele é grandeza de valor. Enquanto numerário, seu valor de uso coincide com sua utilização como simples meio de circulação: por isso pode ser substituído por um mero símbolo. De fato, como moeda universal ele é desmonetizado. O modo como, no dinheiro, as relações sociais são exteriores e promovidas à autonomia em face de pessoas particulares e de suas relações individuais manifesta-se no ouro e na prata sob a forma de *moeda universal* (na qualidade de numerário [o dinheiro tem] ainda um caráter nacional). E é precisamente esta bela invenção (que permite a universalização das trocas materiais na sociedade sem que os indivíduos[14] precisem fazer contato entre si) que pregam os primeiros profetas da economia política na Itália. Na sua forma de numerário, o dinheiro possui um caráter nacional, local. Para que, na sua qualidade de ouro e prata, possa servir como meio de troca internacional, o dinheiro deve regressar à fundição, ou seja, se existir sob a forma amoedada, esta forma não interessa e a moeda é reduzida pura e simplesmente ao seu peso de metal. No mais desenvolvido sistema de troca internacional, o ouro e a prata assumem de novo exatamente a forma que tinham no primitivo comércio de troca direta. Originariamente, o ouro e a prata enquanto meio de troca (tal como a própria troca) não surgem no interior do círculo estreito de uma comunidade social, mas nas suas fronteiras, nos raros pontos em que ela está em contato com as comunidades estrangeiras. Assim admitidos, eles apresentam-se como a mercadoria em si, a mercadoria universal que em toda a parte assume o caráter de riqueza. Esta forma determinada confere-lhes um valor uniforme em qualquer lado. É assim que eles são os representantes *materiais* da riqueza *geral*. Eis a razão por que no sistema mercantilista o ouro e a prata servem para avaliar o poder das diversas comunidades. "Logo que os metais preciosos tornam-se objetos de comércio, equivalente universal para todas as coisas, tornam-se também medida de poder entre nações. Daí o sistema mercantilista" (STEUART).

Esta determinação do dinheiro servindo como meio de troca e meio de pagamento *internacional* não é de fato uma determinação nova que viesse juntar-se à que já possuía enquanto simplesmente dinheiro, equivalente geral – logo, igualmente tesouro e meio de pagamento. A determinação de equivalente geral inclui a definição de mercadoria geral: ora, é sob esta forma que o dinheiro é em primeiro lugar realizado enquanto moeda universal. Antes de tudo é como meio de troca e de pagamento internacional que o ouro e a prata (como se viu anteriormente) aparecem enquanto moeda, e é desta manifestação que se abstrai o seu conceito de mercadoria geral. A limitação nacional, política, imposta à forma do dinheiro na sua qualidade de medida (pela fixação do padrão e subdivisão desta unidade) e que pode, no numerário, estender-se também ao seu conteúdo até levar os signos de valor emitidos pelo Estado a substituírem o metal real, é historicamente posterior ao aparecimento do dinheiro como mercadoria geral, moeda universal. E por quê? Porque ele aparece aqui simplesmente na sua forma concreta de moeda. A função de medida e a de meio de pagamento são duas de suas funções. Cumprindo-as, ele adota modos de existência particulares, por meio de uma posterior promoção à autonomia das suas funções. Vejamos: 1º A *moeda*. A princípio ela é apenas uma certa fração de peso de ouro; o cunho vem juntar-se-lhe como garantia, denominador do peso e, nesta qualidade, nada modifica ainda. É o próprio mecanismo da circulação que, da forma que era, metamorfoseia em substância esta marca que é a figura da moeda, isto é, a indicação do seu valor – o signo, o símbolo, promovido à autonomia deste valor; aqui intervém o Estado, visto que tal símbolo tem que ser necessariamente garantido pelo poder autônomo da sociedade: o Estado. Mas na realidade é como dinheiro, como ouro e prata, que o dinheiro desempenha um papel na circulação; ser moeda é simplesmente uma das suas funções. Nesta função ele particulariza-se e pode sublimar-se em puro signo de valor, que nesse caso tem necessidade de ser legalmente reconhecido e cujo reconhecimento deve poder ser legalmente imposto. 2º *Medida*. As unidades de medida do dinheiro e suas subdivisões não são originariamente, na verdade, senão frações de peso da moeda metálica; na qualidade de dinheiro, ele possui a mesma unidade de medida que a que serve para avaliar o seu peso. A desarticulação entre o sistema de medida dos metais preciosos e o sistema de medida da moeda ocorre somente quando nas peças de metal cunhado, correspondendo a estas subdivisões de peso de que acabamos de falar, o valor nominal se separa[15] do valor real; e assim, porquanto servem como medidas de valor, se dá um nome especial a frações determinadas de peso de metal. No comércio mundial, o ouro e a prata são avaliados simplesmente por seu peso – sem consideração pelo cunho que ostentam –, o que equivale a dizer que se faz abstração da sua qualidade de numerário. Aparecem no comércio internacional sob a forma ou ausência de forma que tinham na origem; e, quando servem de meio de troca, servem também sempre e simultaneamente de contravalor, de preço realizado, de equivalente real, tal como acontecia primitivamente na circulação interna. Quando servem de moeda, de simples meio de troca, servem ao mesmo tempo de valioso representante do valor. Suas outras funções são idênticas: servem de dinheiro em geral, sob a forma de tesouro (quer este seja concebido como estoque de provisões postas de lado para o futuro e que a sua matéria garante, quer como riqueza pura e simples) ou de meio de pagamento geral, independentemente das necessidades imediatas dos cambistas, ou satisfazendo apenas sua necessidade geral, ou até sua ausência de necessidade. Enquanto equivalente adequado, adormecido, retido fora da circulação por não ser objeto de nenhuma necessidade precisa, o dinheiro constitui uma provisão, uma garantia de mantimentos para o futuro; de um modo geral, é sob esta forma que o homem sem necessidades possui a riqueza, ou seja, é assim que se possui o supérfluo, a fração de riqueza imediatamente dispensável como valor de uso, etc. Ele é simultaneamente a garantia de satisfação de necessidades futuras, e a forma de riqueza situada para lá de qualquer necessidade.

O dinheiro, meio de troca e pagamento internacional, não é portanto, na realidade, uma das formas particulares do dinheiro: este é apenas um de seus usos enquanto dinheiro; são funções em que ele atua do modo mais evidente na sua forma simples e ao mesmo tempo concreta de dinheiro, em que realiza a unidade das funções de meio de circulação e de medida, não sendo nem uma coisa nem outra. É a sua forma principal. E só parece *particular* em relação à *particularização* que o dinheiro é suscetível de adotar enquanto medida e moeda, no que se chama a circulação interna.

Nesta medida, o ouro e a prata desempenham um importante papel na criação do mercado mundial. Por exemplo, a circulação do dinheiro americano no sentido oeste-leste, elo metálico desde o início dos tempos modernos entre a América e a Europa por um lado, entre a América e a Ásia, a Europa e a Ásia por outro (...). Moeda universal, o dinheiro é essencialmente indiferente à sua forma como meio de circulação: a matéria é tudo. Não se manifesta servindo para trocar o excedente, mas sim para saldar o excedente no processo de conjunto das trocas internacionais. Sua forma coincide aqui imediatamente com sua função de *mercadoria* em toda a parte acessível, com sua função de *mercadoria universal*.

Não interessa que o dinheiro que circula seja cunhado ou não. Os dólares mexicanos, os imperiais da Rússia são simplesmente a forma do produto das minas sul-americanas e russas. O soberano inglês presta o mesmo serviço porque não paga senhoriagem (TOOKE).

Como se comportam o ouro e a prata ante seus produtos imediatos, nos países em que são produtos imediatos, materialização de um gênero de trabalho particular? Nas mãos dos produtores, são diretamente produtos enquanto mercadorias, valores de uso que só o são para seu produtor, por sua alienação, ao serem lançados na circulação. Nas mãos dos produtores, eles podem começar por existir como tesouro, visto que não são produtos da circulação, que não foram retirados dela mas, pelo contrário, ainda não foram postos a circular. São diretamente permutáveis, proporcionalmente ao tempo de trabalho que contêm, pelas outras mercadorias, ao lado das quais existem todavia como mercadoria *particular*. Mas, por outro lado, são considerados ao mesmo tempo como produto, personificação do trabalho geral, o que não lhes acontece enquanto produto imediato; neste sentido, colocam o seu produtor na situação privilegiada de se apresentar imediatamente não como vendedor, mas sim como comprador. Para possuí-los sob a forma de dinheiro é necessário que os aliene enquanto produto imediato, contudo não tem necessidade do intermediário que é indispensável ao produtor de qualquer outra mercadoria. É vendedor até mesmo sob a forma de comprador. A ilusão de poder extrair o ouro e a prata – como se diretamente os puxássemos pelas orelhas[16] – da terra ou do leito dos rios sob a forma de riqueza geral e por conseguinte capaz de satisfazer todas as necessidades, mostra-se com toda a ingenuidade na seguinte narrativa:

> In the year 760 the poor people turned out in numbers to wash gold from the river sands south of Prague, and 3 men were able in the day to extract a mark (half a pound) of gold; and so great was the consequent rush to "the diggings", that in the next year country was visited by famine (KORNER, *Tratado sobre a antiguidade das minas na Boêmia*: Schneeberg, 1758[17]).

O dinheiro, transmitido na forma de ouro ou prata, pode ser em toda a parte transformado em meio de circulação.

> Money has the quality of being always exchangeable for what it measures[18]. (BOSANQUET) (...). Money can always buy other commodities, where as, other commodities cannot always buy gold (...). There must be a very considerable amount of the precious metals applicable and applied as the most convenient mode of adjustment of international balances (TOOKE)[19].

Foi sobretudo na qualidade de moeda internacional que no século XVI, período de infância da sociedade burguesa, o ouro e a prata atraíram o interesse exclusivo dos Estados e da economia política que ensaiava os primeiros passos. O papel específico do ouro e da prata no comércio internacional tornou-se perfeitamente claro e é reconhecido novamente pelos economistas a partir das grandes saídas de ouro e das crises de 1825, 1839, 1847 e 1857. Nesse momento são meios de pagamentos internacionais exclusivos e absolutos, são valor em si, equivalente geral. É essencial que o valor seja transmitido *in specie* [em espécie]; nem pode existir sob nenhuma outra forma de mercadoria.

> Gold and silver (...) may be counted upon to realise on their arrival nearly the exact sum required to be provided (...). Gold and silver possess an infinite advantage over all other descriptions of merchandise for such occasions, from the circumstance of their being universally in use as money[20].

(Fullarton apercebe-se de que o valor transmitido em ouro e prata o é em dinheiro e não em mercadoria; que é esta uma das funções específicas destes metais enquanto *dinheiro*; portanto comete um erro ao dizer que são transmitidos enquanto *capital*, introduzindo aqui relações que nada têm a ver com o assunto. O capital pode igualmente ser transmitido sob a forma de arroz, de barbante, etc.)

> It is not in tea, coffee, sugar or indigo, that debts, whether foreign or domestic, are usually contracted to be paid, but in coin; and a remittance, therefore, either in the identical coin designated, or in bullion which can be promptly turned into that coin through the Mint or Market of the country to wich it is sent, must always afford to the remitter the most certain, immediate, and accurate means of effecting his objects, without risk of disappointment from the failure of demand or fluctuation of price[21] (125, 126, FULLARTON, *op. cit.*).

Any other article (para o qual o que interessa é o valor de uso particular, que não é o dinheiro), "might in quantitly or kind be beyond the usual demand of the country to wich it is sent"[22] (TOOKE, *An Inquiry into the Currency Principle* etc... ed. Lond[on] 1844 [p. 10]).

A aversão que os economistas sentem em reconhecer esta determinação do dinheiro é um vestígio de suas velhas polêmicas contra o sistema monetário!

O dinheiro, meio de compra e de pagamento internacional, não constitui uma nova determinação. Pelo contrário, trata-se do mesmo dinheiro, manifestando no entanto uma universalidade correspondente à generalidade do seu conceito; é este o seu modo de existência mais adequado, aquele que lhe permite atuar de fato na qualidade de *mercadoria universal*.

A mesma peça de moeda pode mudar de lugar, consoante as diversas funções que o dinheiro desempenha. Pode ser hoje numerário e amanhã dinheiro, isto é, equivalente em repouso, sem modificar a sua forma exterior. O ouro e a prata, modos concretos de existência do dinheiro, distinguem-se essencialmente do signo de valor, que pode substituí-los na circulação interna, pelo seguinte: as peças de ouro e prata podem ser fundidas, transformadas em lingotes – e deste modo abolido o seu caráter local de numerário, adotam a sua forma indiferenciada; ou ainda: se o numerário for convertido em dinheiro, é o seu peso de metal que conta. Assim, ouro e prata podem tornar-se a matéria-prima de objetos de luxo, ou ser entesourados, ou emigrar para o estrangeiro como meio internacional de pagamento, suscetíveis de serem novamente convertidos em moeda nacional, em qualquer moeda nacional. Assumindo qualquer destas formas, eles conservam o seu valor. Ora, não é este o caso do signo de valor. Este só é símbolo no momento em que circula como tal, e só vale como símbolo quando tem atrás de si o poder do Estado. Deste modo votado à circulação, não pode retomar a forma indiferenciada, que permite ao dinheiro adotar qualquer cunho nacional continuando a ser valor, ou seja, que lhe permite, indiferente no seu modo de existência imediata, a qualquer cunho particular, servir de meio de troca e de matéria do entesouramento, ou ser convertido em mercadoria. Nenhuma destas formas lhe é imposta exclusivamente: o dinheiro reveste-as alternadamente, segundo as exigências da necessidade ou da tendência do processo de circulação. A não ser que seja mercadoria particular utilizada na fabricação de objetos de luxo, ele existe acima de tudo referenciado à circulação (não só à circulação interior) mas igualmente à circulação mundial. Entretanto existe ao mesmo tempo numa forma autônoma que se opõe à sua absorção por aquela. A moeda, pelo contrário, considerada isoladamente em si, isto é, simples signo de valor, só existe pela circulação e na circulação. Mesmo que seja acumulada, ela só pode existir na qualidade de numerário, visto que o seu poder cessa nas fronteiras do país que a emitiu. Excetuando as formas de entesouramento que resultam do próprio processo de circulação, e não são mais que suspensões, simples pausas – por exemplo, a constituição de uma provisão de numerário destinada à circulação ou reservada para os pagamentos a efetuar em moeda nacional –, não se trataria de um entesouramento; portanto não se pode falar de entesouramento propriamente dito, uma vez que, como signo de valor, o numerário não possui o elemento essencial do entesouramento, que é ser uma riqueza que não dependa de relações sociais determinadas, porque, além da sua função social, é o modo de existência imediato do valor e não um valor meramente simbólico. Por conseguinte, as leis que condicionam o signo de valor, que fazem dele esse símbolo, não regulam a moeda metálica, visto que esta não está inexoravelmente presa à função de moeda.

Além disso, é claro que o entesouramento, ou seja, o ato de retirar dinheiro da circulação e de o amealhar em certos pontos, é uma operação múltipla: pode ser uma acumulação temporária, resultante simplesmente da separação entre a compra e a venda, isto é, do próprio mecanismo imediato da circulação simples; ou uma acumulação proveniente da função do dinheiro enquanto meio de pagamento; finalmente, pode ser o entesouramento propriamente dito, a operação do indivíduo que quer fixar o dinheiro e conservá-lo na qualidade de riqueza abstrata, ou simplesmente enquanto excedente da riqueza de que dispõe e que ultrapassa suas necessidades imediatas, constituindo assim uma garantia para o futuro – ou então um agravamento de um bloqueio involuntário da circulação. Estas últimas formas, que apenas consideram a promoção à autonomia do valor de troca e sua existência adequada sob a forma imediatamente material de ouro, tendem cada vez mais a desaparecer na sociedade burguesa. As modernas formas do entesouramento, que emanam diretamente do mecanismo da circulação e condicionam a realização das suas funções, pelo contrário, conhecem um desenvolvimento maior; assumem no entanto formas diversas, que estudaremos com o sistema bancário. Mas na base da circulação metálica simples, verifica-se que as diferentes funções do dinheiro nas suas diversas determinações, ou melhor, que o processo da circulação, da troca de substância na sociedade, ocasionam o depósito do ouro e da prata em espécies sob tão múltiplas formas de tesouro em repouso, que estes diversos depósitos nunca limitam a função de meio de circulação que o dinheiro desempenha, não obstante a fração de dinheiro que existe também sob a forma de tesouros ver alterados sem cessar os seus elementos: com efeito, em toda a extensão da sociedade se produzem trocas ininterruptas entre as porções de dinheiro que desempenham esta ou aquela função e que transitam dos tesouros para a circulação nacional ou internacional, ou, pelo contrário, saem da circulação para serem absorvidas pelas reservas dos entesouradores, a menos que sejam transformadas em artigo de luxo. A exportação ou importação de dinheiro enche ou esgota alternadamente estes diversos reservatórios, produzindo um efeito semelhante à subida ou queda do conjunto dos preços na circulação interior, sem que a massa necessária à própria circulação ultrapasse o nível desejado em virtude de um excedente de ouro e de prata, ou caia abaixo desse nível. A quantidade desnecessária como meio de circulação é expulsa sob a forma de tesouro, num movimento inverso àquele em que a circulação absorve o tesouro, quando a necessidade deste se faz sentir. Por isso, entre os povos em que só existe circulação metálica, encontramos todas as formas de entesouramento, desde a do particular até a do Estado, que guarda o seu tesouro público. Na sociedade burguesa este processo resume-se às necessidades do processo de conjunto da produção e toma outras formas. Aquilo que, em condições mais primitivas, é um assunto de todas as pessoas privadas ou do Estado, aparece agora como um interesse particular exigido pela divisão do trabalho no processo de conjunto da produção. Mas a base é a mesma: é o dinheiro que continua a desempenhar as diversas funções desenvolvidas e até funções meramente ilusórias. Este estudo da circulação puramente metálica é tanto mais importante quanto todas as especulações dos economistas sobre formas mais elevadas, menos imediatas da circulação, dependem da sua concepção da circulação metálica simples. É evidente que: 1º sempre que nos referimos ao aumento ou diminuição do ouro e da prata, supomos que o seu *valor* se mantém, isto é, que o tempo de trabalho que a sua produção requer não mudou. A baixa ou alta da sua grandeza de valor, resultado da alteração do tempo de trabalho necessário à sua produção, não apresenta nenhuma particularidade que os distinga das outras mercadorias, por muito que possam comprometer a sua função de meio de pagamento; 2º os motivos que – com exceção da descida ou subida dos preços e da necessidade de comprar mercadorias a pessoas que não têm necessidade de nenhuma mercadoria em troca (nas épocas de fome e em casos de cobrança de impostos de guerra, por exemplo) – provocam autênticas sangrias nos tesouros ou os enchem de novo, portanto a operação do juro, não podem ser estudados aqui, visto que o dinheiro só nos interessa enquanto dinheiro e não como forma do capital. Por conseguinte, na base da circulação metálica simples e do comércio geral instituído sobre o pagamento em espécies, a massa de ouro e prata que se encontra num país deve ser necessariamente, e será sempre, maior que a massa de ouro ou prata em circulação sob a forma de numerário; o que não impedirá uma alteração quantitativa da relação entre a fração de dinheiro que funciona como dinheiro e a que desempenha as funções de numerário, nem tampouco que a mesma peça de moeda cumpra alternadamente uma ou outra destas duas funções, tal como irão variar as quantidades de dinheiro que servem na circulação interna e as que servem na circulação internacional, substituindo-se qualitativamente. Mas a massa de ouro e prata constitui um reservatório permanente das duas correntes da circulação. Serve-lhe ao mesmo tempo de canal de derivação e de canal de alimentação e é na medida em que desempenha a primeira destas funções que pode, naturalmente, desempenhar a segunda.

Enquanto valor de troca, qualquer mercadoria é divisível à vontade, por mais indivisível que seja o seu valor de uso, como, por exemplo, o de uma casa. A mercadoria como valor de troca divisível existe assim no seu preço, ou seja, enquanto valor calculado em dinheiro. Sob esta forma, ela pode ser alienada à vontade, fração a fração em troca de dinheiro. Embora indivisível e imóvel, a mercadoria pode ser posta em circulação por parcelas, graças a títulos de propriedade referindo-se a frações dessa mercadoria. O dinheiro exerce esta ação de decomposição sobre uma propriedade imobiliária, indivisível. "O dinheiro é o meio de fracionar a propriedade em inúmeros fragmentos e de consumi-la pedaço a pedaço por intermédio da troca" (BRAY). Sem o dinheiro haveria uma grande quantidade de objetos inalienáveis, que seria impossível trocar: só ele lhes confere uma existência independente da natureza do seu valor de uso e das relações deste.

> Para transformar objetos imóveis e imutáveis em bens móveis e próprios para troca, utiliza-se o dinheiro como régua e esquadro (*square*) para dar a estas coisas estimativa e valor (MISSELDEN, Londres, 1962).
> "The introduction of money which boys all things (...) brings in the necessity of legal alienation" (sc. of feudal estates) (124, DALRYMPLE, *An Essay towards a General History of Feudal Property in Great Britain*, 4.ª ed., Londres, 1759[23]).

Na realidade, todas as determinações que o dinheiro reveste – como medida de valores, meio de circulação e dinheiro propriamente dito – não fazem mais que traduzir as diversas relações em que os indivíduos participam no conjunto da produção, ou o seu comportamento ante sua própria produção enquanto produção social. Mas estas relações dos indivíduos entre si apresentam-se como *relações sociais* das coisas.

> Em 1593, as Cortes fizeram a Filipe II a seguinte exposição[24]:
> "As Cortes de Valladolid do ano de 1586 rogaram a V. M. que não permitisse a entrada no reino de velas, vidros, joias,

facas e outras coisas semelhantes vindas de fora, para trocar estes artigos tão inúteis à vida humana por ouro, como se os espanhóis fossem índios" (SEMPÉRÉ).

Todos escondem e enterram o seu dinheiro secreta e profundamente, mas sobretudo os pagãos (os muçulmanos), que são quase os únicos senhores do comércio e do dinheiro, crentes como estão de que o ouro e a prata que escondem durante[25] a vida lhes servirá depois da morte (BERNIER, *Voyages contenant la description des États du Grand Mogol*, etc. Tomo I, pp. 312-4, Paris, 1830), (Na corte de Aureng-Zebe).

Illi num consilium habent et virtutem et potestatem suam bestiae tradunt (...) et ne quis possit emere aut vendere, nisi qui habet characterem aut nomen bestiae, aut numerum nominis eju[26] (Apocalipse, Vulgata).

O grande efeito e o resultado final do comércio não é a riqueza pura e simples, mas sobretudo uma grande abundância de ouro e prata (...) que não são perecíveis nem bens tão transitórios como as outras mercadorias, mas constituem riqueza em todos os tempos e em todos os lugares.

(Seu caráter imperecível não resulta somente da inalterabilidade da sua matéria, mas também do fato de representarem sempre *riqueza* e de revestirem de modo permanente a forma determinada do valor de troca.)

Um excedente de vinho, de grão, de aves de criação, de carne representa riquezas, *hic et nunc*[27] (dependem do seu valor de uso particular). "Além disso, a produção de mercadorias, ou o comércio, que dotam[28] um país de ouro e prata, são mais vantajosas que qualquer outra operação" (PETTY, *Political Arith* [metick]. Londres, 1699, pp. 178, 179).

"Somente o ouro e a prata não são perecíveis" (não deixam nunca de ser valor de troca), "mas apreciados *como riqueza* sempre e em toda parte." [A utilidade de valores de uso particulares é determinada no tempo e no espaço, tal como as necessidades que eles satisfazem); "tudo o mais não passa de riqueza *pro hic et nunc*"[29] (*Op. cit.*, p. 196).

A riqueza de cada nação consiste principalmente no papel que ela desempenha no comércio externo com o mercado mundial (*the whole commercial world*) bem mais do que no comércio interno de produtos alimentares, bebidas e vestuário, que rendem pouco ouro e prata, riqueza universal (*universal wealth*, p. 242).

Tal como o ouro e a prata são, em si, a riqueza universal, do mesmo modo a sua posse se apresenta como o produto da circulação mundial, e em primeiro lugar da circulação que as conexões imediatas, naturais e morais, limitam.
Poderíamos ficar surpreendidos pelo fato de Petty, que chama à terra "mãe da riqueza" e ao trabalho "pai", que ensina a divisão do trabalho e, em geral, partindo de uma concepção de genial audácia, considera não o produto isolado, mas o processo de produção, parecer aqui completamente preso à linguagem e às ideias dos partidários do sistema monetário. Mas é preciso não esquecer que segundo sua hipótese – como, aliás, segundo a hipótese burguesa em geral – o ouro e a prata são a forma adequada do contravalor, cuja apropriação se procura sempre pela simples alienação de mercadorias, isto é, graças ao *trabalho*. Produzir para produzir, ou seja, desenvolver as forças produtivas da riqueza sem olhar aos limites das necessidades ou dos prazeres imediatos, é enunciado na obra de Petty desta forma: produzir e trocar, não para satisfazer os prazeres perecíveis, em que se dissolvem todas as mercadorias, mas sim para obter ouro e prata. É a paixão universal de enriquecer que se apoderou da nação inglesa no século XVII, essa paixão veemente e sem escrúpulos, que Petty revela nestas passagens, estimulando-a.

> Em primeiro lugar. – Inversão da função do dinheiro: de meio que era, transforma-se no fim em si e diminui as outras mercadorias:
> A matéria natural do comércio é a mercadoria (*merchandize*) (...). A matéria artificial do comércio é o dinheiro (...). Ainda que, por ordem natural e cronológica, o dinheiro venha depois da mercadoria, tornou-se entretanto, tal como está atualmente em uso (na sua utilização atual), o essencial. (Chef.)

Assim se exprime Misselden, negociante londrino, na sua obra *Free Trade or the Means to Make Trade Florish*, Londres, 1622 (p. 7). Compara a mudança de posição da mercadoria e do dinheiro ao destino dos dois filhos do velho Jacob, que pôs a mão direita sobre o mais jovem e a esquerda sobre o mais velho (*op. cit.*).

A oposição entre o dinheiro como tesouro e as mercadorias, cujo valor de troca se extingue uma vez cumprida a sua função final de valores de uso[30]:

> A causa geral remota da nossa penúria de dinheiro[31] reside no grande excesso de consumo que este reino faz de mercadorias de países estrangeiros, que se verifica serem para nós *discommodities* [quinquilharia inútil] em vez de *commodities* [mercadorias úteis]: porque nos defraudam tanto o tesouro que, de outro modo, importaríamos em vez destes brinquedo (*toys*) (...) Entre nós consome-se uma quantidade muito exagerada de vinhos da Espanha, da França, do Reno, do Levante; as passas da Espanha, as uvas de Corinto, do Levante, os *lawmes* (espécie de tecido fino) e os *cambricks* (cambraias) de Hainan e dos Países Baixos, as sedas da Itália, o açúcar e o tabaco das Índias Ocidentais, as especiarias das Índias Orientais, tudo isto não é para nós de uma necessidade absoluta e, no entanto, compramos (...). Já Catão, o Velho dizia: *Patrem familias vendacem non emacem esse* [*oportet*][32] (*op. cit.*, pp. 11-3).
>
> Quanto mais aumentam as reservas de mercadorias, mais diminuem as que existem sob a forma de tesouro (*in treasure*) (p. 23).

Escreve ainda, a propósito da circulação no mercado mundial, que não faz voltar o dinheiro ao seu ponto de partida, e especialmente a propósito do comércio com a Ásia:

> O dinheiro é reduzido pelo comércio fora da Cristandade, com a Turquia, a Pérsia e as Índias Orientais. Na maior parte destes casos o comércio é feito com dinheiro sonante, mas

no interior da Cristandade o comércio é completamente diferente. Porque, ainda que no interior da Cristandade o comércio se faça com dinheiro sonante, nem por isso o dinheiro deixa de se conservar no interior das suas fronteiras. Com efeito, há uma corrente e contracorrente, um fluxo e refluxo de dinheiro no comércio feito no interior da Cristandade, porque às vezes ele é mais abundante num sítio e falta noutro, consoante há escassez em um país e superabundância em outro: vai, vem, rodopia no círculo da Cristandade, mas fica sempre fechado nos limites da sua esfera. O dinheiro com o qual se faz comércio no exterior da Cristandade, nos países acima referidos, esse parte e nunca mais regressa (*op. cit.*, pp. 19-20).

O mais antigo teórico alemão da economia política, o Dr. Martinho Lutero, lamenta-se como Misselden:

Ninguém pode negar a necessidade de comprar e vender, atos sem os quais não podemos passar e de que podemos fazer uso, particularmente em relação aos objetos que servem as nossas necessidades e a nossa honra. Os próprios patriarcas também venderam e compraram gado, lã, trigo, manteiga, leite e outros bens. São dons de Deus, que os extrai da terra e partilha entre os homens. Mas o comércio com o estrangeiro, que importa de Calicute, das Índias e de outras paragens mercadorias como essas sedas preciosas, essas ourivesarias e estas especiarias que só servem à ostentação e não têm utilidade, e que sugam o dinheiro do país e das pessoas, não seria tolerado se tivéssemos um governo e príncipes. Mas neste momento não pretendo escrever sobre este assunto, porque me parece que isto acabará finalmente por si, tal como o luxo e a boa mesa, quando o dinheiro se acabar; também não valerá de nada escrever e dar lições enquanto a necessidade e a pobreza não nos constrangerem. Deus fez assim, a nós, alemães, que atiramos o nosso ouro aos países estrangeiros, enriquecendo deste modo o mundo inteiro e continuando como mendigos. Certamente a Inglaterra teria menos ouro se a Alemanha prescindisse dos seus lençóis, e o rei de Portugal também teria menos se lhe deixássemos as suas especiarias. Fazei os cálculos do dinheiro que uma feira de Frankfurt faz sair dos países alemães sem necessidade nem razão, e ficareis admirados por ainda existir um real em terra alemã. Frankfurt é a fenda de prata e ouro, por onde se escoa para fora da Alemanha tudo o que brota e cresce, tudo o que é cunhado entre nós; se esta brecha fosse vedada não se ouviriam mais queixas de que por todo o lado só há dívidas e nenhum dinheiro, que os campos e cidades estão sobrecarregados de juros e arruinados pela usura. Mas, deixem estar, mesmo assim isto vai andando; o que é preciso é não desistir (Bücher von Kaufhandel und Wucher, 1524[33]).

Boisguillebert, que, na economia política francesa, ocupa uma posição tão importante como Petty em relação à economia inglesa, um dos mais ferrenhos adversários do sistema monetário, ataca o dinheiro nas suas diversas formas, cada vez que ele surge como *valor exclusivo* em face de outras mercadorias, *meio de pagamento* (para ele sobretudo nos impostos) e *tesouro*. (A existência específica do valor no dinheiro parece-lhe um fato relativamente sem valor, uma degradação das outras mercadorias.)

As citações de Boisguillebert são reproduzidas segundo a edição de suas obras completas por DAIRE: *Economistes financiers du XVIII siècle*, vol. I, Paris, 1843.

Como o ouro e a prata não são e nunca foram uma riqueza em si, só valem em relação e na medida em que podem obter as coisas necessárias à vida, às quais servem apenas como garantias e avaliação – é indiferente ter mais ou menos, contanto que possam produzir os mesmos efeitos. (Cap. VII. Primeira parte. *Le Détail de la France*, 1697.)

A quantidade de dinheiro [não][34] afeta a riqueza nacional "*desde que haja o suficiente para suster*[35] *os preços contraídos pelos gêneros necessários à vida*" (*op. cit.*, parte II, cap. XVIII, p. 209). (Por conseguinte, Boisguillebert enuncia aqui esta lei: a quantidade dos meios de circulação é determinada pelos preços e não inversamente.) Que o dinheiro não passa de uma simples forma da mercadoria, vê-se no comércio por atacado, onde a troca se faz sem a intervenção do dinheiro, depois de as "mercadorias terem sido avaliadas"; "o dinheiro é apenas o *meio e encaminhamento*, ao passo que os gêneros úteis à vida são *o objetivo e o fim*" (*op. cit.*, p. 210). O dinheiro deve ser somente meio de circulação, deve ser sempre *móvel*; não deve nunca transformar-se em tesouro, em "imóvel". Deve estar "em contínuo movimento, o que só pode acontecer quando é *móvel* (...); mas, logo que se torna *imóvel* (...), tudo está perdido" (*op. cit.*, parte I, cap. XIX, p. 213). Em oposição às finanças, para quem o dinheiro funciona como o único objeto: "*a ciência financeira* é o conhecimento profundo dos interesses da agricultura e do comércio" (p. 241, *op. cit.*, parte III, cap. VIII). Boisguillebert, com efeito, apenas se interessa pelo conteúdo material da riqueza, pela fruição, pelo valor de uso: "a verdadeira riqueza (...) é a fruição total, não só do que é necessário à vida, mas ainda de tudo o que é supérfluo e de tudo aquilo que apraz à sensualidade" (p. 403, *Dissertation sur la nature des richesses, de l'argent et des tributs*).

> Fizeram-se ídolos destes metais (o ouro e a prata), e esquecendo o objetivo e a intenção com que tinham sido convocados para o comércio – para servir como garantia na troca e para a transmissão recíproca (...) –, foram praticamente dispensados desse serviço e transformados[36] em divindades a que se sacrificou e sacrifica todos os dias[37] mais bens e necessidades essenciais e até homens do que toda a cega Antiguidade imolou às suas falsas divindades que durante tanto tempo formaram todo o culto e toda a religião da maioria dos povos (*op. cit.*, p. 395).
>
> A miséria dos povos é o resultado de terem feito um senhor, ou melhor, um tirano, daquele que era um escravo (*op. cit.*).

É necessário vencer esta "usurpação" e "repor as coisas no seu estado natural" (*op. cit.*). Com esta paixão abstrata da riqueza,

> a equivalência que ele (o dinheiro) deve manter com todos [os] outros gêneros para estar pronto a ser trocado em qualquer momento sofreu um grande golpe (p. 399). Eis que o escravo do comércio se transformou no seu senhor (...). Esta facilidade característica do dinheiro em servir todos os crimes leva-o a aumentar os seus honorários na proporção em que a corrupção se apodera dos corações; certamente quase todas as perversidades seriam banidas de um Estado, se pudéssemos fazer outro tanto a [este] funesto metal (p. 399).

A depreciação das mercadorias, com vista a convertê-las em dinheiro (pela venda abaixo do seu valor), é a causa de toda a *miséria* (veja cap. V., *op. cit.*). E é neste sentido que ele diz "o dinheiro (...) tornou-se o carrasco de todas as coisas" (p. 413, *op. cit..*). Compara os artifícios da finança para conseguir dinheiro ao "alambique que fez evaporar uma quantidade espantosa de bens e de gêneros acabando por depositar aquele resíduo fatal [ao mestre]" (p. 419). Através da depreciação dos metais preciosos "será dado aos próprios gêneros o justo valor" (422, *op. cit.*), "o dinheiro (...) declara guerra (...) a todo o gênero humano" (p. 417). Esta é também a opinião de PLÍNIO: *História Naturalis*, 1. XXXIII, c[aput] II, [sectio 14]. Pelo contrário:

O dinheiro enquanto moeda universal:

> É cosi fattamente diffusa per tutto il globo terrestre la communicazione de'popoli insieme, che puó quase dirsi esser il mondo tutto divenuto una sola città in cui se fa perpetua fiera d'ogni mercanzia, e dove ogni uomo di tutto ció che la terra, gli animali e l'umana industria altrove producono, puô mediante il danaro stando in casa provvedersi e godere. Moravigliosa invenzione[38]! MONTANARI (Gemininiano): *Del-*

la Moneta. Escrito cerca de 1683. Na antologia de Custodi. Parte Antiga. Tomo III, p. 40.

Estin dé poda pós tó guénos utos? Plúsiós. (Athen [aei] *Deipnosoph* [istae], l[iber] IV, [sectio] 49, [p. 159[39]].)

"Sed a nummo prima origo avaritiae (...). Haec paulatim (...) exarcit rabie quadam, non jam avaritia, sed fames auri"[40] (PLIN[ius]: *Hist[oria] Nat[uralis]*, l[iber] XXXIII, c[aput] III, [sectio] XIV).

"Sed a nummo prima origo avaritiae (...). Haec paulatim (...) exarcit rabie quadam, non jam avaritia, sed fames auri"[41] (PLIN[ius]: *Hist[oria] Nat[uralis]*, l[iber] XXXIII, c[aput] III, [sectio] XIV).

> Udén gár andrôpoisin, oin árgurós,
> Cacón nómim' eblaste, tútó caí póleis
> Pordei, tód, ándras ecsanistêsin dómôn,
> Tód' eccidiásquei cai paralássei frénas
> Khrussiás, prós aiskhrá [pragmath' istasthai broton.
> Panurguiás d'édeicsen] anthrôpois ékhein,
> Caí pantós érgu dussébeian eidénai.

(SÓFOCLES: *Antígona* [295-301][42].)

O dinheiro, riqueza meramente abstrata – na qual se extingue qualquer valor de uso particular, logo, igualmente qualquer relação individual entre proprietário e mercadoria –, cai mesmo assim em poder do indivíduo enquanto pessoa abstrata e comporta-se de modo totalmente estranho e exterior à sua individualidade. Mas ao mesmo tempo faz do poder geral o poder privado deste indivíduo. Contradição [sublinhada] por Shakespeare (por exemplo)[43].

> Gold? yellow, glittering, precious gold?...
> Thus much of this, will make black, white; foul, fair;
> Wrong, right; base, noble; old young; coward, valiant.
> Ha, you gods! Why this? What this, you gods? Why this
> Will lug your priests an servants from your sides;

Pluck stout men's pillows from below their heads:
This yellow slave
Will knit and break religions; bless th'accurs'd;
Make the hoar leprosy ador'd; place thieves,
And give them title, knee, and approbation,
With senators on the bench; this is it
That makes the wappen'd widow wed again;
She, whom the spital-house an ulcerous sores
Would cast the gorge at, this embalms and spices
To th'April day again. Come, dammed earth,
Thou common whore of mankind.[44]

Aquilo que se entrega em troca de tudo e pelo qual tudo se entrega surge como o meio de corrupção e de prostituição geral[45].

> "Illi unum consilium habent et virtutem et potestatem suam bestiae tradunt. Et ne quis possit emere aut vendere nisi qui habet characterem aut nomen bestiae aut numerum niminis ejus"[46]
>
> (*Apocalipse*, cap. XIII, v. 17).

4.º OS METAIS PRECIOSOS, SUBSTRATO DA FUNÇÃO MONETÁRIA[47]

O processo de produção burguês começa por se apropriar da circulação metálica como de um organismo que lhe é transmitido pronto a funcionar, que sem dúvida se transforma pouco a pouco, conservando sempre, no entanto, sua estrutura fundamental. Além disso, a questão de saber por que são o ouro e a prata e não outras mercadorias que servem de matéria da moeda, não é no quadro do sistema burguês que é proposta e, por conseguinte, limitar-nos-emos a sublinhar resumidamente os pontos de vista mais essenciais. A resposta é simples: as qualidades naturais específicas dos metais preciosos, isto é, suas qualidades como valores de uso, correspondem às suas funções econômicas e habilitam-nos a servir como substrato da função monetária, com vantagem sobre todas as outras mercadorias.

À semelhança do próprio tempo de trabalho, é necessário que o objeto que deve ser considerado como sua encarnação específica seja suscetível de apresentar diferenças puramente quantitativas, o que supõe a identidade, a uniformidade da qualidade. Esta é a primeira condição para que uma mercadoria desempenhe a função de medida de valores. Se, por exemplo, avaliasse todas as mercadorias em bois, peles ou cereais, etc., ser-me-ia necessário, com efeito, medi-las em bois médios ideais, peles e cereais médios ideais, visto que de boi para boi, de cereal para cereal, de pele para pele, existem diferenças qualitativas; há diferença no valor de uso de vários exemplares da mesma espécie. Esta exigência de indiferenciação qualitativa, independentemente do lugar e do tempo, e portanto esta exigência de identidade para uma mesma quantidade, é, deste ponto de vista, a primeira condição. A segunda, que resulta igualmente da necessidade de apresentar diferenças puramente quantitativas, é uma grande divisibilidade e a possibilidade de reunir de novo as frações obtidas, de modo que, consoante a grandeza de valor da mercadoria, o equivalente geral possa ser fracionado sem contudo comprometer seu valor de uso. Corpos simples, que só conhecem divisões quantitativas, o ouro e a prata podem ser apresentados sob a mesma forma, afinados ao mesmo grau. A identidade da qualidade. Igualmente divisíveis e podendo ser recompostos. Em relação ao ouro pode mesmo dizer-se que é o metal mais antigo que se conhece, o *primeiro metal descoberto*. É a própria natureza que nas grandes lavanderias de ouro que são os rios toma a seu cargo a técnica, exigindo do homem, para a descoberta do metal precioso, apenas um trabalho rudimentar, nem ciência nem instrumentos de produção avançados:

The precious metals uniform in their physical qualities, so that equal quantities of it should be so far identical as to present no ground for prefering those on to the others. This as not the case with equal numbers of cattle and equal quantities of grain[48].

Do mesmo modo se encontra o ouro num estado mais puro que todos os outros metais: isolado, sob uma forma cristalina pura, "separado dos corpos que aparecem habitualmente", raramente misturado com outros metais com exceção da prata. O ouro "isolado, individualizado": "Gold differs remarkably from the other metals, with a very few exceptions, in the fact, that it is found in nature in its *metallic state*"[48a] (os outros metais são extraídos sob a forma de minerais [no estado químico]).

Iron and copper, tin, lead and silver are ordinarily discovered in chemical combination[s] with oxygen, sulphur, arsenic, or carbon; and the few exceptional occurences of these metals in an uncombined, or, as it was formerly called, virgin state, are to be cited rather as mineralogical curiosities than as common production[s]. Gold, however, is always found native or metallic (...). Again gold, from the circumstance of its having been formed in those rocks which are most exposed to the atmospheric action, is found in the debris of the mountains; (...) the fragments of those rocks broken off (...) born[e] by floods into the valleys, and rolled into pebbles by the contant action of flowing water[49].

O ouro deposita-se em virtude do seu peso específico. Deste modo é possível encontrá-lo no leito dos rios e nos terrenos de aluvião. O ouro dos rios foi o primeiro a ser descoberto. (A lavagem dos lodos é anterior à exploração das minas.) (...) "Gold most frequently occurs pure, or, at all events, so nearly so that its metalic nature can be at once recognized"[50], tanto nos cursos de água como nos filões de quartzo.

Rivers are, indeed, greet natural cradles, sweeping off all the lighter and finer particles at once, the heavier ones either sticking against natural impediments or being left whenever the current slackens its force or velocity (...). In almost all, perhaps in all the countries of Europe, Africa, and Asia, greater or smaller quantities of gold have from early times been washed by simple contrivances from the auriferous deposits, etc.[51]

A lavagem do ouro e o trabalho nas jazidas auríferas são tarefas muito simples em comparação com a exploração mineira (e portanto também com a exploração mineira do ouro) que "is an art requiring the employment of capital and more collateral sciences and arts"[52] do que qualquer outra indústria [lavagem do minério assegurada pela natureza].

O valor de troca em si supõe uma substância comum e a redução de todas as diferenças a diferenças meramente quantitativas. Na função do dinheiro como medida de valores aquelas diferenças reduzem-se a simples quantidades da mercadoria que serve como medida. É o caso dos metais preciosos, que se apresentam assim como a substância natural em si do valor de troca.

> I metalli han questo di proprio e singolare che in essi soli tutte le ragioni si riducono ad una che é la loro quantitá, non avendo ricevuto dalla natura diversa qualitá, nè nell'interna loro constituzione né nell'esterna forma e fattura[53] (GALIANI, *op. cit.*, p. 130).

(*Sameness of quality* in all parts of the world; admit of minute division and exact apportionment.)[54] O fato de apenas existirem diferenças quantitativas é igualmente importante para o dinheiro como meio de circulação (numerário) e meio de pagamento: com efeito, ele não possui individualmente; existem muitas peças singulares de moeda, mas não interessa que vos restituam a mesma *peça*: interessa, sim, que vos deem uma quantidade igual da mesma matéria.

Money is returned in kind only; which fact (...) distinguishes this (...) agent from all other machinery (...) indicates the nature of its service-clearly proves the singleness of its office (OPDYKE).[55]

A diversidade de funções que o dinheiro desempenha permite-lhes representar concretamente a alteração das formas determinadas desse dinheiro. A esta diversidade de funções que o dinheiro deve desempenhar, quer ele seja mercadoria geral, numerária, matéria-prima de artigos de luxo, elemento da acumulação, etc., corresponde à faculdade que têm o ouro e a prata de recuperar o seu estado metálico puro por meio de uma simples fusão, e ainda de passar deste estado a qualquer outro: por conseguinte, o ouro e a prata não estão eternamente sujeitos, como acontece com outras mercadorias, à forma determinada de uso que lhes deram. De lingotes podem ser transformados em numerário e vice-versa, sem com isso perder seu valor de matéria-prima, sem pôr em perigo os processos de produção e de consumo. Como *meio de circulação*, o ouro e a prata têm sobre as restantes mercadorias a vantagem de sua densidade natural elevada – que lhes confere um peso relativamente grande em comparação com o pequeno espaço que ocupam – corresponder a uma densidade econômica que lhes permite encerrar (materializar) num pequeno volume uma quantidade relativamente elevada de tempo de trabalho, ou seja, um grande valor de troca. Esta capacidade está naturalmente relacionada com sua relativa escassez na natureza. Daí a facilidade de transporte, de transferência, etc.; numa palavra, facilidade da circulação real, o que é evidentemente a condição primeira para que possam desempenhar sua função econômica de meio de circulação.

Finalmente, enquanto modo de existência imóvel do valor, matéria do entesouramento, é de assinalar a sua indestrutibilidade relativa, a sua duração eterna, a propriedade de não oxidarem em contato com o ar ("o tesouro que nem as traças nem a ferrugem conseguem destruir"), a alta temperatura de fusão, a propriedade, especialmente no caso do ouro, de não ser solúvel nos ácidos, com exceção apenas do cloro livre (água-régia, mistura de ácido clorídrico e ácido nítrico). Falta sublinhar ainda um elemento essencial: *as qualidades estéticas* do ouro e da prata, que fazem destes metais a substância adequada para exprimir diretamente o supérfluo: enfeites, luxo, o natural desejo de brilhar nos dias festivos e a riqueza em si. O brilho das cores, a maleabilidade, a faculdade de se deixarem talhar em instrumentos, de serem utilizados tanto na magnificência como em todo o gênero de outros objetos. O ouro e a prata são, em sua pureza inata, como uma espécie de luz que o homem extrai do mundo subterrâneo. Independentemente de sua raridade, a grande maleabilidade do ouro e da prata torna-os impróprios para serem utilizados como instrumentos de produção em comparação com o ferro e mesmo com o cobre (no estado endurecido em que foi utilizado na Antiguidade). Ora, o valor de uso dos metais depende, na maioria dos casos, do seu papel no processo imediato de produção. O ouro e a prata, além de não serem objetos de uso indispensável, são excluídos desta utilização.

> O numerário [deve] ter um valor [de uso] direto (...) [mas fundamental numa necessidade fictícia], a sua matéria [não deve ser] indispensável à existência do homem, porque toda a quantidade que existe é empregada como numerário [dinheiro em geral, mesmo aquele que é acumulado sob a forma de tesouro], e não pode ser empregado individualmente, deve circular continuamente (STORCH, 1. II, pp. 113, 114, *op. cit.*).

(A própria fração acumulada sob a forma de tesouro não pode ser empregada "individualmente", uma vez que a acumulação consiste precisamente em conservá-la intacta.)

Eis, portanto, um primeiro aspecto da natureza do ouro e da prata enquanto valor de uso: são matérias *perfeitamente dispensáveis*, que não intervêm nem na satisfação das necessidades imediatas enquanto objetos do consumo, nem tampouco no processo de produção imediato enquanto agentes. Deste ponto de vista, não deve haver conflito entre o valor de uso do dinheiro e sua função como tesouro (moeda) ou como meio de circulação, nem entre a necessidade de metais preciosos enquanto valor de uso individual e a sua necessidade enquanto dinheiro numa das suas numerosas determinações, que resulta da circulação, da própria sociedade. Mas trata-se apenas do aspecto negativo.

Arengando contra o dinheiro, Pedro Martyr, que parece ter sido um grande apreciador de chocolate, diz, referindo-se aos *bags of cacao* (sacos de cacau) que, entre outras coisas, serviam também como moeda para os mexicanos (*De Orbe novo*):

> O felicem monetam, quae suavem utilemque praebet humano generi potum, et a tartarea peste avaritiae suos immunes servat possessores, quod suffodi aut diu servari nequeat.[56]

Por outro lado, o ouro e a prata não têm somente o caráter negativo do supérfluo, isto é, de coisas dispensáveis: suas qualidades estéticas, fazendo deles a matéria do luxo, dos adornos, da suntuosidade, transformam-nos em formas positivas do supérfluo ou em meios de satisfazer necessidades que transcendem as exigências cotidianas e as necessidades estritamente naturais. Daí o seu valor de uso intrínseco, independentemente da sua função como dinheiro. Mas, tal como são os representantes naturais de relações puramente quantitativas – em virtude da identidade da sua qualidade –, do mesmo modo, no seu uso individual, eles são os representantes do supérfluo e, por conseguinte, da riqueza em si, quer em virtude das suas qualidades estéticas naturais, quer por seu alto preço.

Ductilidade, uma das qualidades que tornam o ouro e a prata aptos a serem utilizados como enfeites. Fascínio para o olhar. O valor de troca é, em primeiro lugar, o excedente dos valores de uso necessário, destinado a ser trocado. Este excedente é trocado pelo supérfluo puro e simples, isto é, que ultrapassa o quadro das necessidades imediatas; é trocado por objetos destinados aos dias de festa em oposição ao cotidiano. Em si, o valor de uso traduz, antes de tudo, a relação dos indivíduos com a natureza; o valor de troca ao *lado* do valor de uso traduz o seu ascendente sobre os valores de uso de outrem, as suas relações sociais: aliás, inicialmente os valores de objetos que rompem o quadro das necessidades imediatas são ainda valores que se usam nos dias de festa.

A cor *branca* da prata, que reflete todos os raios luminosos na sua mescla primitiva; a cor *alaranjada* do ouro, que absorve todos os raios luminosos coloridos da luz complexa que o ilumina e apenas reflete o vermelho.

Acrescentar aqui o que foi dito recentemente sobre os países exploradores de minas. [Na sua história da língua alemã, *Grimm* mostra a relação entre os nomes do ouro e da prata e a cor][57].

Vimos que o ouro e a prata não preenchem as condições que lhes são exigidas enquanto valores de troca promovidos à autonomia, enquanto moeda que tem uma existência imediata: serem *valores de grandeza constante*. Sua qualidade de mercadorias particulares entra aqui em conflito com a sua função como dinheiro. Todavia, como já Aristóteles observou, a sua grandeza de valor é mais constante que a da média das outras mercadorias. Independentemente do efeito geral que uma alta ou uma depreciação dos metais preciosos produz em todas as relações econômicas, as flutuações da relação de valor entre o ouro e a prata têm uma particular importância para a própria circulação metálica, porque ambos estes metais servem sem cessar, paralelamente, como matéria da moeda, quer no mesmo país, quer em países diferentes. As causas puramente econômicas destas alterações sucessivas – as conquistas e outras perturbações políticas, que tinham na Antiguidade uma grande influência sobre o valor dos metais preciosos, transcendem o quadro meramente econômico do nosso estudo –, é preciso procurá-las na variação do tempo de trabalho necessário para produzir uma igual quantidade destes metais. Por seu lado, esse tempo dependerá quer das quantidades relativas de metais preciosos existentes no globo terrestre, quer da maior ou menor dificuldade em consegui-los no estado metálico puro. Como consequência do que dissemos até aqui, resulta, para já, que o ouro, apesar da sua maior raridade absoluta, foi descoberto antes da prata e durante muito tempo foi relativamente desvalorizado em relação àquela. O ato de extrair o ouro dos rios ou dos terrenos de aluvião não requer, com efeito, nem a perfuração de minas, nem nenhum tratamento químico ou mecânico. Assim, a afirmação de Estrabão de que numa tribo árabe trocavam 10 libras de ouro por 1 libra de ferro e 2 libras de ouro por 1 libra de prata já não parece nada inverossímil. Por outro lado, é evidente que à medida que a produtividade do trabalho social e a tecnologia se desenvolvem, o que provoca um aumento de preço do trabalho simples, à medida que se esgotam as fontes iniciais de abastecimento de ouro à superfície da terra e a crosta terrestre é perfurada cada vez em mais pontos, a raridade ou a abundância destes dois metais terá uma influência essencial sobre a produtividade do trabalho, o que provocará um aumento da taxa de valor do ouro em relação à prata. Mas nunca é a relação quantitativa absoluta entre as reservas naturais conhecidas destes dois metais, apesar de este ser um elemento essencial do tempo de trabalho necessário à sua produção, que determina a relação dos seus valores. É, sim, o próprio tempo de trabalho. Assim se explica que se calculasse em 52 para 1 a relação entre a prata e o ouro e, segundo a Academia das Ciências de Paris (1824), a relação dos seus valores fosse apenas de 15 para 1.

Num dado estágio de desenvolvimento da produtividade do trabalho social, a descoberta alternada de novas jazidas auríferas e argentíferas deve pesar num dos pratos da balança de modo cada vez mais decisivo.

Ora, o ouro tem sobre a prata a vantagem de poder ser encontrado não só nas minas, mas também nos terrenos de aluvião. É pois muito provável que se verifique de novo um movimento inverso na relação de valor do ouro e da prata: uma quebra de valor do ouro em relação ao da prata. A exploração das minas de prata depende dos progressos da tecnologia e da civilização em geral. Admitidos estes, todas as variações dependem da descoberta de ricas jazidas auríferas ou argentíferas. Em suma, assistimos presentemente a uma repetição do mesmo movimento na variação da relação de valor entre o ouro e a prata. Os dois movimentos anteriores começaram com uma depreciação relativa do ouro, terminando com uma subida do seu valor. O último começa com a subida do ouro e parece orientar-se no sentido do retorno à relação inicial em comparação com a prata, que era menos elevada que hoje em dia. Na antiga Ásia, a taxa ouro-prata era de 6 para 1 ou de 8 para 1 – menor ainda nas *leis de Manu*[58] (estas taxas mantinham-se ainda na China e no Japão no começo do século XIX); a proporção de 10 para 1, taxa em vigor na época de Xenofonte, pode ser considerada a taxa média da Antiguidade greco-romana. No fim da época romana – as minas de prata exploradas na Espanha por Cartago desempenharam na Antiguidade um papel semelhante à descoberta da América nos tempos modernos – encontramos mais ou menos a mesma relação que se estabeleceu após a descoberta da América, ou seja, 14 ou 15 para 1, embora se tenha notado frequentemente em Roma uma depreciação maior da prata.

Na Idade Média encontra-se novamente, como na época de Xenofonte, uma taxa média de 10 para 1, apesar de as variações locais atingirem uma extrema amplitude precisamente nessa época. A relação média nos séculos que se seguem à descoberta da América é de 15 para 1 ou 18 para 1. As recentes descobertas de ouro permitem prever que essa taxa será uma vez mais reduzida a 10 para 1 ou até 8 para 1; de qualquer modo, o movimento da relação de valor tem agora um sentido inverso ao que seguia desde o século XIV. Mas ainda não chegou o momento de aprofundar mais este problema particular.

5.º *MANIFESTAÇÕES DA LEI DE APROPRIAÇÃO NA CIRCULAÇÃO SIMPLES*

Trata-se agora de apreender as relações econômicas dos indivíduos – que são os agentes da troca – em toda a sua simplicidade, tais como elas se manifestam no processo de troca que estamos descrevendo, sem as referirmos a relações de produção mais desenvolvidas. As formas econômicas determinadas constituem precisamente a determinação em que eles entram em relação uns com os outros (em que eles se enfrentam).

> O trabalhador tem um direito exclusivo sobre o valor que resulta do seu trabalho (CHERBULIEZ, p. 48, *Riche ou pauvre*, Paris, 1841).

Os agentes do processo de troca apresentam-se, antes de tudo, como *proprietários* de mercadorias. Ora, na base da circulação simples, só existe um método para *entrar na posse* de uma mercadoria, que é fornecer um novo equivalente; logo, a propriedade da mercadoria *anterior* à troca, isto é, a posse de uma mercadoria de que não nos apropriamos por intermédio da circulação, mas que, pelo contrário, deve ainda dar entrada nesta, tem diretamente origem no trabalho do indivíduo que a possui e o trabalho será assim o modo primitivo de apropriação. Enquanto valor de troca, a mercadoria é simplesmente produto, *trabalho materializado*. Ao mesmo tempo, ela é a objetivação do indivíduo cujo trabalho representa; a sua própria existência objetivada para outro, produzida por ele. Contudo, a produção das mercadorias não faz parte do processo de troca tal como ele pode ser analisado nas diferentes fases da circulação. Pelo contrário, partimos do princípio de que as mercadorias existem como valores de uso já prontos. É necessário que elas existam antes de começar a troca, que se apresentem ou simultaneamente ao ato, no caso da compra e da venda, ou pelo menos a partir do momento em que a transação é consumada, na forma de circulação em que o dinheiro serve como meio de pagamento. Mas quer o façam simultaneamente ou não, elas entram sempre na circulação como mercadorias realmente existentes. *É por isso que o processo de criação das mercadorias, e por conseguinte também o seu processo inicial de apropriação, se situam fora da circulação.* Mas como é somente graças à circulação, logo, à alienação do equivalente que se possui, que se torna possível adquirir um outro, esta aquisição supõe necessariamente o próprio trabalho do indivíduo como processo inicial de apropriação, e a circulação surge de fato como uma simples troca recíproca de trabalho, encarnado em múltiplos produtos.

O trabalho e a propriedade do resultado do trabalho próprio apresentam-se assim como a condição fundamental, sem a qual não teria lugar a apropriação secundária por intermédio da circulação. *A propriedade fundamentada no trabalho pessoal constitui* pois, no quadro da circulação, *a base da apropriação do trabalho alheio*. Na realidade, quando se estuda de perto o processo de circulação, é necessário supor que os cambistas aí se apresentam como proprietários de valores de troca, ou seja, de quantidades de tempo de trabalho materializadas em valores de uso. *Quanto ao modo como eles se tornaram proprietários dessas mercadorias*, trata-se de um processo que se desenrola nos bastidores da circulação simples e que teve o seu desfecho antes de esta começar. A propriedade privada é a condição prévia da circulação, mas o processo de apropriação, esse não se mostra, não aparece no quadro da circulação, sendo, pelo contrário, supostamente anterior. Na circulação propriamente dita, no processo de troca tal como se manifesta à superfície da sociedade burguesa, cada indivíduo só dá na medida em que recebe, e só recebe na medida em que dá. Porém, para levar a cabo uma ou outra destas operações, é necessário que ele *possua*. Os atos que o colocaram na situação de possuir não constituem nenhuma das fases da circulação propriamente dita. Somente enquanto proprietários privados de valor de troca – quer sob a forma de mercadorias, quer sob a forma de dinheiro – os indivíduos são agentes do processo de circulação. O modo como se tornaram proprietários privados, ou seja, como se *apropriaram do trabalho materializado*, é uma operação que não parece relacionar-se com o estudo da circulação simples. No entanto, por outro lado, a mercadoria é a condição prévia da circulação. E como, deste ponto de vista, só se podem adquirir mercadorias de outrem, e portanto *trabalho alheio*, através da alienação do seu próprio trabalho, o *processo de apropriação da mercadoria*, anterior à circulação, aparece *necessariamente*, deste ponto de vista, *como uma apropriação realizada graças ao trabalho. Enquanto valor de troca a mercadoria não é mais que trabalho materializado*; ora, dado que do ponto de vista da circulação – que por seu lado é apenas o movimento do valor de troca – o trabalho alheio materializado só pode ser adquirido por troca com um equivalente, a *mercadoria não pode ser, de fato, senão a materialização do seu próprio trabalho*; e sendo este, efetivamente, o processo de apropriação real dos produtos da natureza, ele aparece igualmente como título de propriedade jurídica. A *circulação* mostra simplesmente de que modo esta apropriação imediata *transforma*, por intermédio de uma *operação social, a propriedade do trabalho próprio em propriedade do trabalho social*.

Eis a razão por que todos os economistas modernos fazem do trabalho pessoal o título original de propriedade, quer acentuem o aspecto econômico, quer o ponto de vista jurídico; e fazem da *propriedade do resultado do trabalho pessoal a condição fundamental da sociedade burguesa* (Cf. CHERBULIEZ. Veja também SMITH). Esta condição prévia baseia-se, por seu lado, na *hipótese do valor de troca*, transformado na *relação econômica que domina o conjunto das relações de produção e de comércio*: ela é portanto um produto histórico da sociedade burguesa, sociedade do valor de troca desenvolvido. Mas como, por outro lado, o estudo de relações econômicas mais concretas que as que se manifestam na circulação simples parece levar à formulação de leis contraditórias, todos os economistas clássicos até Ricardo gostam de admitir como lei geral *esta teoria que tem a sua origem na própria sociedade burguesa*, preferindo todavia transpor a sua aplicação restrita para esse período de "cidade de ouro" em que *ainda não existia propriedade*, como quem diz para as épocas anteriores ao pecado original econômico. É o que faz Boisguillebert, por exemplo. *De modo que se chegaria a este resultado paradoxal; ver-nos-íamos obrigados a relegar a verdade da lei de apropriação da sociedade burguesa para uma época em que esta sociedade ainda não existia*, e a lei fundamental da propriedade para uma época em que não havia propriedade. Esta ilusão explica-se facilmente. No início, a produção efetua-se na base de comunidades primitivas, no seio das quais a troca privada se apresenta como uma exceção realmente superficial e acessória. Mas a dissolução histórica destas comunidades faz com que imediatamente se manifestem relações de domínio e servidão, relações de violência, que estão em flagrante contradição com a pacífica circulação das mercadorias e as relações que lhe correspondem. Seja como for, tal como *se manifesta à superfície* da sociedade, o processo de circulação não conhece outro modo de apropriação, e no caso de aparecerem contradições ao longo do nosso estudo seria necessário *deduzi-las do desenvolvimento do próprio valor de troca, tal como fizemos com esta lei da apropriação primitiva pelo trabalho.*

Uma vez admitida esta lei da apropriação pelo trabalho próprio – que longe de ser uma hipótese arbitrária é uma condição que resulta do estudo da própria circulação –, sem dificuldade se descobre na circulação um reino da liberdade e da igualdade burguesa, baseado nesta lei.

Se a apropriação de mercadorias pelo trabalho pessoal se apresenta como a primeira necessidade, a segunda é o processo social que faz deste produto um valor de troca, e como tal o converte num valor de uso destinado aos indivíduos. Depois da apropriação pelo trabalho ou da materialização do trabalho, *sua alienação ou sua conversão em forma social aparece como a segunda lei*. A circulação é o movimento no seio do qual se transforma, por hipótese, o seu próprio produto num valor de troca (em dinheiro), isto é, num produto social, e o produto social no seu próprio produto (valor de uso individual, objeto do consumo individual).

Por conseguinte, o que se segue é claro:

Uma outra condição prévia da troca que diz respeito ao conjunto do movimento é a seguinte: todos os agentes da troca produzem nas condições da divisão do trabalho social. Com efeito, as mercadorias a trocar umas pelas outras são simplesmente trabalho materializado em diferentes valores de uso, portanto materializado de diversas formas – são apenas o modo de existência materializado da divisão do trabalho ou a materialização de trabalhos quantitativamente diferentes, correspondendo a sistemas de necessidades diferentes. Quando produzo uma *mercadoria*, a condição prévia é que, se meu produto tem de fato um valor de uso, não o tem para mim, porque não é imediatamente meio de subsistência para mim (na mais ampla acepção) mas sim valor de troca imediato; só se torna meio de subsistência depois de, no dinheiro, ter revestido a forma de produto social geral, podendo a partir desse momento ser convertido em qualquer outra forma de trabalho alheio quantitativamente diferente. Assim, ao produzir para a sociedade, onde cada membro trabalha por sua vez para mim numa outra esfera, eu produzo apenas para mim.

Além disso é evidente que a hipótese segundo a qual os cambistas produzem valores de troca não supõe somente a divisão do trabalho em geral, mas uma forma especificamente desenvolvida desta. No Peru, por exemplo, existia também a divisão do trabalho, bem como nas pequenas comunidades auto-suficientes *self-supporting* da Índia. Mas tratava-se de uma divisão do trabalho que supunha não só uma produção baseada não no valor de troca, mas, pelo contrário, uma produção de certo modo diretamente comunitária. A hipótese de base segundo a qual os agentes do processo de circulação produzem valores de troca, produtos imediatamente colocados sob a determinação social do valor de troca, segundo a qual os agentes realizam a sua produção no quadro de uma divisão do trabalho de forma histórica determinada, esta hipótese encerra uma quantidade de condições prévias que não resultam nem da vontade do indivíduo, nem da sua natureza imediata, mas de condições e de relações históricas que fazem já do indivíduo um ser *social* determinado pela sociedade; do mesmo modo encerra conexões traduzidas em relações de produção entre os indivíduos diferentes das relações simples em que se defrontam na circulação. O cambista produziu uma mercadoria e, além do mais, para os produtores de mercadorias. Ou seja: por um lado, produziu na qualidade de indivíduo independente, por iniciativa própria, determinado unicamente por sua própria necessidade e por suas próprias capacidades, produziu por si e para si, não enquanto membro de uma comunidade natural nem como indivíduo que participa diretamente na produção enquanto ser social e que, portanto, não se comporta em relação ao seu produto como em relação a uma fonte imediata de existência. Por outro lado, produziu *valor de troca*, isto é, um produto que só se torna produto para ele próprio graças a um processo social determinado, graças a uma metamorfose precisa. Produziu portanto, já num conjunto de condições complexas, condições de produção e relações comerciais fruto de um processo histórico, mas que lhe surgem como uma necessidade natural. A independência da produção individual completa-se assim como uma dependência social, que encontra sua expressão correspondente na divisão do trabalho.

O caráter privado da produção do indivíduo produtor de valores de troca manifesta-se como um resultado da história – *seu isolamento, sua redução a uma pequena autonomia no quadro da produção* são condicionados por um sistema de divisão do trabalho que, por seu lado, se baseia em toda uma série de condições econômicas que determinam as relações do indivíduo com os outros indivíduos e fixam seu próprio modo de existência sob todos os pontos de vista.

Um rendeiro inglês e um camponês francês estão integrados nas mesmas condições econômicas, na medida em que as mercadorias que vendem são produtos do solo. Mas o camponês limita-se a vender o fraco excedente de sua produção familiar. O essencial é consumido por ele, a maior parte do seu produto não é para ele valor de troca mas valor de uso, um meio imediato de subsistência. O rendeiro inglês, pelo contrário, depende absolutamente da venda do seu produto, depende portanto desse produto enquanto mercadoria, depende, pode-se mesmo dizer, do valor de uso social do seu produto. Sua produção é, por conseguinte, apreendida e determinada em todo o seu volume pelo valor de troca. Vê-se, portanto, que para que os cereais, por exemplo, sejam produzidos como simples valor de troca e entrem assim, na sua totalidade, no processo de circulação, é necessário um desenvolvimento totalmente diferente das forças produtivas do trabalho e da sua divisão, diferenças consideráveis nas relações dos indivíduos no interior da produção; em suma, verifica-se que há processos econômicos indispensáveis para fazer do camponês francês um rendeiro inglês. Na sua explicação do valor de troca, Adam Smith comete ainda o erro de considerar como forma adequada do valor de troca a sua forma não desenvolvida, em que ele aparece como o excedente que o produtor cria além do valor de uso destinado à sua própria subsistência; ora, trata-se, neste caso, de uma forma do seu aparecimento histórico no quadro de um sistema de produção onde o valor de troca não se tornou ainda a forma geral. Mas na sociedade burguesa o valor de troca dever ser compreendido como a forma dominante, a tal ponto que desapareceu *qualquer relação imediata dos produtores com os seus produtos* enquanto valores de uso; *todos os produtos devem ser considerados comercializáveis.* Um operário numa fábrica moderna, numa fábrica de tecidos de algodão, por exemplo: se ele não produzisse valor de troca, não produziria absolutamente nada, visto que nem sequer pode pegar num único valor de uso tangível e dizer: este é o meu produto. Quanto mais se diferencia o sistema das necessidades sociais, mais unilateral se torna a produção de cada indivíduo; isto é, à medida que se desenvolve a divisão social do trabalho, a produção do produto como valor de troca toma um caráter decisivo: *este caráter de valor de troca que o produto assume é essencial*.

Uma análise da forma específica da divisão do trabalho, das condições de produção em que ela se baseia, das relações econômicas entre os membros da sociedade em que estas condições de produção se convertem, mostraria que é necessário admitir todo o sistema da produção burguesa para que se mostrem à sua superfície, como ponto de partida simples, o valor de troca e o processo de troca tal como se manifesta na circulação simples: *mera troca de substância, no entanto troca social abrangendo toda a produção e todo o consumo*. Resultaria, pois, que para que os indivíduos possam enfrentar-se nas *simples relações de compra e venda como produtores privados* livres, no decurso do processo de circulação e figurar neste processo como agentes independentes, isto já supõe *outras* relações de produção mais complexas, relativamente em conflito com a liberdade e a independência dos indivíduos, outras relações econômicas prévias. Mas *do ponto de vista da circulação simples estas relações são suprimidas*. E considerando esta, a divisão do trabalho apenas se manifesta praticamente neste resultado (que é sua condição prévia): os agentes da troca produzem mercadorias diferentes como resposta a necessidades diferentes; se cada indivíduo depende da produção de todos, todos dependem também da sua, porque se completam reciprocamente; e assim, graças ao processo de circulação, o produto de cada indivíduo torna-se para ele o meio de participar na produção social em geral, proporcionalmente à grandeza de valor que possui.

O produto é valor de troca, *trabalho geral materializado*, apesar de ser imediatamente apenas a materialização do trabalho privado, independente, do indivíduo.

A mercadoria deve começar por ser alienada; para o indivíduo, é obrigatório que seu produto imediato não o seja para ele, que só no processo de produção social *se transforme* para ele num produto, *assumindo necessariamente* esta forma geral e portanto exterior; o produto do trabalho particular deve necessariamente dar provas enquanto materialização do trabalho *geral* social, tomando a forma do *dinheiro*, que é por hipótese a única coisa a materializar imediatamente o trabalho geral; do mesmo modo se apresenta o fato de este *very process* [mesmo processo] admitir o trabalho social geral como uma coisa exterior, como dinheiro: todas estas determinações constituem a própria mola da circulação, o coração que movimenta o seu sangue. Também as relações sociais que dela resultam se deduzem imediatamente do estudo da circulação simples e não se escondem por trás dela, como acontecia com as relações econômicas implicadas na divisão do trabalho.

Por que meio o indivíduo verifica que seu trabalho privado é trabalho geral e o produto desse trabalho um produto social geral? Pelo conteúdo particular do seu trabalho, pelo seu valor de uso particular, que é objeto da necessidade de um outro indivíduo, o que leva este a ceder, como equivalente, o seu próprio produto em troca do outro. [Esta troca deve tomar a forma do dinheiro, ponto que estudaremos mais tarde, dado que esta metamorfose da mercadoria em dinheiro constitui uma fase essencial da circulação simples.] A prova, por conseguinte, é o fato de o seu trabalho representar uma particularidade na totalidade do trabalho social, um ramo que a completa de modo particular. A partir do momento em que o trabalho possui um conteúdo determinado pelo complexo social – e é esta a determinação material e a condição prévia – ele é considerado como trabalho geral. Quanto à forma de trabalho geral, essa é estabelecida por sua realidade como parte de uma totalidade de trabalhos, como modo de existência particular do trabalho social.

Os indivíduos só se defrontam na qualidade de proprietários de valores de troca, de seres que, frente a frente, criaram uma existência objetiva graças a seu produto, a mercadoria. Sem esta mediação objetiva, eles não têm relações recíprocas do ponto de vista das trocas materiais sociais que se realizam na circulação. Eles só existem um para o outro como coisas, e sua relação monetária, que transforma sua comunidade em algo exterior e portanto acidental, é apenas o desenvolvimento desta relação. O encadeamento social que nasce do encontro dos indivíduos independentes surge em presença deles como uma necessidade objetiva e simultaneamente como um laço que lhes é exterior; é isto que representa *precisamente a sua independência; a existência em sociedade é por certo uma necessidade, mas trata-se de um simples meio, apresentando-se assim aos indivíduos como algo exterior e mesmo, no dinheiro, como um objeto tangível.* Estes indivíduos produzem na sociedade e para a sociedade enquanto indivíduos sociais, o que ao mesmo tempo se verifica ser um simples meio de objetivar sua individualidade. Não estando subordinados a uma comunidade natural, e tampouco se subordinando à comunidade, por outro lado, tomando consciência de que é o que têm de comum, em face deles, sujeitos independentes, é necessário que ela exista como uma entidade material, igualmente independente, exterior, fortuita. Esta é precisamente a condição para que eles estejam implicados num conjunto social, sendo ao mesmo tempo pessoas privadas independentes.

Portanto, a divisão do trabalho [e nesta expressão podemos agrupar as condições sociais de produção em que os indivíduos produzem valores de troca] só se manifesta sob dois aspectos na circulação ou processo de troca simples: 1. Não produção pelo próprio indivíduo, por seu trabalho direto, dos meios de subsistência de que tem imediata necessidade. 2. Existência do trabalho social geral enquanto totalidade natural, que se decompõe numa quantidade de particularidades: os agentes do processo de circulação possuem mercadorias complementares, satisfazendo cada um deles um único aspecto do conjunto de necessidades sociais do indivíduo, ao passo que as relações econômicas propriamente ditas, que resultam desta divisão determinada do trabalho, são suprimidas; foi devido a este aspecto da divisão do trabalho que não o enunciamos mais pormenorizadamente quando do estudo do valor de troca, limitando-nos a admiti-lo como um fato idêntico ao valor de troca que, na realidade, apenas exprime de um modo atuante, enquanto particularização do trabalho, aquilo que o valor de uso diferente das mercadorias – sem o qual não haveria troca nem valor de troca – traduz numa forma material.

Na verdade foi o que fez Adam Smith, bem como outros economistas anteriores: Petty, Boisguillebert, os italianos (...?....) ao afirmar que a divisão do trabalho é correlativa com o valor de troca. Mas foi Steuart quem pela primeira vez identificou a divisão do trabalho com a produção de valores de troca, e distingue-se felizmente de outros economistas por ter compreendido que se tratava de uma forma da produção social e das trocas materiais da sociedade realizada por um processo histórico particular. O que Adam Smith diz acerca da força produtiva da divisão do trabalho é um ponto de vista totalmente estranho ao nosso propósito, que não se enquadra nem aqui, nem onde o autor o introduziu, e que, além disso, se refere a um estágio de desenvolvimento particular da manufatura e não se aplica de modo algum ao sistema industrial moderno. A divisão do trabalho de que tratamos aqui é a divisão natural e *livre* no quadro de toda a sociedade, que se manifesta pela produção de valores de troca, e não a divisão do trabalho no interior de uma fábrica (não é a análise e a combinação do trabalho num ramo isolado da produção, mas pelo contrário a divisão social destes ramos de produção que ocorre, a bem dizer, sem a intervenção dos indivíduos). É no sistema egípcio, bem mais que no sistema moderno, que a divisão do trabalho na sociedade poderia corresponder ao princípio da divisão do trabalho numa fábrica. A aversão recíproca dos agentes do trabalho social e seu esmagamento como trabalhadores livres, independentes uns dos outros, que apenas formam um todo e uma unidade em virtude de uma necessidade interna (enquanto na outra divisão do trabalho este resultado é atingido por uma análise consciente e uma combinação consciente dos indivíduos analisados): eis duas coisas diferentes e determinadas por leis de desenvolvimento totalmente diferentes, embora possa haver alguma correspondência entre as formas de uma e outra. Mas A. Smith não considerou a divisão do trabalho na sua forma simples de ativação do valor de troca, nem nessa outra forma em que constitui uma força produtiva determinada do trabalho. Tem uma outra concepção: tomou os antagonismos econômicos da produção, as determinações sociais qualitativas na dependência das quais os indivíduos se defrontam enquanto capitalista e trabalhador assalariado, capitalista industrial e proprietário, rendeiro e proprietário de bens de raiz, etc., pelas formas econômicas de um certo modo de divisão do trabalho.

Quando o indivíduo produz seus meios de subsistência imediatos, como acontece, por exemplo, na maior parte dos países em que se mantêm as condições primitivas da agricultura, sua produção não tem um caráter social e seu trabalho não é social. Quando o indivíduo produz como particular – *esta situação não é de forma alguma um efeito da natureza, mas o resultado sutil* de um processo social –, o caráter social manifesta-se no seguinte: o conteúdo do seu trabalho é determinado pelo complexo social, e ele só trabalha na qualidade de membro deste complexo; ou seja, ele trabalha para satisfazer as necessidades de todos os outros – logo, existe para ele uma dependência social –, mas ele próprio escolhe à sua vontade este ou aquele trabalho; sua relação particular com seu trabalho particular não é determinada por suas disposições naturais, por seus gostos, pelas condições naturais da produção em que ele se insere, etc., de modo que a particularização do trabalho, sua dissociação social num conjunto de ramos particulares apresenta-se de fato ao indivíduo desta forma: sua particularidade intelectual e natural tomou ao mesmo tempo a forma de uma particularidade social. Para ele, a particularidade do seu trabalho – e antes de tudo sua materialização – tem origem na sua própria natureza e no que ela supõe de particular; mas ele sabe também que ela serve para realizar um sistema particular de necessidade e um ramo particular da atividade social. Assim concebida, a divisão do trabalho é a reprodução à escala social da individualidade particular, que é por conseguinte um elo na evolução global da humanidade, e permite ao mesmo tempo que o indivíduo desfrute a produção geral por intermédio de sua atividade particular, dando-lhe acesso aos múltiplos bens da sociedade. Esta concepção, tal como se deduz partindo do ponto de vista da circulação simples, que confirma a liberdade dos indivíduos em vez de suprimir, é ainda a concepção corrente da economia política burguesa.

Esta diversidade natural dos indivíduos e de suas necessidades é a razão da sua integração social como cambistas. Na troca, defrontam-se *em primeiro lugar*[59] como pessoas que mutuamente se reconhecem proprietários, e cuja vontade se propaga às mercadorias: para eles, a apropriação recíproca, resultado de uma alienação recíproca, só se dá devido à sua vontade comum, logo, essencialmente por intermédio de contrato. Aqui intervém o elemento jurídico da pessoa e da liberdade que lhe é implícita. Daí resulta que no direito romano se encontre esta definição exata do *servus* (escravo): aquele que nada pode obter por troca. Além disso, os sujeitos da troca têm perfeita consciência de na transação serem um fim para si e um meio para o outro; por último, têm consciência de que essa reciprocidade que faz com que cada um deles seja ao mesmo tempo fim e meio, já que cada um só pode atingir o seu próprio fim quando se torna para o outro um meio, e só pode tornar-se um meio quando atingir o fim que se propõe – têm consciência, portanto, de que esta reciprocidade é um fato necessário, a condição natural prévia da troca, mas em si ela é indiferente a cada um dos agentes da troca, e só lhes interessa na medida em que é o *seu* interesse. Em outras palavras: o interesse comum que aparece como conteúdo do ato global de troca é realmente um fato presente na consciência de ambas as partes, mas em si ele não é o motivo da troca; ele só existe, se assim se pode dizer, camuflado por trás dos interesses individuais que reflete. Se quiser, o interessado pode ainda ter a convicção exaltante de que a satisfação do seu interesse individual egoísta é ao mesmo tempo a realização do interesse individual ultrapassado, isto é, do interesse geral. Mas, terminado o ato da troca, cada um dos dois sujeitos cai em si enquanto fim último de todo o processo, enquanto sujeito que prevalece sobre tudo. Assim se realizou a completa liberdade do sujeito. Transação livre; ausência de violência de ambas as partes; cada um só se torna meio para o outro para ser um meio para si ou o seu próprio fim, finalmente, a consciência de que o interesse geral ou comum é pura e simplesmente a universalidade do interesse egoísta.

Se em todos os seus aspectos a circulação é, portanto, uma realização da liberdade individual, o seu processo considerado enquanto processo – até porque as relações de liberdade não interessam diretamente às formas econômicas determinadas da troca, antes se referem à sua forma jurídica ou dizem respeito ao seu conteúdo: os valores de uso ou as necessidades tomadas isoladamente, ou seja, o processo considerado nas suas formas econômicas determinadas é a plena e total realização da igualdade social. Na qualidade de sujeitos do processo de circulação, os indivíduos são em primeiro lugar *cambistas*, e o fato de cada um deles se apresentar com esta determinação, portanto com a mesma determinação, constitui exatamente a sua determinação social.

De fato, eles só se defrontam enquanto valores de troca subjetivados, ou seja, enquanto equivalentes animados, valores iguais. Neste sentido, não são somente iguais: não há mesmo nenhuma[60] diferença entre eles. Eles apenas se defrontam como possuidores de valores de troca e como pessoas que têm necessidade de trocar, agentes do mesmo trabalho social geral indiferente. E, o que é mais, trocam valores de troca de igual grandeza, visto que se supôs que eram equivalentes que se trocavam. A igualdade do que cada um dá e recebe é aqui uma especificação terminante do próprio processo. Confirmam no ato de troca aquilo que são quando se defrontam como sujeitos desta troca. Em si, ele não é mais que uma confirmação. Eles são admitidos como cambistas, logo iguais, e suas mercadorias (objetos) admitidas como equivalentes. Trocam sua existência objetiva por outra de mesmo valor. Eles próprios se equivalem e, no ato da troca, tiram reciprocamente a prova da igualdade do seu valor e da sua indiferença. Os equivalentes são a materialização de um dos sujeitos para o outro, isto é, são eles próprios de igual valor; e, no ato da troca, tiram a prova da identidade do seu valor e da indiferença de um para com o outro. Na troca, os sujeitos só são iguais em valor um para o outro graças aos equivalentes, e confirmam-no pela troca da materialidade, em que cada um existe para o outro. Como só existem um para o outro enquanto sujeitos de equivalência, pelo fato de terem o mesmo valor são imediatamente indiferentes um em relação ao outro. As outras diferenças não lhes interessam. Sua particularidade individual não entra no processo. A diferença material dos valores de uso de suas mercadorias extingue-se na existência ideal da mercadoria, no preço; e, na medida em que esta diferença material é o motivo da troca, eles são reciprocamente necessidade um para o outro (cada um representa a necessidade do outro), necessidade somente satisfeita por igual quantidade de tempo de trabalho. Esta diferença natural é a razão de sua igualdade social, é ela que faz deles sujeitos da troca. Se A tivesse a mesma necessidade que B e se a mercadoria de A satisfizesse a mesma necessidade que a de B, não haveria entre eles relações econômicas (do ponto de vista de sua produção). A satisfação recíproca de suas necessidades, graças à diferença material de seu trabalho e de sua mercadoria, faz de sua igualdade uma relação social realizada e de seu trabalho particular uma forma de existência particular do trabalho social em geral.

A intervenção do dinheiro, longe de suprimir esta relação de igualdade, constitui, de fato, sua expressão concreta. Em primeiro lugar, quando desempenha o papel de elemento fixador de preços, de medida, a função do dinheiro é precisamente a de estabelecer a identidade qualitativa das mercadorias, inclusive no que se refere à sua forma; sua função é exprimir a identidade da substância social daquelas, deixando apenas subsistir uma diferença quantitativa. E na circulação, com efeito, a mercadoria de quem quer que seja aparece realmente como uma só e mesma coisa; adota a forma social comum, a do meio de circulação que anula qualquer particularidade do produto, fazendo do proprietário de uma mercadoria o proprietário da mercadoria universalmente válida, subjetivada numa forma palpável. É neste caso, no sentido próprio do termo, que o dinheiro *non olet* (não tem cheiro). Quer o soberano que se guarda tenha realizado o preço de um monte de estrume ou de um pano de seda, nele não há nenhum vestígio, e toda a diferença individual se extinguiu na mão do seu possuidor, na medida em que este soberano funciona como soberano. Ora, esta extinção é geral, visto que todas as mercadorias se convertem em moeda. Em um dado momento, a circulação faz de cada um não só o igual do outro, mas identifica-o com o outro, e seu movimento consiste em transferir cada um, alternadamente – do ponto de vista da função social –, para o lugar do outro. Sem dúvida que na circulação os cambistas se enfrentam também qualitativamente, como vendedor e comprador, como mercadoria e dinheiro; mas, num dado momento, eles permutam, e o processo tanto consiste em admitir sua desigualdade como em abolir a igualdade admitida, de forma que esta abolição aparece como uma operação meramente formal. O comprador torna-se vendedor, o vendedor transforma-se em comprador, e qualquer deles só pode tornar-se comprador se for vendedor. Esta diferença formal é, para todos os sujeitos da circulação, uma série de metamorfoses sociais por que têm que passar. Além disso, a mercadoria idealmente representada no preço é dinheiro tal como o dinheiro que lhe faz frente. No dinheiro em circulação, que ora aparece num sítio ora noutro e para quem esta aparição é indiferente, a igualdade é uma realidade objetiva e a diferença um acidente puramente formal. Cada indivíduo se apresenta ao outro como proprietário do meio de circulação e até como dinheiro, se considerarmos o processo da troca. A diferença natural particular, própria da mercadoria, suprime-se e é constantemente suprimida pela circulação.

Se examinarmos no fim de contas a relação social dos indivíduos no quadro de seu processo econômico, temos que nos basear simplesmente nas formas determinadas deste processo. Ora, na circulação não existe outra diferença senão a que separa a mercadoria do dinheiro, diferença que é incessantemente anulada pela circulação. A igualdade surge, portanto, como um produto social, do mesmo modo que o valor de troca, por seu lado, é existência social.

O dinheiro é apenas a realização do valor de troca, e o sistema monetário, o sistema desenvolvido dos valores de troca; assim, o sistema monetário não será mais que a realização deste sistema de igualdade e de liberdade.

Para o cambista, o aspecto individual, particular da produção (do trabalho) está contido no valor de uso da mercadoria; no entanto, quando sua mercadoria é valor de troca, todas as mercadorias são uniformes, uma vez que representam a materialização do trabalho – do trabalho social, não diferenciado. Seus proprietários são dignitários de igual posição, funcionários da mesma categoria do processo social.

Na medida em que o dinheiro aparece na sua terceira função, já demonstramos que na sua qualidade de matéria geral dos contratos, meio de pagamento geral, ele suprime qualquer diferença específica das prestações[61], igualando-as. Torna-as todas iguais perante o dinheiro, mas o dinheiro é apenas a materialização de sua própria conexão social. Enquanto matéria da acumulação e do entesouramento, poderia parecer que ele suprime a igualdade, dada a possibilidade de um indivíduo enriquecer mais que outro, de adquirir mais títulos na produção geral do que outro. Mas nenhum deles pode retirar dinheiro da circulação em detrimento do outro. O que pode é simplesmente receber sob a forma de dinheiro aquilo que dá como mercadoria. Um desfruta o conteúdo da riqueza, o outro apodera-se de sua forma geral. Se um empobrece enquanto o outro enriquece, trata-se para eles de uma questão de livre-arbítrio, de economia, tem a ver com a habilidade de cada um, com a sua moral, etc., e não é de maneira nenhuma um resultado das próprias relações econômicas, das relações comerciais que ligam os indivíduos que se defrontam na circulação. A própria herança e as relações jurídicas da mesma categoria, suscetíveis de prolongar as desigualdades deste modo originadas, não poderiam causar prejuízo à igualdade social. Se, inicialmente, não há contradição entre A e os outros indivíduos, não é certamente o fato de A tomar o lugar de B e de perpetuar a sua existência que fará nascer o antagonismo. Pelo contrário, é uma confirmação da lei social para lá dos limites da vida natural; uma consolidação desta lei contra a ação fortuita da natureza cuja intervenção significaria a abolição da liberdade do indivíduo. Além disso, sendo o indivíduo nesta relação apenas a individualização do dinheiro, ele adquire, nesta qualidade, a imortalidade deste último. A ação de entesourar é, finalmente, uma idiossincrasia heroica, um fanatismo da ascese, que não se transmite hereditariamente como o sangue. Uma vez que só se trocam equivalentes, o herdeiro, para realizá-lo em prazeres, tem que lançar novamente o dinheiro na circulação. Não o fazendo, continua a ser simplesmente um membro útil da sociedade, não retirando dela mais do que aquilo que lhe dá. Mas é normal que a prodigalidade, funcionando como "agradável *niveladora*"[62], como diz Steuart, compense por sua vez a desigualdade, de modo que esta assume um caráter transitório.

Assim, portanto, o processo do valor de troca que a circulação desenvolve não só respeita a liberdade e a igualdade: ele próprio as cria e lhes serve de base real. Como ideias abstratas são expressões idealizadas de suas diversas fases, seu desenvolvimento jurídico, político e social é apenas a sua reprodução em outros planos. Aliás, esta afirmação foi historicamente verificada. Esta trindade – propriedade, liberdade e igualdade – foi em primeiro lugar formulada teoricamente, nesta base, pelos economistas italianos, ingleses e franceses dos séculos XVII e XVIII; mas não só: estas três entidades só foram realizadas na moderna sociedade burguesa. A Antiguidade, que não tinha feito do valor de troca a base de sua produção, que, pelo contrário, morreu precisamente devido ao desenvolvimento deste, formulara uma liberdade e uma igualdade de conteúdo totalmente oposto ao atual e que tinha um caráter essencialmente local. Por outro lado, dado o desenvolvimento das diversas fases da circulação simples na Antiguidade, pelo menos entre os homens livres, está explicado por que razão em Roma – e especialmente na Roma Imperial, cuja história é precisamente a da dissolução da comunidade antiga – foram desenvolvidas as determinações da pessoa jurídica, sujeito do processo de troca; assim se explica que o direito da sociedade burguesa aí tenha sido elaborado nas suas determinações essenciais e que tenha sido necessário, sobretudo em relação à Idade Média, defendê-lo como direito da sociedade industrial em formação.

Daí o erro desses socialistas, dos franceses em particular, que queriam provar que o socialismo era a realização das ideias burguesas, que não tinham sido descobertas, mas postas historicamente em circulação pela Revolução Francesa, e que se mataram de trabalho para demonstrar ser o valor de troca *inicialmente* (no tempo) ou no seu conceito (na sua forma adequada) um sistema de liberdade e igualdade para todos, lamentavelmente falseado pelo dinheiro, pelo capital, etc. Ou ainda, que até o presente a História só tinha feito tentativas falhas para realizar estas ideias na sua forma verdadeira e pretendiam então, como Proudhon, ter descoberto uma panaceia que permitiria apresentar, em vez da história falsificada, a autêntica história destas relações. O sistema do valor de troca, e mais ainda o sistema monetário, é na realidade o sistema da liberdade e da igualdade. Mas as contradições que surgem no seu desenvolvimento são contradições imanentes, implicações próprias desta propriedade, desta liberdade e desta igualdade que, na devida altura, se transformam em seu contrário. E é ao mesmo tempo uma piedosa súplica e um desejo ingenuamente simplório pretender impedir o valor de troca de se transformar, por exemplo, de mercadoria e de dinheiro em capital, ou pretender impedir o trabalho produtor de valor de troca de conduzir, pelo seu desenvolvimento, ao trabalho assalariado. O que distingue estes socialistas dos apologistas da burguesia é, por um lado, o sentimento das contradições do sistema e, por outro, o seu utopismo que os impede de compreender a diferença entre a forma real e a forma ideal da sociedade burguesa e os incita a dedicarem-se à ilusória empresa de quererem realizar de novo eles próprios a expressão ideal, a imagem transfigurada da sociedade burguesa, que é um mero reflexo da própria realidade.

Ante esta concepção situa-se, por outro lado, a lamentável tentativa de provar que as contradições que se opõem a esta maneira de ver baseada no estudo da circulação simples seriam, na realidade, uma mera aparência, desde que, deixando a superfície para entrar na base do problema, passasse a estágios mais concretos do processo de produção. Com efeito, pretende-se e tenta-se provar, *abstraindo* da forma específica das esferas mais desenvolvidas do processo de produção social, abstraindo das relações econômicas mais desenvolvidas, que todas as relações econômicas são sempre as da troca simples, da troca das mercadorias e das determinações correspondentes da propriedade (liberdade, igualdade), aparecendo simplesmente de cada vez com um outro nome. Partindo da experiência, admite-se assim, por exemplo, que existem, ao lado do dinheiro e da mercadoria, outras relações de valor de troca sob a forma de capital, de juro, de renda imobiliária, de salário, etc. Por uma abstração realmente muito fácil, que despreza ora um aspecto ora outro da relação específica estudada, acaba por se reduzir esta às determinações abstratas da circulação *simples, provando* deste modo que as relações econômicas em que os indivíduos se inserem nessas esferas mais desenvolvidas do processo de produção não são mais que relações da circulação simples, etc. E foi deste modo que o Sr. Bastiat fantasiou sua teoria econômica, as "harmonias econômicas". Contrastando com a economia política clássica de um Steuart, um Smith ou um Ricardo, que tiveram a coragem de apresentar frontalmente as relações de produção na sua forma pura, esta teoria pretensiosa e impotente, que quer vender-nos gato por lebre, julga-se um progresso. Aliás Bastiat nem sequer é o criador desta harmoniosa concepção: foi inspirar-se na obra do americano Carey. Carey, habitante do Novo Mundo, que apenas tinha a América como fundo histórico da sua maneira de ver, demonstrou nas obras demasiado prolixas de sua primeira fase a "harmonia" econômica, que consiste em regressar às determinações abstratas do processo de troca simples, afirmando que estas relações simples são falseadas pela intervenção do Estado, por um lado, e da Inglaterra no mercado mundial, por outro. *Em si*, as harmonias existem. Mas nos países não americanos elas são falseadas pelo Estado; até mesmo na América, pela forma mais desenvolvida em que estas relações se manifestam, pela sua aparição concreta no mercado mundial, isto é, pela Inglaterra[63]. Para restabelecer esta harmonia, Carey só descobre uma solução, que é pedir finalmente a ajuda do Estado, anjo da guarda que tinha denunciado como *diabolus* e que coloca agora à porta do paraíso da harmonia... instituindo tarifas aduaneiras protetoras. Mas, como ele era um cientista e não, como Bastiat, um literato, foi obrigado a avançar na sua última obra [*Slavery at home and abroad (?)*][64]. O desenvolvimento da América nos últimos dezoito anos deu um tal golpe na sua harmoniosa concepção que a partir daí já não é na intervenção exterior do Estado que vê a causa da ruptura das "harmonias naturais", em que continua a acreditar, mas no... *comércio*! Resultado verdadeiramente admirável, que celebra o valor de troca, base da produção harmoniosa, para o abolir em seguida nas suas leis imanentes por meio do comércio, forma desenvolvida da troca[65]. É desta forma desesperada que ele pronuncia a sentença dilatória[66]: o desenvolvimento do valor de troca harmonioso é contrário à harmonia.

6.º TRANSIÇÃO PARA O CAPITAL

Examinemos agora o processo de circulação na sua totalidade: consideremos em primeiro lugar o *caráter formal* da circulação simples.

De fato, a circulação não representa mais que o processo formal, no decurso do qual são conciliados os dois elementos que coincidem imediatamente e são imediatamente separados na mercadoria e de que ela constitui a unidade – o valor de uso e o valor de troca. A mercadoria é alternadamente cada uma destas duas determinações. Admitida enquanto preço, a mercadoria é por certo também valor de troca, mas é sua existência enquanto valor de uso que parece ser a sua realidade, e sua existência enquanto valor de troca apenas uma relação da primeira, a sua existência ideal. No dinheiro, ela é sem dúvida também valor de uso, mas é sua existência enquanto valor de troca que parece ser a sua realidade, e o valor de uso geral puramente ideal.

Na mercadoria, a matéria tem um preço; no dinheiro, o valor de troca possui uma matéria.

É necessário considerar as duas fórmulas da circulação, M – D – M e D – M – D.

A mercadoria, trocada por mercadoria por intermédio do dinheiro, sai da circulação para ser consumida como valor de uso. Sua qualidade de valor de troca, e portanto de mercadoria, é suprimida. Daí em diante ela é *valor de uso* propriamente dito. Mas se, perante a circulação, ela é promovida à autonomia por sua metamorfose em dinheiro, passará a representar simplesmente a forma geral, destituída de substância da riqueza, transformando-se em valor de uso inútil, em ouro ou prata, na medida em que não entra novamente na circulação como meio de compra ou de pagamento. Na realidade, existe uma contradição no valor de troca promovido à autonomia – a existência absoluta deste valor de troca deve ser aquela em que ele é subtraído à troca. A única realidade econômica que o entesouramento possui na circulação é uma realidade subsidiária: consiste, para a função do dinheiro como meio de circulação (nas suas duas formas de meio de compra e de pagamento), em constituir reservas que permitem a contração e a expansão da *Currency* [do numerário em circulação] (trata-se, por conseguinte, da função do dinheiro enquanto mercadoria geral).

Na circulação acontecem duas coisas. Trocam-se equivalentes, logo valores de igual grandeza; mas ao mesmo tempo confundem-se as determinações que as duas partes representam uma para a outra. O valor de troca fixado no dinheiro desaparece (para o possuidor do dinheiro) quando este se realiza na mercadoria enquanto valor de uso; e o valor de uso existente na mercadoria desaparece (para o possuidor desta), quando seu preço se realiza em dinheiro. Pelo ato simples da troca, cada um dos dois equivalentes só pode ver a sua determinação perder-se em relação ao outro, quando este é realizado em si. Nenhum dos dois pode conservar uma das suas determinações ao transformar-se no outro.

Considerada em si mesma a circulação é a *mediação dos dois extremos previamente admitidos*. Ela não supõe estes dois extremos. Enquanto totalidade da mediação, processo total, é pois necessário que ela própria seja mediatizada. *Do mesmo modo sua existência imediata é mera aparência. Ela é fenômeno de um processo que se desenrola nos seus bastidores*. É agora negada em cada um dos seus elementos, enquanto mercadoria, dinheiro, e relação entre a mercadoria e o dinheiro, enquanto troca simples destes dois fatores, enquanto circulação.

A repetição do processo dos dois elementos, dinheiro e mercadoria, não resulta das condições da própria circulação. A operação não pode desencadear-se por si. Também a circulação não contém em si o princípio da sua própria renovação. Parte de elementos previamente supostos e não dados por ela. É preciso lançar-lhe constantemente novas mercadorias do exterior, como se alimentando um fogo com combustível. De outro modo ela extingue-se na indiferença. Extinguir-se-ia no dinheiro, resultando indiferente que deixando de se relacionar com as mercadorias, os preços, a circulação, deixaria de exprimir uma relação de produção, deixaria de ser dinheiro: somente sua existência metálica subsistiria, enquanto seria destruída sua existência econômica.

Ao dinheiro, "forma geral da riqueza", valor de troca promovido à autonomia, opõe-se todo o mundo da riqueza real. O dinheiro é a pura abstração da riqueza, logo, uma grandeza imaginária fixada por este meio. Quando a riqueza geral parece existir muito materialmente, de uma forma realmente tangível, ela só existe na minha cabeça, pura imaginação do meu cérebro. Representante material da riqueza geral, o dinheiro apenas se torna real ao ser novamente lançado na circulação, ao desaparecer trocado por modos particulares da riqueza. Na circulação, ele nunca é real se não for cedido. Se quero retê-lo, ele evapora-se na minha mão, torna-se um simples fantasma da riqueza. Fazê-lo desaparecer é o único meio de assegurá-lo enquanto riqueza. A dissolução do dinheiro acumulado em fruições passageiras, esta é a sua realização. Pode ser novamente acumulado por qualquer outro indivíduo, mas neste caso o processo recomeça mais uma vez. A autonomia do dinheiro em relação à circulação é mera aparência. Deste modo, o dinheiro extingue-se na sua determinação de valor de troca realizado.

Na circulação simples, o valor de troca, na sua forma de dinheiro, aparece como um simples objeto para quem a circulação é apenas um movimento externo, ou que é individualizado, enquanto sujeito, numa matéria particular. Além disso, a própria circulação aparece como um movimento puramente formal: realização do preço das mercadorias, troca recíproca (para terminar) de valores de uso diferentes. Supõe-se duas coisas como ponto de partida da circulação: o valor de troca da mercadoria e as mercadorias de valor de uso diferente. Do mesmo modo, a retirada da mercadoria pelo consumo, isto é, sua destruição enquanto valor de troca não se enquadra na circulação, tal como a retirada do dinheiro, a sua promoção à autonomia, que é ainda uma outra forma de sua destruição. Supõe-se anterior à circulação o *preço determinado* (o valor de troca avaliado em dinheiro, e portanto também a grandeza de valor); ela não faz mais que lhe dar uma existência formal no dinheiro. Mas não é na circulação que ele *tem origem*.

A circulação simples, que é a simples troca mercadoria-dinheiro, assim como a troca de mercadorias sob uma forma mediatizada podendo ir até o entesouramento, pode existir historicamente, precisamente por não ser mais que um movimento intermediário entre dois pontos de partida previamente admitidos, sem que o valor de troca se tenha apropriado da produção de um povo, quer em toda a sua extensão, quer em profundidade. Mas ao mesmo tempo verifica-se historicamente que a circulação conduz à produção burguesa, isto é, à produção criadora de valor de troca, e dá origem a uma base diferente daquela que existia e de que ela descende diretamente. A troca do supérfluo é um comércio que supõe a troca e o valor. Mas ele atinge simplesmente o ato de trocar e desenrola-se à margem da própria produção. Contudo, se vier a repetir-se a aparição dos intermediários que incitam à troca (lombardos, normandos, etc.), desenvolvendo um comércio contínuo, praticando apenas os povos produtores um comércio por assim dizer passivo, vindo de fora o impulso dado a esta atividade de troca e não da estrutura interna da produção, neste caso o excedente da produção já não poderá ser um fenômeno acidental, que existe ocasionalmente, mas terá que se repetir sem cessar; e é assim que o próprio produto tende a orientar-se no sentido da circulação, no sentido da criação de valores de troca. O efeito começa por ser sobretudo material. O círculo das necessidades alarga-se; o objetivo é a satisfação das novas necessidades, do que resulta uma regularidade maior na produção e o seu aumento. A própria organização da produção nacional já está modificada pela circulação e pelo valor da troca, mas não a ponto de estes a determinarem em toda a sua extensão e em toda a sua profundidade. A isto se chama o efeito civilizador do comércio externo. Em que medida este movimento criador de valores de troca se estenderá ao conjunto da produção? Isso depende, por um lado, da intensificação desta ação externa, por outro, do grau de desenvolvimento interno. Na Inglaterra, por exemplo, foi o desenvolvimento da indústria dos Países Baixos que, no século XVI, deu à indústria de lã uma grande importância comercial, ao mesmo tempo que aumentava a necessidade de mercadorias holandesas e italianas, principalmente. A partir desse momento, e a fim de conseguir um excedente de lã para exportar, transformaram-se as terras de cultivo em pastagens de carneiros, rompendo com o sistema dos pequenos arrendatários e provocando toda essa violenta revolução econômica que Thomas Morus lamenta (denuncia). A agricultura perdeu assim o caráter de trabalho destinado a produzir um valor de uso – o seu caráter de fonte de subsistência imediata – e a troca do seu excedente perdeu o caráter exterior e até então sem repercussão na estrutura interna das relações de produção agrícola. A própria agricultura começa a ser determinada, em certos pontos, unicamente pela circulação, a ser transformada em produção meramente criadora de valores de troca. Isto não só modificou o modo de produção, mas foram ainda dissolvidas todas as antigas relações tradicionais de produção e de população, as relações econômicas que lhe correspondiam. Tratava-se, neste caso, de uma produção que só conhecia o valor de troca sob a forma de supérfluo, de excedente, de valor de uso, e que existia anteriormente à circulação; mas alterou-se para se transformar numa produção que agora só existia em referência à circulação, numa produção criadora de valor de troca e fazendo deste o seu objeto imediato. Aqui temos um exemplo da regressão histórica da circulação simples que conduziu ao capital, ao valor de troca tornado a forma dominante da produção.

Este movimento só afeta a parte da produção que excede a que é calculada na base do valor de uso imediato, e só nestes limites se desenrola. Quanto menos o conjunto da estrutura econômica interna da sociedade está ainda dominado pelo valor de troca, mais estes limites aparecem como pontos extremos da circulação – limites rígidos e que teriam em relação a esta uma atitude passiva. Em relação a ela, o movimento no seu conjunto aparece como autônomo: comércio intermediário cujos agentes – os semitas assegurando a ligação entre os mundos da Antiguidade, os judeus, os lombardos, os normandos, na sociedade medieval – representam alternadamente, em relação a esses mundos, as diferentes fases da circulação, o dinheiro e a mercadoria. São estes os intermediários da troca social de substância.

No entanto não se trata ainda da passagem histórica da circulação ao capital. A circulação simples é, pelo contrário, uma esfera abstrata do conjunto do processo de produção burguesa, que por suas determinações próprias se apresenta[67] como um elemento, uma simples manifestação de um processo mais profundo que se situa por trás de si, dela resulta e simultaneamente a produz: o capital industrial.

A circulação simples é, por um lado, a troca de mercadorias *que existem*, é simplesmente a mediação destes extremos que se situam para além dela e lhe são anteriores. Toda a operação se limita aos atos de troca e ao fato de definir as *determinações formais*, que a mercadoria percorre enquanto unidade do valor de troca e do valor de uso. A mercadoria era previamente admitida com esta unidade, ou seja, qualquer produto preciso só era *mercadoria* na medida em que era unidade imediata destas duas determinações. Sob esta forma – unidade destas duas determinações, mercadoria – ela não existe realmente quando imóvel (fixa), mas somente pelo movimento social da circulação, em que as duas determinações da mercadoria – valor de uso e valor de troca – se distribuem por polos diferentes. Para o vendedor, a mercadoria torna-se valor de troca; para o comprador, valor de uso. Para o vendedor, ela é *meio de troca*, isto é, o contrário de um valor de uso imediato, precisamente porque ela é valor de uso para outrem, logo, enquanto negação do valor de uso individual imediato; mas, por outro lado, o seu *preço* avalia a sua capacidade de meio de troca, o seu poder de compra. Para o comprador, ela torna-se valor de uso na medida em que o seu preço é realizado, em que é realizada em dinheiro a sua existência ideal. Somente na medida em que o comprador a realiza para outro na determinação de puro valor de troca, a mercadoria assume para ele a sua determinação de valor de uso. Ela própria tem um duplo aspecto: nas mãos do vendedor, é simples materialização, materialização particular, modo de existência do valor de troca; mas, para o comprador, ela é *valor de uso em si*, ou seja, objeto de satisfação de necessidades particulares; a ambas aparece sob a forma de preço. Mas um quer realizá-la enquanto preço, enquanto dinheiro; o outro realiza nela o dinheiro. Meio de troca, a mercadoria tem de específico o seguinte: o valor de uso nela manifesta-se 1º como abolição do valor de uso (individual)[68] imediato, isto é, enquanto valor de uso para o outro, para a sociedade; 2º como materialização do valor de troca para o seu proprietário. O desdobramento e a alternância da mercadoria nestas duas determinações – mercadorias e dinheiro – é o conteúdo principal da circulação. Mas a mercadoria não se limita simplesmente a fazer frente ao dinheiro; seu valor de troca aparece sob uma forma ideal: enquanto dinheiro; enquanto preço, ela é dinheiro ideal e em relação a ela o dinheiro é apenas a realidade do seu próprio preço. Na mercadoria, também o valor de troca não é mais que uma determinação ideal, sua equação ideal com o dinheiro; depois, no dinheiro sob a forma de numerário, ela adota uma existência abstrata, limitada mas fugaz, ela é simplesmente valor; em seguida, este valor extingue-se no valor de uso da mercadoria comprada. A partir do momento em que a mercadoria se torna um simples valor de uso, deixa de ser mercadoria. Terminou, extinguiu-se a sua existência como valor de troca. Mas enquanto se mantém na circulação, ela é sempre determinada sob um duplo aspecto, não só porque existe como mercadoria em face do dinheiro, mas também porque existe sempre como mercadoria que tem um preço, como um valor de troca avaliado em unidades de medida do valor de troca.

O movimento da mercadoria a faz passar por diversas fases: ela é preço, torna-se numerário, transforma-se finalmente em valor de uso. Supõe-se que ela *existe* previamente como valor de troca e de uso, pois somente nesta qualidade ela é mercadoria. Mas ela realiza estas determinações *formalmente* na circulação: 1º percorrendo, já o dissemos, o ciclo destas diversas determinações; 2º porque sua existência de valor de troca e de valor de uso é sempre repartida, de parte a parte, pelos dois polos da troca. Sua dupla natureza separa-se na circulação e apenas por este processo formal ela realiza cada um dos potenciais que implicitamente contém. A unidade das duas determinações surge como um movimento desordenado, passando por certas fases, mas ao mesmo tempo sempre ambivalente. Ela só aparece nesta relação social: *assim, as diversas determinações da mercadoria não são, na realidade, senão as relações alternadas dos sujeitos da troca e suas relações durante o processo de troca*. Ora, o comportamento destes surge como uma relação objetiva, na qual eles se encontram inseridos independentemente de sua vontade, pelo conteúdo da troca, por sua definição social. No preço, no numerário ou no dinheiro, estas relações sociais apresentam-se como relações que lhes são exteriores e às quais estão submetidos. A negação de uma determinação da mercadoria significa sempre a realização da outra. O preço é já a sua negação ideal como valor de uso, é sua afirmação como valor de troca; a realização do preço, isto é, o dinheiro, é a negação do seu valor de uso; sob a forma de dinheiro realizado, ou seja, de meio de compra abolido, ela é negação de valor de troca, realização de valor de uso. Ela começa por ser simplesmente *dünámei* valor de uso e valor de troca em potência; mas somente na circulação ela *é* admitida como um e outro, e a circulação é a passagem de uma à outra destas determinações. Alternância e oposição destas duas determinações, é ainda e sempre a circulação que as equaciona.

Mas, se consideramos a fórmula M – D – M, o valor de troca manifesta-se sempre, quer seja na sua forma de preço, de numerário, de equacionamento ou até de movimento de troca, como uma simples e fugaz mediação. Decididamente, é uma mercadoria que se troca por uma outra, ou melhor, visto que a determinação da mercadoria se extinguiu, trocam-se valores de uso de qualidade diferente; a própria circulação só interveio, por um lado, para fazer mudar de mãos estes valores de uso em conformidade com as necessidades, por outro, para os fazer mudar de mãos segundo a proporção de tempo de trabalho que encerram; fê-los substituírem-se na medida em que eles são elementos equivalentes do tempo de trabalho social geral. Mas agora as mercadorias postas em circulação atingiram o seu termo. Na posse do seu novo proprietário todas elas deixam de ser mercadorias; cada uma delas se torna objeto de uma necessidade e neste sentido é consumida, em conformidade com sua natureza. Assim termina a circulação. Sobra apenas o meio de circulação como resíduo. Mas nesta qualidade ele perde a sua forma determinada. Reintegra a sua matéria que fica como a cinza inorgânica de todo o processo. A partir do momento em que a mercadoria se tornou valor de uso em si, foi repelida da circulação e deixou de ser mercadoria. Não é portanto neste sentido, partindo do conteúdo (da matéria)[69], que devemos procurar as formas determinadas que nos permitirão avançar. Na circulação, o valor de uso não se transforma noutra coisa, diferente daquela que tínhamos suposto que ele era independentemente da circulação: objeto de uma necessidade particular. Nesta qualidade, ele era e continua a ser o motor material da circulação; mas não é de forma alguma afetado pela forma social desta. No movimento M – D – M, é o elemento material que se apresenta como o conteúdo real do movimento; o movimento social, por seu lado, aparece como uma simples mediação fugaz, destinada a satisfazer as necessidades individuais. A troca de substância do trabalho social. Neste movimento, a abolição da determinação formal, ou seja, das determinações nascidas do processo social, surge não só como um resultado, mas também como um fim, exatamente como as demandas em tribunal para o camponês, mas não para o advogado. Por conseguinte, para seguir o desenvolvimento ulterior da forma determinada resultante do próprio movimento da circulação, é necessário considerarmos o aspecto em que o lado formal, o valor de troca em si, prossegue o seu desenvolvimento, adquirindo determinações mais profundas através do próprio processo da circulação. É portanto o desenvolvimento do dinheiro, a fórmula D – M – D, que temos de estudar.

Enquanto quantidade de tempo de trabalho social materializado, o valor de troca que se objetiva na circulação segue o seu caminho nesse sentido até existir como dinheiro, tesouro e meio de pagamento geral. Se o dinheiro for então fixado nesta forma, a sua determinação formal desaparece também; deixa de ser dinheiro para se transformar em simples metal, simples valor de uso que no entanto, não devendo servir nesta condição, na sua qualidade de metal, é inútil e por conseguinte não se realiza no consumo enquanto valor de uso, como acontece com a mercadoria.

Vimos de que modo a mercadoria realiza os seus potenciais negando sempre um deles. Considerando o movimento da própria mercadoria, o valor de troca tem nele uma existência ideal: o preço; no numerário, transforma-se em meio de troca abstrato; mas, quando finalmente se realiza numa outra mercadoria, seu valor de troca extingue-se e ela é eliminada do processo como simples valor de uso, objeto imediato do consumo (M – D – M). Este movimento da mercadoria é aquele em que sua existência como valor de uso é o fator dominante; para a mercadoria ele consiste, com efeito, em assumir a forma do valor de uso correspondente à necessidade a satisfazer, em substituição da sua forma de mercadoria.

Consideremos agora o desenvolvimento posterior do valor de troca no dinheiro: no primeiro movimento, limita-se a transformar-se em dinheiro ideal, ou moeda, unidade e número. Mas consideremos em bloco os dois movimentos: verifica-se que o dinheiro, que no preço existe somente como unidade de medida ideal, matéria figurada do trabalho geral, que existe na moeda somente como signo de valor, modo de existência abstrato e fugaz do valor, representação materializada, ou seja, símbolo, é finalmente e em primeiro lugar sob a forma dinheiro a negação destas duas determinações; mas ele encerra-as também enquanto fases da sua existência e ao mesmo tempo fixa-se, materializa-se, torna-se autônomo em relação à circulação, continuando em perpétua relação com ela, embora esta relação seja negativa.

Considerando a forma da própria circulação, aquilo que nela se desenvolve, o que nasce, o que é produzido é o próprio dinheiro e nada mais. Na circulação trocam-se mercadorias, mas não é aí que elas têm origem. Sem dúvida, enquanto preço e numerário, o dinheiro já é especialmente um produto da circulação, mas unicamente de um ponto de vista formal. O valor de troca da mercadoria é suposto anteriormente ao preço, do mesmo modo que a moeda é apenas a forma autônoma da mercadoria enquanto meio de troca, também previamente admitida. A circulação não cria o valor de troca, como não cria a sua grandeza. Para que uma mercadoria seja avaliada em dinheiro é necessário que o dinheiro e a mercadoria se comportem em presença um do outro como valores de troca, ou seja, materialização do tempo de trabalho. O preço é somente uma expressão do valor de troca da mercadoria em que ela é divorciada do seu valor de uso; do mesmo modo o signo de valor nasce unicamente do equivalente, da mercadoria meio de troca. Nesta qualidade a mercadoria deve ser valor de uso, mas não o pode ser senão pela alienação, dado que ela não é valor de uso para aquele que a detém como mercadoria, mas sim para aquele que, através da troca, a adquire como valor de uso. Para o proprietário da mercadoria, seu valor de uso é unicamente a sua permutabilidade, a faculdade que ela tem de ser cedida pelo montante de valor de troca que representa. Daqui resulta que na sua qualidade de meio de troca geral ela não tenha, na circulação, valor de uso senão enquanto *existência do valor de troca*, e o seu valor de uso propriamente dito desaparece. Quer se suponha o valor de troca enquanto preço ou o meio de troca enquanto dinheiro, isto aparece com uma alteração puramente formal. Qualquer mercadoria, enquanto valor de troca realizado, é a moeda de cálculo das outras mercadorias, o elemento que lhes dá um preço; do mesmo modo, na sua qualidade de meio de troca qualquer mercadoria é meio de circulação, moeda. Mas nesta função encontra um obstáculo, que é a sua extensão enquanto meio de troca; porque ela só poderia ser meio de troca para o proprietário da mercadoria de que o cambista tem necessidade; e ser-lhe-ia necessário passar por uma série de trocas para se tornar meio de troca final; abstraindo da *clumsiness*[70] deste processo, ele entraria em conflito com a natureza da mercadoria como valor de uso, uma vez que ela deveria ser divisível e fracionável, a fim de poder realizar a série das diversas trocas nas proporções requeridas. No preço e na moeda, relacionam-se as duas determinações com uma só mercadoria, o que aparece como pura simplificação. Uma mercadoria é meio de troca, equivalente, alienável por todas as outras mercadorias, na medida em que é padrão do seu valor; nesta medida, ela pode atuar realmente como equivalente, como *meio de troca*.

O processo de circulação nada mais faz que dar a estas determinações uma forma mais abstrata, pelo dinheiro moeda e meio de troca. A fórmula M – D – M, esta corrente da circulação em que o dinheiro apenas figura como medida e moeda, só se manifesta portanto como a forma mediatizada da troca direta, sem que nada seja modificado quer na sua base, quer no seu conteúdo. Por isso a consciência dos povos em que estes fatos se refletem compreende o dinheiro, nas suas determinações de medida e de moeda, como uma invenção arbitrária, introduzida por convenção por motivos de comodidade; porque a transformação por que passam as determinações contidas na mercadoria, unidade do valor de uso e do valor de troca, é meramente formal. O preço é apenas uma expressão precisa do valor de troca, a sua expressão unanimemente inteligível, que ele exprime na língua da circulação, tal como a moeda, que pode igualmente existir enquanto puro símbolo, é a expressão puramente simbólica do valor de troca; mas precisamente como meio de troca ela é unicamente o meio de trocar a mercadoria, não adquirindo portanto um novo conteúdo. O preço e a moeda resultam ambos igualmente do comércio; na realidade, são expressões criadas pelo tráfico, as expressões comerciais da mercadoria valor de troca e meio de troca.

Mas não acontece assim com o dinheiro. Este é um produto da circulação, produto que nela teve origem e dela se destacou, é por assim dizer uma violação das convenções estabelecidas.

Ele não é uma forma em que atuasse simplesmente como intermediário da troca das mercadorias. É uma forma do valor de troca nascida do processo de circulação; é um produto social gerado espontaneamente, como consequência das relações que se estabelecem entre os indivíduos na circulação. A partir do momento em que o ouro e a prata (ou qualquer outra mercadoria) se desenvolveram como medida de valor e meio de circulação (quer na sua forma material, quer na forma de um símbolo que os substitui) tornaram-se dinheiro, sem nenhuma intervenção da sociedade e independentemente da sua vontade. Seu poder manifesta-se como uma fatalidade, e a consciência dos homens revolta-se, particularmente nas estruturas sociais votadas à ruína por um maior desenvolvimento das relações do valor de troca, contra o poder com que lhes faz frente uma matéria, um objeto, contra a soberania, que parece uma pura demência, deste metal maldito. É em primeiro lugar no dinheiro, ou seja, na forma mais abstrata, logo, a mais despida de sentido, a mais incompreensível – forma em que desapareceu toda a mediação –, que se verifica a transformação das relações sociais recíprocas numa relação social fixa, opressiva, que subjuga os indivíduos. E este fenômeno é tanto mais brutal quanto tem origem num mundo em que os sujeitos isolados eram imaginados como átomos, livres, atuando à vontade e apenas estabelecendo entre si, na produção, as relações que nascem das necessidades recíprocas de cada um. O dinheiro traz consigo a sua própria negação enquanto simples medida e moeda. [Na realidade, a considerar apenas a mercadoria, ela deve ser para o seu proprietário simples modo de existência do valor de troca; o substrato material deste não tem para ele outro sentido senão o de ser a materialização do tempo de trabalho geral, permutável com qualquer outra materialização deste último; logo, o de ser um *equivalente* geral imediato, ser *dinheiro*. Mas este aspecto conserva-se oculto, só aparece como um aspecto particular da mercadoria.] Os filósofos da Antiguidade – e Boisguillebert também – consideram que se trata de uma perversão, de um abuso do dinheiro, que de servo se transforma em senhor, depreciando a riqueza natural, abolindo a harmonia dos equivalentes. Na sua república, Platão quer conter pela força o dinheiro nas suas funções de simples meio de circulação e de medida, impedindo-o de se tornar dinheiro propriamente dito. Secundando-o, Aristóteles considera a fórmula M – D – M da circulação, em que o dinheiro apenas atua como medida e moeda, o movimento natural e racional, a que chama "movimento econômico"; em compensação, estigmatiza na fórmula D – M – D um movimento antinatural, contrário ao fim em vista, a que chama "movimento crematístico". O que é atacado aqui é unicamente o valor de troca que se torna conteúdo e fim em si da circulação, é a promoção à autonomia do valor de troca em si; é o fato de o valor em si se tornar a finalidade da troca e se revestir de uma forma autônoma, em primeiro lugar sob a forma simples e tangível do dinheiro. No ato de vender para comprar, o objetivo é o valor de uso; no ato de comprar para vender, é o próprio valor.

Ora, vimos que o dinheiro, na realidade, é apenas um meio de circulação cuja função é suspensa enquanto espera ser posto em circulação como meio de compra ou de pagamento. Seu comportamento autônomo em presença da circulação, sua retirada da circulação, pelo contrário, privam-no dos seus dois valores: o valor de uso, pois não vai ser utilizado como metal, e o valor de troca, visto que precisamente só o possui na sua qualidade de elemento da circulação, de símbolo abstrato do valor das mercadorias que elas reciprocamente se opõem, de fase do movimento formal da própria mercadoria. Quando se mantém afastado da circulação não tem valor, como se estivesse enterrado no filão mais profundo. Mas ao ser reposto em circulação acaba-se o seu caráter imperecível; o valor que ele encerra dispersa-se nos valores de uso das mercadorias pelas quais se troca. Torna-se simples meio de circulação. É uma etapa. *Ele provém da circulação, é o resultado desta, ou seja, é o modo de existência adequado do valor de troca, o equivalente geral que existe por si e que persiste em si.*

Por outro lado, enquanto finalidade da troca, isto é, enquanto movimento que tem por conteúdo o valor de troca, o próprio dinheiro, o único conteúdo do processo é o crescimento do valor de troca, a *acumulação de dinheiro*. Mas na realidade este crescimento é meramente formal. O valor não nasce do valor: põe-se em circulação valor sob a forma de mercadoria, para o retirar sob a forma de tesouro, de valor inutilizável.

Plutein fassi sé pántes, egô dé fêmi pénesthai
Khrêssis gár plútu martüs[71].

Assim, quanto ao seu *conteúdo*, o enriquecimento apresenta-se como um empobrecimento voluntário. Somente a ausência de necessidades, a renúncia à necessidade, ao valor de uso do valor existente sob a forma de mercadoria, permitem acumular este valor sob a forma de dinheiro. A bem dizer, o movimento real da fórmula D – M – D não existe na circulação simples, em que nos limitamos a fazer passar equivalentes da forma mercadoria à forma dinheiro e vice-versa. Se troco um soberano por uma mercadoria que vale um soberano e esta de novo por um soberano, trata-se de um processo sem nenhum conteúdo. Ora, na circulação simples é esta única operação que importa considerar – o conteúdo desta mesma forma –, isto é, o dinheiro como fim em si; que se *encontra* esta forma, é evidente; abstraindo da quantidade, a forma dominante do comércio consiste em trocar dinheiro por mercadoria e mercadoria por dinheiro. Pode também acontecer – e efetivamente acontece – que o resultado deste processo não seja sequer, como se supôs, simplesmente a quantidade de dinheiro empenhada. No caso de maus negócios, pode retirar-se menos do que se empenhou. Mas trata-se aqui de estudar simplesmente o sentido da operação: o destino futuro não faz parte da circulação propriamente dita. Na circulação simples, o aumento da grandeza de valor, o movimento em que o crescimento do valor é a finalidade da operação, só pode manifestar-se sob a forma de acumulação; é a operação M – D, a venda da mercadoria incessantemente renovada, que a torna possível paralelamente à interdição que impede o dinheiro de percorrer até o fim o seu ciclo completo, de se reconverter em mercadoria depois de a mercadoria se ter convertido em dinheiro. Igualmente o dinheiro não se apresenta como ponto de partida, como o quer a fórmula D – M – D, mas sempre e unicamente como resultado da troca. Só neste sentido ele é ponto de partida: para o vendedor, a mercadoria *é apenas* preço, só vale pelo dinheiro que deve render-lhe e ele só lança na circulação este dinheiro nesta forma perecível para o retirar na sua forma eterna. Era o valor de troca, portanto o dinheiro, que constituía na realidade a condição prévia da circulação, do mesmo modo que sua existência adequada e seu crescimento apareciam como o resultado da circulação, na medida em que esta tem como consequência a acumulação de dinheiro.

Portanto, no movimento da circulação em que foi introduzido como dinheiro, o dinheiro vê-se ainda negado na sua determinação concreta de dinheiro: ora, esta era já a negação do dinheiro enquanto simples medida e simples moeda. Mas o que é assim negado é simplesmente a forma abstrata sob a qual o valor de troca tornado autônomo se apresentava no dinheiro – e também a forma abstrata do processo desta promoção à autonomia. É, do ponto de vista do valor de troca, a negação de toda a circulação, visto que ela não encerra o princípio da autorrenovação.

A circulação tem por ponto de partida as duas determinações da mercadoria: valor de uso e valor de troca. Se predomina a primeira, a circulação leva à autonomia do valor de uso; a mercadoria torna-se objeto de consumo. Se é a segunda, a circulação leva à segunda determinação, a promoção à autonomia do valor de troca. A mercadoria torna-se dinheiro. Mas só pelo processo de circulação ela adota esta última determinação e é em relação à circulação que continua a determinar-se. Mas, nesta determinação, ela prossegue o seu desenvolvimento de tempo de trabalho geral materializado – na sua forma social. É desta circunstância que deve necessariamente resultar a nova determinação do trabalho social, que aparece em primeiro lugar como valor de troca da mercadoria, depois como dinheiro. O valor de troca é a forma social por excelência. Igualmente o seu desenvolvimento posterior é o desenvolvimento ou o aprofundamento do processo social, que faz subir a mercadoria à sua superfície.

Tínhamos começado por partir da mercadoria; tomemos agora o valor de troca como ponto de partida – sabemos que o processo de circulação tem como consequência torná-lo autônomo. Reconhecemos que:

1. O valor de troca tem uma dupla existência: é mercadoria e dinheiro; este apresenta-se como sua forma adequada; mas o dinheiro não desaparece na mercadoria enquanto ela se mantém como tal: ele existe como preço desta. O valor de troca desdobra-se então, por um lado, em valores de uso, por outro, em dinheiro. Mas estas duas formas permutam-se reciprocamente, e a simples troca em si não faz desaparecer o valor.

2. Para que o dinheiro se conserve como tal, deve, na mesma qualidade em que aparece como o precipitado e o resultado do processo de circulação, conservar a faculdade de nela entrar novamente, ou seja, de não se transformar na circulação em simples meio desta que, sob a forma de mercadoria, desaparece quando é trocado por um simples valor de uso. Ao entrar na circulação numa determinação, o dinheiro não deve perder-se na outra: assim, quando existe como mercadoria, deve continuar a ser dinheiro, e, quando é dinheiro, só existir como forma transitória da mercadoria; quando existe sob a forma de mercadoria, não deve deixar de ser valor de troca; quando existe sob a forma de dinheiro, não deve deixar de ter em perspectiva o valor de uso. Sua entrada na circulação deve ser uma fase de sua fidelidade a

si próprio, e ser fiel a si próprio é entrar na circulação. Portanto, o valor de troca é agora determinado enquanto processo e não enquanto forma puramente fugaz do valor de uso, indiferente ao conteúdo material deste, nem como simples objeto, sob a forma de dinheiro; ele é determinado como uma relação em presença de si mesmo estabelecida pelo processo de circulação. Por outro lado, a própria circulação já não é um processo meramente formal, em que a mercadoria percorre a série das suas determinações, mas é o próprio valor de troca, avaliado em dinheiro, que, condição prévia da circulação, deve necessariamente aparecer como criação sua e, nascido dela, como sendo sua condição. A própria circulação deve aparecer como um elemento da produção dos valores de troca (como processo da produção dos valores de troca). A promoção à autonomia do valor de troca sob a forma de dinheiro não estabelece, na realidade, senão a sua indiferença em relação ao valor de uso particular no qual ele se encarna. O equivalente geral tornado autônomo é dinheiro, quer exista sob a forma de mercadoria ou de dinheiro. A passagem à autonomia no dinheiro deve aparecer como uma simples fase do movimento – resultado sem dúvida da circulação, mas destinado a recomeçar o processo e não a persistir nesta forma.

O dinheiro, isto é, o valor de troca tornado autônomo, nascido do processo de circulação de que é o resultado e ao mesmo tempo o motor vivo (embora o seja unicamente sob a forma limitada do entesouramento), negou-se enquanto simples moeda, ou seja, simples forma fugidia do valor de troca, que não faz senão desaparecer na circulação; negou-se ainda na medida em que defronta esta de maneira autônoma. Para não se congelar na forma de tesouro, o dinheiro tem uma necessidade tão absoluta de entrar na circulação como teve de sair dela; mas não deve fazê-lo como simples meio de circulação; pelo contrário, sua existência de meio de circulação, e por conseguinte sua conversão em mercadoria, deve ser uma mera alteração de forma que lhe permita reaparecer na sua forma adequada, enquanto *valor de troca adequado* e simultaneamente *enquanto valor de troca multiplicado, acrescido, enquanto valor de troca valorizado*. Este valor que se *valoriza* na circulação, ou seja, que nela se multiplica, é, em resumo, o valor de troca em si, que descreve o processo de circulação enquanto é o seu próprio fim. *Esta valorização, este crescimento quantitativo do valor* – o único processo que o valor pode descrever como tal –, só se manifesta na acumulação de dinheiro em oposição à circulação, isto é, traduz-se por sua própria supressão. Pelo contrário, devemos admitir a circulação como sendo o processo no decurso do qual o valor se conserva e se valoriza. Ora, na circulação o dinheiro torna-se moeda, e nesta qualidade troca-se pelas mercadorias. Se não se quer que esta alteração se mantenha unicamente formal (ou que o valor de troca desapareça no consumo da mercadoria) – só teria mudado então a forma do valor de troca, e teríamos por um lado sua existência geral abstrata no dinheiro, por outro sua existência no valor de uso particular da mercadoria –, é preciso que o valor de troca seja realmente trocado pelo valor de uso e que a mercadoria seja consumida como valor de uso, permanecendo valor de troca neste consumo; ou ainda, é preciso que sua dissimulação desapareça e seja apenas o meio de fazer nascer um valor de troca maior – que sirva para reproduzir e produzir valor de troca; em resumo, é preciso que seja um *consumo produtivo*, isto é, um consumo pelo trabalho para materializar o trabalho, criar valor de troca. Produzir valor de troca só pode significar, de uma maneira geral, produzir um maior valor de troca, multiplicá-lo. Sua simples reprodução altera o valor de uso no qual ele existe, como o faz a circulação simples: não o produz, não o cria.

O valor de troca tornado autônomo supõe a circulação enquanto fase desenvolvida, e apresenta-se como um processo ininterrupto, que implica a circulação e, ao sair, regressa constantemente a ela para a implicar de novo. Enquanto movimento que se implica a si próprio, o valor de troca já não surge como o movimento puramente formal do valor de troca, cuja existência se supôs: ao mesmo tempo assegura sua produção e sua reprodução. A própria produção já não existe aqui antes de seus resultados, isto é, já não lhes é supostamente anterior; aparece como produzindo ela própria ao mesmo tempo seus resultados; já não admite o valor de troca como algo que leva simplesmente à circulação, mas sim como algo que supõe simultaneamente o processo de circulação desenvolvido.

Para aceder à autonomia, não só seria necessário que o valor de troca saísse da circulação, fosse o resultado desta, mas também que conservasse a faculdade de nela voltar a entrar, de nela se manter transformando-se em mercadoria. No dinheiro, o valor de troca revestiu uma forma autônoma em relação ao movimento de circulação M – D – M, isto é, em relação a sua abolição final no simples valor de uso. Mas trata-se apenas de uma forma negativa, fugaz ou ilusória, a partir do momento em que ele se fixe. Ele só existe por referência à circulação e enquanto possibilidade de nela entrar. Mas perde esta determinação quando se realiza. Volta a cair nas suas duas funções de medida e de meio de circulação. Simples dinheiro, ele não ultrapassa estas duas determinações. Mas ao mesmo tempo a circulação implica também que ele se conserve dinheiro, que ele exista sob esta forma ou enquanto preço das mercadorias. O movimento da circulação não deve obrigatoriamente aparecer como o movimento de sua dissimulação, antes pelo contrário, como o movimento pelo qual ele se apresenta realmente enquanto valor de troca, pelo qual se realiza enquanto valor de troca. Se trocamos mercadoria por dinheiro, a forma do valor de troca, o valor de troca admitido como tal, o dinheiro, só subsiste na medida em que se mantém fora da troca na qual desempenha as funções de valor, na medida em que dela se abstrai; o dinheiro é por conseguinte uma concretização puramente ilusória deste valor de troca, uma concretização meramente ideal nesta forma em que a autonomia do valor de troca existe de modo tangível.

O mesmo valor de troca deve tornar-se dinheiro-mercadoria, mercadoria-dinheiro: esta a transformação que a fórmula D – M – D implica. Na circulação simples, a mercadoria transforma-se em dinheiro e depois em mercadoria; é uma outra mercadoria que se torna dinheiro: *O valor de troca não se conserva nesta alteração de sua forma. Mas a circulação implica que o dinheiro seja ao mesmo tempo dinheiro e mercadoria, e que se conserve na alternância de suas duas determinações.*

O valor de troca manifesta-se duplamente na circulação: ora como mercadoria, ora como dinheiro. Quando existe numa de suas determinações, não existe na outra. Isto se aplica a qualquer mercadoria particular, incluindo o dinheiro, meio de circulação. Contudo, considerando a circulação em seu conjunto, vê-se que o mesmo valor de troca, o valor de troca enquanto sujeito, se apresenta uma vez como mercadoria, logo a seguir como dinheiro, e que o movimento consiste precisamente no fato de ele se apresentar nesta dupla determinação e de se manter em cada uma delas como seu contrário: nas mercadorias como dinheiro, no dinheiro como mercadoria. Mas isto, que em si existe na circulação simples, nesta última não o implica.

Na circulação simples, quando estas determinações têm, uma em relação à outra, um comportamento autônomo, se este é *positivo*, como acontece na mercadoria que se torna objeto de consumo, a circulação deixa de ser um elemento do processo econômico; quando têm uma conexão *negativa*, como no dinheiro, ela torna-se absurda, um absurdo engendrado pelo próprio processo econômico.

Não se pode dizer que o valor de troca é realizado na circulação simples, porque aquilo que o enfrenta não é o valor de uso como tal, enquanto valor de uso determinado por ela. Inversamente, o valor de uso como tal não se transforma em valor de troca, ou só o faz na medida em que lhe é aplicada, exteriormente, a determinação dos valores de uso: ser tempo de trabalho geral materializado. Aqui, sua unidade dissocia-se ainda imediatamente e sua indiferença resolve-se ainda imediatamente em unidade. Portanto é necessário supor que o valor de uso se torna valor de uso graças ao valor de troca, e que o valor de troca é em si sua própria mediação graças ao valor de uso. Na circulação simples só lidávamos com duas determinações do valor de troca formalmente distintas: o dinheiro e o preço da mercadoria; e só com dois valores de uso materialmente diferentes: M – M, para quem o dinheiro, mediação somente transitória do valor de troca, é uma forma que eles adotam provisoriamente. Não se estabelecia uma relação real entre o valor de troca e o valor de uso. É certo que o valor de uso implica igualmente a existência do valor de troca enquanto preço (determinação ideal); é certo que o dinheiro engloba também o valor de uso, que é sua realidade, sua matéria. Num caso o valor de troca era apenas ideal; no outro, o ideal era o valor de uso. Portanto a mercadoria em si – seu valor de uso particular – é apenas a razão material da troca, mas nesta qualidade situa-se fora das determinações econômicas formais: ou seja, as determinações econômicas formais nada mais são que formas superficiais, determinações formais que não penetram a substância real da riqueza e não têm absolutamente nenhuma relação com esta; por isso, quando se quer fixar pelo entesouramento esta forma determinada como tal, ela transforma-se sub-repticiamente num produto natural indiferente, num metal em que se extinguiu até o último laço com a circulação. O metal, em sua qualidade de metal, não exprime naturalmente nenhuma relação social; perdeu mesmo a sua forma de moeda, última marca viva de sua significação social.

Ao mesmo tempo condição prévia e resultado da circulação, o valor de troca deve entrar novamente na circulação, tal como tinha saído.

Ao estudar o dinheiro vimos – e é evidente no entesouramento – que o crescimento do dinheiro, a sua multiplicação, é o único processo formal da circulação, processo que é para o valor um fim em si, ou seja, o valor tornado autônomo e que se conserva sob a forma de valor de troca (em primeiro lugar, de dinheiro) é ao mesmo tempo o processo de seu crescimento; vimos que sua própria conservação enquanto valor é ao mesmo tempo a ultrapassagem do seu limite quantitativo, o seu crescimento enquanto grandeza de valor, e que a promoção à autonomia do valor de troca só tem este conteúdo. A conservação do valor de troca como tal por intermédio da circulação apresenta-se ao mesmo tempo como o seu autocrescimento. É sua valorização por si mesmo, sua forma ativa de se apresentar como valor criador de valor, como valor que se reproduz e por isso se conserva, apresentando-se no entanto simultaneamente como *valor*, isto é, como mais-valia. No entesouramento, este processo é ainda puramente formal. Considerando o indivíduo, este processo surge como um movimento sem conteúdo que faz passar a riqueza de uma forma útil para uma forma sem utilidade e inútil quanto à sua determinação. Se examinamos o processo econômico no seu conjunto, o entesouramento apenas constitui uma das condições da própria circulação metálica. Enquanto o dinheiro se mantém como tesouro, ele não atua como valor de troca, ele é unicamente imaginário. Aliás o crescimento – o fato de se admitir como valor, o valor que, pela circulação, não só se conserva mas dela resulta, logo, o valor que se apresenta como mais-valia – é também puramente imaginário. A mesma grandeza de valor que antes existia sob a forma de mercadoria existe agora sob a forma de dinheiro; é acumulado sob esta forma, porque a ela se renuncia sob a primeira. Se pretendemos realizá-lo, ele desaparece no consumo. A conservação e o aumento do valor são portanto meramente abstratos, formais. A circulação simples não faz mais que lhes supor a forma.

Forma da riqueza geral, valor de troca tornado autônomo, o dinheiro só é capaz de um movimento quantitativo; não pode deixar de aumentar. De acordo com seu conceito, ele é a quintessência de todos os valores de uso; mas não passa nunca de uma grandeza de valor determinada, uma soma determinada de ouro e prata; assim, o limite quantitativo está em contradição com sua qualidade. Por isso faz parte de sua natureza o querer ultrapassar incessantemente seu próprio limite. (Este dinheiro, esta riqueza fonte de prazeres, toma no Império Romano, por exemplo, o aspecto de uma prodigalidade louca e sem limites, que tenta elevar o prazer ao infinito porque a si próprio se imagina infinito; isto é, trata deste modo o dinheiro, forma da riqueza, diretamente como valor de uso. Salada de pérolas, etc.) Para o valor que se mantém enquanto valor, o aumento coincide portanto com a conservação, e só se conserva na medida em que tende constantemente a ultrapassar o seu limite quantitativo, que está em contradição com sua generalidade interna. O enriquecimento é assim um fim em si. A atividade última do valor de troca autônomo só pode ser o enriquecimento, ou seja, o seu próprio crescimento; a sua reprodução, não meramente formal, mas a sua reprodução com aumento. Mas, grandeza de valor determinada quantitativamente, o dinheiro não é, além disso, senão o representante limitado da riqueza geral, ou o representante de uma riqueza limitada, exatamente à medida do seu valor de troca e não indo além da grandeza deste. Por conseguinte, ele não tem de modo algum a capacidade, que seu conceito geral implica, de comprar todos os prazeres, todas as mercadorias, a totalidade da riqueza material: ele não é um "resumo de todas as coisas"⁷². Fixado como riqueza, forma geral da riqueza, ele é portanto, enquanto valor que vale como valor, a tendência permanente para ultrapassar o seu limite quantitativo; um processo sem fim. É exclusivamente nisto que reside sua vitalidade própria; ele só se mantém como valor autônomo e intrínseco, diferente do valor de uso, na medida em que se *multiplica sem cessar* pelo próprio processo de troca. O valor ativo não é outra coisa senão o valor criador de mais-valia. Sua única função na qualidade de valor de troca é a própria troca. É portanto nesta função que ele deve aumentar, e não se afastando, como acontecia no entesouramento. No entesouramento, o dinheiro não atua como dinheiro. Retirado da circulação sob a forma de tesouro, ele não atua nem como valor de troca, nem como valor de uso: é um tesouro morto, improdutivo. Nenhuma ação dele emana. Sua multiplicação é uma contribuição exterior vinda da circulação: lançaram-se novas mercadorias em circulação, transferiu-se o valor da forma mercadoria para a forma dinheiro e sob esta forma foi posto em segurança: quer dizer que deixa, em suma, de ser dinheiro. Mas se for reposto em circulação desaparece enquanto valor de troca.

O dinheiro, que é valor de troca adequado resultante da circulação, que se tornou autônomo mas volta a entrar na circulação para aí se perpetuar e se valorizar (para aí se multiplicar) graças à própria circulação, é *capital*. No capital, o dinheiro perdeu a sua rigidez e, de objeto tangível, tornou-se processo. O dinheiro e a mercadoria tomados em si, assim como a circulação simples, só existem agora para o capital enquanto fases particulares, abstratas, da sua existência, nas quais ele se manifesta sem cessar, para passar de uma à outra e desaparecer com a mesma constância. Seu caráter autônomo não se manifesta somente no fato de ele enfrentar a circulação sob a forma de valor de troca abstrato e autônomo – o dinheiro –, mas no fato de a circulação ser ao mesmo tempo o processo de sua promoção à autonomia; é nela que ele se torna coisa autônoma.

A fórmula D – M – D exprime o seguinte: a autonomia do dinheiro deve aparecer como processo: ao mesmo tempo condição prévia e resultado da circulação. Mas esta forma conserva-se vazia de conteúdo na circulação simples; não aparece como um movimento dotado de conteúdo. É um movimento da circulação, de que o valor de troca não é somente a forma, mas também o conteúdo e a finalidade; é portanto a forma exata do *valor de troca ao descrever o seu próprio processo*.

Na circulação simples, o valor de troca tornado autônomo, o dinheiro como tal, é sempre e apenas resultado, *caput mortuum*[73] do movimento. Outro tanto deve aparecer como sendo sua condição prévia; seu resultado ao ser sua condição prévia, sua condição ao ser o seu resultado.

O dinheiro deve conservar-se enquanto dinheiro, tanto sob a forma de dinheiro como de mercadoria; e a troca destas determinações – o processo durante o qual percorre estas metamorfoses – deve aparecer ao mesmo tempo como seu processo de produção; deve aparecer como seu próprio criador – isto é, aumentar sua grandeza de valor. Pelo fato de o dinheiro se tornar mercadoria e de a mercadoria, por sua função de valor de uso, ser necessariamente consumida, dever desaparecer, este desaparecimento deve desaparecer por sua vez, e este consumo consumir-se: deste modo, o consumo da mercadoria-valor de uso surge como uma fase do processo de autorreprodução do valor.

O dinheiro e a mercadoria, assim como sua relação na circulação, aparecem-nos agora como simples condições prévias do capital, bem como modos de existência deste; simultaneamente condições simples, existentes, elementares do capital e formas de existência e resultados deste.

A imortalidade a que o dinheiro aspira ao tomar uma atitude negativa em relação à circulação (dela se retirando) é alcançada pelo capital, que se conserva precisamente quando se abandona a circulação. Valor de troca que supõe a circulação, ao mesmo tempo que é sua condição prévia e que nela se conserva, o capital adota alternadamente a forma dos dois elementos que a circulação simples encerra, mas, contrariamente ao que acontece nesta, não se limita a passar de uma forma para a outra: pelo contrário, em cada uma das duas determinações ele é ao mesmo tempo a relação, a conexão com a forma oposta. Manifestando-se sob o aspecto de dinheiro, não é agora senão a expressão unilateral, abstrata de sua generalidade; igualmente ao privar-se desta forma, priva-se apenas da determinação contraditória (da forma contraditória da generalidade). Admiti-lo sob o seu aspecto de dinheiro, isto é, sob o aspecto desta forma contraditória da generalidade do valor de troca, equivale a dizer que ele não deve, como na circulação simples, perder sua generalidade, mas a determinação contraditória desta ou só fugitivamente adotar esta última, logo que se trocará novamente por mercadoria; mas esta deverá, em sua particularidade, exprimir a generalidade do valor de troca, portanto mudar sem cessar de forma determinada.

A mercadoria não é somente valor de troca, mas também valor de uso, e nesta qualidade deve normalmente ser consumida. Mesmo quando serve como valor de uso, isto é, durante seu consumo, seu valor de troca deve ao mesmo tempo ser conservado e aparecer como a alma que designa o consumo como fim do processo. O processo de seu desaparecimento deve portanto manifestar-se ao mesmo tempo como o processo de desaparecimento do desaparecimento, isto é, como processo reprodutor. O consumo da mercadoria, tendo em vista não a fruição imediata, mas considerado como uma fase da reprodução do seu valor de troca. Assim o valor de troca não fornece somente a forma da mercadoria, mas aparece como o fogo em que sua própria substância se consome. Esta determinação resulta do próprio conceito de valor de uso. Mas, sob a forma de dinheiro, o capital manifesta-se por um lado de maneira fugaz sob o aspecto de meio de circulação; por outro, como admitido transitoriamente, simples momento deste na determinação do valor de troca adequado.

Por um lado, a circulação simples é uma condição preexistente à mercadoria, e os seus polos, dinheiro e mercadoria, aparecem como elementares condições prévias, formas virtualmente suscetíveis de se transformarem em capital, ou então são esferas puramente abstratas do processo de produção do capital que se supõe assistir. Por outro lado, elas dão como resultado o capital e nele se perdem como num abismo, ou a ele conduzem. (Aqui o exemplo histórico, atrás citado.)

No capital, o dinheiro – valor de troca autônomo anteriormente existente – não aparece somente sob o aspecto de valor de troca, mas de valor de troca tornado autônomo, como *resultado* da circulação. E, de fato, não se assiste à formação de capital antes que a esfera da circulação simples, embora tenha por base condições de produção totalmente diferentes daquelas do próprio capital, tenha atingido um certo nível de desenvolvimento. Por outro lado, admitimos que o dinheiro implica a circulação como movimento de seu próprio processo, de sua própria realização do valor que se perpetua e se valoriza. Condição prévia, ele é ao mesmo tempo aqui resultado do processo de circulação, e enquanto resultado é ao mesmo tempo condição da forma determinada desse processo, que foi definido pela fórmula D – M – D (em primeiro lugar somente do curso desta forma). Ele é unidade de mercadoria e do dinheiro, mas uma unidade em movimento; e não é nem uma nem outra, se for a primeira ou o segundo.

Ele conserva-se e valoriza-se na circulação e por ela. Por outro lado, já não admitimos o valor de troca como valor de troca simples, tal como ele existe enquanto simples determinação da mercadoria antes de esta entrar na circulação, ou melhor, como determinação puramente imaginada, visto que só na circulação ele se torna por um instante valor de troca. Ele existe sob a forma da *materialidade*; mas fica indiferente a esse fato e não se preocupa em saber se é a materialidade do dinheiro ou da mercadoria. Ele resulta da circulação, logo, supõe a existência desta; mas ao mesmo tempo, perante ela, ele é para si a sua própria condição.

Na troca real do dinheiro por mercadoria, tal como a exprime a fórmula D – M – D, ou seja, quando o ser real da mercadoria é o seu valor de uso e o ser real do valor de uso o seu consumo, o próprio valor de troca deve necessariamente ressurgir da mercadoria que se realiza como valor de uso; o dinheiro e o consumo da mercadoria devem aparecer como forma de sua conservação, assim como de sua valorização. Em relação a ela, a circulação apresenta-se como uma fase do processo de sua própria realização.

A existência real da mercadoria, a sua existência como valor de uso, situa-se fora da circulação simples. Mas é necessário que este momento entre no processo do capital, em que o consumo da mercadoria se apresenta como um elemento da própria valorização deste.

Enquanto o dinheiro, isto é, o valor de troca promovido à autonomia, não se fixa senão em relação ao seu contrário, o valor de uso como tal, ele só é na realidade suscetível de ter uma existência abstrata. É necessário que continue a existir no seu contrário, no seu movimento de valor de uso e no processo deste, o consumo, e que ao mesmo tempo cresça enquanto valor de troca; por conseguinte, é necessário que transforme o consumo do valor de uso – a negação ativa e a afirmação positiva deste – em reprodução e produção do próprio valor de troca.

Na circulação simples qualquer mercadoria se apresenta alternadamente sob o aspecto de valor de uso ou de valor de troca. Logo que é realizada como valor de uso, sai da circulação. Se a mercadoria se fixa enquanto valor de troca, no dinheiro, tem tendência a tornar-se amorfa, mas conserva-se no quadro da relação econômica. De qualquer modo, as mercadorias só interessam nas relações de troca (circulação simples), na medida em que possuem valor de troca. Por outro lado, seu valor de troca só tem um interesse transitório, ao abolir o caráter unilateral do valor de uso – o fato de ser um valor que os indivíduos só podem utilizar *imediatamente*: leva o valor de uso ao homem que dele tem necessidade; em nada modifica o valor de uso, exceto no fato de o transformar num valor de uso para os outros (os compradores). Mas, se o valor de troca é fixado no dinheiro, o valor de uso agora só se lhe opõe como um caos abstrato; e é precisamente esta separação de sua substância que o faz murchar e o leva a sair da esfera do valor de troca simples, cujo movimento supremo é a circulação simples e para quem o dinheiro é a realização mais perfeita. Mas nesta esfera esta diferença é apenas uma distinção formal, superficial. O próprio dinheiro, quando perde toda a fluidez, é por sua vez novamente mercadoria.

NOTAS

1. Imutável: *Aqui começa o caderno B'. A capa tem a indicação B_1 e por baixo lê-se:*

QUALIDADE ESTÉTICA DO OURO.

(...) ó dé
khrüssós aidómenon
Áte diaprépei
    nükt megánoros
    écsokha plúton.
        (Píndaro.)
	aurum vero
	fulgens (ardens) ut ignis
	quia* ardet in nocte,
	eximie inter magnificas
	divitias. (* *quia*,
	   no manuscrito *quae*.)

O texto latino acima é apenas a tradução de Píndaro: "O ouro é como um fogo resplandecente, que brilha na noite mesmo entre as riquezas mais magníficas." (N. do R. T.)

2. Cf. atrás a nota 85 da p. 139. (N. do R. T.)

3. Em francês no texto.
4. Cf. atrás, p. 42, nota 21; p. 42, nota 22; e mais adiante, notas 33 e 34. (N. do R. T.)
5. No manuscrito aparece *weder in* em vez de *in keiner*. (N. do R. T.)
6. "To prove how little" says M. Slater (of the firm of Morrison, Dillon and Co., whose transactions are amongst the largest of the metropolis) "of real money (...) enter into the operations of trade" he gives an "analysis of a continuous course of commercial transactions, extending over several milions yearly, and which may be considered as a fair exemple of the general trade of the country. The proportion of receipts and payments are reduced to the scale of £1,000,000 only, during the year 1856, and are as under, viz.: p. LXXI *(Report from the Select Committee on the Bank Acts, etc.* 1 July 1858.)*

Receipts:		Payments:	
In bankers' drafts and mercantile bills of exchange, payable after date	533,596	Bills of exchange payable after date	302,674
In cheques of bankers etc., payable on demand	357,715	Cheques on London bankers	663,672
In country banknotes	9,627		
B [ank] – o [f] – E[ngland] – notes...	68,554	B [ank] – [f] – E[ngland] – notes ...	22,743*
Gold............................	28.089	Gold............................	9,427
Silver and copper........	1,486	Silver and copper	1,484
Post-office orders........	933		
£ st.	1,000,000	£ st.	1,000,000

* Esta nota foi retomada, em alemão, na edição alemã do *Capital*, Livro I, p. 146, e figura na p. 145 do t. I da tradução francesa, Editions Sociales, 1949.

"Para mostrar em que fraca proporção", diz o Sr. Slater (da firma Morrison, Dillon & Cia., cujas transações estão entre as mais importantes da metrópole), "o dinheiro sonante entra nas operações comerciais propriamente ditas", há um extrato das transações comerciais, que se elevam a vários milhões de libras esterlinas por ano, e que pode ser considerado como um exemplo válido do comércio inglês. As receitas e despesas do ano 1856 foram reduzidas à escala de 1 milhão de libras.

Receitas:		Despesas:	
Ordens de pagamento bancárias e letras de câmbio comerciais pagáveis a prazo..........	533.596	Letras de câmbio pagáveis a prazo..........	302.674
Cheques de banqueiros, etc., pagáveis à vista........................	357.715	Cheques de banqueiros londrinos............	663.672
Notas de banco da província........................	9.627	Notas do Banco da Inglaterra.....................	22.743*
Notas do Banco da Inglaterra.....................	68.554		
Ouro...........................	28.089	Ouro	9.427
Prata e cobre...............	1.486	Prata e cobre	1.484
Vales postais................	933		
Total .... £ st.	1.000.000	£ st.	1.000.000

* 22.743. Tanto no manuscrito como no original aparece 22.7343. Para obter o número exato, Marx fez a seguinte operação:

$$
\begin{array}{r} 302.674 \\ 663.672 \\ \hline 966.346 \\ 22.734 \\ \hline 989.080 \\ 9.427 \\ \hline 998.507 \\ 1.484 \\ \hline 999.991 \end{array}
\qquad
\begin{array}{r} 1.000.000 \\ 999.991 \\ \hline 9 \end{array}
$$

$$
\begin{array}{r} 22.734 \\ 9 \\ \hline 22.743 \end{array}
$$

7. No manuscrito "material" está escrito precisamente por cima de "verdadeira" sem nenhuma outra indicação. (N. do R. T.)

8. No manuscrito "seu" (dele) – (*seine*). (N. do R. T.)

9. No caderno de Marx há um espaço em branco no lugar da indicação acrescentada entre colchetes pelos editores do manuscrito. (N. do R. T.)

10. Estes dois últimos parágrafos foram retomados com poucas modificações na *Contribuição*. (N. do R. T.)

11. Este caráter cosmopolita do dinheiro impressionou os antigos. "De que país, de que tribo é ele? Ele é *rico*."*

* Esta nota de Marx figura aqui em alemão. Encontra-se a citação em grego na página 298, nota 39. (N. do R. T.)

12. No manuscrito *wird* (torna-se) em vez de *werden* (tornam-se). (N. do R. T.)

13. Regulam (*regulieren*); no manuscrito lê-se *zirkulieren* (circular). (N. do R. T.)

14. Primitivamente, Marx tinha escrito "*sem que os seus membros*". É portanto evidente que é a este passo que se refere uma nota escrita no alto desta página: (*o dinheiro aparece aqui de fato como a sua comunidade existente objetivamente fora deles*). Está assinalada com uma cruz e colocada entre parênteses, mas não há no texto nenhum sinal que indique as palavras a que se refere. (N. do R. T.)

15. No manuscrito: *losreissen*: se separam. (N. do R. T.)

16. No manuscrito lê-se *aus den Ohren* (as orelhas) em vez de *an den Ohren*. (N. do R. T.)

17. Esta citação aparece em alemão na *Contribuição*. Veja p. 161, nota 99. (N. do R. T.)

18. "O dinheiro tem a propriedade de ser sempre permutável por aquilo que mede" (BOSANQUET).

19. "O dinheiro pode sempre comprar outras mercadorias, ao passo que as outras mercadorias nem sempre podem comprar ouro (...). Tem de haver uma quantidade muito considerável de metais preciosos aplicável e aplicada como o meio mais apropriado para regular a balança dos pagamentos internacionais" (TOOKE).

20. "Podemos contar com o ouro e a prata para realizar com a sua contribuição quase que exatamente a soma de que necessita-

mos (...). O ouro e a prata têm nesta ocasião uma imensa vantagem sobre todas as outras espécies de mercadorias, pelo fato de serem universalmente utilizados como moeda." (N. do R. T.)

21. "Não é em chá, café, açúcar ou índigo que as pessoas se comprometem normalmente a pagar as dívidas, contraídas no estrangeiro ou no país, mas sim em *espécies*; e por conseguinte um pagamento, quer seja feito na moeda indicada, quer em lingotes que podem ser rapidamente transformados nessa moeda pela Casa da Moeda ou pelo mercado do país para onde são enviados, deve garantir sempre ao remetente o meio mais seguro, mais direto e mais apropriado de realizar o seu objetivo, sem risco de contratempos devidos à ausência de procura ou à flutuação do preço." (N. do R. T.)

22. "Qualquer outro artigo pode, dada a quantidade ou em virtude da sua natureza, exceder a procura habitual do país para onde é enviado" (TOOKE).

23. "A introdução do dinheiro que compra todas as coisas (...) arrasta a necessidade da alienação legal" (mesmo dos bens feudais) (DALRYMPLE).

24. Quase todas as citações das páginas seguintes foram retomadas por Marx no capítulo da *Contribuição* sobre o entesouramento. Veja *Contribuição*, pp. 127 ss.

25. No manuscrito: *na*.

26. "Estes só têm um propósito e cedem à besta a sua qualidade de homens e o seu poder (...) e ninguém poderá comprar e vender, com exceção daquele que tiver o caráter, o nome da besta, ou o número do seu nome." (Esta citação aparece na p. 299, nota 46.

27. Aqui e agora. (N. do R. T.)

28. O texto alemão é *versieht, daher*; lia-se no manuscrito: *versieht ist daher*. (N. do R. T.)

29. "Para aqui e para agora." (N. do R. T.)

30. Lê-se no manuscrito, por cima destas palavras e sem nenhum sinal que indique onde se insere esta expressão: *und Lehre der Entsagung* (e teoria da renúncia). (N. do R. T.)

31. Leu-se *Geld* e não *Gold* (ouro), palavra que aparece na mesma citação reproduzida nas p. 132, nota 74 da *Contribuição*. (N. do R. T.)

32. "É preciso que o pai de família tenha a paixão da venda e não da compra." (N. do R. T.)

33. *Livros sobre o comércio e a usura.*

34. O texto alemão não tem nesta passagem a negação, que no entanto o contexto impõe. Senão confronte-se o texto exato de Boisguillebert: "É bem verdade que ele [o dinheiro] não é de modo nenhum um bem em si, e que a quantidade em nada contribui para a opulência de um país em geral, desde que haja o suficiente para suster os preços contraídos pelos gêneros necessários à vida, etc..." (N. do R. T.)

35. No manuscrito: *Maintenir.* (N. do R. T.)

36. No manuscrito: *faire* em vez de *former.* (N. do R. T.)

37. No manuscrito: *toujours* em vez de *tous les jours.* (N. do R. T.)

38. "As trocas entre os povos estão de tal modo difundidas em todo o globo terrestre, que hoje em dia podemos considerar o mundo inteiro como uma grande cidade com uma feira perpétua de todas as mercadorias, onde qualquer pessoa pode, por meio do dinheiro e sem ter que sair de casa, obter tudo o que a terra, os animais e a indústria dos homens produzem em toda a parte, e usufruí-lo. Maravilhosa invenção!" (MONTANARI).

39. "De que país é este homem, de que tribo? Ele é rico." (N. do R. T.)

40. "A cupidez esperando tirar das profundezas do solo o próprio Plutão"* (DEMÉTRIO).

* Provavelmente, Demétrio confunde Plutão com Pluto, o deus da riqueza. (N. do R. T.)

41. "Mas é no dinheiro que a cupidez tem a sua origem (...) pouco a pouco ela queima com uma espécie de raiva: e já não é a cupidez, mas a fome de ouro" (PLÍNIO).

42. "Nunca houve instituição tão fatal aos homens como o dinheiro. É ele que arruína as cidades; é ele que expulsa as pessoas das suas moradas; é ele que seduz, que atormenta os espíritos virtuosos dos homens e os leva a cometer ações vergonhosas. Instiga-os sempre à vilania e à prática de todas as impiedades" (SÓFOCLES).

43. Em inglês no texto: *for instance.* (N. do R. T.)

44. "Ouro? ouro amarelo, reluzente, precioso?... Eis o bastante para fazer do negro branco, do feito belo, do injusto justo, do vil

nobre, do velho novo, do covarde valente. Ah, deuses! E por que razão? O que é isto, deuses sagrados? É isto que afasta dos vossos altares os vossos sacerdotes e os vossos servos*; ele arrancará o travesseiro de sob a cabeça dos moribundos; este escravo dourado edifica e arrasa as vossas religiões, abençoa os malditos, faz adorar a lepra branca, coloca os gatunos no banco dos senadores e dá-lhes títulos, vênias e homenagens; é ele que casa de novo a viúva deformada e velha; aquela que causaria náuseas num hospital de úlceras repugnantes, o ouro perfuma-a e enfeita-a para o dia de abril. Vem, argila maldita, prostituta comum do gênero humano" (SHAKESPEARE, *Tímon de Atenas*, Ato V, Cena III).

* Notação análoga no *Pluto* de Aristófanes. (Nota de Marx.)

45. No manuscrito, este texto em alemão está escrito ao lado dos seis primeiros versos de Shakespeare. A citação do Apocalipse está escrita ao lado dos dez últimos versos. (N. do R. T.)

46. Veja nota 26, p. 291, onde se traduz esta citação. (N. do R. T.)

47. A maioria das ideias e mesmo muitos passos deste capítulo aparecem na *Contribuição* apenas modificados. Cf. IV. *Os metais preciosos*, pp. 158 ss. (N. do R. T.)

48. "Os metais preciosos são idênticos nas suas qualidades físicas, de tal modo que quantidades iguais seriam suficientemente semelhantes para não justificar a preferência de umas às outras. Ora, isto não acontece com igual número de animais ou quantidades iguais de cereais. (N. do R. T.)

48ª. "O ouro difere notavelmente dos outros metais, com raras exceções, pelo fato de se encontrar na natureza em *estado de metal*." (N. do R. T.)

49. "O ferro e o cobre, o estanho, o chumbo e a prata são normalmente descobertos em combinação química com o oxigênio, o enxofre, o arsênico ou o carbono, e os poucos casos excepcionais em que estes metais se apresentam em estado puro, ou como se dizia anteriormente em estado *virgem*, devem ser citados de preferência como curiosidades mineralógicas do que como produtos correntes. O ouro, no entanto, encontra-se sempre em estado nativo ou metálico (...). Além disso, pelo fato de ser formado nessas rochas que estão mais expostas à ação atmosférica, o ouro encontra-se nos filões das montanhas (...), os fragmentos dessas ro-

chas são destacados (...) arrastados pelas águas para os vales e rolados até se tornarem seixos pela ação constante da água corrente." (N. do R. T.)

50. "A maior parte das vezes o ouro encontra-se em estado puro ou, pelo menos, tão próximo do estado puro que sua natureza metálica pode ser imediatamente reconhecida." (N. do R. T.)

51. "Os rios são, na verdade, grandes *crivos* naturais, dispersando num instante as partículas mais leves e mais finas, e depositando as mais pesadas quando encontram um obstáculo natural ou quando a corrente diminui de força e de velocidade (...). Em quase todos, talvez em todos os países da Europa, da África e da Ásia, quantidades maiores ou menores de ouro têm sido, desde os tempos mais recuados, lavadas com simples dispositivos e retiradas das jazidas auríferas." (N. do R. T.)

52. A extração mineira "é uma arte que exige uma aplicação de capitais e mais ciências e artes auxiliares." (N. do R. T.)

53. "Os metais possuem a propriedade e a particularidade de neles todas as qualidades se resumirem a uma só, que é quantidade: não receberam da natureza diversidade de qualidade, nem na sua estrutura interna, nem na forma e aparência exteriores" (GALIANI).

54. "*Identidade de qualidade* em todas as partes do mundo; permitem a divisão em partes mínimas e a repartição exata." (N. do R. T.)

55. "O dinheiro só é restituído em espécies; e este fato (...) distingue este (...) agente de qualquer mecanismo (...) indica a natureza da sua serventia – claramente prova a singularidade da sua função" (OPDYKE).

56. Ó ditosa moeda, que oferece ao gênero humano uma bebida doce e rica e, não podendo ser enterrada nem conservada por muito tempo, preserva seus inocentes proprietários da peste infernal da avareza (MARTYR).

57. Em alemão, *Gold* significa ouro, *Geld* prata e *Gelb* amarelo. (N. do R. T.)

58. Código que, segundo a teogonia indiana, regula toda a vida dos seres humanos, divididos em quatro "castas"; tradicionalmente atribuído a Manu, divindade do bramanismo. (N. do R. T.)

59. Em francês no texto: *d'abord*. (N. do R. T.)

60. Aqui começa um novo caderno. Marx divide-o em duas partes. Nas suas "Notas sobre os meus cadernos", designa a primeira, que vai das páginas 1 a 14, por Caderno B"; à segunda, que inclui as páginas 16 a 19 do mesmo caderno, chama Caderno B"II. As duas partes estão separadas por uma página em branco, a página 15. (N. do R. T.)

61. *Leistungen* (prestações); no manuscrito é possível ler ainda *Bestimmungen* (determinações). (N. do R. T.)

62. Em inglês no texto: *Leveller*. (N. do R. T.)

63. Por exemplo: há harmonia quando num país a produção patriarcal dá lugar à produção industrial. E o processo de dissolução que acompanha esta evolução apenas é concebido no seu aspecto positivo. Mas há desarmonia quando a grande indústria inglesa põe termo, pelo terror, às formas patriarcais ou pequeno-burgesas da produção em qualquer país estrangeiro. A concentração do capital num país e seus efeitos dissolventes para ele só tem aspectos positivos. Mas os efeitos sobre outros capitais nacionais do capital inglês concentrado, que ele denuncia como o monopólio da Inglaterra, são a desarmonia por excelência. (Nota de Marx.)

64. *Slavery (...) abroad* (?) No manuscrito há um espaço em branco entre aspas para posterior inserção do título da obra. (N. do R. T.)

65. Carey é com efeito o único economista americano original, e a grande importância de suas obras reside no fato de, materialmente, ser a sociedade burguesa em sua forma mais livre e mais ampla que lhes serve de base. Exprime de uma forma abstrata as vastas perspectivas da sociedade americana que opõe ao velho mundo. A única base concreta de Bastiat é a pequenez das condições econômicas francesas, que espreitam em todas estas Harmonias, e em oposição às condições de produção inglesas e americanas, depois de as ter idealizado, "Exigências da razão prática". Daí a riqueza de Carey em pesquisas pessoais, pode-se mesmo dizer *bona fide* [de boa-fé] sobre questões econômicas específicas. Quando, excepcionalmente, Bastiat finge abandonar seus lugares-comuns elegantemente burilados, para descer ao estudo das categorias reais, por exemplo no estudo da renda imobiliária, plagia pura e simplesmente Carey. Enquanto este último combate principalmente as contradições que rebatem sua concepção har-

moniosa, na forma que os economistas clássicos ingleses desenvolveram, Bastiat, por seu lado, advoga contra os socialistas. Carey deve à profundidade de suas concepções o ter achado na própria economia a contradição que tem de combater como partidário da harmonia, ao passo que aquele rabulista vaidoso que é Bastiat só consegue descortinar a contradição externa. (Nota de Marx.)

66. Além do dilatório (*dilatorische*), é possível ler ainda no manuscrito: *dialektische* (dialético) ou *delektorische* (eclético). (N. do R. T.)

67. *Ausweit*. No manuscrito lê-se *hinweist*, o que não faria sentido nesse contexto. (N. do R. T.)

68. A palavra "individual" está colocada no manuscrito exatamente por cima de "imediato", sem nenhuma outra indicação. (N. do R. T.)

69. O termo "matéria" (*Stoff*) está colocado no manuscrito por cima do "conteúdo" (*Inhalt*), sem nenhuma outra indicação. (N. do R. T.)

70. "Rusticidade." (N. do R. T.)

71. "Todos dizem que tu és rico. Mas eu digo que tu és pobre, porque é o uso que dá testemunho da riqueza." (N. do R. T.)

72. Em francês no texto. Trata-se de uma expressão de Boisguillebert: "précis de toutes les choses". (N. do R. T.)

73. "Resíduo químico." (N. do R. T.)

Capítulo III[1]
O Capital

A. PROCESSO DE PRODUÇÃO DO CAPITAL

1. Transformação do dinheiro em capital

Na sua qualidade de resultado da circulação simples, o capital começa por existir sob a forma simples do dinheiro. Mas a autonomia material que, entesourado, ele conservava sob esta forma em presença da circulação, desapareceu. Sua existência monetária, pelo contrário, expressão adequada do equivalente geral, nada mais exprime que a sua indiferença em relação à particularidade de todas as mercadorias e sua possibilidade de adotar qualquer forma de mercadoria. Ele não é esta ou aquela mercadoria, mas pode ser transformado em cada uma delas e em cada uma ele continua a ser a mesma grandeza de valor e a ser um valor que faz de si o seu próprio fim. Portanto o capital, que existe em primeiro lugar sob a forma de dinheiro, não permanece imóvel em oposição à circulação; pelo contrário, é necessário que nela entre. Tampouco nela se perde, ao converter-se da forma de dinheiro na forma mercadoria. Pelo contrário, sua existência monetária é apenas a sua existência de valor de troca adequado, que pode indiferentemente converter-se em qualquer mercadoria. Em cada uma delas, ele mantém-se como valor de troca que não perde sua qualidade. Mas o capital só pode ser valor de troca promovido à autonomia, tornando-se autônomo em relação a um terceiro elemento; só pode ser em sua relação com este elemento. [Sua existência monetária é dupla: ele pode trocar-se por qualquer mercadoria e, sendo valor de troca geral, não está ligado à substância particular de nenhuma mercadoria; em segundo lugar, ele continua a ser dinheiro, mesmo ao tornar-se mercadoria; isto é, a matéria que o encarna não é um objeto que sirva para satisfazer uma necessidade individual, mas a materialização do valor de troca, que só adora esta forma para se conservar e crescer.] Este terceiro elemento não são as mercadorias. Porque capital é dinheiro que passa indiferentemente de sua forma de dinheiro à de qualquer mercadoria sem que se perca como objeto de consumo individual. Em vez de o excluir, o conjunto das mercadorias que o rodeiam, todas as mercadorias, aparecem como outras tantas encarnações do dinheiro. No que respeita à natural diversidade material das mercadorias, nenhuma exclui o dinheiro, nenhuma o impede de nela se fixar, de fazer dela o seu próprio corpo, porque nenhuma exclui a determinação do dinheiro na mercadoria. O mundo objetivo de toda a riqueza apresenta-se agora como invólucro físico do dinheiro, exatamente como o ouro e a prata, e é precisamente o caráter puramente formal da diferença que separa o dinheiro sob a forma monetária do dinheiro sob a forma de mercadoria que lhe permite adotar uniformemente a primeira ou a segunda destas formas, passar da forma monetária à forma mercadoria. (A autonomia agora só reside no seguinte: o valor de troca mantém-se em sua qualidade de valor, quer exista sob a forma de dinheiro ou de mercadoria, e só passa para a forma mercadoria para valorizar a si própria.)

O dinheiro é agora *trabalho materializado*, quer possua a forma de dinheiro ou de mercadoria particular. Em face do capital, há um modo objetivo de existência do trabalho, mas cada um deles aparece como o seu modo possível de existência, que ele poderia adotar por uma simples alteração de forma, passando da forma monetária à forma mercadoria. A única coisa que se opõe ao *trabalho materializado* é o trabalho *não objetivo*; ao trabalho *objetivado* opõe-se o trabalho *subjetivo*. Ou ainda, ao trabalho passado (no tempo), mas que existe no espaço, opõe-se o trabalho vivo que existe temporalmente. O trabalho *não objetivo* (portanto ainda não materializado), existente temporalmente, só pode existir sob a forma de *capacidade*, de possibilidade, de faculdade, de *capacidade de trabalho* do sujeito vivo. Ao capital, trabalho materializado autônomo conservando seu caráter de capital, só pode opor-se a força do próprio trabalho vivo, e assim a única troca que pode transformar dinheiro em capital é aquela que o proprietário do capital faz com o proprietário da força de trabalho vivo, isto é, o operário.

Em resumo, o valor de troca como tal só pode tornar-se autônomo ao opor-se ao valor de uso, que o defronta nesta qualidade. Somente nesta relação o valor de troca pode tornar-se autônomo como tal, e sob este aspecto ser admitido e funcionar como valor de troca. No dinheiro, o valor de troca devia aceder a esta autonomia porque se abstraía do valor de uso, e esta abstração ativa – manter-se em oposição com o valor de uso – devia parecer então o único método para conservar o valor de troca como tal e para o aumentar. Agora, pelo contrário, o valor de troca deve conservar-se na sua existência de valor de uso, na sua existência real (e não só formal) de valor de uso; deve conservar-se enquanto valor de troca no valor de uso enquanto valor de uso e este último deve ser a fonte de sua produção. Ora, a existência real dos valores de uso é a sua negação concreta, o seu consumo, a sua destruição no consumo. É portanto nesta negação concreta enquanto valores de uso, negação que lhes é imanente, que o valor de troca deve afirmar-se conservando-se em relação ao valor de uso, ou antes, fazer da existência ativa do valor de uso a confirmação do valor de troca. Não se trata da negação em que o valor de troca, enquanto preço, é a determinação puramente formal do valor de uso e em que este é abolido idealmente, enquanto de fato é somente o valor de troca que se manifesta como uma determinação formal e transitória do valor de uso. Também não se trata de sua fixação sob forma de ouro e prata, em que uma substância rígida e sólida surge como existência petrificada do valor de troca. Na verdade o dinheiro implica que o valor de uso seja a simples materialização, a realidade do valor de troca, enquanto é a existência tangível meramente figurada de sua abstração. Entretanto, na medida em que o valor de uso é determinado como valor de uso, isto é, em que é o próprio consumo da mercadoria que admite o valor de troca e é apenas o meio de o admitir, o valor de uso da mercadoria não é então de fato senão a manifestação ativa do valor de troca comprometido num processo. A negação real do valor de uso que não reside no fato de abstrair dele, mas sim no seu consumo (não no fato de se opor a ele num estado de tensão imóvel), esta negação concreta que lhe é própria e que é ao mesmo tempo sua realização como valor de uso, é necessário transformá-la em operação pela qual o valor de troca afirma a si próprio e manifesta a sua atividade. Mas isto só é possível na medida em que a mercadoria é consumida pelo trabalho, em que o seu consumo surge como objetivação do trabalho e portanto como criação de valor. Por consequência, para se conservar, não só em sua existência formal, como no dinheiro, mas também em sua existência real de mercadoria, e para se manifestar ativamente, o valor de troca objetivado no dinheiro deve apropriar-se do próprio trabalho e trocar-se por ele.

O valor de uso já não é para o dinheiro um artigo de consumo no qual ele se perde, mas somente o valor de uso pelo qual ele se conserva e aumenta. *Para o dinheiro na sua forma de capital, não existe outro valor de uso*. É precisamente aqui que reside a sua relação enquanto valor de troca com o valor de uso. O único *valor de uso que pode constituir o oposto e o complemento do dinheiro na qualidade de capital é o trabalho*, e este existe enquanto capacidade de trabalho, existindo ela própria como sujeito. Na sua qualidade de capital, o dinheiro só se relaciona com o não capital, com a negação do capital, e é somente por referência a esta que ele é capital. *O não capital real é o próprio trabalho*. A primeira operação que permite ao dinheiro tornar-se capital é trocá-lo pela capacidade de trabalho a fim de transformar ao mesmo tempo, por seu intermédio, o consumo das mercadorias, ou seja, o fato de as admitir e de as negar concretamente enquanto valores de uso, na manifestação ativa do valor de troca.

A troca que faz do dinheiro capital não pode ser uma troca por mercadorias, mas pelo seu contrário determinado conceitualmente, pela mercadoria que se encontra em oposição conceitualmente determinada com ele: o trabalho.

Ao valor de troca sob a forma de dinheiro opõe-se o valor de troca sob a forma de valor de uso particular. Mas todas as mercadorias particulares, modos particulares de existência do trabalho objetivado, são doravante expressões indiferentes do valor de troca que o dinheiro pode adotar sem se perder. Não é portanto pela troca com estas mercadorias que o dinheiro poderá perder o seu caráter simples, visto que se pode agora supor que ele existe indiferentemente numa forma ou noutra. Mas é pela troca, *primo* com a única forma de valor de uso que não é ele próprio imediatamente – o trabalho não objetivo – e ao mesmo tempo com o valor de uso imediato para ele enquanto valor de troca comprometido no seu processo – portanto ainda o trabalho. É pois unicamente pela troca do dinheiro pelo trabalho que pode produzir-se a sua transformação em capital. *O valor de uso pelo qual pode trocar-se o dinheiro, capital em potencial, só pode ser aquele de que nasce o próprio valor de troca, a partir do qual se produz e aumenta. Ora, só pode tratar-se do trabalho. O valor de troca só pode realizar-se como tal, enfrentando o valor de uso – não um valor de uso qualquer, mas aquele que se* relaciona consigo. Este valor de uso é o trabalho. A capacidade de trabalho é este valor de uso cujo consumo coincide imediatamente com a materialização do trabalho, logo, com a criação de valor de troca. Para o dinheiro na qualidade de capital, a capacidade de trabalho é o valor de uso imediato, pelo qual ele deve trocar-se. Na circulação simples, o conteúdo do valor de uso não tinha importância, o aspecto formal da relação econômica era-lhe exterior. Aqui, este conteúdo é um fator econômico essencial. Com efeito, o valor de troca só é determinado na sua propriedade de permanecer ele próprio na troca, na medida em que se troca com o valor de uso que o enfrenta em nome de sua própria determinação formal.

A condição para que o dinheiro se transforme em capital é que o *proprietário* de dinheiro possa trocar dinheiro pela capacidade de trabalho de outrem, enquanto mercadoria. É portanto necessário que, no quadro da circulação, a capacidade de trabalho seja posta à venda como mercadoria, visto que na circulação simples os sujeitos da troca só se defrontam na qualidade de vendedores e compradores. É necessário, portanto, que o operário ponha à venda sua capacidade de trabalho como mercadoria a consumir pelo uso: trata-se por conseguinte do operário livre. Logo, é necessário que o operário: primeiro, disponha de sua capacidade de trabalho como proprietário livre, que se comporte em relação a ela como em presença de uma mercadoria; neste sentido, deve ser o seu livre proprietário. Mas, em segundo lugar, é necessário que ele já não tenha que trocar o seu trabalho sob a forma de uma outra mercadoria, sob a forma de trabalho materializado, mas que a única mercadoria que tenha para oferecer, para vender, seja precisamente sua capacidade de trabalho vivo, existente no seu corpo vivo; é necessário, portanto, que as condições de materialização do seu trabalho, as condições objetivas do seu trabalho existam como propriedade de outrem, que existam na circulação enquanto mercadorias situadas no outro polo, do lado oposto ao seu. O fato de o proprietário de dinheiro – ou o dinheiro, porque provisoriamente o primeiro apenas é para nós, no processo econômico propriamente dito, a personificação do segundo – *encontrar* a capacidade de trabalho no mercado, sob a forma de mercadoria, nos limites da circulação, esta condição prévia que nos serve aqui de ponto de partida (e que serve de ponto de partida à sociedade burguesa no seu processo de produção) é com toda a evidência o resultado de uma longa evolução histórica, o resumo de muitas perturbações econômicas, e supõe o declínio de outros modos de produção (de outras relações sociais de produção) e um desenvolvimento determinado das forças produtivas do trabalho social. O processo histórico exato, já decorrido, que implica esta hipótese, formulá-lo-emos com maior precisão ainda ao estudar posteriormente estas relações. Mas este estágio histórico do desenvolvimento da produção econômica – de que o *trabalhador livre* é o produto – é a condição prévia do nascimento e mais ainda da existência do capital como tal. A existência do capital é o resultado de um longo processo histórico que deu à sociedade a sua estrutura econômica. Vê-se neste ponto, com precisão, de que modo a forma dialética da exposição só é correta quando conhece os seus limites. Do estudo da circulação simples resulta, para *nós*, a noção geral de capital, porque, no quadro do modo de produção burguês, a própria circulação simples apenas existe como condição prévia do capital e porque ela o supõe. O que não significa que se faça do capital a encarnação de uma ideia eterna, antes o mostra tal como é na realidade, simples forma *necessária*, à qual deve necessariamente conduzir o trabalho criador de valor de troca, a produção fundada sobre o valor de troca.

É essencial não perder de vista este fato: a relação simples da circulação que aqui nos interessa – em primeiro lugar ela faz totalmente parte da circulação, e unicamente o valor de uso específico das mercadorias adquiridas pela troca tende a ultrapassar os limites da circulação simples – é apenas uma relação dinheiro-mercadoria, uma relação de equivalentes situados nos dois polos opostos, tais como se apresentam na circulação simples. No quadro desta circulação, e considerando a troca capital-trabalho, tal como existe enquanto simples relação de circulação – não se trata da troca entre dinheiro e trabalho, mas entre *dinheiro* e *capacidade viva de trabalho*. Valor de uso, a capacidade de trabalho apenas se realiza na própria atividade laboriosa, mas exatamente à semelhança de uma garrafa de vinho que se compra e que só realiza seu valor de uso quando se bebe o vinho. O próprio trabalho não é mais do domínio da circulação simples que o beber. Enquanto potencial *dünámei* (em potência), o vinho é algo potável e a sua compra é a apropriação de uma bebida. Do mesmo modo, a compra da capacidade de trabalho é a possibilidade de dispor do trabalho. Ora, a capacidade de trabalho existente na vitalidade do próprio sujeito, e apenas se manifestando como exteriorização da sua própria vida, a compra da capacidade de trabalho, a aquisição do direito de utilização desta capacidade coloca naturalmente o comprador e o vendedor, durante o ato de utilização, numa relação diferente daquela que se instaura no caso da compra de trabalho materializado, existindo sob a forma de objeto exterior ao produtor. Isto não opõe de modo algum em causa a relação de troca simples. É unicamente a natureza específica do valor de uso, comprado por intermédio do dinheiro – a saber, que seu consumo (o das capacidades de trabalho) é produção, tempo de trabalho que se traduz materialmente, consumo criador de valor de troca –, em resumo, a sua existência real de valor de uso consiste em criar o valor de troca –, é esta natureza específica que da troca trabalho por dinheiro faz a troca específica D – M – D; ato no qual se admite que a finalidade da troca é o próprio valor de troca e em que o *valor de uso adquirido é valor de uso imediato para o valor de troca, isto é, valor de uso criador de valor.*

Pouco importa que o dinheiro seja considerado aqui como simples meio de circulação (meio de compra)[2], ou como meio de pagamento. Se, por exemplo, alguém que me vende o valor de uso de doze horas da sua capacidade de trabalho, a sua capacidade de trabalho por doze horas, apenas a vendeu, na realidade, depois de ter, a meu pedido, trabalhado doze horas, se, portanto, somente decorridas estas doze horas me forneceu doze horas da sua capacidade de trabalho, reside na natureza da relação que se instaurou entre nós que o dinheiro se apresentará aqui como meio de pagamento. Compra e venda não foram realizadas imediatamente dos dois lados. Mas a única coisa importante aqui é que o *meio de pagamento é o meio de pagamento geral, o dinheiro,* e que, por conseguinte, o operário não está colocado, por nenhum modo particular de pagamento em gêneros, em outras relações com o comprador que não sejam as relações de circulação. O operário converteu diretamente sua capacidade de trabalho em equivalente geral e, como proprietário deste, está na mesma situação que qualquer outro proprietário de dinheiro – sendo sua posição determinada pela grandeza de valor de seu equivalente geral; do mesmo modo, é a riqueza geral, a riqueza na sua forma social geral e enquanto possibilidade de tudo fruir, que constitui a finalidade última de sua venda[3].

NOTAS

1. Aqui começa o caderno B"II. (N. do R. T.)
2. "Meio de compra" está no manuscrito precisamente por cima de "meio de circulação", sem nenhuma outra indicação. (N. do R. T.)
3. Aqui termina o manuscrito. Na página seguinte lê-se apenas este título: "Trabalho produtivo e improdutivo".

As últimas páginas deste caderno contêm as "Referências aos meus cadernos pessoais".

Índice das obras citadas

A

ARISTÓTELES, *De Republica* ["A república"]. Editado por I. Bekker. Oxonii, 1937. *Ethika Nicomachea* ["Ética Nicomaqueia"]. Editado por I. Bekker. Oxonii, 1837.

ATENEU DE NÁUCRATIS, *Deipnosophistarum libri quindecim* ["Banquete dos sofistas em quinze livros"]. Livro IV, Ed. Schweighaeuser, Estrasburgo, 1802.

ATTWOOD, I., WRIGHT, I. B., BARLOW, I.. *The Currency Question. The Gemini Letters* ["A questão dos meios de circulação. As cartas gêmeas"]. Londres, 1844.

B

BAILEY, S., *Money and its Vicissitudes in Value: as they Affect National Industry and Pecuniary Contracts; with a Poscript on Joint Stock Bank* ["A moeda e as suas alterações de valor; a sua influência na indústria e nos acordos monetários nacionais; com um apêndice sobre os bancos por ações"]. Londres, 1837.

BARBON, Nicolas, *A Discourse Concerning Coining the New Money Lighter, in Answer to Mr. Locke's Considerations about Raising the Value of Money* ["Dissertação sobre a cunhagem fraca da nova moeda, em resposta às considerações do Sr. Locke sobre a elevação do valor da moeda"]. Londres, 1696.

BASTIAT, Frédéric, *Harmonies économiques* ["Harmonias econômicas 5"]. 2.ª ed., Paris, 1851.

BERKELEY, George, *The Querist* ["O interrogador"]. Londres, 1750.
BERNIER, François, *Voyage contenant la description des États du Grand Mogol* ["Viagem contendo a descrição dos Estados do Grão Mogol"]. Paris, 1830.
BLAKE, W., *Observations on the Effects Produced by the Expenditure of Government During the Restriction of Cash Payments* ["Observações sobre os efeitos das despesas governamentais durante a restrição dos pagamentos em espécies"]. Londres, 1823.
BOISGUILLEBERT, Pierre de, *Le Détail de la France* ["As particularidades da França"]. (1697). Em "Collection des principaux économistes". Vol. I: "Économistes financiers du XVIII siècle". Editado por Daire, Paris, 1843. [– *Dissertation sur la nature des richeses, de l'argent et des tributs etc.* ["Dissertação sobre a natureza das riquezas, do dinheiro e dos tributos, etc."] Em "Collection des principaux économistes". Vol. I: "Économistes financiers du XVIII siècle". Editado por Daire, Paris, 1843.
BOSANQUET, J. W., *Metallic, Paper and Credit Currency and the Means of Regulating their Quantity and Value* ["Meios de circulação metálicos, papel-moeda e crédito e os meios de regularizar a sua quantidade e o seu valor"]. Londres, 1842.
BRAY, J. F., *Labours Wrongs and Labours Remedy of the Age of Right* ["Os males do trabalho e o remédio do trabalho da idade da Razão"]. Leeds, 1839.
BUCHANAN, D., *Observations on the Subjects Treated of in Doctor Smith's Inquiry on the Wealth of Nations, etc.* ["Observações sobre os assuntos tratados pelo Dr. Smith nas suas pesquisas sobre a riqueza das nações, etc."]. Edimburgo, 1814.

C

CAREY, H. C., *Slavery at Home and Abroad* ["A escravatura no país e no estrangeiro"]. Filadélfia, 1853.
CARLI, G. R., *Notas de P. Verri: "Meditazioni sulla Economia Política"* ["Meditações sobre economia política"]. Em: "Scrittori Classici Italiani di Economia Politica". "Parte Moderna". Vol. 15. Editado por Custodi, Milão, 1804.
CARLYLE, Thomas, *Chartism* ["Cartismo"]. Londres, 1840.
CHERBULIEZ, *Riche ou pauvre. Exposition succincte des causes et des effects de la distribution actuelle des richesses sociales* ["Rico ou

pobre. Exposição sucinta das causas e dos efeitos da distribuição atual das riquezas sociais"]. Paris-Genebra, 1840.

COBBETT, W., *Political Register* ["Indicador político"]. 1807.

COOPER, Th., *Lectures on the Elements of Political Economy* ["Conferências sobre os elementos da economia política"]. Colúmbia, 1820; Londres, 1831.

CORBET, Th., *An Inquiry into the Causes and Modes of the Wealth of Individuals; or the Principles of Trade and Speculation Explained* ["Uma pesquisa sobre as causas e as formas de riqueza dos indivíduos; ou a explicação dos princípios do comércio e da especulação"]. Londres, 1841.

D

DALRYMPLE, John, *An Essay towards a General History of Feudal Property in Great Britain* ["Um ensaio para uma história geral da propriedade feudal na Grã-Bretanha"]. 4ª ed., Londres, 1759.

DANTE, *Divina Comedia* ["A Divina Comédia"].

DARIMON, Alfred, *De la Réforme des Banques* ["A reforma dos bancos"]. Paris, 1856.

DODD, George, *Curiosities of Industry and the Applied Sciences* ["Particularidades da indústria e das ciências aplicadas"]. Londres, 1854.

E

ENGELS, Friedrich, *Die Lage der arbeitenden Klasse in England* ["A situação da classe trabalhadora na Inglaterra"]. Leipzig, 1845.

F

FRANKLIN, Benjamin, *A Modest Inquiry into the Nature and Necessity of Paper Currency* ["Um modesto estudo sobre a natureza e necessidade da circulação do papel-moeda"] (1729). Em: "The Works of B. Franklin". Editado por J. Sparks. Boston, 1836.

—— *Remarks and Facts relative to the American Paper Money* ["Notas e fatos relativos ao papel-moeda americano"] (1764). Em: "The Works of B. Franklin". Editado por J. Sparks. Boston, 1836.

FULLARTON, John, *On the Regulation of Currencies, being an Examination of the Principles on which it is Proposed to Restrict within*

Certain Fixed Limits the Future Issues on Credit of the Bank of England and of the other Banking Establishments throughout the Country ["Sobre a regulamentação dos meios de circulação, estudo dos princípios sobre os quais se propõe restringir dentro de certos limites fixos as novas emissões garantidas pelo crédito do Banco da Inglaterra e dos outros estabelecimentos bancários de todo o país"]. 2.ª ed., Londres, 1845.

G

GALLIANI, Ferdinando, *Della Moneta* ["Da moeda"] (1750) Em: "Scrittori Classici Italiani di Economia Politica". "Parte Moderna". Vol. III. Editado por Custodi, Milão, 1803.

GARNIER, Germain, *Histoire de la monnaie depuis les temps de la plus haute antiquité jusqu'au règne de Charlemayne* ["História da moeda desde a mais alta Antiguidade até o reinado de Carlos Magno"]. Paris, 1819.

GENOVESI, Antonio, *Lezioni di Economia Civile* ["Lições de economia burguesa"] (1765). Em: "Scrittori Classici Italiani di Economia Politica". "Parte Moderna", vol. VIII. Editado por Custodi, Milão, 1803.

GRAY, John, *Lecture on the Nature and Use of Money* ["Lições sobre a natureza e o uso da moeda"]. Edimburgo, 1848.

—— *The Social System. A Treatise on the Principle of Exchange* ["O sistema social. Dissertação sobre o princípio da troca"]. Edimburgo, 1831.

GRIMM, Jakob, *Geschichte der deutschen Sprache* ["História da língua alemã"]. Leipzig, 1848.

H

HEGEL, *A filosofia do direito*.

HODGSKIN, Th., *Popular Political Economy* ["Economia política popular"]. Londres, 1827.

HOMERO, *A Ilíada*.

HOMERO, FLACCUS, *Satirarum liber secundus* ["Segundo livro das sátiras"]. Em: "Opera Omnia". Editado por Fr. J. Doering. Lipsiai, 1824, vol. II. Tradução alemã de Wilhelm Binder, Biblioteca Langenscheidt, vol. LXII. Berlin Schöneberg.

HUME, David, *Essays and Treatises on Several Subjects* ["Ensaios e dissertações sobre diversos assuntos"]. Vol. I. Londres, 1777.

HUME, James Deacon, *Letters on the Cornlaws, and on the Rights of the Working Classes* ["Cartas sobre as Leis dos Cereais e sobre os direitos das classes trabalhadoras"]. Londres, 1834.

J

JACOB, William, *An Historical Inquiry into the Production and Consumption of the Precious Metals* ["Uma pesquisa histórica sobre a produção e o consumo dos metais preciosos"]. Vol. II. Londres, 1831.

JOVELLANOS, Ramirez C. M. de, *Obras*. Barcelona, 1839-1840.

K

KORNER M. G., *Abhandlung von dem Altertum des böhmischen Bergwerks* ["Tratado sobre a antiguidade das minas da Boêmia"]. Schneeberg, 1758.

L

LOCKE, John, *Some Considerations on the Consequences of the Lowering of Interest and Raising the Value of Money* ["Algumas considerações sobre as consequências da redução do juro e ascensão do valor da moeda"] (1691). Em "Works". Vol. II, 8.ª ed. Londres, 1777.

LUTERO, Martinho, *Von Kauffshandlung und Wucher* ["Do comércio e da usura"]. Wittenberg, 1524. Em: *Obras de Lutero*. Wittenberg, 1589, 6.ª parte.

M

MAC CULLOCH, J. R., *Discours sur l'origine, les progrès, les objects particuliers et l'importance de l'économie politique* ["Discursos sobre a origem, os progressos, os objetivos particulares e a importância da economia política"]. Genebra e Paris, 1825.

—— *The Literature of Political Economy, a Classified Catalogue of Select Publications in the Different Departments of that Science* ["A literatura da economia política, catálogo classificado de publicações escolhidas nos diferentes domínios desta ciência"]. Londres, 1845.

MACLAREN, James, *A Sktech of the History of the Currency* ["Um esboço da história dos meios de circulação"]. Londres, 1858.

MACLEOD, Henry D., *The Theory and Practice of Banking, with the Elementary Principles of Currency, Prices, Credit and Exchanges* ["A teoria e a prática bancária, com os princípios elementares dos meios de circulação, dos preços, do crédito e do câmbio"]. Vol. I, Londres, 1858.

MANDEVILLE, Sir John, *Voyages and Travels* ["Expedições e viagens"]. Londres, 1705.

MARTYR, Anghiera Pedro, *De orbo novo, Decades* ["Do mundo novo, Décadas"]. Alcala, 1516 e 1530. Paris, 1725.

MARX, Karl, *Miséria da filosofia. Resposta à "Filosofia da miséria" de Proudhon*. Paris e Bruxelas, 1847.

—— *Discurso sobre o livre-câmbio*.

—— *Trabalho assalariado e capital*. Em: *Nova Gazeta Renana*, Colônia, Abril, 1849.

MARX, Karl e ENGELS, Friedrich, *Manifesto do Partido Comunista*. Londres, 1848.

MILL, James, *Commerce Defended. An Answer for the Arguments by which Mr. Spence, Mr. Cobbett, and others, Have Attempted to Prove that Commerce is not a Source of National Wealth* ["Defesa do comércio. Resposta aos argumentos com que os Srs. Spence, Cobbett e outros tentaram demonstrar que o comércio não é uma fonte da riqueza nacional"]. Londres, 1808.

—— *Elements of Political Economy* ["Princípios de economia política"] Tradução francesa de Parissot, Paris, 1823.

MISSELDEN, E., *Free Trade. Or the Means to Make Trade Florish, wherein the Causes of the Decay of Trade in this Kingdom are Discovered; and the Remedies also to Remove the Same are Represented* ["Livre-comércio, ou os meios de tornar o comércio florescente; em que são reveladas as causas do declínio do comércio neste reino e em que são propostos os meios de o remediar"]. Londres, 1622.

MONTANARI, Geminiano, *Della Moneta, trattato mercantile, etc.* ["Da moeda, tratado comercial, etc."] (1680-1681). Em: "Scrittori Classici Italiani di Economia Politica". "Parte Antiga", Vol. III. Editado por Custodi. Milão, 1804.

MÜLLER, Adam, *Die Elemente der Staatskunst* ["Os princípios da política"]. 3 vols., Berlim, 1809.

O

OPDYKE, George, *A Treatise on Political Economy* ["Tratado de economia política"]. Nova York, 1851.

P

PÉREIRE, Isaac, *Leçons sur l'industrie et les finances* ["Lições sobre a indústria e as finanças"]. Paris, 1832.

PETTY, William, *An Essay Concerning the Multiplication of Mankind, etc.* ["Ensaio sobre o aumento da população, etc."]. 1686.

—— *Several Essays in Political Arithmetic, etc.* ["Alguns ensaios sobre aritmética política, etc."]. Londres, 1699.

PÍNDARO, *Carmina* ["Cantos"]. *Ad optimorum Librorum fidem accurate edita. Editio stcreotypa. Lipsiae*, 1819.

PLATÃO, *De Republica* ["A república"]. Em "Platonis Opera Omnia". Editado por G. Stallbumius. Londres, 1850.

PLÍNIO (O VELHO), Caius P. Secundus, *Historiae Naturalis Libri XXXVII* ["História natural em trinta e sete livros"]. Vol. V, p. 81, Hamburgo e Gotha, 1851.

R

RICARDO, David, *The High Price of Bullion. A Proof of the Depreciation of Bank Notes* ["O preço elevado do ouro em barras. Uma prova da depreciação das notas bancárias"]. (1809), 4ª ed., Londres, 1811.

—— *Reply to Mr. Bosanquet's Practical Observations on the Report of the Bullion Committee* ["Resposta às considerações práticas do Sr. Bosanquet sobre o relatório da Comissão do Ouro em Barras"]. 1811.

—— *Proposals for an Economical and Secure Currency; with Observations on the Profits of the Bank of England* ["Propostas para um meio de circulação econômico e seguro, seguidas de considerações sobre os lucros do Banco da Inglaterra"]. 2ª ed., Londres, 1816.

—— *On the Principles of Political Economy and Taxation* ["Considerações sobre os princípios de economia política e os impostos"]. (1817), 3ª ed., Londres, 1821.

ROUSSEAU, Jean-Jacques, *Du contrat social* ["O contrato social"].

S

SEMPÉRÉ Y GUARINOS, J., *Considérations sur les causes de la grandeur et de la décadence de la monarchie espagnole* ["Considerações sobre as causas da grandeza e da decadência da monarquia espanhola."] Paris, 1826, t. I.

SENIOR, William Nassau, *Principes fondamentaux de l'economie politique* ["Princípios fundamentais da economia política"]. Tradução de J. Arrivabène. Paris, 1836.

SHAKESPEARE, *Tímon de Atenas*.

SISMONDI, J. Ch. Simonde de, *Études sur l'économie politique* ["Estudos sobre a economia política"]. Vol. II, Bruxelas, 1837.

SMITH, Adam, *An Inquiry into the Nature and Causes of the Wealth of Nations* ["Pesquisas sobre a natureza e as causas da riqueza das nações"]. Ed. Wakefield. Londres, 1835-1839.

SÓFOCLES, *Antígona*.

SPENCE, William, *Britain Independent of Commerce; or Profs Deduced from an Investigation into the True Causes of the Wealth of Nations, that our Riches, Prosperity and Power are Derived from Inherent in Ourselves, and Would not be Affected even though our Commerce were Annihilated* ["A Grã-Bretanha independente do comércio; ou provas deduzidas a partir de uma investigação sobre as verdadeiras causas da riqueza das nações, mostrando que a nossa riqueza, a nossa prosperidade e o nosso poder provêm de fontes inerentes a nós próprios e não seriam afetadas mesmo pela destruição do nosso comércio"]. Londres, 1807.

STEIN, Lorenz von, *System der Staatswissenschaft* ["Doutrina da ciência política"]. Vol. I: "System der Statistik, der Populationistik und der Volkswirtschaftslehre" [Doutrina da estatística, da demografia e da economia política]. Stuttgart e Tübingen, 1852.

STEUART, James, *An Inquiry into the Principles of Political Economy. Being an Essay on the Science of Domestic Policy in Free Nations* ["Pesquisas sobre os princípios da economia política. Ensaio sobre a ciência da política interna das nações livres"]. 2.ª ed., Londres, 1767; Dublin, 1770.

STORCH, Henry, *Cours d'économie politique; ou exposition des principes qui déterminent la prospérité des nations* ["Curso de economia política; ou exposição dos princípios que determinam a prosperidade das nações"]. Paris, 1823.

—— *Considerations sur la nature du revenu national* ["Considerações sobre a natureza do rendimento nacional"]. Paris, 1824.

T

THOMPSON, William Thomas, *An Inquiry into the Principle of the Distribution of Wealth, most Conductive to Human Happiness, Applied to the Newly Proposed System of Voluntary Equality of Wealth* ["Pesquisas sobre os princípios da repartição da riqueza, em muito contribuindo para a felicidade humana, aplicados ao sistema recentemente proposto da igualdade da riqueza voluntária"]. Londres, 1824.

TOOKE, Thomas, *A History of Prices and of the State of the Circulation from 1839, 1847 Inclusive* ["História dos preços e do estado da circulação, de 1839 a 1847, inclusive"]. Londres, 1848. *An Inquiry into the Currency Principle, the Connection of the Currency with Prices and the Expediency of a Separation of Issue from Banking* ["Pesquisas sobre a teoria dos meios de circulação, a relação dos meios de circulação com os preços e conveniência de uma separação da emissão de notas da atividade bancária"]. Londres, 1844.

U

URQUHART, David, *Familiar Words as Affecting England and the English* ["Conversa em família sobre a Inglaterra e os ingleses"]. Londres, 1855.

W

WILSON, James, *Capital, Currency and Banking* ["Capital, meios de circulação e comércio bancário"]. Londres, 1847.

X

XENOFONTE, *De Vectigalibus* ["Sobre os impostos"]. Em: "Xenophontis quae extant". Editado por I. V. Gottlob Schneider. Vol. II, Lipsine, 1815.

ANÔNIMAS

– *The Currency Theory Reviewed*; in a Letter to the Scottish People. By a Banker in England* ["A teoria dos meios de circulação revista numa carta ao povo escocês. Por um banqueiro da Inglaterra"]. Edimburgo, 1845. – *Allgemeine Ausburger Zeitung* ["Gazeta geral de Augsburgo"]. 1843.
– *Deutsch-französiche Jahrbücher* ["Anais franco-alemães"]. 1843.
– *Economist* ["O Economista"]. 10 de julho, 1858.
– *Neue Rheinische Zeitung* ["Nova Gazeta Renana"]. 1848-1849.

....
* Citado por Marx com o título de *The Currency Question, etc.* ["A questão dos meios de circulação, etc."].
– *New York Daily Tribune.*
– *Rheinische Zeitung* ["Gazeta Renana"]. 1842-1843.
– *The Spectator*, 26 de outubro e 19 de novembro de 1711.
– *Report on Bank-Acts*, 14 de julho de 1857.
– *Report on Bank-Acts*, 1º de julho de 1858.
– *London Economist.*

Índice dos nomes citados

A

ALIGHIERI, Dante (1265-1321): o maior poeta italiano do fim da Idade Média, p. 8 n. 5.
ANACHARSIS: p. 199 n. 9.
ARBUTHNOT (1802-1865): economista inglês, secretário privado de Sir Robert Peel, p. 194.
ARETINO, Pietro (1492-1556): escritor italiano, panfletário e poeta satírico; viveu nas cortes dos papas e dos príncipes, p. 174.
ARISTÓTELES (384-322 a.C.); filósofo grego, "o espírito mais universal de todos os filósofos da Antiguidade" (Engels), pp. 51 n. 1, 53 nn. 14 e 19, 118, 161, 197 n. 2, 206 n. 59, 212 n. 85, 306, 345.
ARRIVABÈNE, Jean, Conde de (1787-1881): emigrado político italiano, promotor do Congresso Econômico de Bruxelas de 1847, amigo de Senior e tradutor de obras de economia política em francês, p. 211 n. 79.
ATENEU DE NÁUCRATIS (princípio do século III): retórico grego, p. 199 n. 9.
ATTWOOD, Thomas (1783-1856): banqueiro de Birmingham, escreveu sobre finanças, p. 78.

B

BAILEY, Samuel (1791-1870): filósofo e economista inglês, sustentou uma polêmica com Ricardo. Marx chama-lhe "crítico inepto, superficial e cheio de pretensão", pp. 198 n. 6, 213 n. 91.

BARBON, Nicolas (1640-1698): economista inglês, adversário do mercantilismo, defensor do livre-cambismo, p. 200 n. 14.

BASTIAT, Frédéric (1801-1850): livre-cambista francês, economista vulgar, pp. 53 n. 12, 227, 330-1, 370 n. 65.

BERKELEY (BERKLEY), George (1685-1753): bispo irlandês, filósofo, reacionário. Fundador de um idealismo subjetivo que contesta a "existência em si e fora do espírito de objetos perceptíveis pelos sentidos", pp. 21, 52 n. 9, 74, 119, 201 n. 16, 208 n. 62.

BERNIER, François (1625-1688): escritor e filósofo francês, pp. 132, 209 n. 75, 291.

BLAKE, William (1774-1852): economista inglês, autor de alguns escritos sobre a circulação monetária e o pauperismo, pp. 205 n. 44, 220 n. 145.

BLANC, Louis (1811-1882): historiador francês, socialista pequeno-burguês, p. 217 n. 116.

BOISGUILLEBERT, Pierre le Pesant, senhor de (1646-1714): economista francês, precursor dos fisiocratas. Com ele começa a economia política clássica na França, pp. 42-3, 49, 50, 53 n. 21, 56 nn. 23 e 26, 126-7, 271, 295-6, 312, 320, 345, 367 n. 34, 371 n. 72.

BOSANQUET, James Whatman (1804-1877): economista inglês, proprietário de um banco, pp. 181, 204 n. 39, 283, 365 n. 18.

BRAY, John Francis (1809-1895): socialista utópico inglês, cartista, pp. 202 n. 31, 290.

BROUGHAM, Henry Peter (1778-1868): jurista e estadista inglês. Partidário dos *whigs*, p. 49.

BUCHANAN, David (1779-1848): economista inglês, "grande adversário dos fisiocratas" (Marx), p. 206, n. 54.

BURLEIGH, William Cecil, lorde (1520-1598): estadista inglês, p. 213 n. 92.

BÜSCH, Johann Georg (1728-1800): economista alemão, professor de matemática e diretor de um instituto comercial em Hamburgo, p. 217 n. 117.

C

CAREY, Henry Charles (1793-1879): economista americano, adversário da teoria de Ricardo sobre a renda imobiliária, começou por ser livre-cambista, depois protecionista, pp. 227-8, 330-1, 370 n. 65.

CARLI, Giovanni Rinaldo (1720-1795): astrônomo e economista italiano, escreveu contra os mercantilistas, p. 214 n. 95.

CASTLEREAGH, Robert Stewart (1769-1822): estadista inglês, reacionário, p. 77.
CATÃO, Marco Pórcio (95-46 a.C.): estadista romano, pp. 130, 293.
CARLOS II (1630-1685): rei da Inglaterra de 1660 a 1685, p. 56 n. 22.
CHERBULIEZ, Antonie-Élysée (1797-1869): advogado e economista de orientação saint-simoniana, pp. 309, 312.
CHEVALIER, Michel (1806-1879): ex-saint-simoniano, partidário do bonapartismo, livre-cambista, p. 207 n. 59, 214 n. 100.
CLAY (1791-1869): político inglês liberal, p. 194.
COBBETT, William (1763-1835): jornalista inglês, precursor dos cartistas na luta pelo sufrágio universal e pela melhoria da situação dos trabalhadores, partidário da legalidade, "o maior escritor político inglês do século", Marx, p. 203 n. 38.
COLOMBO, Cristóvão (1446-1506): navegador que descobriu a América, p. 215 n. 101.
COOPER, Thomas (1759-1840): filósofo naturalista e político inglês, p. 52 n. 10.
CORBET, Thomas: economista inglês da primeira metade do século XIX, p. 204 n. 39.
COTTON, William (1786-1866): negociante e banqueiro inglês governador do Banco da Inglaterra. Inventou uma balança automática para pesar o ouro, p. 111.
CROMWELL, Oliver (1599-1658): estadista inglês, chefiou a revolução burguesa de 1648-1649; mais tarde "Lorde-Protector" (chefe de Estado) da República inglesa de 1653 a 1658, p. 56 n. 22.

D

DARIMON, Alfred (1819-1902): político francês, proudhoniano, redator do *Represéntant du peuple, de La Voix du peuple* e do *Peuple,* mais tarde colaborador de *La Presse,* p. 202 n. 32.
DODD, George (1808-1881): escritor inglês, p. 205 n. 50.

E

EDUARDO III, "de Windsor" (1312-1377): rei da Inglaterra de 1327 a 1377, p. 71.
ENGELS, Friedrich (1820-1895), pp. 6-7.

ESTRABÃO (66 a.C.-24): célebre geógrafo grego, pp. 162, 307.
EURÍPIDES (480-406 a.C.): autor dramático grego, p. 212 n. 85.

F

FILIPE II (1528-1598): rei da Espanha, pp. 131, 290.
FORBONNAIS, François Véron de (1722-1800): financista e economista francês, mercantilista e protecionista. Adversário dos fisiocratas, p. 216 n. 110.
FRANKLIN, Benjamin (1706-1790): político e economista dos Estados Unidos, desempenhou um grande papel no movimento para a independência americana. O representante mais importante do racionalismo na América, pp. 44-5, 56 n. 28, 119, 207 n. 61, 216 n. 110.
FULLARTON, John (1780-1849): economista inglês, pertenceu à "Banking-School", que criticou a "Currency Theory", pp. 195, 221 n. 151, 284.

G

GALIANI, Ferdinando (1728-1787): clérigo e diplomata italiano, economista mercantilista, que escreveu contra os fisiocratas, pp. 52 n. 6, 57 n. 33, 198 n. 7, 202 n. 34, 205 n. 45, 214 n. 98, 302, 368 n. 53.
GARNIER, Germain (Conde de) (1754-1821): economista francês, senador bonapartista, "o economista do Diretório e do Consulado" (Marx). Tradutor e comentarista de A. Smith, pp. 199 n. 10, 206 n. 51.
GENOVESI, Antonio (1712-1769): teólogo e filósofo italiano, discípulo de Locke, mercantilista, pp. 53 n. 18, 208 n. 64.
GEORGE II (1683-1760): rei da Grã-Bretanha e da Irlanda, de 1727 a 1760, pp. 71, 199 n. 8.
GEORGE III (1738-1820): rei da Inglaterra de 1760 a 1820, p. 199 n. 8.
GLADSTONE, William Éwart (1809-1898): estadista inglês, foi primeiro conservador e depois chefe dos liberais, p. 59.
GOTTSCHED, Johann Christoph (1700-1766): esteta e crítico literário alemão, conhecido por seu pedantismo, p. 174.
GRAY, John (1798-1850): socialista utópico, discípulo de Owen, queria resolver a questão social pela utopia da moeda-trabalho servindo de base para a troca, pp. 80-2, 201 nn. 23-4.
GRIMM, Jakob (1785-1863): linguista alemão, pp. 160, 306.

GUILHERME I (O CONQUISTADOR) (1027[?]-1087): rei da Inglaterra, p. 69.

GUILHERME III (Guilherme d'Orange) (1650-1702): rei da Inglaterra de 1689 a 1702, pp. 72, 78.

GUIZOT, François Pierre Guilherme (1787-1874): estadista reacionário francês, presidente do conselho de ministros de 1840 a 1848. Autor de obras históricas sobre a França e a Inglaterra, p. 5.

H

HEGEL, Georg Wilhelm Friedrich (1700-1831): principal representante da filosofia clássica alemã e do idealismo objetivo que formulou as leis da dialética, pp. 4, 248-9.

HOBBES, Thomas (1588-1679): filósofo inglês. "Sistematizou o materialismo de Bacon (...). O movimento físico é sacrificado ao movimento mecânico ou matemático (...). O materialismo torna-se hostil ao homem" (Marx). Partidário da monarquia absoluta, p. 42.

HODGSKIN, Thomas (1787-1869): economista inglês, um dos representantes da oposição proletária à economia clássica; prisioneiro no entanto das teorias de Ricardo, aceita "todas as condições econômicas da produção capitalista como formas eternas, querendo somente eliminar o capital, que é a sua base e ao mesmo tempo consequência necessária" (Marx), p. 53 n. 20.

HOMERO: poeta grego lendário, a quem são atribuídas as epopeias *Ilíada* e *Odisseia* (compostas por volta do século X a.C.), p. 174.

HORÁCIO, Quintus Flacus (65-8 a.C.): o mais ilustre poeta lírico romano, escreveu odes e sátiras, p. 210 n. 79.

HUME, David (1711-1776): filósofo inglês, agnosticista. Hume contesta a possibilidade de um conhecimento do mundo, afirmando que a nós só as sensações são dadas. Como economista, era um adversário dos mercantilistas, partidário inconsequente do livre-cambismo. O principal representante no século XVIII da teoria segundo a qual os preços das mercadorias dependem da quantidade de dinheiro em circulação (teoria da quantidade), pp. 166-72, 174, 176-7, 190-1, 194, 215 nn. 103-7, 217 n. 120, 219 n. 141.

J

JACOB, William (1762-1851): estatístico inglês, especialista em agricultura e finanças, pp. 206 n. 52, 211 n. 83.

JOVELLANOS, Ramirez Gaspar Melchior de (1744-1811): escritor espanhol, economista, p. 56 n. 24.

JULIUS, Gustav (1810-1851): escritor e economista radical alemão. Redator da *Gazeta Geral de Leipzig*; editor da *Berliner Zeitungshalle*, p. 217 n. 117.

K

KORNER, M. G. (?-1772): publicista alemão, p. 283.

L

LAW, John (1671-1729): financista e economista escocês. Fundou em Paris, em 1716, um banco por ações com privilégio de Estado, que emitia papel-moeda com cobertura metálica reduzida para pagar as dívidas do Estado francês. Fiscal geral das finanças. Seus estabelecimentos abriram falência em 1720, pp. 175, 216 n. 110, 217 n. 116.

LESSING, Gotthold Ephraim (1729-1781): racionalista alemão, autor dramático e principal crítico do seu tempo. Defende no domínio literário a burguesia alemã contra o absolutismo, p. 174.

LIST, Friedrich (1789-1846): economista alemão, teórico da burguesia alemã anterior a 1848 na sua luta pelo desenvolvimento independente do sistema de produção capitalista na Alemanha. Fez-se defensor do protecionismo "para substituir o trabalho manual pelas máquinas, a indústria potencial pela indústria moderna, para (...) desenvolver o domínio da burguesia, em particular dos grandes capitalistas industriais" (Marx), p. 52 n. 11.

LOCKE, John (1632-1704): filósofo inglês, combateu a teoria cartesiana das ideias inatas e fundamentou de novo o conhecimento na experiência. Fundador de um sensualismo metafísico. Defensor em economia dos interesses da burguesia ascendente, pp. 73-4, 121, 150, 166, 171, 200 nn. 13-4, 213 n. 94, 217 n. 120.

LUÍS XIV (1638-1715): rei da França de 1643 a 1715, pp. 43, 56 n. 26, 271.

LOWNDES, William (1652-1724): chanceler do tribunal de apelação inglês desde 1695, publicou nesse mesmo ano suas pesquisas sobre a questão do valor monetário com o título: *A Report Containing an Essay for the Amendement of the Silver Coins*, pp. 73-4, 78, 122, 200 n. 14.

LOYD, Jones (1796-1883): político liberal e banqueiro inglês, p. 194.

LUTERO, Martinho (1483-1546): impulsionador da Reforma alemã. Representante no campo protestante da Reforma moderada burguesa. Na Revolta dos Camponeses aliou-se ao partido contrarrevolucionário católico, contra os revolucionários dos campos e das cidades dirigidos por Thomas Müntzer, pp. 150, 209 n. 76, 212 n. 89, 294.

M

MAC CULLOCH, John Ramsay (1789-1864): economista inglês apologista do capital. "Vulgarizador da economia política de Ricardo, dá-nos o espetáculo lamentável da desagregação deste sistema." "Suas últimas obras de todos os gabinetes *whigs*, o que valeu ao nosso homem situações lucrativas" (Marx), p. 52 n. 8, 54 n. 22.

MACLAREN, James: economista escocês, pp. 174, 217 nn. 117 e 120.

MACLEOD, Henry Dunning (1821-1902): advogado e teórico do crédito escocês, pp. 58 n. 43, 212 n. 90.

MALTHUS, Thomas Robert (1766-1834): eclesiástico e economista inglês, "um hábil plagiador". Seu verdadeiro mérito "consiste em ter sublinhado toda a importância da desigualdade da troca entre o capital e o trabalho assalariado". Mas o faz "por um lado para demonstrar a necessidade da miséria das classes trabalhadoras (...) por outro para demonstrar aos capitalistas que um corpo de clero de Estado regaladamente mantido lhes é indispensável", explica o depauperamento crescente dos trabalhadores pela insuficiência de produção de gêneros alimentícios em relação ao crescimento da população e recomenda ao proletariado a limitação dos nascimentos: pp. 53 n. 12, 203 n. 38.

MANDEVILLE, Jehan de "Sir John Mandeville": pseudônimo do compilador de um livro de viagens que apareceu na Inglaterra nos anos de 1357-1371, foi traduzido para numerosas línguas e se tornou muito popular, p. 207 n. 60.

MARTYR (Anghiera), Pedro (1457-1526): historiador italiano, médico de Luís XV da França e depois preceptor na corte de Isabel da Espanha, relacionou-se com os grandes exploradores e conquistadores, e escreveu várias obras sobre o que se ia descobrindo, pp. 159, 305, 369 n. 56.

MENDELSOHN, Moses (1729-1786): filósofo pequeno-burguês alemão, o tipo perfeito da vulgaridade literária, p. 174.

MILL, James (1773-1836): historiador, filósofo e economista inglês. "O primeiro que apresentou a teoria de Ricardo de forma sistemática." Tentando "clarificar" as contradições da teoria de Ricardo, "embrenhou-se ele próprio nas contradições e, tentando resolvê-las, deu o espetáculo do começo da desagregação da teoria de que é o representante dogmático" (Marx), pp. 95, 187, 203 n. 38, 220 n. 146.

MILL, John Stuart (1806-1873): filho do anterior, filósofo e economista inglês, livre-cambista e eclético, epígono da economia política clássica; com ele acaba de se desagregar a escola de Ricardo. Procura um compromisso entre as doutrinas desta escola e as reivindicações socialistas do proletariado, pp. 95, 229-30.

MISSELDEN, Edward (?-1654): comerciante, diretor de uma companhia em Delft de 1623 a 1633, esteve a serviço da Companhia das Índias Orientais, membro da comissão permanente de comércio, pp. 131, 208 n. 67, 209 n. 72, 210 n. 76, 276, 290, 293-4.

MONTANARI, Geminiano (1633-1687): matemático e astrônomo italiano. Autor de duas obras sobre a moeda: *Breve trattato del valore della moneta, etc.* (1680) e *La zecca in consulta di stato, trattato mercantile*, etc. (1687), pp. 26 n. 13, 158 n. 97, 297.

MONTESQUIEU, Charles Louis de (1689-1755): escritor político francês, pai do liberalismo europeu. Representante da que é costume chamar-se "teoria quantitativa da moeda", pp. 166, 172, 216 n. 111.

MORUS, Thomas (1478-1535): chanceler de Henrique VIII da Inglaterra. Autor de *A Utopia*, p. 336.

MÜLLER, Adam (1779-1829): político e economista alemão. Romântico economista cuja "profundidade (...) se detém na contemplação das superficiais nuvens de poeira, e que pretensiosamente atribuiu a esta poeira um caráter misterioso e importante" (Marx), p. 198 n. 8.

N

NAPOLEÃO I (1769-1821): pp. 185-6.

NORMAN, G. Warde (1793-1882): economista inglês, escreveu principalmente sobre a moeda e os bancos. Diretor do Banco da Inglaterra, p. 194.

O

OPDYKE, George (1805-1880): economista americano. Banqueiro de Nova York, mais tarde presidente da câmara desta cidade, pp. 204 n. 39, 303, 369 n. 55.

OVERSTONE, Lorde Samuel Jones Loyd (1796-1883): banqueiro inglês, representante do "currency-principle", responsável pela lei dos bancos fundamentada neste princípio e promulgada em 1844, pp. 181, 194-5, 220 n. 149.

OWEN, Robert (1771-1851): socialista utópico inglês, mas antes de tudo fabricante, a quem a experiência prática adquirida em suas fábricas conduziu a uma doutrina comunista. Rejeitou no entanto o uso da violência. Suas tentativas de fundar colônias comunistas na América malograram. Dirigiu-se então "diretamente à classe operária e prosseguiu ainda durante trinta anos sua atividade no seio desta. Todos os movimentos sociais, todos os progressos reais na Inglaterra no interesse dos trabalhadores estão ligados ao nome de Owen" (Engels), p. 49.

P

PEDRO (O GRANDE) (1672-1725): czar russo de 1682 a 1725, p. 118.

PEEL, Sir Robert (1788-1850): estadista inglês, "tory". Deu seu nome à lei dos bancos de 1844. "Este filho de banqueiro transformado no chefe da aristocracia fundiária (...) utilizou (...) continuamente esta posição (...) para lhe arrancar concessões a favor da burguesia (supressão dos direitos aduaneiros sobre os cereais)" (Marx), pp. 59, 69, 78, 181, 194.

PÉREIRE, Isaac (1806-1880): banqueiro francês, saint-simoniano, cofundador do "Crédit Mobilier", p. 203 n. 36.

PETTY, Sir William (1823-1887): economista e estatístico inglês, "fundador da economia política moderna, um dos economistas mais geniais e mais originais" (Marx), pp. 21, 42-3, 53 n. 21, 54 n. 22, 59, 208 n. 66, 209 n. 74, 271, 291, 292, 295, 320.

PÍNDARO (521-441 a.C.): poeta grego, p. 362 n. 1.

PLATÃO (cerca de 348 a.C.): filósofo grego, ideólogo da classe dos proprietários de escravos. Fundador do idealismo objetivo. Segundo sua teoria, as ideias das coisas são eternas e imutáveis fora do espaço e do tempo como verdadeira essência das coisas, em oposição a sua existência aparente e transitória, pp. 118, 206 nn. 58-9, 345.

PLÍNIO, Caius P. Secundus (O Velho) (23-79): sábio romano, administrador e militar, escreveu uma *História natural em trinta e sete livros*, morreu durante a erupção do Vesúvio, pp. 210 n. 78, 297, 367 n. 41.

PUCHKIN, Alexandre Sergueivith (1799-1837): célebre poeta russo, p. 219 n. 139

PROPÉRCIO, Sextus Propertius (nasceu em meados do século I a.C.): poeta elegíaco romano da época de Augusto, p. 12.

PROUDHON, Pierre Joseph (1809-1865): escritor francês, socialista, pequeno-burguês reacionário, um dos teóricos fundadores do anarquismo. Proudhon "reduziu as categorias econômicas a (...) ideias eternas e vem por este rodeio cair no ponto de vista da economia política burguesa. Seu socialismo é a própria imagem do utopismo pequeno-burguês". "Como nunca compreendeu verdadeiramente a dialética científica, acabou por cair no sofisma" (Marx). As teorias proudhonianas, contra as quais Marx escreveu a sua *Miséria da filosofia*, tiveram durante muito tempo uma grande influência na França, pp. 7, 58 n. 44, 83, 202 n. 23, 227, 257, 329.

R

RICARDO, David (1772-1823): economista inglês, o último grande representante da economia clássica, que atinge, com ele, seu apogeu. Seu ponto de partida é a determinação do valor pelo tempo de trabalho. Marx diz que "Ricardo descobre e exprime a oposição econômica das classes – tal como a mostra a sua luta interna – e assim, na economia política, foi apreendida e descoberta em sua própria raiz a luta e os modos de desenvolvimento históricos" (Marx). No entanto Ricardo não compreendeu o caráter histórico do modo de produção capitalista, que concebe como eterno. Perfilhou a falsa teoria da moeda de Hume, pp. 8-9, 58 n. 40, 177, 181, 184-7, 191-3, 204 n. 38, 218 nn. 122-6 e 130, 219 n. 134, 225-6, 241-2, 277, 312, 330.

ROUSSEAU, Jean-Jacques (1712-1778): p. 225.

S

SAINT-SIMON, Claude-Henry, conde de (1760-1825): socialista utópico francês. "De uma largueza de vistas genial, que faz com que quase todas as ideias não estritamente econômicas dos socialistas posteriores estejam já contidas em germe na sua obra." (Engels), p. 203 n. 36.

SAY, Jean-Baptiste (1767-1832): economista francês, na opinião de Marx "muito vulgar", "procura mascarar seu caráter insípido e superficial, transformando as insuficiências e o erros de A. Smith em frases vagas e fúteis". Distingue-se dos economistas vulgares que lhe sucedem, pelo fato de "não ter encontrado ainda a matéria da economia política completamente elaborada, e colaborar assim mais ou menos na solução dos problemas econômicos, colocando-se do ponto de vista da economia política clássica" (Marx), pp. 53 n. 12, 58 n. 43, 174-5, 204 n. 38, 206 n. 57, 239.

SCHAPER: prefeito de Trèves de 1837 a 1842, depois governador da província renana até 1845, p. 4.

SEMPÉRÉ Y GUARINOS, Juan (1754-1830): jurista e historiador espanhol, p. 291.

SENIOR, William Nassau (1790-1864): economista inglês, "simples apologista do regime existente e, por conseguinte, um economista vulgar", "o porta-voz da burguesia culta" (Marx), pp. 211 n. 79, 213 n. 92.

SHAKESPEARE (1564-1616): pp. 260, 298, 368 n. 44-5.

SISMONDI, Jean Charles Simonde de (1773-1842): economista e historiador suíço. Critica a economia clássica do ponto de vista do romantismo econômico. "Distingue-se principalmente dos clássicos por ter sublinhado as contradições do capitalismo. É um dos aspectos de sua obra. Mas, por outro lado, não pode de modo algum (aliás também não o pretende) levar mais longe a análise dos clássicos, limitando-se assim a uma crítica sentimental do capitalismo feita de um ponto de vista pequeno-burguês." (Lênin), pp. 42, 49, 50, 54 n. 21, 58 nn. 41-2, 204 n. 38.

SLATER (?-?): sócio da firma londrina Morrison, Dillon and Co., p. 363 n. 6.

SMITH, Adam (1723-1790): economista e moralista inglês. Dá à economia clássica uma forma mais perfeita. Marx chama-lhe o economista do período da manufatura. De acordo com sua doutrina, a verdadeira riqueza das nações não é constituída pela moeda – como o pretendem os mercantilistas – mas pelo trabalho útil, criador de valores de troca. Segundo Smith, o trabalho industrial, e não somente o trabalho agrícola, como para os fisiocratas, cria o valor e a mais-valia. "As contradições de A. Smith têm importância porque encerram problemas que ele realmente não resolve, mas que enuncia pelo simples fato de sua contradição." (Marx), pp. 22, 47-8, 53 n. 22, 56 n. 24, 57 nn. 34 e 39, 65, 128, 149, 174-5, 199 n. 10, 217 n. 120, 229, 252, 312, 316, 320-1, 330.

SMITH, Thomas: estadista inglês. Autor do panfleto *Britain Independent of Commerce*, p. 213 n. 92.

SPINOZA, Baruch (Benedictus) (1632-1677): célebre filósofo holandês, panteísta. Engels chama-lhe um brilhante representante da dialética da filosofia moderna, pp. 174, 234.

STEIN, Lorenz von (1815-1890): historiador e economista alemão, professor em Kiel e depois em Viena. "Stein juntou de modo mecânico sob a forma de triconomias as piores trivialidades, enfeitando-as com algumas ideias hegelianas" (Marx), pp. 51 n. 2, 52 n. 8.

STEUART (STEWART), Sir James D. (1712-1780): economista inglês. Sua doutrina é, segundo Marx, a expressão racional do mercantilismo. "Seu mérito na concepção do capitalismo foi ter mostrado como se processa a separação entre as condições de produção, sendo estas consideradas, por um lado, como propriedade de classes determinadas e, por outro, como força de trabalho" (Marx). Explica o lucro pelo excedente do preço em relação ao valor, pp. 16-7, 57 nn. 34-6, 74-7, 172-4, 195, 201 nn. 15 e 19, 215 n. 104, 216 nn. 112-3, 217 nn. 115-6, 220 n. 150, 226, 279, 320, 328, 330.

STORCH, Henry (1766-1835): economista russo, travou uma polêmica contra A. Smith, pp. 206 n. 57, 304.

T

THOMPSON, William (cerca de 1785-1833): economista inglês, discípulo de Owen, o principal representante científico do comunismo de Owen, p. 202 n. 31.

TOOKE, Thomas (1774-1858): economista inglês, autor da importante *História dos preços*. Opôs-se aos teóricos do "currency principle". Marx chama-lhe o "último economista inglês de algum valor", pp. 194-5, 204 n. 39, 219 n. 140, 220 nn. 143 e 150-1, 221 n. 152.

TORRENS, Robert (1780-1864): oficial e economista inglês, livre-cambista: um dos principais representantes do "currency principle", p. 194.

U

URQUHART, David (1805-1877): diplomata e escritor inglês, tomou partido pela Turquia contra a política oriental do governo inglês favorável ao czar (Lorde Palmerstone), p. 199 n. 12.

UZTARIZ, Jeronimo (morreu entre 1730 e 1742): economista espanhol, mercantilista, p. 56 n. 24.

W

WILSON, James (1805-1860): economista inglês, livre-cambista, fundador da revista *The Economist*, pp. 219 n. 140, 221 n. 151.

X

XENOFONTE (430-354 a.C.): general e historiador grego, discípulo de Sócrates, pp. 162-3, 211 nn. 82 e 85, 276, 308-9.

Y

YOUNG, Arthur (1741-1820): escritor e estatístico inglês, p. 217 n. 115.